Gerd Langguth
Das Innenleben der Macht

Gerd Langguth

Das Innenleben der Macht
Krise und Zukunft der CDU

Ullstein

Der Ullstein Verlag ist ein Unternehmen der
Econ Ullstein List Verlag GmbH & Co. KG
© 2001 by Econ Ullstein List Verlag GmbH & Co. KG
Alle Rechte vorbehalten
Printed in Germany
Satz: Pinkuin Satz und Datentechnik, Berlin
Druck und Bindung: Spiegel Buch GmbH, Ulm-Jungingen
ISBN 3-550-07169-8

Inhalt

Einleitung:
Das Phänomen der Macht

»*Der König ist tot, es lebe der König*«: Als am Wahlabend des 27. September 1998 Helmut Kohl gegen 19 Uhr vor die Presse trat, um die politische Verantwortung für die dramatische Wahlniederlage der Unionsparteien zu übernehmen, und ankündigte, sein Amt als CDU-Vorsitzender nach 25 Jahren niederzulegen, war der »Kanzler der deutschen Einheit« dem deutschen Fernsehen nicht einmal mehr eine Live-Sendung wert. Als nämlich kurz danach der Wahlsieger, Gerhard Schröder, an die Mikrophone trat (sicherlich nicht ohne Absicht fast zeitgleich mit Kohl), da rissen alle großen Fernsehanstalten[1] den 16 Jahre regierenden Bundeskanzler jäh aus dem Bild, um den künftigen Kanzler zu präsentieren. Sinnfälliger hätte die Ära Kohl nicht beendet werden können.

In jenen für die Union so bitteren Stunden arbeitete einer bereits fieberhaft an der innerparteilichen Nachfolge des soeben von den Fernsehanstalten abgeschalteten Kanzlers: Der »ewige Kronprinz« Wolfgang Schäuble tat sich umgehend mit seinem einzigen potentiellen Rivalen, dem noch amtierenden Bundesverteidigungsminister Volker Rühe, zusammen. Gemeinsam gaben sie eine Reihe von Interviews und setzten sich noch am Wahlabend von Kohl ab. Schäuble, jahrelang der engste Vertraute Kohls und wesentlicher Gestalter der Politik des Kanzlers, sah jetzt die Stunde gekommen, nach der Krone zu greifen. Rühe, der in der Union nie über eigene Truppen verfügte, durchschaute zu diesem Zeitpunkt noch nicht, daß für ihn in der Nach-Kohl-Ära nur noch ein Platz am Rande der Macht vorgesehen war. Schäuble hingegen hatte sich auf die Niederlage gründlich vorbereitet. Sie war die Voraussetzung für seinen weiteren Aufstieg.

In diesem Buch geht es um Fragen der Macht in einer irgendwie fern erscheinenden, doch trotz des Regierungswechsels von

1998 in die Gegenwart hineinwirkenden Phase deutscher Politik: Die Zeit Helmut Kohls. Und es geht ferner darum, wie die CDU wieder an die Macht zurückkehren kann. Wir können uns dieser Thematik jedoch nur nähern, wenn wir uns mit einer zentralen Frage beschäftigen:

Was ist Macht? Entgegen manchen idealistischen Vermutungen und gezielten Verklärungen geht es in der Politik weniger um politische Inhalte als um Macht. Das Phänomen »Macht« mit all seinen Facetten kann man als Schlüsselbegriff alles Politischen ansehen (ähnlich der Bedeutung der Energie in der Physik oder des Nutzens in der Ökonomie). Der in der Antike bereits von den Sophisten thematisierte Begriff der Macht hat im Laufe der Jahrhunderte immer wieder eine Neubewertung erfahren.[2] Wir knüpfen heute eher an die berühmte Definition Max Webers an, der unter »Macht« die »Chance eines Menschen oder einer Mehrzahl solcher« versteht, »den eigenen Willen in einem Gemeinschaftshandeln auch gegen den Widerstand anderer daran Beteiligter durchzusetzen«.[3] Mit dieser Definition ist allerdings nichts zum inneren Charakter der Macht gesagt, keine Beziehung zwischen Macht und Legitimität zum Ausdruck gebracht. In der politischen Soziologie wird allgemein die Ausübung von Macht als Herrschaft bezeichnet, wenn dank eines akzeptierten, Macht legitimierenden Herrschaftssystems der Herrschende auf den Beherrschten Einfluß nehmen kann. Jacob Burckhardt formulierte in seinen berühmten *Weltgeschichtlichen Betrachtungen*: »Schwierig ist es oft, Größe zu unterscheiden von bloßer Macht, welche gewaltig blendet, wenn sie neu erworben oder stark vermehrt wird.«[4] »Macht« ist schwer zu definieren, weil sie politischen wie ökonomischen Ursprunges sein kann, sich auf der Ebene persönlicher Beziehungen genauso abspielt wie in institutionellen Zusammenhängen. Zudem gibt es unterschiedliche Formen der Macht, so zum Beispiel Sanktionen (»Belohnungsmacht« etwa in Form prestigeträchtiger Aufgaben; »Bestrafungsmacht« durch Entzug von Einfluß, Prestige und häufig auch von Positionen mit Nebeneinkünften oder gar hohen Haupteinkünften). Aber auch Informationsvorsprung ist Macht, nicht zu vergessen die Macht von Experten. Macht pflegt sowohl in institutionalisierter Form (Herrschaft) als auch sporadisch aufzutreten, beispielsweise als »Gegenmacht« außerhalb der eigentlichen Herrschaftsstrukturen. Ohne starke Opposition wür-

8

den auch in modernen Gesellschaften die Träger der Macht diese grenzenlos ausüben wollen und können. Das Sichwehren gegen Machtausübung geschieht institutionell und häufig auch außerinstitutionell, so unter anderem durch den sogenannten zivilen Ungehorsam, bei dem bewußt Regelverletzungen in Kauf genommen werden. Vielleicht kann man sogar von einem Gleichgewicht zwischen den Machtausübenden und den sich gegen diese Machtausübung Wehrenden sprechen.

Der große amerikanische Nationalökonom und Diplomat John Kenneth Galbraith unterscheidet zwischen drei Methoden der Machtausübung: der »repressiven Macht«, der »kompensatorischen Macht« und schließlich der »konditionierten Macht«.[5] »Repressive Macht« gehört nicht nur in das Reich der Historie, sondern wird noch heute vor allem in zahlreichen Diktaturen oder Semidiktaturen ausgeübt. Unter »kompensatorischer Macht« versteht Galbraith die Unterwerfung durch das Angebot, Wohlverhalten zu belohnen, in der Vergangenheit etwa durch Bezahlung in Naturalien, in der Gegenwart durch pekuniäre Vergütung für geleistete Dienste. Für die Demokratien der Gegenwart ist insbesondere die »konditionierte Macht« von zentraler Bedeutung. Während sich bei der »repressiven« wie der »kompensatorischen Macht« das sich unterordnende Individuum der erzwungenen beziehungsweise entgoltenen Unterwerfung bewußt ist, kann dies für die »konditionierte Macht« moderner Gesellschaften in dieser Form nicht gesagt werden. Denn in den demokratischen Staaten der Gegenwart wird die Unterordnung des einzelnen Bürgers unter die Macht nicht so deutlich: »Überredung und Überzeugung, Erziehung und Ausbildung sowie ein gesellschaftlich bedingtes Eingeschworensein auf das scheinbar Natürliche, Ordentliche und Richtige veranlassen den einzelnen, sich dem Willen eines anderen oder einer Gruppe unterzuordnen. Die Unterwerfung entspricht dem selbstgewählten Kurs und wird nicht als das erkannt, was sie tatsächlich ist.«[6]

Natürlich gibt es ausdifferenzierte Rangunterschiede gerade auch bei »den Mächtigen«. Zwischen ihnen findet ein permanenter Kampf um neue Einflußmöglichkeiten oder gegen drohenden Machtverlust statt. Es geht dem einzelnen Politiker – auf welcher Ebene auch immer – darum, durch Teilhabe an der Macht sein eigenes Sozialprestige zu erhöhen oder zumindest dessen Verlust zu verhindern. Und je höher die Ebene ist, desto mehr geht es um damit verbundene finanzielle Aspekte (Empfang von Diäten, von Nebeneinkünften oder Privilegien). Insofern spielt auch in modernen Demokratien die »kompensatorische Macht« eine wichtige Rolle.

Die Mechanismen des Angezogenseins von der Macht sind auf den unterschiedlichen Ebenen ziemlich gleich – auf lokaler Ebene ist die Mitgliedschaft im Rat der Stadt ähnlich prestigeträchtig, wenn auch in örtlichen Grenzen, wie Ämter auf den höheren Ebenen. Allein schon zum Dunstkreis der Macht zu gehören, ist für viele das entscheidende. Denn ob der einzelne auch tatsächlich konkreten Einfluß ausübt und in der Lage ist, auf komplizierte Entscheidungsprozesse überhaupt einzuwirken, ist oft zweitrangig. »Dazuzugehören«, im Fernsehen beispielsweise einmal mit einem Granden der Politik gesehen worden zu sein, das ist für viele das eigentlich Wichtige. Im Deutschen Bundestag gibt es in diesem Zusammenhang sogar eine besondere Spezies von Politikern, die in der Regel zu den eher Einflußlosen gehören, den Stellenwert des Mediums Fernsehen aber erkannt haben: die Schriftführer. Es handelt sich hier um Beisitzer, die während der öffentlich stattfindenden Bundestagsverhandlungen neben dem jeweils amtierenden Bundestagspräsidenten sitzen und ihm bei der Verhandlungsleitung assistieren. Diese räumliche Nähe zum Präsidenten vermittelt ihnen insbesondere in ihren Wahlkreisen – der Quelle ihrer jeweiligen »Macht« – das Image, es im parlamentarischen Dasein »geschafft« zu haben, zumindest in der Hierarchie des Verfassungsorgans Bundestag. Die TV-Bilder erzielen ihre Wirkung. Jenen Politikern bleibt zwar in der Regel der Adelsschlag eigener Interviews verwehrt. Aber der Hinterbänkler hat im Zeitalter des Fernsehens wenigstens auf diese Weise eine Chance.

Angesichts der hochkomplexen Entscheidungsstrukturen einer modernen Gesellschaft führt die Vermutung, der einzelne Politiker habe konkrete Entscheidungsmacht, ohnehin in die Irre. Als der Bundeskanzler Helmut Kohl aus Agenturmeldungen – mitten in Verhandlungen mit der französischen Regierung – von der Entscheidung des Automobilkonzerns Daimler-Benz, den amerikanischen Konkurrenten Chrysler zu übernehmen, erfuhr, wurde ihm vielleicht seine eigene Machtlosigkeit in dieser für

Deutschland volkswirtschaftlich höchst bedeutsamen Frage bewußt. Die geringe persönliche Entscheidungsmacht selbst des angeblich so mächtigen Bundeskanzlers tritt immer wieder zutage, zumal er bisher stets in eine Koalition eingebunden war, häufig die Entscheidungsprozesse bestenfalls »moderieren« kann und deshalb in der gelegentlichen Erkenntnis der eigenen Autoritätslosigkeit oft genug auf unwichtige Einflußfelder ausweicht. Zumindest dann hat er selber das Gefühl, mächtig zu sein. Gerade Politiker in Toppositionen, der Bundeskanzler eingeschlossen, wissen, daß sie die in sie gesetzten Erwartungen der Bevölkerung gar nicht erfüllen können. Die weitverbreitete Vermutung, die »Mächtigen« hätten auch tatsächlich die Macht, ihre politischen Visionen – sofern sie überhaupt solche formulieren – verwirklichen zu können, entspricht nicht der Realität. Wie sehr wurde beispielsweise Helmut Kohl dafür gescholten, daß es ihm nicht gelang, die von ihm angekündigte »geistig-moralische Wende« in die Tat umzusetzen – als wenn sich per Knopfdruck eines einzelnen Politik und Mentalität in Deutschland ändern ließen. Das heißt aber nicht, daß sich die Politiker nicht daran messen lassen müßten, wieweit sie ihre angekündigten Projekte realisiert haben.

Zudem: Politik im Zeitalter der Globalisierung ist in allen modernen Industriestaaten schwierig – aber in der Bundesrepublik ganz besonders. Vor allem die Besatzungsmächte wollten nicht, daß das Grundgesetz einen zu mächtigen Zentralstaat ermöglicht. In Deutschland gibt es, mehr als in zahlreichen anderen Staaten, zu viele Mitspieler im Kampf um die Macht, um kraftvolles Regieren – und das in einer Koalition – überhaupt möglich zu machen. So sind zum Beispiel die Ministerpräsidenten der Länder wichtige »Player«; die Institution des Bundesrats ist in ihrer Bedeutung nicht zu unterschätzen.[7] Die Bundesbank zeigte häufig genug, wer in der Geldpolitik das Sagen hat – wie jetzt die Europäische Zentralbank. Die Europäische Union entscheidet (auch in sehr aktuellen Fragen: Man denke nur an die gemeinschaftlichen Regelungen im Zusammenhang mit der BSE-Krise) viel mehr, als auf der nationalen politischen Bühne sichtbar wird. Das Bundesverfassungsgericht fährt den Mächtigen nicht gerade selten in die Parade (siehe etwa die kostspieligen Konsequenzen des jüngsten Urteils zur Familienpolitik). Sodann gibt es noch die Lobby – und den Wähler, den man eigentlich zuvörderst im Blick haben sollte. Die von Politologen[8] als »Politikverflechtung« bezeichnete Situation, in der viele Ebenen, häufig kompetenzmäßig nicht sauber voneinander getrennt, ineinandergreifen, ist einer der Gründe für die Machtlosigkeit der Mächtigen. Die Wähler spielen aber mit, sie verlangen generalstabsmäßig vorbereitete Gesamtkonzeptionen, mit denen politische Probleme systematisch gelöst werden können. Damit unterstützen die Wähler indirekt die von der Politik immer wieder geförderte Lösungsillusion. Alle tun so, als wollten sie radikale Reformen. Aber kaum jemand will sie wirklich. Niemand setzt eine Reform der politischen Institutionen durch, damit kraftvolles Regieren erleichtert werden könnte, vielfach sogar aus gutem Grund. Alles hängt mit allem zusammen – und der Fortschritt ist gerade in der Politik häufig eine Schnecke. Nur: »Machtvoll« ist das Regieren in Deutschland damit nicht.

Die Unsicherheit vieler Politiker hinsichtlich der Entwicklung politischer Konzepte ergibt sich auch aus der Tatsache, daß viele der angeblich Mächtigen permanent bestrebt sind, ihre ihnen häufig selber brüchig erscheinende Machtbasis in der eigenen Partei abzusichern. Dieses Phänomen ist vielleicht deshalb eines der wichtigsten, weil die meisten Politiker ihren sozialen (und den damit verbundenen finanziellen) Aufstieg allein der Politik und ihrer Partei verdanken. Dies erklärt auch, warum Aufsteiger – nicht nur solche, die beispielsweise aus der Gewerkschaftsbewegung stammen – in besonders intensiver Weise an den Symbolen der Macht festhalten. Und nicht selten müssen gerade ihre engsten Mitarbeiter unter einem derartigen Machtbedürfnis leiden.

Zudem gibt es in Deutschland eine verbreitete Haltung, den Wert von Kompromissen nicht zu sehen. Die Politiker geben häufig vor, sie verfügten über effiziente Konzepte, sind aber in Wirklichkeit auf die sie tragenden Bürokratien angewiesen. Politiker tun jedoch so – auch um ihre eigene Bedeutung nicht zu mindern –, als hätten sie die Probleme »im Griff«. Mit dieser Imagepflege perpetuieren sie aber in der Bevölkerung das vormoderne Bild der Allzuständigkeit der Politik und der Parteien.

Wegen der erstrebten Dauerpräsenz in der Öffentlichkeit – wer im Fernsehen nicht ständig präsent ist, gilt als einflußlos – haben die wenigsten Politiker Zeit, über Inhalte nachzudenken, geschweige denn, gelegentlich in Ruhe ein Buch zu lesen. Die führenden Politiker werden auch durch zahlreiche sonstige öffentliche Auftritte davon abgehalten, der Vorbereitung von Entscheidungen in wichtigen Gremien (Ausschüssen des Bundestags, Besprechungen mit leitenden Mitarbeitern in den Ministerien und mit Behördenchefs etc.) genügend Zeit zu widmen. Damit werden diese Institutionen – vor allem der Bundestag – zwangsläufig geschwächt.

Die häufig von den Bürgern verlangte politische »Klarheit«, die Forderung nach in sich geschlossenen Konzepten, entspricht nicht der politischen Realität einer Gesellschaft, die viel zu ausdifferenziert und plural ist, als daß eine Partei oder eine Regierung ein für alle stimmiges politisches Programm präsentieren könnte. Parteien jedoch, die nur ganz spezifische Milieus bedienten, wären nicht mehrheitsfähig. Wir haben es in der heutigen Gesellschaft zugleich mit einer Singularisierung und einer Pluralisierung der Lebensstile zu tun. Die nicht erfüllbare Forderung nach Stimmigkeit der Politik in einer modernen Gesellschaft führt den Mächtigen ihre politische Ohnmacht vor – ein Grunddilemma der Politik der Gegenwart. Ein Politiker nämlich, der zu rigorose Ideen durchsetzte, würde bald abgewählt. Eine deutsche Margaret Thatcher wird es nicht geben – jedenfalls nicht im Regierungssystem der Bundesrepublik, das bei allem Parteienstreit auf Konsens angelegt ist. Dies ist übrigens auch einer der Gründe, warum in Deutschland sowohl »Ideologen« (wie Lafontaine und die von ihm mitgebrachte Mannschaft) als auch konzeptualistische Wissenschaftler, sobald sie theoretisch entwickelte Vorstellungen umzusetzen versuchten, scheiterten. Denn die meisten dieser Intellektuellen sind in den Besonderheiten innerparteilicher Gemengelage unerfahren. Der Beispiele des Scheiterns von Professoren gibt es viele: Von Ralf Dahrendorf über den früheren Innenminister Werner Maihofer (beide FDP), den in der sozialliberalen Koalition dienenden Bildungsminister Hans Leussink bis hin zum angesehenen Grundgesetzkommentator Rupert Scholz (CDU), der als Verteidigungsminister farblos blieb und vom Bundeskanzler Kohl bei der erstbesten Gelegenheit seines Postens enthoben wurde; nicht zu vergessen Waldemar Schreckenberger (CDU), den ersten Chef des Kanzleramtes unter Kohl. Erfolgreiche Machtausüber im deutschen System können offensichtlich nur die »Macher«, die politisch Flexiblen sein, deren

13

Standort nicht zu fixiert ist und die wissen, wie die Mehrheitsfähigkeit erhalten beziehungsweise erlangt werden kann. Und das Ganze will lange gelernt sein – die meisten Seiteneinsteiger der Politik wirken deshalb seltsam fremd, weil sie das Innenleben ihrer Partei nicht kennen.

Sodann gibt es einen Faktor, den man als »Kompetenzmißverständnis« bezeichnen könnte – nämlich die häufig irrige Vermutung, Macht hätte etwas mit der jeweiligen Kompetenz des einzelnen Politikers zu tun. Macht ist aber stark abhängig von Konstellationen. Um ein Beispiel zu nennen: Kohl wollte seine schwankende Macht festigen, indem er den mächtigen bayerischen Landesgruppenchef Theo Waigel ins Kabinett holte. Dafür opferte er den befähigten Finanzminister Gerhard Stoltenberg – obgleich dieser während eines »Putschversuchs« des früheren CDU-Generalsekretärs Heiner Geißler, des damaligen baden-württembergischen Ministerpräsidenten Lothar Späth und anderer im Jahr 1989 zu ihm gehalten hatte. Stoltenberg erhielt dann sein politisches Gnadenbrot als Verteidigungsminister. Dafür mußte Rupert Scholz, ebenfalls ungedient, nach der kürzesten Amtszeit eines deutschen Verteidigungsministers überhaupt, das Kabinett ganz verlassen. Später nutzte Kohl einen kleinen Konflikt wegen Panzerlieferungen an die Türkei, auch Stoltenberg aus dem Amt zu drängen. Sein Nachfolger wurde Volker Rühe, der sich als gelernter Außen- und Sicherheitspolitiker innerlich nie richtig mit dem Amt eines CDU-Generalsekretärs angefreundet zu haben schien. Es ist schon bezeichnend, daß keiner der Verteidigungsminister unter Kohl überhaupt beim Militär gedient hatte – mit Ausnahme des auf der Hardthöhe inzwischen legendären Manfred Wörner. Und als Kohl den CSU-Landesgruppenchef Michael Glos auserkoren hatte, Bauminister zu werden, lehnte dieser das nicht deshalb ab, weil er keine besonderen Visionen im Bereich des Städtebaus entwickelt hätte, sondern weil er ein solches Angebot als Herabsetzung empfand, war doch sein Vorgänger Waigel mit einem »klassischen« Ministerium, nämlich dem der Finanzen, bedacht worden.

Auch eine moderne Demokratie braucht Persönlichkeiten, die Macht wollen. Die gestalterische Kraft von Macht muß durchaus positiv gesehen werden. Politiker oder Politikerinnen, die das Erringen von Macht als verwerflich ansehen, haben ihren Beruf –

längst haben wir es mit Berufspolitikern zu tun – verfehlt. Worum es aber geht, ist, die Strukturen der Macht, die Verführbarkeit (auch Selbstverführbarkeit) durch Macht zu erkennen und einzusehen, daß Macht in einer Demokratie ein knappes Gut ist. Deshalb ist die Frage wichtig, was Politiker bewegt, Macht ausüben zu wollen. Entgegen landläufigen Meinungen ist der Kampf um Macht zunächst meistens das Einbringen der eigenen Persönlichkeit, der eigenen Empfindungen und Sehnsüchte, nicht etwa der hehre Kampf um die »besseren Konzepte«, die »besseren Ideen«. Macht hat meist etwas Irrationales oder »Erotisches« an sich. Denn wo Macht im Spiel ist, spielen Sympathien, Antipathien, Leidenschaften und Überzeugungen eine große Rolle – und die Furcht, Macht zu verlieren. Vielfach handelt es sich um den Versuch einer Art »Selbstmythologisierung«, um das Bestreben, in die Geschichte eines Landes (oder eines Dorfes, einer Stadt) einzugehen. Nur daraus erklärt sich, warum viele Politiker ihr gesamtes Privatleben der Machterringung unterordnen.

Der »Politaholic« – Politik als Sucht: In allen Gesellschaften und Regierungsformen – ob diktatorischen, pseudodemokratischen oder demokratischen – wird Macht von ihren Inhabern genossen, fast wie eine Droge. Der Vergleich wirkt etwas schief, trotzdem lohnt es sich, ihn einmal genauer anzuschauen: Drogen verändern – erstens – die Realität. Mit zunehmender Amtszeit ist dies bei vielen Politikern keine Seltenheit. Drogenkonsumenten steigern – zweitens – die Dosis der jeweiligen Droge, um weiterhin ihre Wirkung zu erfahren. Dies ist insbesondere bei alternden Politikern zu sehen, die jede sich bietende Talk-Show nutzen, das Rauschhafte der Macht weiter auszukosten. Und schließlich führt – drittens – der Verzicht auf eine Droge oder ihre erzwungene Absetzung zu inneren Entzugserscheinungen. Wie beim anonymen Alkoholiker oder auch beim noch jungen Krankheitsbild des »Workaholic« sieht man den von mir als »Politaholics« bezeichneten Leuten die Persönlichkeitsveränderung nur bei genauer Beobachtung an. Während ein Workaholic seine Befriedigung in einer durch nichts mehr unterbrochenen Arbeitswut sucht, giert der Politaholic nach öffentlicher Wirkung. Und während sich der Workaholic mit der Tugend des Fleißes tarnt, tarnt sich der Politaholic mit seiner Bedeutung.

Die täglich erfahrbaren Wirkungen der Insignien der Macht

machen abhängig. Wer einmal selber erlebt hat, was es heißt, ehrfurchtsvoll mit »Frau Bundesministerin«, »Herr Ministerpräsident« oder gar »Herr Bundeskanzler« angesprochen zu werden, möchte das in diesen Titulaturen mitschwingende Weihevolle nicht mehr missen. Die Rituale der Macht sind tagtäglich im Fernsehen zu bewundern. Das Abschreiten eines Ehrenspaliers der Bundeswehr, das vom Blitzlichtgewitter umrankte Unterzeichnen von Verträgen, überladene Staatsbankette, die jährlichen Neujahrsansprachen vor der Landesfahne oder allein das Umringtsein von Menschen, die auf einen Händedruck warten, vermitteln die Botschaft: Hier ist einer, der ist mächtig. Die Bilder einer durchvisualisierten Welt zeigen suggestiv, wer zu den »Oberen« gehört, wer »Einfluß«, also »Macht«, hat.

In einer an sonstigen Ritualen armen modernen Demokratie wie der Bundesrepublik Deutschland sind es gerade solche »kleinen« Symbole, die auch den Teilhabern der Macht Befriedigung verschaffen: Die Einladung zu einem Staatsakt signalisiert dem einzelnen Bedeutung, man gehört »dazu«. Wem es sogar gelingt, vom Bundeskanzler auf eine Auslandsreise mitgenommen zu werden, der spürt die tiefe Freude des Erwähltseins. Dies trifft auch für jene Journalisten zu, die sich geschmeichelt und wichtig vorkommen, wenn sie in der »Kanzlermaschine« mitfliegen dürfen; wer hingegen in der Begleitmaschine sitzen muß, fühlt sich degradiert. Wer eine Einladung zum »Kanzlerfest« erhält, einen Orden verliehen bekommt oder auch nur einen Händedruck des Kanzlers (»Dem habe ich schon einmal die Hand gegeben«) entgegennehmen kann, schätzt sich glücklich. Die Nähe zur Macht war immer schon ähnlich stimulierend wie die eigentliche Machtausübung: Man ist »dabei«, ohne die Last der Verantwortung tragen zu müssen. Wer etwas vom Zipfel der Macht ergreifen darf, betont dies unablässig, weil das auch ihm Anerkennung im Freundeskreis oder gar Vorteile im Berufsleben verschafft (»Der kennt sich in der Politik aus«, »Der hat Einfluß«). Selbst Intellektuelle und Kirchenleute können sich der Aura der Macht nicht entziehen, Wirtschaftsführer sowieso nicht. Das von einem Mächtigen gewährte Gespräch erzeugt Loyalität. Die angeblich mächtigen Regierenden können sich also nur deshalb so lange halten, weil viele der Regierten mitspielen.

Macht verleiht Selbstwertgefühl, die Ausübung von Macht wie

die Nähe zur Macht. Diese triviale Erkenntnis ist für Machtinhaber und Machtbegünstigte aber dann keineswegs trivial, wenn die Insignien der Macht ungeplant verlorengehen, wenn auf einmal gesellschaftliche Anerkennung fehlt – wenn man förmlich von der öffentlichen Bildfläche verschwindet, »uninteressant« wird.

Es findet eine tiefe Zäsur im eigenen Leben statt, wenn plötzlich keine Apparate mehr zur Verfügung stehen, die man dirigieren kann, oder wenn man das Türöffnen des Fahrers missen muß, aus den Einladungslisten des Diplomatischen Corps gestrichen wird. Dabei läßt sich auch beobachten, welcher Politiker in erster Linie von der Aura der Macht lebte und wer – einmal auf »Normalmaß« zurechtgestutzt – genügend Persönlichkeitssubstanz mitbringt, wer auch ohne spezifische Symbole (wozu vielfach martialisch auftretende Bodyguards, die beflissene Entourage, ständig gereichte Akten oder Tickermeldungen gehören) noch Charisma besitzt.

Macht gibt es in allen Bereichen der Gesellschaft – im Familienverbund, in einem Verein, in einer kirchlichen Gemeinschaft, in Gewerkschaften, bei Bürgerinitiativen und nicht zuletzt in der Wirtschaft. Es wird immer Menschen geben, die ihren Führungswillen durchsetzen möchten – manche an vorderster Front, andere begnügen sich mit der zweiten Linie. Die meisten Menschen sind zwar zufrieden, nicht selber »Verantwortung« übernehmen zu müssen, und richten sich gerne in der Bescheidenheit ihrer Welt ein – aber erfreuen an den Ritualen der Macht wollen auch sie sich. Macht gibt es also nicht nur im Feld des Politischen, doch dort ist sie offensichtlich.

Es gehört allerdings zum »guten Ton« des Politikers und der Politikerin, die Stimulanzien des Machtstrebens öffentlich zu leugnen. Auch wenn viele Bürger überzeugt sind, Politiker seien »machthungrig«: Nie darf ein Politiker zugeben, daß es gerade der besondere Reiz der Machtausübung ist, der ihm das Durchhalten eines 16-Stunden-Tages ermöglicht. Selbst unwichtige Termine werden allzu häufig angenommen, damit in der Hektik des politischen Treibens kein innerer Leerlauf entsteht. Zumal: Es könnte ja sonst vielleicht ein politischer Konkurrent die gewünschte Rede halten. Der Reiz des Machtausübens wird also öffentlich geleugnet, statt dessen werden Ideale und politische Überzeugungen als Triebfeder genannt. Wer Autobiographien

17

von Politikern liest, kann sich oft nicht des Eindrucks erwehren, daß vielfach ex post rational erscheinende Begründungen für politisches Handeln nachgeschoben werden – vor allem immer wieder der Hinweis auf die »Sorge um das Vaterland« oder die »soziale Verantwortung« –, die das eigentliche Ziel, den persönlichen Machterhalt, verbrämen sollen.

Hier soll nicht, gar in zynischer Weise, bezweifelt werden, daß viele Politiker um politische Konzepte ringen, doch häufig genug werden machtpolitische Notwendigkeiten, die ihre Eigendynamik entfalten, mit hehren politischen Zielsetzungen übertüncht. Deshalb schwanken viele Politiker manchmal sogar in fundamentalen politischen Fragen und können innerhalb kurzer Zeit sehr pragmatisch mehrfach die Position wechseln. Ein weiterer Grund dafür ist die oftmals komplizierte Entscheidungsfindung, da die politische Materie immer komplexer wird. Und auf schwierige Fragen gibt es eben in der Politik selten eindeutige Antworten.

Zum anderen will der Politiker in der Regel weder innerparteilich noch in der Öffentlichkeit zur Minderheit gehören. Politiker entwickeln mit zunehmender Teilhabe am politischen Gewerbe ein Sensorium, Stimmungen und Mehrheiten zu ergründen. Die gleichen Politiker, die ständig »Leadership« anmahnen, »Führung« als unverzichtbaren Bestandteil einer parlamentarisch-repräsentativen Demokratie einfordern, sind häufig auch diejenigen, die die Meinungsumfragen und Wahlergebnisse förmlich in sich einsaugen, weil sie letztlich auf der Mehrheitswelle schwimmen wollen; nur so, meinen sie, können sie ihre Macht erhalten. Der hessische Ministerpräsident Roland Koch kommentierte dies durchaus selbstironisch:»Die Statistik ist für den Politiker das, was für den Betrunkenen die Laterne ist: Sie dient häufig weniger der Erleuchtung als der Aufrechterhaltung der eigenen Standpunkte.«[9] Das Sensorium für politische Strömungen ist bei dem Idealtypus des»kommunikationsgerechten« modernen Politikers oder der Politikerin so stark entwickelt, daß man bei Reden intuitiv oft nicht das sagt, was man wirklich denkt, sondern was das jeweilige Publikum hören will.

Es entspricht zudem einem Grundbedürfnis von Politikern, die in einem meist konfliktreichen Umfeld leben, sich mit den Zuhörern im Konsens zu wissen. Es entwickelt sich sogar vielfach eine Art Kumpanei zwischen Publikum und Redner: Denn je mehr der

Redner auf den Konsens im Auditorium abzielt, desto mehr wird diesem die »Richtigkeit« der eigenen Position bestätigt, es wird dem Redner dankbar die Übereinstimmung bezeugt – und die Länge des Applauses wird zum Maßstab für die Bedeutung des angeblich Mächtigen. Im übrigen zwingen allein schon die Gesetze der »Konsensdemokratie« einen Politiker, vor seinem Publikum nicht polarisierend aufzutreten: Wenn in den Medien von Widerspruch in Veranstaltungen, gar von Pfiffen berichtet wird, wird Umstrittenheit signalisiert. Diese verträgt sich aber gerade nicht mit dem Wunsch, als politischer Führer geliebt zu werden. Es ist manchmal schon peinlich zu sehen, wie Politiker die Länge des Applauses registrieren (lassen) und welch stimulierende Wirkung ein lang anhaltender, dankbarer Beifall auf sie hat. Die enorme Bestätigung des Ichgefühls eines Politikers durch seine Reden (weshalb es völlig unverständlich ist, warum so viele Politiker ihre Reden so schlecht vorbereiten) hängt noch mit einer anderen Frage zusammen: Wie kann »Erfolg« in der Politik, »gute« oder »schlechte« Politik gemessen werden? Ein Wirtschaftsführer erhält zumindest eine Bilanz seines ökonomischen Handelns, er kann heutzutage per Computer sogar täglich die Gewinn-und-Verlust-Rechnung aufrufen, ein Politiker kann dies nicht. Seine Bilanz – deshalb sind für ihn auch die Meinungsumfragen so wichtig – kann letztlich nur der Wahlakt sein, auf Bundesebene indes nur alle vier Jahre. Orkanartiger Beifall auf einer Veranstaltung ersetzt deshalb für den Augenblick eine nüchterne Bilanzierung – und ein solcher Beifall signalisiert das Gefühl von Machterhalt und Anerkanntsein.

Viele Politiker sind sich zu selten bewußt, daß Macht in einer Demokratie auf Zeit verliehen wird. In der politischen Wirklichkeit der Bundesrepublik Deutschland wird die Besetzung fast aller maßgeblichen Positionen – und dies nicht nur auf Bundesebene – durch Parteien beziehungsweise Parteienproporz entschieden oder zumindest beeinflußt. Für den inneren Zustand der Demokratie in Deutschland ist es deshalb von fundamentaler Bedeutung, zu wissen, warum die Christlich-Demokratische Union die Macht 1998 verlor, warum sie etwa ein Jahr nach dem Beginn ihrer Oppositionszeit die größte Krise ihrer Geschichte erlebte und welche politischen Rahmenbedingungen ihr eines Tages die Rückkehr zur Macht ermöglichen können. Eine Demokratie lebt von der Möglichkeit des Machtwechsels. Und auch eine funktionsfähige Opposition tut der Demokratie gut. Je weniger sich eine Oppositionspartei als die »Regierung von morgen« präsentiert, desto weniger sind die jeweiligen Regierungsparteien gefordert. Ein genereller Niedergang, eine Zersplitterung des »bürgerlichen Lagers« hätte im übrigen auch Auswirkungen auf das gesamte deutsche Regierungssystem, selbst auf die SPD. Denn die Vermutung, die klassischen CDU-Wähler wechselten dann – und das auf Dauer – zur SPD, ist nicht sehr realistisch. Ein unumkehrbarer Niedergang der CDU würde zudem das Parteiengefüge innerhalb der Europäischen Union beeinflussen. Nicht einmal ihre Gegner dürfte also gleichgültig stimmen, wie es um die »Staatsgründungspartei« der Bundesrepublik Deutschland steht.

In dem halben Jahrhundert des Bestehens der Bundesrepublik seit 1949 hat die CDU 36 Jahre regiert, ihr großer Widerpart SPD in diesem Zeitraum[10] lediglich 16 Jahre. Die CDU kann für sich beanspruchen, in der Frühzeit der Republik alle wesentlichen Entscheidungen (Westorientierung: europäische Integration, Eintritt in die NATO; marktwirtschaftliche Ordnung) zum Teil gegen erheblichen Widerstand der Opposition getroffen und 1989/1990 die Wiedervereinigung herbeigeführt zu haben. Nur die Ostpolitik Willy Brandts in den siebziger Jahren, eine fundamentale Richtungsänderung, wurde gegen den Willen der CDU (und CSU) vollzogen, womit sie sich aber in weiten Teilen der Bevölkerung isolierte.

Wegen des Parteispendenskandals und der daraus resultierenden Beschäftigung der CDU mit sich selbst insbesondere im Jahr 2000 konnten Regierung und Regierungsparteien in Deutschland faktisch schalten und walten, wie sie wollten. Trotz eines »Zwischenhochs« im Jahr 1999, als die CDU überraschend alle Landtagswahlen und die Europawahl gewann und manche in der Union bereits von einer raschen Rückkehr zur Macht träumten[11], hat die CDU seit dem Bekanntwerden der verschlungenen Finanzpraktiken, für die der Altkanzler Helmut Kohl verantwortlich ist, eine Krise erlebt, von der sie sich bis heute noch nicht erholt hat. Als dann noch bei der Abstimmung über die Steuerreform das Lager der Unionsparteien im Juli 2000 im Bundesrat zerfiel, kam die Partei vollends aus dem Tritt. Die dreieinhalb Monate zuvor gewählte neue Vorsitzende der CDU, Angela Merkel, und der ebenfalls neue CDU/CSU-Fraktionsvorsitzende Friedrich Merz mußten eine herbe Niederlage hinnehmen, die sich alsbald zu einem nicht enden wollenden Führungsstreit in der Partei auswuchs.

Das verwirrende Bild der Opposition hängt mit der Tatsache zusammen, daß es das frühere Gespann Schäuble/Merkel nach dem eigenen »Amtsantritt« wohlweislich versäumt hatte, eine gründliche Analyse der Wahlniederlage von 1998 vorzunehmen. Die beiden vermieden damals alles, was zu einer Auseinandersetzung mit dem Ehrenvorsitzenden Helmut Kohl hätte führen können, und zwar aus folgenden Gründen: Erstens befürchteten sie, daß eine solche Auseinandersetzung die CDU hätte spalten können. Zweitens waren beide so sehr von der Mentalität und dem Politikstil Kohls geprägt, daß insbesondere Wolfgang Schäuble die Frage nach seiner eigenen Mitverantwortung hätte fürchten müssen. Und drittens hätte eine solche Auseinandersetzung bei den Landtags- und Europawahlen des Jahres 1999 den Sieg gefährdet. Also unterblieben eine fundierte Analyse und die daraus abzuleitenden Konsequenzen für die Arbeit der Partei.

Auch deshalb war Schäuble nicht in der Lage, die Ende 1999 beginnende Spendenkrise, welche zur größten innerparteilichen Eruption führte, die es bislang in der Geschichte einer demokratischen Partei der Bundesrepublik Deutschland gegeben hat, zu meistern. Vergessen war auf einmal das Niederwerfen des Parteivorsitzes und des Finanzministeramtes durch Oskar Lafontaine, das die SPD noch wenige Monate zuvor ebenfalls innerlich aufgewühlt hatte. Für Wolfgang Schäuble führte das Unterlassen frühzeitiger schonungsloser Analyse zum Verlust, für Angela Merkel zum Gewinn des Parteivorsitzes.

Die Tatsache, daß die CDU mit Schäuble ihren für die SPD gefährlichsten Kopf verlor, wirkte sich auf die Chancen der Union negativ aus, auch wenn sein Rücktritt unausweichlich war. Die Neuformierung der Opposition mit der »Doppelspitze« Merkel/ Merz brachte ganz zwangsläufig Reibungsverluste mit sich. Deshalb konnte es ihr nicht gelingen, aus der Defensive und letztlich auch aus dem Schatten Kohls herauszutreten. Meinungsumfragen zeigten zudem hohe Zustimmungswerte für Bundeskanzler Gerhard Schröder, wenngleich kein übermäßiges Vertrauen in die Regierung als solche, und starke Unzufriedenheit mit der größten Oppositionspartei. Allerdings: Trotz des schweren Imageschadens, den die CDU insbesondere um die Jahreswende 1999/2000 erlitt, wirken die auf dem Höhepunkt der Spendenkrise geäußerten Vermutungen einer möglichen Spaltung der Union oder eines unaufhaltsamen politischen Niedergangs des von ihr repräsentierten bürgerlichen Lagers doch übertrieben. Zwei Tatbestände – so meinte der frühere SPD-Bundesgeschäftsführer Peter Glotz – könne man nicht mehr wegreden: »Die CDU ist in einer italienischen Krise und das bürgerliche Lager von Auflösungserscheinungen bedroht.«[12] In Wirklichkeit hat sich trotz aller Unkenrufe sowohl das parteipolitische System in Deutschland wie auch die CDU als stabil erwiesen. Dies zeigte vor allem der Landtagswahlerfolg Erwin Teufels in Baden-Württemberg im März 2001. Und es wird auch nicht durch das gleichzeitig schwache Abschneiden der CDU in Kohls Stammland Rheinland-Pfalz widerlegt. Der Anstieg des CDU-Stimmenanteils bei den hessischen Kommunalwahlen im Frühjahr 2001 bestätigt diese These ebenfalls. Der Vergleich mit dem Niedergang der italienischen Christdemokraten ist also nicht sehr überzeugend. Doch die Unionsparteien täten gut daran, sich nicht nur mit kurzfristigen Erfolgen zufriedenzugeben, sondern sie müssen sich an einer langfristigen Strategie orientieren. Die Aufarbeitung der neueren Geschichte der CDU ist auch deshalb notwendig, weil man bedenken muß, daß Helmut Kohl ein besonders prägender Parteivorsitzender war, dessen 25 Jahre Amtszeit nicht einfach abgeschüttelt werden können.

Manchmal scheint es, Kohl wäre immer noch Vorsitzender der CDU – so sehr ist diese Partei auf ihn fixiert. Nach wie vor wird durch seine Person – auch durch die Auseinandersetzung um ihn – die Unionspolitik definiert. Einerseits hat die Spendenkrise eine Entfremdung Kohls von seiner Partei herbeigeführt, die darin kulminierte, daß er am 18. Januar 2000 seinen Ehrenvorsitz niederlegte, nachdem ihm Präsidium und Parteivorstand das Vertrauen entzogen und ihn indirekt zum Verzicht auf das Ehrenamt gedrängt hatten. Andererseits hat die Spendenkrise – und das ist das Dilemma auch der jetzigen Parteiführung – große Teile der Union wieder stärker an Kohl gebunden. Dieser hat – auch durch die Art seiner Reaktion – die CDU in eine Art Geiselhaft genommen. Die Prägekraft Kohls, der zu Recht als »Kanzler der deutschen Einheit« in die Geschichtsbücher eingehen wird, macht es seiner Partei bis heute schwer, sich von ihm zu emanzipieren. Je mehr man indes zu den Ursachen der folgenreichen Wahlniederlage des Jahres 1998 vordringt, desto deutlicher gelangt man zu der Erkenntnis, daß hierfür das starrsinnige Festhalten Kohls am Amt des Kanzlers eine wesentliche, wenn auch keine ausschließliche Rolle spielte. Helmut Kohl machte sich die Partei für eine lange Zeit faktisch untertan und beanspruchte häufig selbst in den unbedeutendsten Fragen die Alleinentscheidung. Allerdings wäre es zu einfach, die Verantwortung ausschließlich ihm aufzubürden, denn immerhin ließ es die Partei zu, daß ein einzelner eine außergewöhnliche Machtfülle auf sich vereinigen konnte. Auch Schäuble, der die Niederlage der Union rational vorhersah, trägt für diesen Mißerfolg Mitverantwortung. Sein Politikstil unterschied sich zwar deutlich von dem Kohls. Doch trieb Schäuble, der neben und manchmal gegen Kohl die größte Gestaltungskraft entfaltete, den ehemaligen Kanzler gelegentlich auch in Entscheidungen, die dieser innerlich nie wirklich nachvollzog. Der langjährige Trennungsprozeß zwischen den beiden Politikern markiert denn auch den Niedergang der alten Koalition.

Im Frühjahr 1989 war vor dem CDU-Bundesparteitag in Bremen zum letzten Mal – unter anderem durch den damaligen Generalsekretär Heiner Geißler – ein Versuch gescheitert, personelle Alternativen zu Kohl aufzubauen. Die deutsche Einheit aber, die Kohl mit Geschick begleitete und förderte, verschaffte ihm in seinem politischen Überlebenskampf Luft. Nun wurde Kohls Machtfülle immer unkontrollierter und von der Partei immer weniger beeinflußt. Schäuble wagte es nie, die Machtfrage zu stellen. Er kettete sein Schicksal so sehr an das von Kohl, daß dessen Niedergang auch zu seinem eigenen führen mußte.

Folgende Leitfragen stellen sich in diesem Zusammenhang für jeden, der sich mit dem »Innenleben der Macht« am Beispiel der CDU beschäftigt:

Erstens: Was ist das Spezifische der Machtausübung eines Mannes, der in den ersten fünf Jahrzehnten nach Gründung der Bundesrepublik die Hälfte der CDU-Geschichte und als Kanzler 16 Jahre lang die Geschicke des Landes bestimmte? Mit welchen Methoden verstand es Helmut Kohl, sich eine Partei, die die Quelle seiner Macht war, förmlich untertan zu machen? Und welche Bedeutung hat dieser Mann heute noch für die Identität der CDU?

Die jetzt stattfindende vergangenheitsbezogene interne Auseinandersetzung um ihn birgt einerseits die Gefahr, daß die CDU als »Volkspartei der Mitte« ihren Auftrag, sich den Zukunftsfragen der Gesellschaft zuzuwenden, verdrängt. Aber man muß sich andererseits auch fragen: Was ist die CDU ohne Helmut Kohl? Das Dilemma der CDU bestand doch auf dem Höhepunkt der Spendenkrise gerade darin, daß – kommunikationspolitisch betrachtet – die Distanzierung von Kohl die Partei in der öffentlichen Meinung mit in die Tiefe riß. Kohl ist zudem nach dem Tod von Willy Brandt und Franz Josef Strauß eine der letzten politischen Persönlichkeiten Nachkriegsdeutschlands von nationaler Bedeutung. Um Helmut Schmidt, der als kühler Norddeutscher die Menschen nie wirklich emotionalisierte, ist es trotz seines Herausgeberdaseins für *Die Zeit* und der Veröffentlichung einiger Bücher doch relativ ruhig geworden. Kohl ist sozusagen die letzte historische Persönlichkeit der Bundesrepublik – und zugleich *der* Repräsentant des westdeutschen Kleinbürgertums, dem er selbst entstammt. Er versteht es auch heute noch, in der Öffentlichkeit Wirkung zu erzielen. Insofern muß es das Kalkül der SPD und der Grünen sein, das »Denkmal Kohl« zum Einsturz zu bringen, denn je weniger in der öffentlichen Meinung von Kohl übrigbleibt, desto geringer die Identitätsfähigkeit der CDU.

Zweitens: Was waren die Gründe, warum sich nach langer Zeit die Wähler auf der Bundesebene von den Unionsparteien abwendeten? Und welche Bedeutung hat eine ungeschminkte Wahlanalyse für die künftige Strategie einer Partei, die eines Tages auch auf Bundesebene wieder Macht ausüben möchte?

Vorhersagen über künftiges Wahlverhalten lassen sich angesichts der relativen Konstanz des Wählerverhaltens trotz erheblich gestiegener Wechselbereitschaft immer noch am besten machen, wenn langfristige Trends und die vorangegangene Bundestagswahl analysiert werden. Dabei wird man zu dem – vielleicht überraschenden – Ergebnis kommen, daß nicht zuletzt wegen der relativ knappen Mehrheit der jetzigen Regierungskoalition deren Wiederwahl noch keinesfalls feststeht.

Drittens: Wie schafft es die CDU (und die mit ihr verbundene CSU), mit dem »Liebesentzug« durch die Wähler auf der Bundesebene fertig zu werden? Welche Strategien und Handlungsoptionen hat eine Partei, die es offensichtlich erst noch lernen muß, die Rolle der Opposition zu verinnerlichen? Oder anders: Wie kann sich die CDU zu einer funktionsfähigen Opposition entwickeln? Die Opposition ist einem bereits zitierten geflügelten Wort nach die »Regierung von morgen«. Im Jahr 2000 betrieb die Opposition aber Opposition gegen sich selbst, so sehr war sie mit sich selbst beschäftigt. Die Doppelspitze Merkel/Merz – in Verbindung mit dem politischen Einfluß des bayerischen Ministerpräsidenten Edmund Stoiber – hat bislang keine durchschlagende Oppositionsstrategie hervorgebracht. Wie geht es weiter mit der CDU? Ist gar die These richtig, daß nach dem Ende des Ost-West-Konflikts den Unionsparteien der eigentliche Kitt abhanden gekommen sei? Denn die Gefährdung des Westens durch eine befürchtete sowjetische Expansion und ein daraus resultierender Antikommunismus waren neben dem Zusammenhalt in der Frage der Macht für die Union ein wichtiges Bindemittel. Der Antikommunismus definierte weitgehend auch einen Antisozialismus, der sich trotz des Godesberger Programms der SPD weiterhin gegen diese wenden konnte.

Klar ist: Ein Wiedergewinn der Macht durch die Union hängt von vier Faktoren ab. Erstens gewinnt diejenige Partei, der die besseren Ideen für die Zukunft zugesprochen werden und die sich in größerem inhaltlichem Einklang mit der Bevölkerung befindet. Sodann spielen, zweitens, die handelnden Personen und die ihnen zugesprochene Kompetenz und Sympathie bei der Wählerentscheidung eine bedeutende Rolle. Drittens ist wichtig, wie die Leistungen einer Partei in der Vergangenheit bewertet werden. Sagt sich eine Partei von ihren eigenen historischen Leistungen los, wird sie ihr gewissermaßen natürliches Vertrauenspotential verspielen. Der vierte, konstellative Faktor schließlich entzieht sich weitgehend, wenn auch nicht völlig, dem Einfluß einer Partei. Wenn es der Union an einem Koalitionspartner mangelt, ist jedes noch so theoretisch durchdrungene Konzept zur Rückgewinnung der Macht obsolet. Dies führt zu der letzten Leitfrage:

Viertens: Wird die Verbannung der CDU in die Opposition das bislang stabile, auf großer Kontinuität basierende Parteiensystem der Bundesrepublik mittelfristig verändern? Wie wirken sich die Oppositionssituation und die zunehmende Zahl von Wechselwählern auf das inhaltliche Profil der CDU aus?

Die Wählerinnen und Wähler fragen zu Recht, wo jetzt, in der Post-Kohl-Ära, die strategischen Positionen der Unionsparteien liegen, welches unverwechselbare Profil sie gegenüber anderen Parteien haben (»Alleinstellungsmerkmal« in der Sprache der Ökonomen) und was ihr »Mehrwert« gegenüber den regierenden Parteien ist. Oder bestätigt die neuere Entwicklung der Unionsparteien sogar die These, daß in der Politik der Gegenwart die Parteien im Grunde austauschbar seien? Trifft die konstatierte »Entideologisierung«, der Hang zum rein pragmatisch Machtorientierten, nicht sogar auf die beiden großen Volksparteien gleichermaßen zu, die ein Spezifikum Nachkriegsdeutschlands sind und die es so in vielen vergleichbaren Industrieländern nicht gibt?

Wer sich mit einer vergangenen – aber in ihren Wirkungen bis in die Gegenwart hineinreichenden – Ära befaßt, muß sich mit den Machtstrukturen dieser Zeit auseinandersetzen. Beschreibungen und Analysen zum »Innenleben« der Macht werfen nie ein schönes Licht auf alle Beteiligten. Fragen der politischen Inhalte und die verschiedenen Formen der Machtausübung sind aber nicht voneinander zu trennen.

Bei der Analyse des Macht- und Regierungssystems Helmut Kohls und seines spezifischen Politikstils muß zwischen dem »frühen« und dem »späten« Kohl unterschieden werden. Der Autor dieses Buches hat seit etwa 30 Jahren – schon während seiner Studentenzeit – vielfältige Erfahrungen mit dem Innenleben der CDU und mit Helmut Kohl sammeln können. Er gehörte sogar lange Jahre zu denjenigen Personen, die sich einer besonderen Unterstützung durch diesen Mann erfreuen konnten. Kennengelernt hat er Kohl Ende der sechziger Jahre, als dieser zu den liberalen und reformbereiten Kräften der CDU zählte und es verstand, gerade Jüngere und Intellektuelle in seiner Partei zu motivieren. Als ehemaliger Bundesvorsitzender des Ringes Christlich-Demokratischer Studenten (RCDS), als direkt gewählter Bundestagsabgeordneter des Wahlkreises Esslingen am Neckar, als Mitglied des CDU-Bundesvorstands und zweier CDU-Grundsatzprogrammkommissionen und schließlich als Geschäftsführender Vorsitzender der Konrad-Adenauer-Stiftung konnte der Autor – auch innerhalb seiner staatlichen Funktionen im Rahmen der politischen Bildung, der Europäischen Union sowie als Staatssekretär und Bevollmächtigter des Landes Berlin beim Bund – viele intensive Einblicke in das Innenleben einer Partei gewinnen, die wie keine andere die Politik der Bundesrepublik Deutschland geprägt hat. Der Verfasser war also nahe am Machtgeschehen, aber auch weit genug weg, um die notwendige Distanz wahren zu können. Hier soll der Versuch unternommen werden, langjährige praktische Erfahrungen in der Politik mit solider politikwissenschaftlicher Analyse zu verbinden. Der geringe zeitliche Abstand zum »Objekt« macht gleichwohl keinem Autor, zumal wenn er die CDU-Politik aus der Nähe erlebt und teilweise mitgestaltet hat, eine vorurteilsfreie Analyse möglich. Auch die vorliegende ist zwangsläufig subjektiv gefärbt. Helmut Kohl hat es zudem schon immer verstanden, ein Hinterfragen seines Führungsstils als politische Ranküne zu diffamieren. In seinem *Tagebuch* schrieb er beispielsweise: »Einst gefeiert, jetzt gejagt von den politischen Gegnern, von Teilen der Medien, den parteiinternen Kritikern, zum Teil sogar von ehemaligen Freunden.«[13] Kohl unterstellt seinen Kritikern prinzipiell – gerade denjenigen, die ihm nahestanden – persönliche Motive oder gar Rachegelüste. Dies ist eine Methode der (Selbst-)Immunisierung – gleichzeitig wird jede Kritik als unberechtigter Anwurf abgetan –, vielleicht aber sogar das »große Geheimnis« seiner Macht, da diese seine Methode immer gewirkt hat. Dadurch behielt Kohl lange Zeit hinsichtlich seines Handelns die Interpretationshoheit. Um so wichtiger ist es, möglichst nüchtern die Fakten zu benennen. Denn wenn es um Fragen von »Macht« geht, sind auch immer Emotionen im Spiel, große sogar.

I.
Die Architektur der Macht:
Die Ära Kohl

Die drei Säulen von Kohls Macht

Macht ist das Lebenselixier Helmut Kohls. Der Altkanzler kann als Virtuose der Macht bezeichnet werden – sein Machtsystem hat nach wie vor etwas Faszinierendes an sich. Noch so kluge politische Ideen allein machen einen Politiker nicht erfolgreich. Zu seinem Handwerkszeug gehört, die Techniken der Macht zu beherrschen und Machtstrukturen so zu gestalten, daß er diese möglichst lange bestimmen kann. Es dürfte bisher selten einen Politiker gegeben haben, der so zielstrebig und langfristig planend auf ihn individuell zugeschnittene Machtstrukturen aufbaute wie Helmut Kohl.

Er erkannte frühzeitig: Ohne die Schaffung eines Machtsicherungssystems wird ein Politiker nicht überleben können. Da Kohl selbst in einer Art Putsch Peter Altmeier, seinen Vorgänger als rheinland-pfälzischen Ministerpräsidenten, aus dem Amt entfernte und er den Niedergang Konrad Adenauers wie Ludwig Erhards intensiv erlebt hat, wußte er, wie notwendig es ist, allen Gefährdungen durch ein ausgeklügeltes System der Machtsicherung entgegenzuwirken. Dabei gilt eine Grunderfahrung: Politiker, die selber an Intrigen, an »Verschwörungen« gegen andere beteiligt waren, trauen dies ihren Konkurrenten mindestens im gleichen Maße zu, wobei sich das Selbstbild unbefleckter Fairneß gegenüber den Rivalen mit zunehmender Amtsdauer immer mehr verfestigt. Nicht Kohls historische Leistungen sollen hier untersucht werden, sondern das spezifische Machtsicherungssystem jenes Mannes, dem noch während seiner Ministerpräsidentenzeit in Mainz niemand zugetraut hätte, eines Tages der am längsten amtierende Kanzler der Bundesrepublik Deutschland zu sein.

Macht wird in einer Demokratie durch die Vorschriften der Verfassung in Grenzen gehalten. Allerdings findet politische Machtausübung nicht nur in staatlichen Institutionen statt, sondern auch mit Hilfe nichtstaatlicher Organisationen wie Parteien oder Verbände. Deutschland hat zudem ein besonders kompliziertes Regierungssystem, was ein ausdifferenziertes System der Machtsicherung notwendig macht. Im Laufe der von Kohl stark mitbeeinflußten bundesrepublikanischen Geschichte haben sich außerdem die Rahmenbedingungen des Regierens verändert – durch den dauerhaften Zwang zu Koalitionen, durch selbstbewußtere Parlamentarier (Entwicklung zum Berufspolitikertum) und durch den stärker gewordenen Einfluß der Parteipolitik. Die zunehmende Macht der Parteien führte beispielsweise – auch bei der Schröder-Fischer-Regierung – zu den in der Verfassung nicht vorgesehenen Koalitionsrunden.

Drei Säulen der Macht Helmut Kohls gilt es zu benennen, um dessen Machtsicherungssystem zu analysieren, nämlich die Partei als Basis der Macht, die Bundestagsfraktion als Netzwerk der Macht und das Kanzleramt als das Zentrum der Macht. Kohls Erfolgsgeheimnis war, daß er lange Zeit virtuos diese drei Säulen zum Ausbau seiner Machtfülle nutzte. Es gelang ihm, die Kanzlermacht mit der Macht eines Parteiführers synergetisch zusammenzuführen. Kohl war klar, wie wichtig es ist, die eigene Partei hinter sich zu wissen. Kanzlermacht alleine, das mußte sein Vorgänger im Kanzleramt, Helmut Schmidt, erfahren, reicht nicht. Und Kohls Nachfolger konnte erst als Bundeskanzler reüssieren, als er selber Parteivorsitzender wurde und seine Partei mit einem loyalen Generalsekretär hinter sich bringen konnte. Solange unter dem Parteivorsitzenden Oskar Lafontaine und dessen Bundesgeschäftsführer Ottmar Schreiner die SPD als Partei nicht hinter dem Kurs des jetzigen Kanzlers stand, hatte dieser – wie das erste Regierungsjahr zeigte – enorme Schwierigkeiten, zumal die SPD-Fraktion zwischen dem Kanzleramt und der Partei zerrieben zu werden drohte. Allerdings konnte Schröder bislang seinen Einfluß innerhalb der Fraktion noch nicht so festigen, wie das Kohl über all die Jahre gelang.

Wer waren in Kohls Machtsystem eigentlich seine wichtigen Helfer und Berater? Darüber ist bislang wenig geschrieben worden. Eine alte Erfahrung zeigt, daß die Qualität der Mitarbeiter vieles über die Qualität des Chefs aussagt. Dies gilt für Wissenschaft, Wirtschaft, Verwaltung und Politik gleichermaßen. In seinen jungen Jahren konnte Kohl sich im Ruf eines besonders reformorientierten Landeskabinetts sonnen. Außerdem vermochte er bis in seine Zeit als Kanzler hinein sein Image zu bewahren, daß er auch in denjenigen inhaltlichen Feldern, in denen er nicht über eigene Stärken verfügte, mit guten Kabinettsmitgliedern oder Beratern aufwarten könne, zumal er gelegentlich als »Generalist« verspottet wurde. Doch mit zunehmender Amtsdauer wurde Helmut Kohl dem Nimbus, er sei in der Lage, charismatische, reformorientierte Persönlichkeiten an sich zu binden, immer weniger gerecht. Insofern muß auch bei der Behandlung der Frage seiner unmittelbaren Berater, Zuarbeiter und politischen Unterstützer zwischen dem »frühen« und dem »späten« Kohl unterschieden werden. Der »junge« Kohl konnte, wie schon erwähnt, kritisch-liberale Geister an sich binden, er duldete gelegentlich Widerspruch – der »alte« Kohl hatte sich zunehmend mit Jasagern umgeben, reagierte immer unduldsamer und agierte auch innerparteilich nach dem Motto: »Wer nicht für mich ist, ist gegen mich.«

Helmut Kohls Macht wurde durch seinen spezifischen Politikstil noch verstärkt – was aber bedeutete, daß er die formalen Abstimmungsprozesse innerhalb der Bundesregierung durch sein Jonglieren zwischen verschiedenen Identitäten mehr als einmal großzügig überging. Manchmal war er mehr CDU-Vorsitzender, häufig sprach er wie ein unabhängiger Moderator der drei Koalitionsparteien und auch in der internationalen Politik agierte er in der neutralen Haltung eines Staatsmannes.

Die Partei als Basis der Macht

Die CDU ist – insbesondere wegen der prägenden Zeit Konrad Adenauers – nicht nur *die* Staats- und Gründungspartei der Bundesrepublik Deutschland. Der amerikanische Parteienforscher Dalton bezeichnete sie sogar als die »wahrscheinlich erste große Volkspartei *(catch-all-party)* in Zentraleuropa«.[14] Angesichts dieser Bedeutung der CDU ist ihre Krise um die Jahrhundertwende für Politikwissenschaftler besonders interessant, sollte aber auch den »Normalbürger« nicht gleichgültig lassen. Hier jedoch zunächst ein Blick auf die Entwicklung der bundesdeutschen Parteienlandschaft bis zum Amtsantritt Helmut Kohls als Bundeskanzler.

Als die Parteien im Nachkriegsdeutschland entstanden, konnten sie an historische Wurzeln, an die Parteien der Weimarer Republik, anknüpfen. Dies gilt insbesondere für die Volksparteien SPD und CDU, die dann im Laufe der Zeit ihre Wählerbasis durch programmatische Öffnung erweiterten. (Das in diesem Absatz über die CDU Gesagte trifft weitgehend auch auf ihre bayerische Schwesterpartei, die CSU, zu.) Die älteste deutsche Partei, die SPD, hatte naturgemäß in der gewerkschaftlich organisierten Arbeiterschaft und insgesamt im Arbeitermilieu zahlreiche Startvorteile, die CDU eher im bürgerlichen Bereich, aber auch im konfessionell geprägten: Da ein Teil der Arbeiterschaft große Nähe zur katholischen Kirche aufwies, die zudem über zahlreiche »Vorfeldorganisationen« wie die »Kolpingfamilie« verfügte, fand die CDU in der Frühphase der Bundesrepublik gerade bei diesen Arbeitern starke Unterstützung. So konnte sie einerseits ihre Bindung an die katholische Kirche – insoweit in der Tradition ihrer Vorgängerin, der Zentrumspartei, stehend – neu aktivieren. Sie war aber andererseits – deshalb auch der Name Union – insofern eine qualitativ neue Partei, als in ihr von Anfang an die Konfessionsschranken überwunden werden sollten. Zwei führende protestantische Repräsentanten der CDU in ihrer Gründungsphase, die in der Nazizeit der Bekennenden Kirche angehört hatten, stehen für diese Öffnung: nämlich der zweite Bundestagspräsident, Hermann Ehlers (1950–1954), und dessen Nachfolger, Eugen Gerstenmaier (1954–1969). Dennoch blieb die Union eher katholisch geprägt. Insgesamt aber war die Bedeutung des Christlichen in der unmittelbaren Nachkriegszeit ungleich größer als heute, auch und gerade in der CDU.

Natürlich ist die Parteienentwicklung im Westen Deutschlands auch ein Reflex auf die Wahlgesetzgebung: Da bei den ersten Bundestagswahlen im Jahr 1949 noch keine Fünfprozenthürde auf Bundesebene bestand, war, auch wegen des Zaubers eines politischen Neuanfangs, im 1. Deutschen Bundestag die Parteienvielfalt noch sehr viel größer. Dies zeigte sich im Einzug von acht Fraktionen (elf Parteien)[15], wobei die CDU/CSU mit 31 Prozent

Stimmenanteil die stärkste, die SPD mit 29,2 Prozent die zweit-stärkste Fraktion bildete. Die FDP erhielt mit 11,9 Prozent ihr zweitbestes Ergebnis in der Geschichte. Sieht man aber von der ersten Legislaturperiode der Jahre 1949 bis 1953 ab, entwickelte sich danach das parlamentarische System in Westdeutschland immer mehr zu einem Dreifraktionensystem, wobei die FDP die Rolle des Mehrheitsbeschaffers einnahm.

Nach dem Kriegsende 1945 waren die Parteien zunächst von untergeordneter Bedeutung, da das Regierungssystem erst nach und nach Gestalt annehmen konnte und die Beseitigung materieller Not Vorrang vor politischer Betätigung hatte. Der Aufbau der Parteien begann – am Anfang unter strenger Aufsicht der Besatzungsmächte – zunächst auf kommunaler Ebene, in der Folge auf der jeweiligen Landesebene. Die CDU war aus diesem Grund von Beginn an sehr stark föderal gegliedert, mit Nachwirkungen bis auf den heutigen Tag. Der eigentliche Gründungsparteitag der Bundes-CDU fand dann erst in Goslar vom 20. bis 22. Oktober 1950 statt. Adenauer erhielt auf diesem Parteitag bei der Wahl zum Vorsitzenden 302 von 335 Stimmen, einer seiner beiden Stellvertreter wurde Jakob Kaiser.

Kaiser war der Vorsitzende der CDU in der sowjetischen Besatzungszone (SBZ), die von den dortigen Machthabern zunehmend geknebelt wurde. Die Parteienentwicklung in der damaligen Sowjetischen Besatzungszone (SBZ) verlief am Anfang parallel zu den drei Westzonen, wurde aber von der Sowjetischen Militärverwaltung besonders intensiv überwacht. In der Folgezeit lebten sich die westlichen CDU-Verbände und die unter starkem sowjetischem Druck stehenden Ostverbände immer mehr auseinander. Ganz zwangsläufig prägte die deutsche Frage auch die CDU: Während Adenauer in enger Anlehnung an den freien Westen die staatliche Konsolidierung der Westzonen betrieb, hatte für seinen Stellvertreter Kaiser die nationale Einheit Priorität. Allerdings erwies es sich bald als eine Illusion, daß in der Ostzone auf Dauer freie Wahlen möglich wären. Noch im Herbst 1946 konnte die CDU trotz Behinderungen durch die Sowjets und die SED in der SBZ erhebliche Erfolge erzielen. Sie war damals mit 220 000 Mitgliedern nach der SED die zweitstärkste Partei. Bei den Wahlen in den Ländern und Kreisen am 20. Oktober 1946 kam sie mit rund einem Viertel der Wählerstimmen auf Platz zwei in Ostdeutschland, in Gesamt-Berlin erhielt sie sogar mehr Stimmen als die SED. Insbesondere nach ihrem Parteitag vom 6. bis 10. September 1947 verschärften sich die Angriffe der SED gegen den Vorsitzenden Kaiser und seine Anhänger. Am 20. Dezember 1947 wurde Kaiser durch die Sowjetische Militärverwaltung abgesetzt. Von da an entwickelte sich die Union in der Ostzone immer mehr zu einer prokommunistischen Organisation, was auch zu einer starken Abnahme der Mitgliederzahlen führte. Mit Otto Nuschkes Wahl zum Vorsitzenden auf dem dritten Parteitag der Ost-CDU vom 18. bis 20. September 1948 war die Spaltung zwischen ostdeutscher und westdeutscher CDU faktisch vollzogen.

Auch die anderen Parteien in der Ostzone erlebten ähnliche Schicksale, insbesondere die SPD, die gegen den erheblichen Widerstand Kurt Schumachers schon am 21. April 1946 mit der damaligen KPD zur SED, der Sozialistischen Einheitspartei Deutschlands, zwangsvereinigt wurde.[16] Die freie Luft zum politischen Atmen wurde den demokratisch orientierten Parteien immer mehr abgeschnürt. Manche Anhänger der einstigen SPD, aber auch der Ost-CDU oder anderer demokratischer Parteien wurden wegen ihres Engagements zum Beispiel in das frühere KZ Bautzen eingeliefert, was heute vielfach vergessen ist.

Doch zurück zur Bundesrepublik: Nur einmal in ihrer Geschichte – 1957 – gelang es einer Fraktion, der CDU/CSU, mit 50,2 Prozent der abgegebenen Stimmen die absolute Mehrheit der Stimmen und auch der Sitze im Bundestag zu erreichen. Doch nach diesem Spitzenergebnis erlebte die CDU/CSU einen »schleichenden« Regierungsverlust: Bei den Wahlen zum Bundestag am 19. September 1965 gewann die SPD zwar Stimmen dazu, aber auch die CDU/CSU unter Kanzler Ludwig Erhard ging gestärkt aus ihnen hervor, so daß die Fortsetzung der CDU/CSU-FDP-Koalition zunächst nicht in Frage stand. Im Oktober 1966 aber traten die vier FDP-Bundesminister zurück, worauf es nach langwierigen Verhandlungen zu einer großen Koalition der Unionsparteien mit der SPD kam. Der baden-württembergische Ministerpräsident Kurt-Georg Kiesinger wurde schließlich am 1. Dezember 1966 zum Kanzler, Willy Brandt zum Vizekanzler gewählt. Die große Koalition stellte aus der Sicht der Sozialdemokraten einen Zwischenschritt zur Verbannung der Union in die Opposition dar, denn es entsprach der Strategie vor allem des legendären SPD-Fraktionsvorsitzenden Herbert Wehner, durch eine solche Koalition die bis dahin von manchen Wählern bezweifelte Regierungsfähigkeit der SPD unter Beweis zu stellen.

Die langfristige Vorbereitung zur Regierungsfähigkeit hatte schon mit der Verabschiedung des Godesberger Programms der SPD im Jahr 1959 begonnen, das alten sozialistischen Vorstellungen abschwor und eine Öffnung hin zur »Mitte« signalisierte.

Die Rechnung ging auf: Es sollte sich bald herausstellen, daß die große Koalition, die auch bei zahlreichen Anhängern der SPD auf wenig Gegenliebe gestoßen war, lediglich der »Durchlauferhitzer« auf dem Weg zu einer Kanzlerschaft Brandts und einer sozialliberalen Koalition war. Am 21. Oktober 1969 schließlich wurde mit Willy Brandt der erste sozialdemokratische Kanzler der Bundesrepublik Deutschland vereidigt. Die Bundestagswahl 1972 stand unter dem Zeichen der von Brandt forcierten neuen Ostpolitik. Die CDU geriet inhaltlich in die Defensive, weil der Kampf um die Ostpolitik, deren Revision freilich schon in der großen Koalition unter Kiesinger eingeleitet worden war, ein wichtiges Profilierungsthema für Willy Brandt war, der die Friedenssehnsucht der Deutschen klug zu kalkulieren wußte. Die SPD wurde mit 45,8 Prozent erstmals stärkste Partei; sie erhielt damit 0,9 Prozent mehr als die Unionsparteien. Gemeinsam mit der FDP (8,4 Prozent) konnte sie im Bundestag eine deutliche Mehrheit stellen.

1976 gelang es dann der CDU/CSU unter dem damals erstmalig als Kanzlerkandidat antretenden Helmut Kohl, bei den Wahlen zum 8. Deutschen Bundestag 48,6 Prozent zu erzielen. Dies war das zweitbeste Ergebnis in der Geschichte der Unionsparteien, die sogar 6 Prozent mehr als die SPD errangen. Trotz knapper Mehrheit entschlossen sich SPD und FDP zur Fortsetzung ihrer Koalition. Der Regierungswechsel wurde erst durch ein konstruktives Mißtrauensvotum im Jahr 1982 möglich, das zur Entlassung des damaligen Kanzlers Helmut Schmidt führte. Nun – am 1. Oktober 1982 – gelangte Helmut Kohl ins Amt. Auf dem Weg dorthin hatte er jedoch enorme Widerstände zu beseitigen, um sich innerparteilich und gegen die CSU durchzusetzen. Wie ihm das gelang, wird im folgenden beschrieben.

Ergebnisse der Bundestagswahlen 1949 bis 1998
Zweitstimmenanteile in Prozent

	CDU/CSU	SPD	FDP	B90/Grüne	PDS	Sonstige
1949	31,0	29,2	11,9			27,9
1953	45,2	28,8	9,5			16,5
1957	50,2	31,8	7,7			10,3
1961	45,3	36,2	12,8			5,7
1965	47,6	39,3	9,5			3,6
1969	46,1	42,7	5,8			5,4
1972	44,9	45,8	8,4			0,9
1976	48,6	42,6	7,9			0,9
1980	44,5	42,9	10,6	1,5		0,5
1983	48,8	38,2	7,0	5,6		0,4
1987	44,3	37,0	9,1	8,3		1,3
1990	43,8	33,5	11,0	5,0	2,4*	4,3
1994	41,5	36,4	6,9	7,3	4,4*	3,5
1998	35,2	40,9	6,2	6,7	5,1	5,9

* 1990 und 1994 ermöglichten der PDS jeweils drei Direktmandate den Einzug in den Bundestag.
Quelle: Deutscher Bundestag

Eine föderal strukturierte Partei wie die CDU so sehr zu kontrollieren, wie dies Helmut Kohl tat, und nicht wieder schnell vom Podest gestoßen zu werden war vor allem in der Zeit vor der Erringung der Kanzlerschaft allein schon eine herausragende machtpolitische Leistung. Sie erfordert erstens einen unbedingten Willen zur Macht, zweitens ein besonderes Sensorium für Stimmungen und Strömungen, die Fähigkeit zu taktischem Denken und ein besonderes Instrumentarium zur Machtgewinnung sowie – drittens – Fortune. Gerade letzterer Faktor sollte bei Karrieren aller Art, also auch in der Politik, nicht unterschätzt werden. Kohl hatte Fortune – zum Beispiel bei dem von ihm nicht beeinflußbaren Zusammenbruch des DDR-Regimes, der ihn dann als »Kanzler der deutschen Einheit« in die Annalen der Weltpolitik eingehen ließ. Zumal: Innenpolitisch war die Kohl-Regierung schon damals am Ende ihrer politischen Rezepturen gewesen.

Ohne die Wiedervereinigung, die zu einer »Stunde der Exekutive« wurde, wäre sie vermutlich nicht erst 1998 abgewählt worden.

Innerhalb seiner Partei basierte Kohls Macht auf einem stark vernetzten, in alle Landesverbände hineinwirkenden Einflußgeflecht, das er sich bereits in den Jahren aufgebaut hatte, bevor er für ein Vierteljahrhundert an die Spitze der Partei trat – nämlich während seiner Zeit in der Jungen Union. Kohl wußte schon am Anfang seiner bundespolitischen Karriere um die Bedeutung der Partei. Sein 1973 errungenes Amt als Bundesvorsitzender der CDU verdankte er nicht einer Zugehörigkeit zur Bundestagsfraktion; er war damals noch rheinland-pfälzischer Ministerpräsident. Er mußte sich deshalb – neben wichtigen Fraktionsangehörigen – in erster Linie auf den Parteiapparat stützen, und zwar vor allem auf seinen damaligen Generalsekretär Kurt Biedenkopf und auf seinen loyalen Bundesgeschäftsführer Karl-Heinz Bilke. Kohl konnte davon ausgehen, daß sich Karl Carstens, der Rainer Barzel als Fraktionsvorsitzenden ablöste, lediglich als Interimsvorsitzender verstand. 1976 gelang es dann Kohl nach der Bundestagswahl, seinen Führungsanspruch mit der Übernahme des Fraktionsvorsitzes abzusichern.

Früh schon spielte Helmut Kohl – lange bevor andere davon redeten – im Kreise von Vertrauten mit dem Gedanken einer zukünftigen Kanzlerkandidatur. Sein Biograph Klaus Dreher schreibt dazu: »Kohl war im Herbst 1970 so weit vom Kanzleramt entfernt, daß es wundert, wieso er überhaupt davon sprach.«[17] Der Wille zur Kanzlerschaft war bei ihm also frühzeitig ausgeprägt, wie auch der zur Übernahme des Parteivorsitzes, der Weg dahin aber lang und steinig. Bevor er in Saarbrücken gegen Barzel zum Kampf um den Vorsitz der CDU antrat, brachte er sich auf dem Parteitag in Düsseldorf vom 25. bis 27. Januar 1971 selbst eine Niederlage bei, von der er sich so schnell nicht erholen sollte. Es ging dort um die Frage der Mitbestimmung, die die CDU, damals in der Opposition, an den Rand einer Spaltung brachte, zumal zu jener Zeit die Arbeitnehmervertretung in der CDU, die Sozialausschüsse unter dem Vorsitz des ehemaligen Bundesarbeitsministers Hans Katzer, noch über eine relativ starke Stellung in der Partei verfügte. Die CDU mußte auf diesem Parteitag mit eigenen Vorschlägen auf einen Gesetzentwurf der sozialliberalen

Koalition reagieren. Als Volkspartei versuchte sie einen Spagat: Sie wollte einerseits arbeitnehmerfreundlich agieren, andererseits aber auch nicht die ordnungspolitischen Grundsätze der sozialen Marktwirtschaft verletzen.

Der CDU-Bundesvorstand legte auf diesem Parteitag einen Antrag vor, der hinsichtlich der Mitbestimmung der Arbeitnehmer relativ weit ging. Dies führte dazu, daß sich die CSU von diesen Überlegungen distanzierte. Nach einer brillanten Rede des damaligen hessischen CDU-Landesvorsitzenden Alfred Dregger, der arbeitgeberfreundlich-konservative Positionen vertrat, und nach einer Rede von Kohl, in der er sich zur Mitbestimmungsfrage recht sibyllinisch ausdrückte, kam es zu einem Delegiertenvotum mit verschiedenfarbigen Stimmzetteln. Dabei zeigte Kohl – es wurde zunächst nach der Geschäftsordnung über den weiter gehenden Antrag Dreggers entschieden – den weißen Zettel, was Zustimmung zu diesem Antrag bedeutete. Damit stimmte Kohl gegen den von ihm bis dahin unterstützten Antrag des CDU-Bundesvorstands. Da Dreggers Antrag nur knapp, nämlich mit 259 zu 253 (bei 6 Enthaltungen und 13 ungültigen Stimmen), angenommen wurde, kam es zu wahren Turbulenzen. Der damalige RCDS-Bundesvorsitzende beispielsweise forderte danach den Rücktritt des gesamten CDU-Bundesvorstands. Begründet wurde dies damit, daß einige seiner Mitglieder – unter ihnen Kohl – dem eigenen Vorschlag nicht zugestimmt hatten. In der Erklärung hieß es unter anderem: »Der RCDS sieht es als für die CDU untragbar an, daß in der harten Auseinandersetzung mit der verfehlten Politik der SPD Männer an der Spitze der CDU stehen, die nicht politisch argumentieren wollen.«[18] Kohl war kurz vor der Abstimmung außerhalb des Tagungssaales gewesen, um dort mit Delegierten zu diskutieren. Er hat sein Verhalten deshalb damit begründet, er habe zum Zeitpunkt seiner Abstimmung die Übersicht verloren. Aber abgenommen wurde ihm dies von vielen der Delegierten nicht. Seine Glaubwürdigkeit war sichtbar angeknackst. Manche vermuteten, er habe sich nicht gegen die Arbeitgeber stellen wollen, andere meinten, es sei ihm darum gegangen, bei der Mehrheit zu sein. Doch was auch immer die Gründe seines rätselhaften Abstimmungsverhaltens waren, er brauchte lange Zeit, um sich von dieser ersten Glaubwürdigkeitskrise zu erholen.

Sein Kampf um den CDU-Vorsitz wurde dann aber durch ein hervorragendes Ergebnis bei den Landtagswahlen in »seinem« Bundesland Rheinland-Pfalz am 21. März 1971 begünstigt: Die CDU erhielt genau 50 Prozent der Stimmen und damit 4,3 Prozent mehr als bei den Wahlen vier Jahre zuvor. Dieses Wahlergebnis, das der CDU im Landtag die absolute Mehrheit verschaffte, war eine deutliche Bestätigung der persönlichen Politik Kohls. Und obwohl es jetzt in Mainz der parlamentarischen Unterstützung durch die FDP, die von 8,3 Prozent auf 5,9 Prozent zurückgefallen war, eigentlich nicht mehr bedurfte, favorisierte er – des bundespolitischen Signals wegen – ein Weiterregieren mit der FDP. Die Liberalen selbst aber lehnten angesichts der neuen Mehrheitsverhältnisse das Weiterregieren mit der CDU ab. Der langfristig denkende Machtpolitiker Kohl freilich beließ den späteren FDP-Bundeswirtschaftsminister Hans Friderichs als Staatssekretär im Ministerium für Landwirtschaft, Weinbau und Forsten in seinem Amt. Dies wurde weithin als ein deutliches Zeichen Kohls für eine dauerhafte Zusammenarbeit mit der FDP angesehen. Hier zeigte sich schon die Grundkonstante Kohlscher Überzeugung, nur mit Hilfe der liberalen Partei Mehrheiten auf Bundesebene schaffen zu können. Er hatte frühzeitig mit wichtigen FDP-Politikern intensiven Kontakt gepflegt, vor allem mit Hans-Dietrich Genscher.

Allerdings war dieser Wahlsieg in Rheinland-Pfalz längst noch nicht das Ticket fürs Spitzenamt des CDU-Parteivorsitzenden. Kohl wurde in weiten Teilen der Union als Provinzpolitiker angesehen, sein Abstimmungsverhalten auf dem Düsseldorfer Parteitag wirkte nach, und der CDU/CSU-Fraktionsvorsitzende Rainer Barzel strebte ebenfalls die Nachfolge des früheren Bundeskanzlers Kurt-Georg Kiesinger als Parteivorsitzender an. Im Sommer 1971 erklärte Barzel dann seine Bewerbung für den Parteivorsitz und meldete zugleich seinen Anspruch auf die Kanzlerkandidatur an. Kiesinger hatte sich eine Zeitlang nicht darüber geäußert, ob er auf dem am 4. Oktober 1971 beginnenden Saarbrücker Parteitag noch einmal als CDU-Vorsitzender antreten wolle. Die innerparteiliche Diskussion über diese Frage lief aber schon auf Hochtouren.[19] Durch das Vorpreschen Barzels mußte nun auch Kohl Farbe bekennen. Er gab seine Rücksicht auf Kiesinger, mit dem er bisher ein gutes Verhältnis gepflegt hatte, daraufhin auf und erklärte am 17. Juni 1971 im Südwestfunk, daß auch er sich bewerben werde und seine Kandidatur nicht davon abhängig mache, ob Kiesinger verzichte oder nicht. Um sein Ziel zu erreichen, verbündete sich Kohl mit dem damaligen CDU-Generalsekretär Bruno Heck, einem »gutkatholischen« und zugleich intellektuell sehr beschlagenen Mann, den er im Falle seines Sieges im Amt belassen wollte. Darüber hinaus plädierte Kohl für die Trennung von Partei- und Fraktionsvorsitz. Er dachte, auf diese Weise leichter den Parteivorsitz zu erhalten. Als Kanzlerkandidaten hatte er sich den früheren Außenminister Gerhard Schröder ausgesucht, weil er es für zu früh hielt, sich selber zu diesem Zeitpunkt hierfür ins Gespräch zu bringen.

Barzels Strategie einer Ämtervereinigung leuchtete aber den Delegierten mehr ein. Zugleich plädierte dieser für die Aufstellung einer Regierungsmannschaft. Zu ihr sollten unter anderen Hans Katzer, der als früherer Sozialminister über ein hohes sozialpolitisches Renommee verfügte, sowie der profilierte Militärexperte Manfred Wörner gehören. Besonders aber mußte es Kohl erzürnen, daß Barzel den späteren Bundespräsidenten Richard von Weizsäcker für den Vorsitz einer Grundsatzprogrammkommission gewinnen konnte. Denn Kohl hatte von Weizsäcker, der sich durch seine aktive Mitarbeit in der evangelischen Kirche bereits einen Namen gemacht hatte, für die Politik »entdeckt«. Und dieser verdankte auch sein 1969 errungenes Bundestagsmandat der Unterstützung durch den Pfälzer. Innerparteilich stand von Weizsäcker zunächst auf seiten Kohls. Sein »Frontenwechsel« hat ihr weiteres Verhältnis in den folgenden Jahrzehnten sicherlich massiv beeinflußt und erklärt die ausgewachsene Feindschaft zweier Spitzenpolitiker. Kohl schreibt heute, seine Differenz mit von Weizsäcker sei dadurch begründet, daß dieser »in der Frage der deutschen Einheit eine von weiten Teilen der Union deutlich abweichende Vorstellung entwickelte«.[20] Er wirft ihm »Annäherung an den deutschlandpolitischen Kurs der SPD« vor und fährt fort: »Die Freude über meine Erfolge in der Deutschlandpolitik und vor allem bei den schwierigen und verschlungenen Wegen zur deutschen Einheit hielt sich bei Richard von Weizsäcker in Grenzen.« Am wichtigsten aber dürfte Kohl selbst der folgende Satz in seinem *Tagebuch* sein: »Es ist schon erstaunlich, wie man sich über Abhängigkeiten und ›Seilschaften‹ auslassen kann und dabei sein eigenes Gedächtnis völlig ausschaltet.«[21] Wen Kohl einmal entdeckt zu haben glaubt, von dem erwartet er unverbrüchliche Loyalität sowie dauerhafte Treue und Gefolgschaft bei seinen taktischen und politischen Vorgaben. Aber zurück zum Jahr 1971: Kohl mußte auf dem Saarbrücker Bundesparteitag zum ersten Mal in seinem politischen Leben eine Niederlage einstecken. Auf Rainer Barzel entfielen 344 Stimmen, Kohl erhielt lediglich 174. Nur wenige Landesverbände, die Junge Union und der RCDS sprachen sich damals für ihn als Parteivorsitzenden aus. Immerhin hatte er Wagemut gezeigt und war durch diese Kandidatur bei einem Scheitern Barzels dessen »geborener« Nachfolger. Ob Kohl die Situation falsch eingeschätzt hat oder nur seinen Anspruch anmelden wollte, ist nicht genau auszumachen. Seine Behauptung, er habe lediglich »Flagge zeigen« wollen, kann auch als ein nachträglicher argumentativer Selbstschutz angesehen werden.

Helmut Kohl gab nicht auf. Seine Anhänger waren von der gouvernementalen Autorität des rheinland-pfälzischen Ministerpräsidenten beeindruckt. Sein Landeskabinett galt damals als das jüngste, dynamischste und qualifizierteste in der ganzen Bundesrepublik. Während Rainer Barzels Auf-, aber auch sein Abstieg vor allem aufgrund von Entscheidungen der Fraktion erfolgte, war Helmut Kohls Weg, wie erwähnt, insbesondere durch seine Vereinnahmung der Partei geprägt. Erst danach erhielt er die Macht in der Fraktion. Während für Barzel der Parteivorsitz gegenüber dem Fraktionsvorsitz eher nachgeordnet zu sein schien, entsprach es einer klaren Strategie Kohls, die Kanzlerkandidatur mit Hilfe einer unanfechtbaren Position in der CDU zu erlangen. Seine Stärke lag darin, daß er die »Seele« der Partei zu berücksichtigen wußte – mehr als Rainer Barzel und auch mehr als Konrad Adenauer, der die schmucklose Parteizentrale in der Bonner Nassestraße nur einmal, zu einer Weihnachtsfeier, betreten haben soll. Vor allem aber Ludwig Erhard ging jeder Sinn für die Gefühlslage der Union ab. Doch trotz seines frühzeitigen Gespürs für die Belange einer Partei und seines Wissens um die Notwendigkeit enger personeller Netzwerke mußte Kohl sich erst einmal hocharbeiten und sich Rainer Barzels entledigen. Nach der bisher einzigen Kampfkandidatur um den Parteivorsitz der CDU auf Bundesebene mußte Kohl zur Kenntnis nehmen, daß Barzel zunächst zum mächtigsten Mann in der Union geworden war.

Es war schließlich die neue Ostpolitik der 1969 unter Willy Brandt als Bundeskanzler und Walter Scheel als Außenminister gebildeten sozialliberalen Koalition, die zum Stolperstein Barzels und zur Basis für den Aufstieg Helmut Kohls wurde. Barzel war eher Anhänger, Kohl indes kein prinzipieller Gegner dieser Politik. Rainer Barzel allerdings, der dem Bundestag seit 1957 angehörte und von 1962 bis 1963 Minister für Gesamtdeutsche Fragen gewesen war, galt bei vielen in der Union als deutschlandpolitisch unzuverlässig. Zu seinem Negativimage gehörte auch, Bundeskanzler Erhard gestürzt zu haben.

Die Ostpolitik Willy Brandts führte in der bundesdeutschen Bevölkerung zu einer starken Polarisierung, wenngleich auch viele Angehörige der bürgerlichen Mitte sie für richtig hielten. Die für die Unionsparteien schwierige Lage bestand darin, daß große Teile ihrer Anhängerschaft die Unionsposition nicht nachzuvollziehen vermochten. Gleichzeitig war die Ostpolitik höchst emotionalisiert, zumal es in den Unionsparteien eine starke Lobby von Heimatvertriebenen gab – man denke nur an Herbert Czaja, der der CDU/CSU-Bundestagsfraktion angehörte und einflußreicher Vorsitzender des Bundes der Vertriebenen war. Zwar hatte auch schon in der großen Koalition unter Kurt-Georg Kiesinger eine Dynamisierung der Ostpolitik stattgefunden (Vereinbarung diplomatischer Beziehungen mit Jugoslawien und Rumänien, die gegenüber der Sowjetunion auf politischer Autonomie bestanden). Weil diese Koalition aber am Alleinvertretungsanspruch der Bundesrepublik, für ganz Deutschland zu sprechen und zu handeln, festhielt, blieben ihr bei den Warschauer-Pakt-Staaten weitere Erfolge versagt. Die sozialliberale Koalition wollte der Westintegration der Bundesrepublik nun auch Fortschritte im Osten folgen lassen. Sie baute dazu auf dem von Egon Bahr bereits 1963 entwickelten Konzept des »Wandels durch Annäherung« auf. Ihre Ostpolitik bedeutete eine wichtige und grundsätzliche Zäsur im Verhältnis zwischen den beiden Staaten in Deutschland. Die Bundesrepublik gab nun ihren Alleinvertretungsanspruch auf und akzeptierte die Existenz der DDR, wobei diese formal nicht als »Ausland« betrachtet wurde. Der am 21. Dezember 1972 unterzeichnete sogenannte Grundlagenvertrag zwischen den beiden deutschen Staaten wurde in bilaterale Verträge (Ostverträge) mit der Sowjetunion (12. August 1970) und Polen (7. Dezember 1970) und schließlich in das Viermächteabkommen über Berlin vom 3. September 1971 eingebettet. (Am 11. Januar 1973 kam dann noch der Vertrag mit Prag hinzu.) Speziell die Ostverträge trafen im Bundestag auf den heftigen Widerstand der Union. Zudem schmolz im Verlauf der Debatten über sie die ohnehin recht knappe Mehrheit der Regierungsparteien immer mehr zusammen. Es erfolgten Übertritte von der SPD (des Sudetendeutschen Herbert Hupka) und der FDP zur CDU. Rainer Barzel ging deshalb von der Annahme aus, »daß im Deutschen Bundestag zwar keine Mehrheit gegen die Verträge, wohl aber eine Mehrheit gegen die Bundesregierung vorhanden war, daß diese Verträge die Koalitionsklammer der Mehrheit aus SPD und FDP darstellten, daß die FDP sich neuen Gedanken nicht verschließen werde, wenn diese Klammer gelöst sei«.[22]

Barzel wollte die Regierung durch ein konstruktives Mißtrauensvotum ablösen, um nach der Regierungsübernahme die Ostverträge zu verbessern und als amtierender Kanzler die Erfolge einer solchen Politik für sich und die CDU nutzbar machen zu können. Aufgrund der veränderten Mehrheitsverhältnisse beantragten die Unionsparteien dann am 24. April 1972 nach Artikel 67 des Grundgesetzes das Mißtrauensvotum, hinter das sich auch Kohl stellte. Ob er sogar, wie gelegentlich gemunkelt wird, Barzel in das Votum hineingetrieben hat, weil er ein Scheitern vermutete, muß aus heutiger Sicht doch bezweifelt werden. Die Haltung des CDU-Bundesvorstands, wo es nur wenige skeptische Stimmen gab, war damals so stark von der Hoffnung geprägt, nach zweieinhalb Jahren der Opposition wieder die Chance einer Kanzlerschaft wahrnehmen zu können, daß ein Widerstand gegen diese Überlegung aussichtslos gewesen wäre. Hätte sich Helmut Kohl jener Haltung widersetzt, wäre vielleicht der Eindruck entstanden, er gönne Barzel das Kanzleramt nicht. Dieses Image mußte Kohl vermeiden. Das konstruktive Mißtrauensvotum scheiterte jedoch am 27. April 1972. Wie wir heute wissen, votierten als »sicher« betrachtete Unionsabgeordnete durch Beeinflussung der DDR-Staatssicherheit in der geheimen Abstimmung zugunsten Willy Brandts. So entschied die Stasi über die politische Herrschaft in der Bundesrepublik. In offener Abstimmung hingegen hätte die Regierung keine Mehrheit gehabt.

In dieser Zeit der politischen Turbulenzen – die Unionsparteien hatten damals nicht nur die öffentliche Meinung in ganz Deutschland gegen sich, sondern auch die der meisten westlichen Regierungen – wollte Barzel, von seiner Niederlage beim Mißtrauensvotum kaum erholt, durch eine gemeinsame Bundestagsresolution aller Fraktionen eine Verbesserung des Vertragswerkes herbeiführen. Er hoffte, auf diese Weise dessen Annahme durch die Union zu ermöglichen. In der Tat bedeutete die Resolution eine Präzisierung in wichtigen Fragen. Doch Barzels Rechnung ging nicht auf. Franz Josef Strauß erklärte, die CSU werde zwar die Entschließung annehmen, nicht aber die Verträge. Um die Geschlossenheit der Union zu sichern, plädierte Barzel in der Frage der Ostverträge letztlich für Stimmenthaltung als Kompromiß. Zwar waren die Verträge damit gerettet, die Regierungsübernahme durch Barzel war jedoch gescheitert, er hatte keine Fortune.

Um die Pattsituation im Bundestag zu überwinden, wurde als Ausweg die Vertrauensfrage gewählt. Die Regierung führte dann ihre Niederlage bei der Abstimmung über diese Frage am 20. September 1972 selbst herbei, indem sich ihre Mitglieder nicht daran beteiligten. Die daraus resultierenden vorzeitigen Wahlen vom 19. November 1972 endeten allerdings für die Unionsparteien desaströs. Sie erhielten nur noch 44,9 Prozent (statt 46,1 Prozent im Jahr 1969). Schlimmer noch für die Unionsparteien war die Tatsache, daß die SPD mit 45,8 Prozent erstmals stärkste Partei im Bundestag wurde und mühelos gemeinsam mit der FDP (diese gewann mit 8,4 Prozent 2,6 Prozent hinzu) eine erneute und diesmal komfortable Regierungsmehrheit erzielen konnte.

Nach diesen Wahlen waren die Tage Rainer Barzels auch als Partei- und Fraktionsvorsitzender gezählt. Kohl hatte eine klare Strategie. Schon am 5. Januar 1973 teilte er Barzel mit, er wolle auf dem nächsten Bundesparteitag erneut gegen ihn kandidieren. Danach informierte er die Öffentlichkeit und das Parteipräsidium. Auch die CSU war längst dabei, Barzels Autorität als Fraktionsvorsitzender in Frage zu stellen.[23] Als am 2. Februar 1973 im Bundesrat der Grundlagenvertrag und der Vertrag über den Beitritt der Bundesrepublik zu den Vereinten Nationen behandelt wurden, empfahl Kohl als damaliger Ministerpräsident, den ersteren abzulehnen, dem letzteren aber zuzustimmen. So geschah es dann auch: Der Grundlagenvertrag, der das Verhältnis zwischen den

44

beiden deutschen Staaten regeln sollte, wurde vom Bundesrat abgelehnt, nicht jedoch der Vertrag, der ihr Nebeneinander in der UNO sanktionierte.

Als auch Barzel diese Position Kohls übernahm und mit der Unterstützung des Präsidiums der CDU am 8. Mai 1973 vor die Fraktion trat, gab es dort für diese Auffassung bei einer mündlichen Abstimmung lediglich eine knappe Mehrheit, was den damaligen CSU-Landesgruppenchef Friedrich Zimmermann dazu bewegte, eine schriftliche Abstimmung zu fordern. Dabei blieb Barzel in der Minderheit: Er erhielt lediglich 93 Stimmen für seine Haltung, 101 Abgeordnete stimmten mit Nein. Einen Tag später, am 9. Mai 1973, erklärte Barzel seinen Rücktritt als Fraktionsvorsitzender. Aber auch in der Partei war sein Rückhalt so schwach geworden, daß er seine Absicht, ihren Vorsitz zu behalten, revidierte. So gab er dann am 17. Mai 1973 bekannt, daß er sich auch nicht mehr um den Parteivorsitz bewerben werde. Helmut Kohl und seine Anhänger sorgten für eine rasche Vorverlegung des 21. Bundesparteitags. Bereits am 12. Juni 1973 wurde Kohl auf dem Parteitag in Bonn mit überwältigender Mehrheit zum neuen Vorsitzenden gewählt. Interessant ist, daß es ihm gelang – obwohl er in Fragen der Ostpolitik keineswegs zu den Hardlinern seiner Partei gehörte –, in der Auseinandersetzung mit Barzel den eher konservativen Teil der CDU zu mobilisieren.

Das gescheiterte Mißtrauensvotum 1972 ließ Rainer Barzel in tragischer Weise als glücklos erscheinen. Er verstand es insbesondere nicht, die Unterstützung der CSU zu erhalten. Nach zwei Jahren als Inhaber eines Doppelmandats wurde Barzel schließlich von Kohl aus beiden Ämtern gedrängt. Er hat ihm diese Schmach bis heute nicht verziehen. Schon lange vor der CDU-Spendenaffäre sprach er gegenüber Vertrauten mit tiefer Verachtung über den politischen Stil Kohls. Gleichwohl erklärte Barzel öffentlich: »Ich bin frei von jedem Anti-Kohl-Gefühl. Ich habe ihm damals Platz gemacht und ihn angerufen, bevor ich zurücktrat, damit er es wußte und sich einrichten konnte. Ich habe ihn im Bundestag 1982 beim konstruktiven Mißtrauensvotum gegen Helmut Schmidt als Bundeskanzler vorgeschlagen.«[24] Ihm – Barzel, der seinerzeit Bundestagspräsident war – habe Kohl nach der Bundestagswahl 1983 in die Hand den Eid auf die Verfassung und die

Gesetze geleistet. Deshalb mache es ihn jetzt – so formulierte er nach Kohls Abwahl als Bundeskanzler und dessen Niederlegen des Parteivorsitzes auf dem Höhepunkt der von dem Pfälzer zu verantwortenden Spendenkrise – »persönlich betroffen«, wenn dieser »sein Ehrenwort über das Gesetz« stelle. Und noch härter sagte Barzel in einem Interview auf die Frage, ob Kohl nun auch sein Bundestagsmandat niederlegen solle: »Helmut Kohl muß es selbst wissen, ob es mit der Würde des Bundestages und des Mandats vereinbar ist, daß ein Abgeordneter zugleich Rechtsbrecher ist und bleibt.«[25] Kohl hatte es nie verstanden, seinen unterlegenen Vorgänger in die Arbeit der CDU vertrauensvoll einzubinden, weshalb Barzel in einem anderen Interview zu seinem Verhältnis zu Kohl erklärte: »Aus seiner Sicht ist es ein Verhältnis von dauerhafter Rivalität.« Kohl habe seine Niederlage 1971 in Saarbrücken »nie verwunden«.[26]

Wenn es um die Erringung von Macht und Einfluß ging, konnte Helmut Kohl sehr flexibel sein. So trat er zum Beispiel 1971, wie erwähnt, für eine Ämtertrennung innerhalb der CDU ein. Als er aber – nach der Übernahme des Parteivorsitzes im Jahr 1973 und nach den Bundestagswahlen 1976 – sein Ministerpräsidentenamt in Mainz aufgab, übernahm er ganz automatisch auch den Vorsitz der CDU/CSU-Bundestagsfraktion. Mit der Vereinigung der beiden Ämter hat er den Grundstein für seine spätere Kanzlerschaft gelegt.

Schon bald setzte Kohl alles auf eine Karte, weil er mit Vehemenz schon 1976 Kanzler werden wollte. Doch seine Nominierung zum gemeinsamen Kanzlerkandidaten der Unionsparteien vor den Bundestagswahlen 1976 führte zu einer schweren Belastungsprobe mit der CSU. Der damalige CDU-Generalsekretär Kurt Biedenkopf hatte öffentlich – und zwar ohne sich mit der CSU abzustimmen – erklärt, der Kanzlerkandidat der Unionsparteien für 1976 heiße Helmut Kohl. Zwar stimmte auch der CSU-Vorsitzende Strauß seine eigenen Äußerungen nie mit der CDU ab, doch fühlte er sich nun – für jedermann sichtbar – von der Schwesterpartei übergangen. So kam es zu heftigen Auseinandersetzungen zwischen den beiden Unionsparteien. Es wurde dann ein gemeinsames Nominierungsgremium gebildet, das in der bayerischen Landesvertretung in Bonn tagte und Kohl schließlich als Kandidaten aufstellte. In der Nominierungserklärung – was nicht gerade als hilfreich angesehen werden konnte – wurde jedoch ausdrücklich festgehalten, daß nach der Meinung der CSU Franz Josef Strauß der geeignetere Kanzlerschaftsanwärter sei.[27] Das wurde dieser nach Kohls Wahlniederlage dann doch noch, und zwar 1980, obwohl sich der CDU-Bundesvorstand für den damaligen niedersächsischen Ministerpräsidenten Ernst Albrecht, nicht für Strauß ausgesprochen hatte. Kohl besaß die Klugheit, 1980 gar nicht erst als Kandidat anzutreten. Er wußte, daß er zu diesem Zeitpunkt keine Mehrheit in der Fraktion hinter sich hatte. Mit einer Kandidatur hätte sich womöglich sogar die Frage seines politischen Überlebens verbunden. Damals waren Kohls Bemühungen um die FDP noch nicht erfolgreich. In einer dramatischen Sitzung nominierte die Bundestagsfraktion anstelle von Ernst Albrecht schließlich Franz Josef Strauß, der allerdings bei den Bundestagswahlen 1980 ein politisches Waterloo erlebte (er verlor über 4 Prozent) – und damit von Kohl ausgebootet worden war. Jetzt saß Kohl in der CDU fest im Sattel, nachdem die von manchen als Wunderwaffe propagierte Kandidatur von Strauß der Union einen herben Rückschlag beschert hatte.

Kohl wollte als Parteireformer in die Geschichte der CDU eingehen. Mehr noch als Konrad Adenauer hatte er die bedeutende Rolle von Partei und Ämtern erkannt, zumal er auch die Probleme der Parteiarbeit auf allen Ebenen selber erfahren hatte. In dem schmalen Bändchen mit dem Titel *Hausputz hinter den Fassaden*, das 1971 erschien und in dem sich Kohl als Anhänger der Philosophie des kritischen Rationalismus darstellte, betonte er die Bedeutung der politischen Parteien speziell auch für die Elitenbildung in Deutschland: Er kritisierte, daß das »Führungspotential für unser Land teilweise so zufällig« ausgewählt werde, und betonte die »zwingende Notwendigkeit der Funktionsfähigkeit von Parteien«.[28] Zweifellos wurden in seiner Anfangszeit als Parteivorsitzender der CDU die notwendigen Reformimpulse vermittelt – vor allem aber durch seine beiden ersten Generalsekretäre Biedenkopf und Geißler.

Das Amt des CDU-Generalsekretärs ist mit weitgehenden Vollmachten ausgestattet; es wurde erst im Jahr 1967 geschaffen. Bis dahin waren die jeweiligen Bundesgeschäftsführer allein mit den Angelegenheiten der Partei befaßt. Daß durch die herausgehobene Funktion des Generalsekretärs der CDU-Vorsitzende entlastet werden sollte, zeigt die gestiegene Bedeutung der politischen Parteien im Kampf um die öffentliche Meinung. Bevor Helmut Kohl 1973 Parteivorsitzender wurde, gab es erst zwei Generalsekretäre. Der erste (1967–1971) war der promovierte Altphilologe aus dem Schwabenland Bruno Heck, der von dem damaligen Parteivorsitzenden und Bundeskanzler Kurt-Georg Kiesinger vorgeschlagen wurde. Den »Schöngeist« Kiesinger interessierten die Niederungen der Parteiarbeit kaum. Heck hatte auf dem Parteitag in Saarbrücken im Oktober 1971 Helmut Kohl favorisiert. Der dort zunächst siegreiche Rainer Barzel holte sich dann in den zwei Jahren seines Parteivorsitzes Konrad Kraske als »General« an die Spitze der Partei. Er war schon zur Zeit Adenauers Bundesgeschäftsführer der CDU geworden und blieb dies unter Erhard. Kraske, ein loyaler und integrer Generalsekretär, empfand sich mehr als Manager der Parteizentrale denn als politischer Programmatiker. Mit dem Rücktritt Barzels gab auch Kraske sein Amt auf. Von 1973 bis 1977 war dann Kurt Biedenkopf der erste Generalsekretär unter dem Parteivorsitzenden Helmut Kohl. Seine Jahre als Generalsekretär wurden für die Union zu einer großen Aufbruchszeit.

Kohl und Biedenkopf waren eine ideale Ergänzung. Als Kohl Biedenkopf nominierte, erstaunte das viele, war dieser doch damals noch weitgehend unbekannt. Der Professor für Wirtschaftsrecht war Gründungsrektor der Ruhr-Universität Bochum gewesen. Sodann hatte er für zwei Jahre Managementaufgaben bei der Firma Henkel in Düsseldorf übernommen. Eine kontinuierliche Parteiarbeit hatte Biedenkopf bis zu diesem Zeitpunkt nicht hinter sich gebracht. Er gehörte allerdings unter dem CDU-Spitzenkandidaten von Nordrhein-Westfalen, Heinrich Köppler, 1970 zur Führungsmannschaft für die Landtagswahl. 1971 wurde er Mitglied der Grundsatzprogrammkommission der Bundespartei. Auf dem Düsseldorfer Parteitag im Januar desselben Jahres machte er durch einen Diskussionsbeitrag zur Mitbestimmung auf sich aufmerksam. Schließlich war er auf dem Saarbrücker Parteitag nicht nur entschieden für Kohl, sondern auch für die Trennung von Partei- und Fraktionsvorsitz eingetreten (ganz im Sinne des damaligen Helmut Kohl). Ein entsprechendes Memorandum – zu diesem Instrument sollte er auch in den Folgejahren immer wieder greifen – hatte er zuvor den nordrhein-westfälischen Delegierten übersandt.

Biedenkopf sah seine Funktion als Generalsekretär nicht nur darin, die Parteiorganisation zu verbessern. Er betonte auch die politische Führungsrolle der Partei gegenüber den Landesverbänden, den diversen CDU-Vereinigungen und der Bundestagsfraktion. Aufgrund seiner anerkannten analytischen Fähigkeiten erwarb er sich viel Ansehen, war insbesondere im Fernsehen ein begehrter Diskutant. Wegen des Vorpreschens in Sachen der Kohlschen Kanzlerkandidatur genoß Biedenkopf in der CSU allerdings wenig Sympathien. Diese Abneigung brachte der CSU-Politiker Friedrich Zimmermann in seinen Erinnerungen auf den Punkt: »Kurt Biedenkopf, dieser begnadete Redner, der geistvoller und überzeugender als jeder andere das nachzuerzählen weiß, was andere vorgekaut haben – der 1975 angekündigt hatte, die CDU werde ›die Begriffe besetzen‹, und der gründlicher als jeder andere von den anderen und ihren Begriffen geistig besetzt wurde.«[29] Zimmermann begründete seine Aussage zu den politischen Positionen Biedenkopfs damit, er sei »als erster in der Raketendebatte« eingeknickt und habe zudem den Grünen bescheinigt, sie stellten die richtigen Fragen.[30] Der intellektuelle Führungsanspruch Biedenkopfs relativierte die politische Definitionsmacht der CSU.

Kohl wie auch Biedenkopf war es damals zu verdanken, daß sich das politische Gravitationszentrum immer mehr von der Fraktion zur Partei hin verlagerte. Dies hing auch mit dem loyalen Selbstverständnis des damaligen Fraktionsvorsitzenden Karl Carstens zusammen, der keine Ambitionen auf eine Kanzlerkandidatur für das Jahr 1976 erkennen ließ und daher von Kohl auch nicht als ein potentieller Rivale angesehen wurde. Biedenkopfs Leistung bestand neben seinen zahlreichen programmatischen Anstößen darin, der CDU stärkere Schlagkraft gegeben zu haben, wobei seine zahlreichen Reden auch auf Landesparteitagen zu der Einsicht geführt hatten, daß entsprechende Parteireformen nicht nur auf der Bundesebene stattfinden mußten. Der Bundes-CDU, die bis dahin den Charakter einer bloßen Addition von Landesverbänden besessen hatte, wurde nun bei den Bundestagswahlen mehr und mehr die Führungskompetenz eingeräumt, was sich schon im Wahljahr 1976 andeutete. Ein wichtiges Ziel Biedenkopfs war zudem die Integration der Parteivereinigungen in die

Gesamtstrukturen der Partei. Auch die Programmdiskussion wurde während seiner Zeit als Generalsekretär heftig geführt, vor allem bezüglich der Frage der Mitbestimmung, die seinerzeit die Union fast an den Rand einer Spaltung gebracht hatte. Es war Biedenkopfs Geschick zu verdanken, daß auf dem Hamburger Parteitag vom 18. bis 20. November 1973 ein weitgehender Konsens herbeigeführt werden konnte, mit dem beide Flügel der Union zu leben vermochten. Das Desaster des Düsseldorfer Parteitags hatte sich nicht wiederholt. Während der Amtszeit Biedenkopfs erfolgte außerdem die Fortsetzung der 1971 unter Barzel begonnenen Arbeit der von Richard von Weizsäcker geleiteten Grundsatzprogrammkommission. Die Notwendigkeit eines neuen Grundsatzprogramms wurde auf allen Parteiebenen thematisiert. Die von Biedenkopf erfundene Formel »Freiheit statt Sozialismus«, die den Wahlkampf des Jahres 1976 prägte, brachte die Unionspartei in die Offensive. Trotz ihrer Niederlage erzielten sie mit 48,6 Prozent ihr zweitbestes Ergebnis.

In seine Amtzeit fiel auch eine deutliche Zunahme der Mitgliederzahlen der CDU. Hatte diese im Jahr 1972 noch 422 968 Mitglieder, waren es 1976 bereits 652 010. Die Berufung Biedenkopfs zum Generalsekretär festigte das Image Kohls, der im Ruf stand, bei der Personalauslese auch auf Persönlichkeiten zurückzugreifen, die ihm intellektuell gewachsen waren. Doch Biedenkopfs unabhängiges Agieren ließ das Verhältnis zwischen den beiden schlechter werden, weshalb der Generalsekretär 1977 auf sein Amt verzichtete. Das Zerwürfnis wurde einer breiten Öffentlichkeit mit voller Schärfe aber erst bekannt, nachdem im Januar 1979 eine schriftliche Aufforderung Biedenkopfs, Kohl möge den glücklos geführten Parteivorsitz abgeben, den Medien zugespielt worden war.[31]

Zweiter Generalsekretär unter Helmut Kohl wurde Heiner Geißler, der sich von allen Generalsekretären der CDU am längsten hielt, nämlich von 1977 bis 1989. Der 1930 in Oberndorf am Neckar geborene Jesuitenzögling hatte Philosophie und Rechtswissenschaft studiert und 1962 die große juristische Staatsprüfung absolviert, war danach für kurze Zeit Richter und von 1962 bis 1965 Leiter des Büros des Arbeits- und Sozialministers von Baden-Württemberg. Bundesweit einen Namen hatte er sich in den Jahren 1967 bis 1977 als Minister für Soziales, Gesundheit und Sport des Landes Rheinland-Pfalz unter dem damaligen Ministerpräsidenten Kohl gemacht. Ab 1971 war Geißler auch Landtagsabgeordneter von Rheinland-Pfalz, vorher aber vorübergehend Bundestagsabgeordneter. Von Oktober 1982 bis September 1985 war er Bundesminister für Jugend, Familie und Gesundheit. Er übte also – was heute undenkbar wäre – für eine gewisse Zeit das Amt eines Bundesministers und das eines Generalsekretärs gleichzeitig aus. Ihm war es wichtig, das sozialpolitische Profil der CDU zu stärken. Im Konrad-Adenauer-Haus hatte er eine Reihe von dynamischen Mitarbeitern (vor allem Warnfried Dettling, Peter Radunski und Wulf Schönbohm), die freilich allesamt von Kohl verdächtigt wurden, gegen ihn als Parteivorsitzenden zu arbeiten.

Heiner Geißler gilt als einer der großen Provokateure der deutschen Parteiengeschichte. Für Willy Brandt war er sogar »seit Goebbels der schlimmste Hetzer in diesem Land«.[32] Geißler, der die Aufbauarbeit Biedenkopfs in der CDU fortsetzte, verstand das Amt des Generalsekretärs immer als eine eigenständige Aufgabe. Seit 1982 hielt er sich vermutlich selber für den Parteivorsitzenden, weil Kohl ja durch das Amt des Bundeskanzlers von der eigentlichen Parteiarbeit abgehalten war. Der »General« wollte das Profil der Partei im Verhältnis zur Bundesregierung schärfen. Da es sich aber nicht um abgesprochene Rollen zwischen den beiden Politikern handelte und Geißler immer mehr zu der Überzeugung kam, daß Kohl keine zukunftsorientierte Politik betreibe, führte er vor dem Bremer Parteitag des Jahres 1989 Gespräche mit den damaligen Ministerpräsidenten Ernst Albrecht (Niedersachsen) und Lothar Späth (Baden-Württemberg) sowie mit Rita Süssmuth und Norbert Blüm. (Kohl verdächtigt auch Biedenkopf der Teilnahme.) Sie dachten darüber nach, den Pfälzer aus dem Amt des Parteivorsitzenden zu verdrängen. Späth stand zur Nachfolge bereit. Der Grund für diese Überlegungen war, daß sich seit 1988 für Kohl ein bemerkenswerter demoskopischer Niedergang abgezeichnet hatte, der allerdings später durch die »hereinbrechende« deutsche Einheit gestoppt wurde. Kohl erinnerte sich gewisser Vorgänge in seinem Heimat-Bundesland: Wer den Parteivorsitz verliert, dessen Ende als Regierungschef wäre damit beschlossene Sache. Dies widerfuhr dem früheren rheinland-pfälzischen (und heutigen thüringischen) Ministerpräsidenten Bernhard Vogel, der auf einem Landesparteitag im Jahr 1988 von seinem Opponenten, dem Fraktionsvorsitzenden Hans-Otto Wilhelm, als Parteivorsitzender gestürzt wurde und schließlich als Ministerpräsident zurücktreten mußte. Der Verlust seines eigenen Parteivorsitzes hätte auch für Kohl automatisch den Verlust des Regierungsamtes bedeutet. Insofern wurde der Bremer Parteitag zur Stätte der Entscheidung.

Die Verschwörungspläne, von denen Kohl bald erfuhr, müssen ihn in seiner Sicherheit, die Partei hinter sich zu wissen, tief getroffen haben. Doch nach und nach bröckelten alle »Putschisten« weg – auch sein Sozialminister Norbert Blüm. Der gekränkte CDU-Vorsitzende weigerte sich auf dem Parteitag, Heiner Geißler erneut als Generalsekretär vorzuschlagen. Kohl spürte instinktiv, daß die Granden der Partei der Ansicht waren, er sei mit dem Amt des Bundeskanzlers überfordert. Wie sehr ihn die damalige Intrige auch heute noch schmerzt, ist seinem *Tagebuch* zu entnehmen, in dem er seine Enttäuschung über Norbert Blüm, den einzigen Minister, der alle 16 Jahre mit ihm gemeinsam im Kabinett saß, besonders betont. Blüm habe sich 1989 – als er »zusammen mit Heiner Geißler, Lothar Späth, Kurt Biedenkopf und Rita Süssmuth unter einer Decke« steckte – »gerade noch rechtzeitig« weggeduckt und sich »in die Büsche geschlagen«: »Ich habe aus dieser opportunistischen Haltung keine Konsequenzen gezogen. Damals habe ich geglaubt, seinem Sachverstand mehr trauen zu sollen als seinem Charakter.«[33] Rita Süssmuth bezeichnet Kohl an gleicher Stelle als »großartige Profilierungskünstlerin auf Kosten der Partei«.[34] Auch die anderen, die an diesen Gesprächen teilnahmen, werden von ihm in seiner heute noch spürbaren Verletztheit ähnlich abqualifiziert.

An die Stelle des geschaßten Heiner Geißler trat – indes nur für zweieinhalb Jahre, nämlich vom Herbst 1989 bis Frühjahr 1992 – der Hamburger Exstudienrat Volker Rühe, damals Stellvertretender Fraktionsvorsitzender. Rühe war schon zu jener Zeit ein in der Außen- und Sicherheitspolitik profilierter Abgeordneter, den Kohl vielleicht auch deshalb ausgesucht haben mag, weil er in der Parteiarbeit über recht wenig Erfahrungen verfügte und ihn in seinem Einflußnetz in der Union nicht stören sollte. Nachdem Rühe – in dessen Amtszeit die Wiedervereinigung fiel, und damit die innerparteilich komplizierte Frage nach der CDU-Positionierung in den neuen Bundesländern – auf den im Verteidigungsministerium glücklosen Gerhard Stoltenberg folgte, entschied sich Kohl mit Peter Hintze für einen Vertreter der jungen Generation.

Der evangelische Pfarrer Hintze war zum Zeitpunkt seiner Berufung zum Generalsekretär Parlamentarischer Staatssekretär im Frauen- und Jugendministerium unter der damaligen Ministerin Angela Merkel sowie Stellvertretender Vorsitzender des einflußreichen Landesverbands Nordrhein-Westfalen. Sieben Jahre vor seinem Einzug in den Bundestag 1990 war er zum Bundesbeauftragten für den Zivildienst ernannt worden. Hintze amtierte von 1992 bis 1998 als Generalsekretär. Ihm verdankt die CDU einen stärkeren Frauenanteil in den Parlamenten, den er durch das von ihm durchgesetzte Frauenquorum erreichte. Damit hatte er der CDU im letzten Moment die strukturelle Mehrheitsfähigkeit bewahrt. Inhaltlich leistete ein neues, bis heute gültiges Grundsatzprogramm diese Arbeit, das ebenfalls in Hintzes Amtszeit unter dem Kommissionsvorsitz seines Freundes Reinhard Göhner entwickelt wurde. Die Kernidee dieses Programms ist die ökologische und soziale Marktwirtschaft, mit der das Konzept Ludwig Erhards auf das Zeitalter der Globalisierung übertragen werden sollte.

Kohls letzter Generalsekretär Hintze hatte von allen CDU-Generalsekretären insofern den schwierigsten »Job« (ein Lieblingswort Kohls), als er es mit einem immer beratungsresistenteren Parteivorsitzenden zu tun hatte und die Union sich nicht mehr – wie insbesondere zu Zeiten der beiden Generalsekretäre Biedenkopf und Geißler – in einem Aufwärtstrend befand. Hintzes Wirkung speziell in den elektronischen Medien blieb allerdings hinter seinen analytischen Fähigkeiten zurück. Dieser mangelnde Erfolg störte Kohl aber zu keinem Augenblick wirklich. Medienerfolg anderer machte ihn eher mißtrauisch. Für den Wahlkampf des Jahres 1998 als belastend erwies sich schließlich, daß Kohl seinen Generalsekretär in wichtigen politischen Fragen – zum Beispiel in der Reaktion auf die Ankündigung der Grünen, den Benzinpreis auf fünf Mark pro Liter erhöhen zu wollen, oder hinsichtlich der SPD/PDS-Kooperation im Osten Deutschlands – häufig alleine ließ. So machte Kohl zwei wichtige propagandistische Waffen stumpf, die er in der Wahlschlacht dringend gebraucht hätte. Offensichtlich hatte er vergessen, daß es sein eigener Generalsekretär war, der 1994 in schier auswegloser Lage mit der »Rote-Socken-Kampagne« (Warnung vor einer SPD/PDS-Koalition auf Bundesebene nach dem Beginn der Zusammenarbeit von SPD und PDS in Sachsen-Anhalt) das politische Blatt noch in allerletzter Minute zu seinen – Kohls – Gunsten wenden konnte. In einer vertraulichen Analyse des SPD-Parteivorstands wird die SPD-Niederlage in jenem Jahr denn auch darauf zurückgeführt, daß die CDU die Bundestagswahl zu einer Abstimmung über eine Regierungsbeteiligung der PDS gemacht habe. So sei der in Umfragen vorne liegende Rudolf Scharping im letzten Moment gestoppt worden. Insbesondere in der Benzinpreiserhöhungsfrage handelte Kohl freilich nicht aus besserer Erkenntnis, sondern seinem designierten »Dauernachfolger« Wolfgang Schäuble zuliebe. Das Ergebnis ist bekannt: Der von manchen innerparteilich damals als »Ökofreak« verspottete Schäuble trieb 1998 die Wähler in die Arme des »Automannes« Schröder.

Insbesondere nach seinem Bruch mit Heiner Geißler hatte Kohl ein extremes Mißtrauen gegen das Amt und speziell gegen die Person des Generalsekretärs seiner Partei, weil er immer wieder eventuelle Umsturzpläne befürchtete. Kohl wußte um die potentiellen Gefahren, die für ihn von einem Generalsekretär ausgehen konnten. Denn bei der Institution des Generalsekretärs handelt es sich, mit Ausnahme des CDU/CSU-Fraktionsvorsitzenden, um das einzige Amt der Union, dessen Inhaber mit großer öffentlicher Wirkung agiert – einer Wirkung, die auch dem direkten Zugriff Kohls entzogen war. Seine Minister, soweit sie aus den Reihen der eigenen Partei stammten, konnte der Kanzler mit einem kurzen Schreiben an den Bundespräsidenten entlassen; dafür gibt es eindruckvolle Beispiele wie den fähigen Forschungsminister Heinz Riesenhuber oder den innovativen Postminister Christian Schwarz-Schilling. Nach der Satzung der Bundes-CDU ist der Generalsekretär indes für vier Jahre gewählt – im Gegensatz selbst zum Parteivorsitzenden und dem gesamten Parteivorstand, die jeweils auf zwei Jahre gewählt werden. Diese Sonderstellung soll dem CDU-Generalsekretär eine besondere Unabhängigkeit verleihen.

Kohl, der seinen ganzen Aufstieg der Partei verdankt, hat aus den für ihn traumatischen Erfahrungen mit Heiner Geißler frühzeitig Konsequenzen gezogen. Zum einen baute er um sich herum im Kanzleramt einen Kreis von Vertrauten auf, der dem Einfluß des CDU-Generalsekretärs verschlossen blieb. Zum anderen verpflichtete er sich im Konrad-Adenauer-Haus einzelne Vertraute, weil er zunehmend in fast allen leitenden Mitarbeitern der Parteizentrale die Agenten der nachfolgenden Generalsekretäre sah. Als engste Vertraute konnte man dort die beiden Abteilungsleiter Hans Terlinden (Finanzen) und Karl Schumacher (Organisation) ausmachen. Kohl bewirkte durch diese auf ihn ausgerichteten Strukturen im Konrad-Adenauer-Haus, daß ein stetiges Konfliktpotential in bezug auf die Generalsekretäre bestand. Der Parteivorsitzende versuchte, die üblichen Regeln einer Geschäftsordnung zu umgehen. Mit Hans Terlinden hat er einen alten Kampfgefährten aus Rheinland-Pfälzer Tagen als seinen Oberaufpasser installiert, den er ursprünglich sogar als CDU-Bundesgeschäftsführer vorgesehen hatte, was er aber nicht durchsetzen konnte. (Der bescheiden auftretende Terlinden, der zwar Landesgeschäftsführer seiner Partei in Rheinland-Pfalz war, zweifelte seinerzeit aber auch selbst, ob er einer solchen Aufgabe überhaupt gewachsen wäre.) Terlindens wirkliche Rolle wurde einer breiteren Öffentlichkeit erst durch den Parteispendenskandal deutlich. Auch hatte Kohl als Parteivorsitzender ein eigenes Büro im Konrad-Adenauer-Haus, das er gleichwohl nur selten besuchte. Der Leiter seines Büros – lange Jahre war dies Michael Roik – erhielt immer wieder den Auftrag, politische und organisatorische Maßnahmen am Generalsekretär oder Bundesgeschäftsführer vorbei zu veranlassen. Solche direkten Weisungen an die beiden Amtsinhaber stürzten Mitarbeiter der Parteizentrale nicht selten in erhebliche Loyalitätskonflikte.

Da Helmut Kohl, wie gesagt, seinen Generalsekretären nach dem Zerwürfnis mit Geißler nicht mehr vertraute, führte dies ganz zwangsläufig zu einer Dualität von Parteiarbeit und Regierungshandeln. Unter anderem war es aber diese Dualität, die der CDU die bitterste Niederlage ihrer Geschichte bescherte. Die Vorstellung Kohls, das politische Handeln der Regierung und die öffentliche Darstellung von Politik durch eine Regierungspartei ließen sich trennen, hat sich als fataler Irrtum erwiesen. Die Tatsache der Entkoppelung zeigt sich auch in einem Phänomen, das man als »Bunkermentalität« bezeichnen kann. Sie veranlaßte Kohl dazu, sich im Kanzleramt mit engsten Vertrauten förmlich einzugraben, abzuschotten. So hat er beispielsweise im Laufe seiner Regierungszeit die Koalitionsrunden immer kleiner gemacht. Zum Schluß waren zu diesen Runden nur noch die Partei- und Fraktionsvorsitzenden eingeladen, natürlich einschließlich des Ministers im Kanzleramt, Friedrich Bohl, als letzter verbliebener Vertrauter. So konnte der Sachverstand von Kabinettsangehörigen in wichtige Entscheidungsprozesse häufig nicht mit einfließen – auch dann nicht, wenn es bei den Koalitionsrunden um die ökonomische und politische Lage Ostdeutschlands ging. Aus ihnen waren als ständige Teilnehmer sogar der für Arbeit und Soziales zuständige Minister Norbert Blüm wie auch die die neuen Länder repräsentierende Angela Merkel verbannt worden – dies entschied Kohl gegen den Rat seines Chefvertrauten Bohl.

Handelt es sich bei den modernen Volksparteien um »Oligarchien« im Sinne des Soziologen Robert Michels, um »zentralistisch geführte Apparate«? Michels ging bereits im Jahr 1910 in seinem berühmten Werk über das Parteiwesen – am Beispiel der sozialdemokratisch-sozialistischen Bewegung – von einem »ehernen Gesetz der Oligarchie« aus.[35] Diese frühe Analyse könnte mit Blick auf Helmut Kohls Einfluß in der CDU bestätigt sein. Allerdings gibt es in der Politikwissenschaft der Gegenwart auch andere Auffassungen. Es herrscht sogar in gewissem Sinne Verblüffung darüber, daß die modernen Parteien »überhaupt noch als Ganzes funktionieren können«.[36] Denn – so wird hinzugefügt – die Fixierung der Medien auf den übermächtigen Kanzler und Parteivorsitzenden Kohl habe davon abgelenkt, daß mittlerweile auch die CDU Probleme mit schrumpfender Mitgliedschaft, selbstbewußten Landesverbänden, schwindenden Stammwählern und Überalterung hat. Dennoch wird nicht zu bestreiten sein, daß auch in den modernen Parteien der Gegenwart oligarchische Tendenzen (häufig in besonderer Weise speziell auf der kommunalen Ebene) die Partizipation der Mitglieder erschweren. Und auf Bundesebene wurde die CDU von Helmut Kohl zunehmend absolut autokratisch geführt.

Die Fraktion als Netzwerk der Macht

Das Grundgesetz der Bundesrepublik Deutschland erwähnt überraschenderweise die Fraktionen des Deutschen Bundestags nur an einer Stelle (Artikel 53 a) – und das lediglich im Zusammenhang mit Fragen des Verteidigungsfalles. Eine Aussage über den Rechtsstatus der Fraktionen und insbesondere über die Aufgaben der Oppositionsfraktionen fehlt völlig. Zwar wurden die Fraktionen vom Bundesverfassungsgericht als »notwendige Einrichtungen des Verfassungslebens« und als »maßgebliche Faktoren der politischen Willensbildung« definiert[37], doch gleichwohl eine Festschreibung ihres Rechtsstatus nicht für notwendig erachtet. Am 1. Januar 1995 trat das sogenannte Fraktionsgesetz in Kraft, das allerdings lediglich in das Abgeordnetengesetz eingefügt wurde. Dort werden in Paragraph 46 die Fraktionen als »rechtsfähige Vereinigungen von Abgeordneten im Deutschen Bundestag« bezeichnet, die über Klagerecht verfügen und verklagt werden können, die aber zugleich »nicht Teil der öffentlichen Verwaltung« sind und deshalb auch »keine öffentliche Gewalt« ausüben.

Die Bedeutung von Bundestagsfraktionen für Machtgewinnung und -erhalt ist offensichtlich, doch ist das Innenleben von Fraktionen, auch das der CDU/CSU, weithin unbekannt. Deshalb ist es geboten, zunächst die prinzipielle Rolle von Fraktionen und ihren Mitgliedern, den einzelnen Bundestagsabgeordneten, zu beleuchten, zumal die Fraktionen im Verhältnis zur jeweiligen Parteiorganisation eine enorme Bedeutung haben. Parteivorsitzende, die nicht zugleich die volle Rückendeckung durch die Fraktion erfahren, sind in ihren Wirkungsmöglichkeiten ziemlich beschränkt. Dies ist letztlich der Kern des Problems der heutigen »Doppelspitze« der CDU, des Gespanns Merkel/Merz. Aber auch die Rolle des einzelnen Abgeordneten – inwieweit werden seine Entfaltungsmöglichkeiten durch den Zwang zur Fraktionsdisziplin eingeschnürt? – muß dabei bedacht werden. So unbekannt zahlreiche Abgeordnete auf Bundesebene auch sein mögen, in ihren Wahlkreisen spielen sie doch häufig eine wichtige Rolle. Sie sind dort im kleinen eine Art Generalsekretär ihrer Partei. Der Abgeordnete nimmt Stimmungen in der Bevölkerung und in der Partei auf und vermittelt diese als Gradmesser den Fraktionsoberen, zugleich ist er aber auch ein Transmissionsriemen von der

Bundesebene zur Basis. Fraktionen sind – gerade im Falle der großen Volksparteien – so etwas wie eine in den Sitzungswochen des Bundestages immer wieder neu entstehende Gemeinschaftserfahrung. Die Gesamtfraktionen kommen in der Regel dienstags zusammen und entscheiden dann über die jeweilige Generallinie. Diese Sitzungen, wiewohl offiziell nichtöffentlich, sind doch halböffentlich, da sich viele Journalisten in den Fraktionen ihre Vertrauensabgeordneten »halten«. Diese wiederum profitieren hiervon gelegentlich in der Berichterstattung.

Selbst wenn die Aufgaben des Partei- und Fraktionsvorsitzenden in einer Hand liegen, gibt es immer ein latentes Spannungsverhältnis zwischen Partei und Fraktion. Während die Partei über die längerfristige Strategie entscheidet, die Parteiorganisationen »draußen im Lande« munitioniert und die hauptsächliche Öffentlichkeitsarbeit betreibt, muß die Fraktion in der Regel auf die – häufig kurzfristig hereinbrechenden – aktuellen Ereignisse reagieren und insbesondere der Bundesregierung Paroli bieten. Dies trifft übrigens nicht nur für die Oppositionsfraktionen zu, selbst wenn die klassische Gewaltentrennung mittlerweile obsolet wurde und in der Politikwissenschaft häufig sogar von einer »Gewaltenvereinigung« ausgegangen wird, weil die Mehrheitsfraktionen Stütze der Regierung sind. Gleichwohl sollten auch die Kontrollmöglichkeiten einer Regierungsfraktion keinesfalls unterschätzt werden. Denn häufig sind es ja gerade diejenigen Abgeordneten, die mit keinem Regierungsamt bedacht wurden, welche den eigenen Ministern besonders kritisch gegenüberstehen. Diese müssen ja zum Beispiel in den Arbeitsgruppen der jeweiligen Regierungsfraktionen Rede und Antwort stehen und brauchen deren inhaltliche Unterstützung. Eine schlechte »Performance«, ein unvorbereiteter Minister, das macht in der Fraktion sofort die Runde. Dennoch sind die wesentlichen Kontrollfunktionen auf die Oppositionsfraktionen übergegangen. Im übrigen erhalten die Fraktionen umfängliche staatliche Finanzierung. Sie verfügen, zumindest im Falle der CDU/CSU, über mehr hauptamtliche Mitarbeiter als die Partei, die Mitarbeiter der einzelnen Abgeordneten nicht eingerechnet.

Die großen Bundestagsfraktionen sind in Landesgruppen unterteilt. Deren Mitglieder treffen sich meist schon montags abends, wobei sie durch den jeweiligen Landesgruppenvorsitzenden die wichtigsten Beschlüsse des Fraktionsvorstands erfahren, der wenige Stunden vorher tagt. Die Landesgruppen sind insofern bedeutsam, als in ihnen nicht nur »Gemeinschaft« in kleinem Kreis gepflegt, sondern nicht selten auch die wichtigsten politischen Fragen diskutiert werden. Anders als in den Gesamtfraktionen, die dazu zu groß sind, kann in den Landesgruppen jeder Abgeordnete das Wort ergreifen – und damit dem Wahlkreis gegenüber argumentieren, er habe in der Hauptstadt seine Positionen vertreten. Die Landesgruppensitzungen haben auch deshalb eine nicht zu unterschätzende Bedeutung, weil sie häufig ein Stimmungsbarometer für die am Dienstag stattfindende Fraktionssitzung darstellen. Ein weiteres Stimmungsbarometer sind die Treffen von Arbeitsgruppen und schließlich dann die kurz vor der Tagung der Gesamtfraktion geführten Gespräche des Fraktionsvorsitzenden mit den Vorsitzenden der unterschiedlichen Arbeitsgruppen der Fraktionen, die sich in ihrer Zusammensetzung an den Ausschüssen des Bundestags orientieren. Die Partei- und Fraktionsführung hat also überall ihre »Lauschposten«, so daß schon allein auf diesem Weg das Meinungsklima »nach oben« getragen wird. Insbesondere die Landesgruppen haben häufig die Funktion von Blitzableitern, mittels deren sich aufgestauter Unmut gerade der weniger profilierten Abgeordneten entladen kann. Trotz dieser Funktion kann es allerdings passieren, daß am Dienstag ein für die Partei- und Fraktionsführung beunruhigendes Gewitter aufzieht. Vielfach gibt es aber bei den Treffen der Landesgruppen auch Empfehlungen ihrer Vorsitzenden zum Abstimmungsverhalten am nächsten Tag.

Bundestagsabgeordnete besitzen in ihren Wahlkreisen trotz der derzeitigen allgemeinen Geringschätzung von Parteien ein hohes Sozialprestige. Da die Abgeordneten hauptberuflich für die und in der Politik arbeiten und für die meisten Fraktionsangehörigen das Ausscheiden aus dem Parlament eine Art soziale Deklassierung darstellt, sind sie, mehr als sie öffentlich zuzugeben bereit sind, von der jeweiligen Stimmung in der Bevölkerung abhängig. Jeder Abgeordnete und jede Abgeordnete, der oder die eine der immer häufigeren Meinungsumfragen liest, hat einen automatischen Reflex: Was bedeutet diese Umfrage für meine Wiederwahl? Nur wenige Abgeordnete können davon ausgehen, bei den nächsten Wahlen insoweit abgesichert zu sein, als sie bei diesen auf jeden Fall über die Landesliste in den Bundestag einziehen werden. Dafür sorgt ihre Parteifunktion (zum Beispiel als Landes- oder Stellvertretender Landesvorsitzender, Bezirks- oder Kreisvorsitzender). Dennoch ist es aus Prestigegründen für jeden Abgeordneten erstrebenswert, direkt gewählt zu werden. Die überwiegende Mehrheit der Fraktionsangehörigen indes muß bei schlechter Stimmungslage bangen: Zum einen gibt es heutzutage immer weniger »sichere« Wahlkreise, zum anderen aber genügend Konkurrenten, deren politisches Überleben von einem guten Landeslistenplatz abhängt.

Wegen dieser psychologischen Konditionierung vieler Abgeordneter ist der Ablauf der Fraktionssitzungen nicht vorherzusagen. Manche verlaufen ausgesprochen langweilig, auch wenn es eigentlich in der Luft liegt, daß Unmutsäußerungen zur Partei- oder Fraktionsführung hätten ausbrechen müssen. Und manchmal, gerade dann, wenn alles normal erscheint, bedarf es nur der spontanen Äußerung eines einzelnen Abgeordneten, um das Faß zum Überlaufen zu bringen. Übrigens sind Fraktionssitzungen für die jeweilige Führung speziell dann besonders schwierig, wenn etwa die lange Sommerpause vorausging und sich eventuell aufgestauter Ärger nun geradezu eruptiv entlädt.

In gewissem Sinne ist so auch der Rücktritt von Wolfgang Schäuble als Partei- und Fraktionsvorsitzender mit zu erklären: Nachdem sich wochenlanger Groll über die Spendenaffäre der CDU zusammengebraut hatte und die Jahreswende 1999/2000 eine lange sitzungsfreie Zeit war, in der die Abgeordneten weitgehend ihrer Basis in den Wahlkreisen überlassen waren, fanden im Januar 2000 zwei Sitzungswochen hintereinander statt (17. bis 21. und 24. bis 28. Januar), während deren es der Partei- und Fraktionsführung nur noch mühsam gelang, den in der Fraktion aufgestauten Unmut unter Kontrolle zu halten. Danach folgten wieder zwei sitzungsfreie Wochen, die erneut den Effekt hatten, daß sich die Abgeordneten in den Wahlkreisen befanden und größtenteils nicht »gesteuert« werden konnten. In dieser Zeit entwickelte sich schließlich eine solche Mißstimmung, daß es nur noch der Wortmeldung eines einzelnen bedurfte, der dadurch gewissermaßen mit der Lunte das Explosivgemisch CDU/CSU-Bundestagsfraktion zum Bersten brachte.

Im Falle der Unionsparteien kommt im Bundestag noch eine Besonderheit hinzu: die Fraktionsgemeinschaft zwischen den CDU- und den CSU-Abgeordneten. Die Sonderstellung der letzteren wird unterstrichen durch die jeweils zu Beginn der Legislaturperiode beschlossenen »Vereinbarungen zur Fortsetzung der Fraktionsgemeinschaft«. Die CSU-Abgeordneten konnten erreichen, daß bei den Wahlen für die Gesamtfraktion nur der Fraktionsvorsitzende gemeinsam gewählt wird, während der Erste Stellvertretende Vorsitzende, der jeweilige Chef der CSU-Landesgruppe, ausschließlich von dieser nominiert wird. Darüber hinaus werden ein weiterer Stellvertretender Vorsitzender und ein Parlamentarischer Geschäftsführer von der CSU gestellt. Der vom CDU-Teil der Fraktion gewählte Erste Parlamentarische Geschäftsführer ist zudem verpflichtet, mit seinem Geschäftsführerkollegen von der Schwesterpartei eng zusammenzuarbeiten. Diese Sonderstellung der CSU garantiert ihr beachtlichen Einfluß in der Fraktion, aber auch bei den Sitzungen des Ältestenrates des Bundestags, der das wichtigste Steuerungsinstrument vor allem für die Tagesordnung des Parlaments darstellt. Ihr Sonderstatus kommt der CSU auch zu Regierungszeiten zugute, weil sie »eigene« Kabinettsmitglieder nominiert und an den Koalitionsrunden als selbständige Partei beteiligt ist.

Die CSU-Landesgruppe verfügt zudem über einen eigenen Mitarbeiterstamm und einen eigenen Pressedienst. Diese Besonderheiten machen es einerseits den CSU-Abgeordneten einfacher, Profil und Bekanntheitsgrad zu entwickeln. Andererseits werden die bayerischen Unionsabgeordneten von ihrer Partei, die ja trotz ihres Charakters als Regionalpartei immer wieder ihren bundespolitischen Anspruch zu unterstreichen weiß, mit der Vertretung spezifischer politischer Positionen quasi beauftragt, von denen abzuweichen den meisten dieser Abgeordneten schwerfallen dürfte. Auch gibt es starke Einwirkungen der bayerischen Staatsregierung auf die Arbeit der CSU-Abgeordneten in den Ausschüssen des Bundestags. Sie werden inhaltlich »munitioniert«, gleichzeitig damit aber letztlich zur Vertretung bayerischer Interessen verpflichtet. Die Unionsabgeordneten aus CDU-geführten Bundesländern werden hingegen von der jeweiligen Landespartei beziehungsweise der Regierung in dieser Weise kaum in Anspruch genommen. All dies macht deutlich, warum die CSU-Landesgruppe innerhalb der gemeinsamen Bundestagsfraktion ein so stabiler Faktor ist. Ihre Stabilität kommt auch daher, daß – im Gegensatz zum CDU-Teil – die Fraktionsvorstandsmitglieder der CSU für volle vier Jahre gewählt werden.

Wie sicherte sich Helmut Kohl seinen Einfluß auf die Bundestagsfraktion? Wie wir gesehen haben, hat er die ursprünglich aus taktischen Gründen erhobene Forderung nach Ämtertrennung zwischen Partei- und Fraktionsvorsitz schnell aufgegeben. Nach seiner Übernahme des Parteivorsitzes im Jahr 1973 war aber zunächst die Partei, nicht die Fraktion das politische Gravitationszentrum. Dies zeigt die Zusammensetzung des 1975 auf dem Bundesparteitag in Mannheim gewählten CDU-Präsidiums. Diesem gehörten damals neben Kohl zwei weitere Ministerpräsidenten an, nämlich Gerhard Stoltenberg (Schleswig-Holstein) und Hans Filbinger (Baden-Württemberg), ferner mit Heinrich Köppler der Fraktionsvorsitzende eines Landtags (Nordrhein-Westfalen) sowie der damalige Generalsekretär der Partei, Kurt Biedenkopf, der ebenfalls nicht Mitglied des Bundestags war. Filbinger, Köppler und Stoltenberg waren zugleich Landesvorsitzende der CDU. Aufgrund des gegenüber der Fraktion erlangten Machtzuwachses der Partei konnte denn auch 1976 Kurt Biedenkopf in einer »regelrechten Nacht-und-Nebel-Aktion«[38] Kohls Kanzlerkandidatur über die Köpfe der CDU- und sogar der CSU-Abgeordneten hinweg initiieren. Nach den verlorenen Bundestagswahlen jenes Jahres gab Kohl sein Ministerpräsidentenamt in Mainz auf und wurde Vorsitzender der CDU/CSU-Bundestagsfraktion. Somit hat er, nachdem Barzel zurückgedrängt war, mit der Vereinigung der beiden Ämter des Partei- und Fraktionsvorsitzenden doch noch den Grundstein für seine spätere Kanzlerschaft gelegt. Bis zu seinem Wechsel ins Bundeskanzleramt führte er die Fraktion. Es hatte dort wie in der Partei Eindruck gemacht, daß Kohl das relativ bequeme Amt eines Ministerpräsidenten aufgegeben hatte und als Oppositionsführer in ein eher spartanisches Büro nach Bonn gezogen war – ohne all die Möglichkeiten, die ein exekutives Amt wie das eines Ministerpräsidenten mit sich bringt.

Solange Kohl als Parteivorsitzender noch von der Mainzer Staatskanzlei aus agierte, konnte er im Plenum des Bundestags nur in seiner Eigenschaft als Mitglied des Bundesrats reden. Die tagespolitische Reaktion auf das Handeln der sozialliberalen Koalition konnte jedoch nur durch die Bundestagsfraktion erfolgen. Es gelang Kohl vor allem mit Hilfe seines Generalsekretärs Biedenkopf, den Einfluß der Bundespartei zu verstärken, was freilich ganz zwangsläufig zu einer Schwächung des Einflusses der bis dahin gegenüber der Partei sehr selbstbewußten Fraktion führte. Der Rheinland-Pfälzer mußte sich in erster Linie auf den Parteiapparat stützen – aber er sah in Karl Carstens zu Recht einen Fraktionsführer, der den Führungsanspruch der Partei prinzipiell zu akzeptieren bereit war. Für den von Kohl geplanten Griff zum Kanzleramt war die Frage der Behandlung der Bundestagsfraktion von essentieller Bedeutung. Auf diesem Wege erhoffte er sich auch eine Einbindung der CSU – dies um so mehr, als er in Franz Josef Strauß einen Widerpart hatte, der schon früh seine intellektuelle und politische Überlegenheit unverdrossen zum Ausdruck brachte. Im übrigen verstand es Kohl meisterhaft, die Erwartung vieler Abgeordneter zu inspirieren, daß sie eines Tages unter seiner Kanzlerschaft wenigstens in die Rolle eines Parlamentarischen Staatssekretärs schlüpfen könnten, oder er zeigte ihnen in dosierter Form andere, Hoffnung machende Gunstbeweise – ein wichtiges Motiv für die Loyalität ihm gegenüber.

Helmut Kohls Wirken als Fraktionsvorsitzender ist insoweit ein Unikat, als er der einzige Vorsitzende war, der sein Amt als absoluter Neuling im Bundestag angetreten hatte, dort also nicht vorher entsprechende Erfahrung sammeln oder hilfreiche »Seilschaften« aufbauen konnte. Ganz ohne Vorbild diesbezüglich war Kohl allerdings nicht. Denn Karl Carstens, vorher unter anderem Chef des Bundeskanzleramts und Staatssekretär der Regierung Kiesinger, kandidierte erstmals 1972 für den Bundestag. Bereits wenige Monate nach seinem Einzug ins »Hohe Haus«, nämlich am 17. Mai 1973, wurde er als Nachfolger Barzels zum Fraktionsvorsitzenden gewählt.

Kohl kamen seine Erfahrungen als Abgeordneter des Landtags von Rheinland-Pfalz und seine Ministerpräsidententätigkeit zugute. Er mußte jedoch innerhalb kurzer Zeit auf ihn ausgerichtete Strukturen aufbauen. Nur so konnte er die Fraktion hinter sich bringen. Schon früh erkannte er die Wichtigkeit der jeweils vor der Gesamtfraktion tagenden Landesgruppen und verpflichtete sich in ihnen Vertrauensleute (beispielsweise den ehemaligen rheinland-pfälzischen Staatsminister Heinz Schwarz oder den nordrhein-westfälischen Bundestagsabgeordneten und späteren Staatsminister im Kanzleramt, Friedrich Vogel). Auf diese Weise schuf Helmut Kohl ein weitverzweigtes Netz von Informanten und sonstigen Unterstützern – viele kannte er bereits aus gemeinsamen Zeiten in der Jungen Union. Auch in der zweiten und dritten Linie der Fraktion besaß er zahlreiche Verbündete.

Als Kohl Fraktionsvorsitzender wurde, übernahm er natürlich auch große Teile des alten Fraktionsapparates, wobei hier vor allem an Eduard Ackermann zu denken ist, der 1958 als einfacher Fraktionsreferent angefangen hatte. Die Übernahme Ackermanns ist insoweit bemerkenswert, als dieser unter Rainer Barzel Fraktionssprecher war und Kohl mit Barzel bis zum heutigen Tag eine heftige Animosität verbindet. Es schien ihm aber wichtig, den geschmeidigen Ackermann an sich zu binden, weil er sehr rasch erfahrene Leute benötigte, die das politische Bonn und sein Pressekorps kannten. Mit seinem anfänglich untrüglichen Gespür für Personen fühlte Kohl, daß Ackermann auch ihm gegenüber loyal sein würde. Als seinen Büroleiter brachte er Horst Teltschik mit, der in der Mainzer Staatskanzlei für Fragen der Außenpolitik zuständig war und ihn dann später auch als wichtigster Berater ins Bundeskanzleramt begleitete. Seine Sekretärin Juliane Weber folgte ihm ebenfalls nach Bonn.

Trotz aller Bemühungen Kohls war aber seine Stellung in der Fraktion zunächst zu ungefestigt, um in innerfraktionelle Besitzstände eingreifen zu können.[39] Er erlebte für ihn bittere Stunden insbesondere in den Jahren 1978 und 1979, als sein Rückhalt in der Fraktion immer geringer wurde. Nach Abschluß seiner ersten Amtszeit als Vorsitzender gelang ihm dann eine bedeutsame Veränderung der Fraktionsstrukturen. Schon einen Monat nach der Bundestagswahl 1980 veranlaßte Kohl nämlich eine neue Fraktionsgeschäftsordnung. Damit wurde ein neuer Fraktionsvorstand installiert. Außerdem wurden sechs themenübergreifende Arbeitskreise abgeschafft und durch 15 Arbeitsgruppen ersetzt. Daß man diese weitgehend spiegelbildlich zu den Ausschüssen des Bundestags etablierte, war eine Aufwertung. Durch Kohls Fraktionsreform wurden die Vorsitzenden der Arbeitsgruppen gleichzeitig Mitglieder des Fraktionsvorstands, was nicht nur ihre Stellung stärkte, sondern auch dazu führte, daß zahlreiche

Vertrauenspersonen Kohls in das Führungsgremium der Fraktion aufrückten und damit seinen Einfluß stabilisierten.[40] Hatten früher die Leiter der Arbeitskreise die Verfügung über die Einstellung von Personal, so liegt diese heute bei den Vorsitzenden der Arbeitsgruppen. Aufgrund der damaligen Regelung gehört heute dem Fraktionsvorstand etwa jedes siebte Fraktionsmitglied an.[41] Den Stellvertretenden Vorsitzenden obliegt zwar in einem gewissen Sinne die informelle Koordinierung der Arbeitsgruppen, doch wurde die Bedeutung der Stellvertreter durch Kohls Fraktionsreform relativiert.

Mit der Regierungsübernahme im Jahr 1982 ergab sich für die CDU/CSU-Bundestagsfraktion ein enormer Aderlaß. Zahlreiche Kohl-Loyale, die bis dahin wichtige Fraktionsfunktionen innehatten, erhielten jetzt ein Regierungsamt. So rückten zum Beispiel einige der sieben Stellvertretenden Fraktionsvorsitzenden ins Kabinett auf, wie Friedrich Zimmermann (er wurde Innenminister), Norbert Blüm (Sozialminister) und Manfred Wörner (Verteidigungsminister). Auch zeigte sich, daß der Posten eines Parlamentarischen Geschäftsführers für ein Regierungsamt sehr förderlich war. Dies gilt etwa für Philipp Jenninger, der Staatsminister im Kanzleramt wurde, aber auch für Dorothee Wilms (Bildungsministerin, später Ministerin für Gesamtdeutsche Fragen). Und wenn man die Liste der Vorsitzenden der Fraktionsarbeitsgruppen kurz vor der Regierungsbildung anschaut, sieht man, daß fast alle ebenfalls ins Kabinett gelangten. Ein Arbeitsgruppenvorsitz war dienlich für ein Ministeramt oder für eine Aufgabe als Parlamentarischer Staatssekretär. Zu nennen sind aus dieser Liste der Vorsitzenden der Arbeitsgruppen beispielsweise Heinz Riesenhuber (Forschungsminister), Ignaz Kiechle (Landwirtschaftsminister)[42] und Carl-Dieter Spranger (Parlamentarischer Staatssekretär im Bundesministerium des Inneren, später Entwicklungsminister). Staatsminister im Auswärtigen Amt unter Hans-Dietrich Genscher wurde Alois Mertes – als seitdem letzter hochrangiger Unionspolitiker in diesem Ministerium. Übrigens lief die erste Regierungsbildung Kohls besonders reibungslos ab. Er brauchte dazu nur 14 Tage.

Während der gesamten Kanzlerschaft Kohls hatte die CDU/CSU-Bundestagsfraktion lediglich zwei Vorsitzende: *Alfred Dregger* und *Wolfgang Schäuble*. Dregger, ein betont konservativer Mann, war gegenüber Kohl stets loyal. Von 1956 bis 1970 war er Oberbürgermeister in Fulda, von 1967 bis 1982 Vorsitzender und Spitzenkandidat der CDU Hessen, die er zu großen Erfolgen führte, und dann schließlich von 1982 bis 1991 Fraktionsvorsitzender im Bundestag. Sein Rednertalent hatte sich insbesondere auf dem Düsseldorfer Parteitag 1971 in der Mitbestimmungsfrage gezeigt, als er zu den CDU-Sozialausschüssen auf Konfrontationskurs ging. Damit war Dregger in den Kreis der besonders profilierten CDU-Politiker vorgerückt. Er hatte sich auf dem Parteitag einerseits für bundespolitische Aufgaben empfohlen, andererseits war er seitdem vom linken Flügel als zu arbeitgeberfreundlich abgestempelt. Für Kohl erfüllte er eine wichtige Funktion, weil es diesem wie allen CDU-Kanzlern darum ging, auch die national-konservativ eingestellten Bürger aus der Kriegsgeneration für die Ziele der CDU zu gewinnen. Dregger war fast einstimmig zum Kohl-Nachfolger im Fraktionsvorsitz gewählt worden und wurde nach der Bundestagswahl vom 6. März 1983 mit 205 von 244 Stimmen im Amt bestätigt. Er war Kohl so ergeben, daß innerhalb der Fraktion gelegentlich erheblicher Unmut aufkam. Denn vielen Abgeordneten war die Fraktion gegenüber der Bundesregierung zuwenig profiliert. Der Journalist Friedrich Karl Fromme urteilte denn auch in der *Frankfurter Allgemeinen Zeitung*: »Dementsprechend beklagten sich Unionsabgeordnete unter dem Fraktionsvorsitz Alfred Dreggers immer häufiger darüber, nur Vollzugsorgan von Regierungsbeschlüssen zu sein.«[43] Der Kanzler sei der eigentliche Chef der Fraktion, so wurde immer wieder argumentiert.

Im Sommer 1988 kam es in der Bundestagsfraktion sogar fast zu einer offenen Rebellion, als die Regierung bei der aufgrund des politischen Drucks des Hobbyfliegers Franz Josef Strauß erfolgten Befreiung privater Nutzer von der Flugbenzinsteuer offensichtlich nicht mit dem Widerstand der Abgeordneten gerechnet hatte, die an der Parteibasis wegen dieser wenig sozialen Politik erhebliche Schwierigkeiten erfuhren. Allerdings richtete sich der Aufstand mehr gegen Strauß als gegen Kohl. Gleichwohl kritisierte Dregger nach diesen Vorgängen die Koalitionsrunde beim Bundeskanzler, in der die Steuerbefreiung beschlossen worden war: »Diese Runde ist kein Verfassungsorgan. Sie kann Entscheidungen vorbereiten, aber sie kann keine Entscheidungen treffen.

Wir sollten sie daher Vorbereitungsrunde nennen.«[44] Vor allem jedoch der damalige Stellvertretende Fraktionsvorsitzende Volker Rühe machte sich in jenen Tagen zum Sprecher der Unzufriedenen in der Fraktion. Politikwissenschaftliche Analysen kamen dennoch zu der Erkenntnis, daß das politische Initiativpotential der Unionsfraktion »nur schwach ausgeprägt und allenfalls schemenhaft erkennbar« war.[45]

Während der Amtszeit Dreggers, der es liebte, die großen Linien der Weltpolitik zu markieren, konnte Wolfgang Schäuble als damaliger Erster Parlamentarischer Geschäftsführer gerade im täglichen politischen Kleinkrieg Kohl entlasten. Dregger und er ließen es nicht zu, daß sich gegenüber dem Partei- und Regierungschef in der Fraktion eine namhafte Opposition überhaupt hätte entwickeln können. Als Schäuble dann aber nach seiner Amtszeit als Bundesinnenminister 1991 Dregger als Fraktionsvorsitzender folgte, versuchte er intensiv, die Fraktion zu einem zweiten Entscheidungszentrum neben dem Bundeskanzleramt zu machen. Insoweit dürfte Helmut Kohl des öfteren dem »pflegeleichten« Fraktionsvorsitzenden Dregger nachgetrauert haben.

Häufig ist nicht bekannt, welch großen Einfluß insbesondere die Ersten Parlamentarischen Geschäftsführer in ihrer jeweiligen Fraktion ausüben. In der CDU/CSU-Bundestagsfraktion garantiert eine solche Position meist den späteren politischen Aufstieg. Dem Ersten Parlamentarischen Geschäftsführer stehen dort als Stellvertreter ein von der CSU benannter »einfacher« Parlamentarischer Geschäftsführer sowie weitere derartige Geschäftsführer zur Seite. Während der Zeit von Kohls eigenem Fraktionsvorsitz und seiner Kanzlerschaft waren es die folgenden Politiker, die als Erste Parlamentarische Geschäftsführer die zentrale Koordinierungsfunktion in der Unionsfraktion wahrnahmen:

Philipp Jenninger: In den Jahren der Opposition war es vor allem das baden-württembergische Urgestein Jenninger, das für Kohl als Erster Parlamentarischer Geschäftsführer die Fraktion managte. Der bei seinen Abgeordnetenkollegen sehr beliebte Mann war lange Zeit der engste Mitarbeiter des Pfälzers, dem er 1982 auch als Staatsminister ins Kanzleramt folgte, bevor er schließlich Bundestagspräsident wurde.

In diesem Amt aber mißglückte Jenninger 1988 eine Rede zum

Gedenken an den Holocaust, insbesondere wegen seiner Vortragsweise. Er hatte diese wichtige Bundestagsrede von seinem Mitarbeiter Thomas Gundelach schreiben lassen, der seinen Entwurf erst in der Nacht vor dem Gedenkakt fertigstellte. Dessen erster Leser, Jenningers Pressesprecher, wurde nach der Lektüre von beträchtlichen Zweifeln geplagt. Er schrieb einen kleinen Zettel mit der Aufschrift: »Herr Präsident, ich würde diese Rede so nicht halten«, und legte ihn auf das Redemanuskript. Jenninger reagierte erschrocken, gleichsam hilflos. Er versuchte, dem Scheitern durch eine besonders ausdruckslose und distanzierte Vortragsweise zu entrinnen, wodurch er das Problem allerdings noch vergrößerte. Denn durch seine Art des Sprechens wirkten menschenverachtende Nazizitate so, als trage er sie kritiklos vor. Die spätere Analyse des dann in der Presse abgedruckten Manuskripts machte deutlich, wie verhängnisvoll sich Jenningers Sprechweise auswirkte. Als übrigens Ignaz Bubis, der damalige Vorsitzende des Zentralrats der Juden in Deutschland, die Rede später in einer Frankfurter Synagoge hielt, ohne zunächst den »Autor« zu benennen, bemerkte niemand, daß es sich hierbei um die inkriminierte Jenninger-Rede handelte.[46] Aber die Erregung über den Bundestagspräsidenten war damals so groß, daß Kohl ihn über Nacht fallenließ, obwohl er zu seinen ältesten Mitstreitern gehörte und Jenningers ganzer Lebenslauf eine überaus positive Einstellung zum Judentum gezeigt hatte. Die Lehre aus diesem Fall ist: Wenn es ihm politisch opportun erscheint, kann sich Kohl von heute auf morgen von seinen besten Freunden trennen – auch jetzt noch. Philipp Jenninger ist bis auf den heutigen Tag durch Kohl tief verletzt, obgleich er knapp drei Jahre nach seinem Rücktritt als Bundestagspräsident Botschafter in Wien wurde und später seine Diplomatentätigkeit als Botschafter beim Vatikan beendete. Die Rede Jenningers ihrerseits ist aber ein Lehrstück dafür, daß bei aller Abhängigkeit von Mitarbeitern die letzte oder die eigentliche Leistung vom Politiker selbst zu erbringen ist. Kurt Biedenkopf, Rita Süssmuth und Richard von Weizsäcker sind hierzulande eindrucksvolle Beispiele für das eigenständige Verfassen großer Reden.

Wolfgang Schäuble: Auf Philipp Jenninger folgte der Badener Schäuble. Er war ab Juni 1981 bereits »einfacher« Parlamentarischer Geschäftsführer und wurde dann am 4. Oktober 1982 unter Alfred Dregger (also gleich zu Beginn der Kanzlerschaft Kohls) Erster Parlamentarischer Geschäftsführer – ein Amt, das er bis zum 15. November 1984 ausübte. Schäuble hatte Kohl schon früh als Parteivorsitzenden unterstützt. Er wurde 1972 erstmals direkt in den Bundestag gewählt, wo er sich zunächst der Bildungspolitik und dem Sport widmete. Einen Namen machte er sich als Berichterstatter seiner Fraktion im »Steiner-Wienand-Ausschuß«, der klären sollte, ob der CDU-Abgeordnete Julius Steiner vom Parlamentarischen Geschäftsführer der SPD-Fraktion mit 50 000 DM bestochen worden war, um beim Mißtrauensvotum der Unionsparteien gegen Willy Brandt im Jahr 1972 gegen seinen Fraktionskollegen Barzel und für Brandt zu stimmen.

Nach der Bundestagswahl 1976 gehörte Schäuble zu einem Kreis von Abgeordneten, die sich um Philipp Jenninger scharten und eine Art parlamentarische Hilfstruppe für den nun in den Bundestag eingezogenen Helmut Kohl darstellten. Schäuble wurde dann Mitglied im Finanzausschuß des Parlaments und Vorsitzender des Fachausschusses Sport der CDU-Bundespartei. Nach der erneuten Wahl in den Bundestag im Jahr 1980 setzte sich seine Karriere fort. Mit seinem unmittelbar nach dem Regierungswechsel 1982 erfolgten, von Kohl geförderten Amtsantritt als Erster Parlamentarischer Geschäftsführer gelang es Schäuble schließlich, in den Kernbereich der Macht vorzustoßen. Denn für den Kanzler Kohl wurde nicht der neue Fraktionschef Alfred Dregger zum eigentlichen Counterpart in der Fraktion, sondern der mit großen strategischen Fähigkeiten ausgestattete Wolfgang Schäuble, der auch sogleich an den Koalitionsverhandlungen zwischen den Unionsparteien und der FDP beteiligt war. Kohl wußte Schäuble (wie alle Ersten Parlamentarischen Geschäftsführer – woraus so mancher Loyalitätskonflikt im Verhältnis zum Fraktionsvorsitzenden entstehen mußte) besonders eng an sich zu binden.

Schäuble machte sich beim Kanzler nach und nach unersetzbar. Insbesondere als er nach den vorgezogenen Neuwahlen des Jahres 1983 im Gefolge der damaligen Flick-Affäre einen Plan für die Amnestie von Steuervergehen ausarbeitete, die in erster Linie den FDP-Politikern Otto Graf Lambsdorff und Hans Friderichs zugute gekommen wäre, spielte er für Kohl eine wichtige Rolle.

Doch die Überlegungen scheiterten, weil sich sogar in der FDP Widerstand erhob. Dieser Vorgang kann als die erste große Niederlage Schäubles angesehen werden. Gleichwohl wurde er 1984 Bundesminister für besondere Aufgaben und Chef des Kanzleramtes. Auch zwei seiner Nachfolger als Erste parlamentarische Geschäftsführer folgten später dem Ruf Kohls in dieses Amt, nämlich:

Rudolf Seiters: Der Papenburger rückte nach dem Weggang Schäubles zum Ersten Parlamentarischen Geschäftsführer auf. Er gehört zu den wenigen Leuten, die trotz zeitweiliger Nähe zu Rainer Barzel das Vertrauen Kohls erlangen konnten. Seiters war dann von April 1989 bis November 1991 Minister für besondere Aufgaben und Chef des Kanzleramts und anschließend bis Juli 1993 Innenminister. Derzeit ist er Stellvertretender Präsident des Bundestags.

Friedrich Bohl: Der Marburger Rechtsanwalt folgte am 25. April 1989 auf Seiters, amtierte indes nur etwa zweieinhalb Jahre und wurde schließlich im November 1991 ebenfalls Minister für besondere Aufgaben und Chef des Kanzleramts.

Jürgen Rüttgers: »Der Pulheimer«, wie Kohl den Juristen aus dem rheinischen Erftkreis zu nennen pflegte, übernahm die Aufgabe des Ersten Parlamentarischen Geschäftsführers am 25. November 1991. Er war unter dem Fraktionsvorsitzenden Dregger ein weiterer Geschäftsführer geworden und wurde schließlich Schäubles »erster Mann«. Rüttgers verstand sich auch als konzeptioneller Berater und fand in Dreggers Nachfolger einen dafür aufgeschlossenen Chef. Diese politische Periode Rüttgers war eine höchst einflußreiche Zeit für den rheinischen Politiker, auch wenn seine öffentliche Wirkung erst später einsetzte. Mit einem beachtlichen Buch über die *Dinosaurier der Demokratie. Wege aus der Parteienkrise und Politikverdrossenheit*[47] hatte er schon frühzeitig das Problem des übermächtigen Einflusses politischer Parteien aufgegriffen. Als Bildungs- und Wissenschaftsminister versuchte Jürgen Rüttgers dann von November 1994 bis zum Regierungswechsel im Jahr 1998 weitgehend vergeblich, Kohl für die neue Zeit der Globalisierung, des Internets und der Biotechnologie zu sensibilisieren. Hätte der Kanzler mehr auf ihn gehört, wäre er vielleicht nicht in die Modernisierungsfalle der SPD getappt.

Joachim Hörster: Der Westerwälder Rechtsanwalt, der 1987 in den Bundestag einzog, wurde im Mai 1992 zunächst »einfacher« Parlamentarischer Geschäftsführer seiner Fraktion und rückte schließlich im November 1995 zum Ersten Geschäftsführer auf. Es gelang Kohl sehr schnell, Hörster an sich zu binden. So wurde er auch auf Auslandsreisen mitgenommen. Da Kohl Schäuble zunehmend zu mißtrauen begann, sollte Hörster gegenüber dem Fraktionsvorsitzenden die Rolle des »Oberaufpassers« spielen. Zwar versuchte er den Spagat der doppelten Loyalität, aber Schäubles Argwohn war geweckt. Er stellte ihn nach den verlorenen Bundestagswahlen 1998 in der Fraktion sofort kalt und ersetzte ihn durch seinen Vertrauten Hans-Peter Repnik. Hörster durfte danach als »normaler« Parlamentarischer Geschäftsführer nur noch unwichtige Aufgaben wahrnehmen – bis ihn schließlich die CDU-Spendenaffäre einholte und er im Frühjahr 2000 im Zusammenhang mit dem Transfer von Fraktionsgeldern zur Bundespartei auch von diesem Amt zurücktreten mußte. Im Januar jenes Jahres war nämlich bekannt geworden, daß 1,146 Millionen DM als Barzahlung aus der Fraktionskasse in die Parteikasse geflossen waren, Gelder, die Hörster am 30. Januar 1997 an den für Finanzfragen zuständigen Hauptabteilungsleiter in der CDU-Bundesgeschäftsstelle, Hans Terlinden, übergeben hatte. Hörster betonte zwar in einem Brief vom 5. Januar 2000 an die Mitglieder der Bundestagsfraktion, daß es sich bei diesem Betrag nicht um öffentliche Mittel handelte, sondern um Beiträge von Abgeordneten sowie um Erträge aus gemeinsamen Projekten der Bundespartei und der Fraktion. Außerdem regelte er im Einverständnis mit Kohl und dem Fraktionsvorsitzenden Schäuble die Angelegenheit mit Terlinden, doch löste die Tatsache, daß Geldmittel – auch noch in dieser Höhe – in bar transferiert worden waren, in der Fraktion großen Unmut aus, und Hörster mußte hierfür seinen Kopf hinhalten.

In der bisherigen Oppositionszeit nach der verlorenen Bundestagswahl verlagerte sich, jedenfalls in den operativen Fragen der Tagespolitik, das Machtzentrum der Union von der Partei teilweise zurück auf die Bundestagsfraktion. Jeder Kanzlerkandidat und jede Kanzlerkandidatin der CDU/CSU wird versuchen müssen, die Kontrolle über die Fraktion zu erlangen – und dabei von Kohl zu lernen.

Das Kanzleramt als Zentrale der Macht

Die dritte – und später wichtigste Säule – der Macht Helmut Kohls war das Bonner Bundeskanzleramt. Von hier aus spann er alle Fäden in die Partei und in die Fraktion hinein. Das Kanzleramt war sein nationales Machtzentrum und zugleich Bühne der Weltpolitik. In der Politikwissenschaft wird die politische Ordnung der Bundesrepublik Deutschland mit dem Hinweis auf die Richtlinienkompetenz des Bundeskanzlers (Grundgesetz, Artikel 65) häufig als »Kanzlerdemokratie« beschrieben – doch damit ist sie nur unzureichend charakterisiert. Eher ist – speziell im Falle Kohls – dem Begriff »Koordinationsdemokratie« zuzustimmen.[48] Denn die Entscheidungsfindung fand im Machtdreieck Partei, Fraktion und Bundesregierung statt, wobei es innerhalb der letzteren neben dem Kanzlerprinzip auch noch das Ressortprinzip, das die Verantwortlichkeit der Minister für ihren Kompetenzbereich festlegt, sowie das Kollegialprinzip der Kabinettsentscheidungen gibt. Aber je länger Kohl Kanzler war, desto weniger galten Ressortprinzip und Kollegialprinzip.

Wie schwer es Kohl fiel, das Kanzleramt zu verlassen, sieht man daran, daß er fast noch ein dreiviertel Jahr nach seiner Wahlniederlage in Absprache mit dem über diesen Wunsch verdutzten neuen Hausherrn Gerhard Schröder im Kanzlerbungalow weiterwohnte und dort »hofhielt«, bevor er als Abgeordneter mit nach Berlin umzog. Dieser Vorgang ist einmalig. Man stelle sich vor, Bill und Hillary Clinton hätten die Familie Bush aufs Hotel verwiesen und die Wohnräume im Weißen Haus besetzt gehalten. Der Kanzlerbungalow war der Ort unzähliger abendlicher Tafelrunden Helmut Kohls, das Zentrum im Zentrum der Macht.

Kohl liebte keine allzugroße Veränderung seiner engsten Umgebung, die er fast wie eine Familie behandelte – mit der Konsequenz, daß manche Mitarbeiter teilweise Abend für Abend, sofern sie nicht durch Staats- oder Parteigeschäfte verhindert waren, von ihm in den Kanzlerbungalow oder in ein Restaurant eingeladen wurden. Dort mußten sie sich immer wieder lange Monologe des Kanzlers anhören, auch historische Erläuterungen, am liebsten aber Geschichten von erfolgreichen Machtkämpfen. Die Vermutung, daß bei diesen abendlichen Runden auf hohem intellektuellem Niveau über wichtige Grundfragen der Politik diskutiert worden wäre, ist irrig. Nach dem Tagesstreß wollte Kohl den Abend in vertrautem Kreise gemütlich ausklingen lassen. Politischen Einfluß konnten die Teilnehmer bei derartigen Gelegenheiten allenfalls dadurch nehmen, daß sie sich an Kohls »Tratscherei« über Personen intensiv beteiligten. Denn Kohl mochte gerade solche Gespräche, bei denen insbesondere die eigenen Parteifreunde durch den Kakao gezogen wurden, und das meist bei gutem Essen und einer guten Flasche Wein. Vielfach erhielt er auf diesem Weg auch gewünschte Informationen aus dem persönlichen Bereich von Politikern und anderen Leuten, was ihm vorzügliche »Steuerungsmöglichkeiten« verschaffte. So lästig die Teilnahme an den abendlichen Runden war: Wer nicht (mehr) eingeladen wurde, spürte ein drohendes Signal des Kanzlers. Kohl kannte aber auch noch andere Instrumente, um seine Sympathie, die gleichzeitig Vertraulichkeit suggerierte, zu bezeugen. Dazu gehörten zum Beispiel die um die Weihnachtszeit stattfindenden Ausflüge mit seinen wichtigsten Mitarbeitern, welche ihn unter anderem in eine so schöne Stadt wie das fränkische Wertheim am Main führten, wo sein Erscheinen große Freude hervorrief, auch bei einer Bäckerin, mit der er sich über die Qualität des Brotes unterhielt. Dies führte zu einer begeisterten Berichterstattung in den örtlichen *Fränkischen Nachrichten*. Die »Betriebsausflüge« endeten regelmäßig im odenwäldischen Amorbach, wo die Gruppe im Fürstenhaus zu Leiningen zu Gast war. Wer nicht mehr zu diesen Ausflügen eingeladen wurde, wußte, was die Stunde geschlagen hatte.

Weil der Kanzler zuviel Veränderung »am Hofe« ungern sah, mußten sich die relativ wenigen Veränderungen auch bald niederschlagen. Als ihn Horst Teltschik verließ und Eduard Ackermann in den Ruhestand ging, war das innere Gleichgewicht seines »Küchenkabinetts« empfindsam gestört. Beide hatten eine wichtige Ratgeberfunktion und waren für Kohl offensichtlich unersetzbar. Vor allem Teltschik übte auf ihn sehr starken inhaltlichen Einfluß aus, der je nach Thematik sogar weit über den eines Bundesministers oder einer anderen dem Titel nach bedeutenderen Persönlichkeit hinausging. In »atmosphärischen« Fragen hingegen, die ja in der Politik außerordentlich wichtig sind, sollte der Einfluß von Kohls Vorzimmerdame Juliane Weber nicht unterschätzt werden. In Staatsangelegenheiten wiederum war der jeweilige Chef des Kanzleramts ganz zwangsläufig sein engster Berater. Sodann gab es in der Ministermannschaft insbesondere Bundesfinanzminister Theo Waigel, der für Kohl deshalb besonders wichtig war, weil er nach dem Tod von Franz Josef Strauß als CSU-Vorsitzender die Schwesterpartei zu integrieren hatte. Zwischen Kohl und Waigel scheint es wirklich so etwas wie eine »Männerfreundschaft« (ein von Kohl häufig gebrauchtes Wort) gegeben zu haben, vielleicht war der CSU-Mann sogar der einzige, den der Kanzler – neben Friedrich Bohl – auch menschlich achtete. Das Verhältnis zwischen Schäuble und Waigel war aufgrund ihrer politischen Konkurrenzsituation ziemlich gespannt. Doch Kohl liebte so etwas. Rivalitäten unter engen Mitarbeitern und Mitstreitern vergrößerten die Abhängigkeit von ihm, erweiterten seinen politischen Manövrierraum und verschafften ihm eine Schlichterrolle. Einer der Staatsminister hielt für Kohl den Kontakt zur Fraktion und zur Partei. In der »dritten Kategorie« befanden sich hochrangige Beamte und Angestellte, auf die er sich stützen konnte. Sodann gab es auch noch außerhalb der Hierarchie stehende Berater, die er von Fall zu Fall einsetzte, zum Beispiel bei der Vorbereitung von Regierungserklärungen. Wenn wir uns mit der Frage nach der unmittelbaren Umgebung des Bundeskanzlers Kohl und damit dem »Innenleben der Macht« befassen, müssen wir also zwischen verschiedenen Kategorien von Vertrauten und Beratern unterscheiden:

DIE CHEFS DES BUNDESKANZLERAMTS:

Waldemar Schreckenberger: Der 1929 in Ludwigshafen geborene Jugendfreund Kohls – beide besuchten dort das Leuschner-Gymnasium – wurde am 4. Oktober 1982 im Rang eines beamteten Staatssekretärs der erste Chef des Bundeskanzleramts (ChefBK) unter dem neuen Regierungsoberhaupt. »Schrecki«, wie er genannt wurde, war jedoch eher der Typ eines weltfremden Wissenschaftlers. Er lehrte zunächst als außerordentlicher Professor für Rechtspolitik und Rechtsphilosophie an der Universität Mainz und dann als ordentlicher Professor für Rechts- und Sozialphilosophie und Gesetzgebungslehre an der Hochschule für Verwaltungswissenschaften in Speyer. 1981 wurde er Justizminister des

Landes Rheinland-Pfalz. Im Kanzleramt wirkte der gebildete und bescheiden auftretende Mann wie ein Fremdling und erwies sich deshalb dort als Fehlbesetzung. Als sich dies herausstellte, wurde es gelegentlich damit begründet, der Chef des Kanzleramts, der häufig im Auftrag Kohls Koordinierungsgespräche mit Bundesministern zu führen hatte, hätte als schlichter beamteter Staatssekretär protokollarisch nicht die Stellung gehabt, die zur Durchsetzung bei Ministern notwendig gewesen wäre. Schreckenberger besaß im politischen Bonn so gut wie kein eigenes Netzwerk und war auch in der CDU/CSU-Fraktion ohne Hausmacht. Er hatte einfach kein politisches Gewicht. Kohl, von dem allgemein gesagt wurde, daß er zu seinen Getreuen stehe, beließ Schreckenberger zwar die Staatssekretärsfunktion, doch das Amt des Chefs des Kanzleramts wurde dieser im November 1984 wieder los. Auch wenn er sich gegen das vom *Spiegel* kolportierte Image, in seinem »Bermudadreieck« gingen Akten verloren, zur Wehr zu setzen versuchte, so hatte Schreckenberger doch keine Chance, sich dem Gespött des Bonner Pressekorps zu entziehen. Nach seinem endgültigen Ausscheiden aus dem Kanzleramt kehrte der von Kohl tief verletzte, aber nach außen hin Contenance wahrende Gelehrte wieder an die Stätte seines wissenschaftlichen Wirkens in Speyer zurück und räsonierte in Fachpublikationen über seine praktischen Politikerfahrungen, beispielsweise über die Bedeutung von Koalitionsrunden.[49] Den CDU-Spendenskandal nutzte der Rechtsphilosoph keineswegs dazu, die Enttäuschung über seine Entlassung publizistisch zu vermarkten.

Wolfgang Schäuble: Nachdem sich in der Fraktion und bei den Ministern Klagen über die mangelnde Koordinierungsfähigkeit des Kanzleramts häuften, sah sich Kohl im November 1984 veranlaßt, diesen alten Vertrauten aus der Fraktion als ChefBK und Minister für besondere Aufgaben ins Kanzleramt zu holen. Zu Beginn dieser Tätigkeit wirkte Schäuble blaß und stand im Schatten Kohls, doch wurde er bald dessen kluger Advokat. Er stieg damit endgültig in den Zenit der Macht auf, zumal er auch an den Sitzungen des CDU-Präsidiums teilnehmen konnte. Da im Kanzleramt – nicht im Ministerium für Gesamtdeutsche Fragen – die eigentlichen operativen Aufgaben der Deutschlandpolitik ressortierten, entwickelte Schäuble eine besondere Leidenschaft für diese Politik. Das gab ihm auch die Möglichkeit, selber strategisch zu agieren. (Aus jener Zeit stammen auch seine guten Kontakte zu dem damaligen »DDR-Devisenbeschaffer« Schalck-Golodkowski.) Während er in den meisten Fällen als Inspirator der Politik Helmut Kohls doch immer in dessen Auftrag und Namen handeln mußte, konnte er zumindest in der Deutschlandpolitik eigenes Profil zeigen. Ein Höhepunkt von Schäubles diesbezüglicher Tätigkeit im Kanzleramt war – nach der von Kohl im Januar 1987 erneut gewonnenen Bundestagswahl – die Vorbereitung des Besuchs des Staats- und Parteichefs der DDR Erich Honecker im September jenes Jahres in Bonn. Profil gewann Schäuble auch als Krisenmanager, insbesondere als 1986 die Tschernobyl-Katastrophe die ganze Welt bewegte. Bei der Kabinettsumbildung im April 1989 übernahm er dann das Amt des Innenministers. Die Übernahme eines »klassischen« Ressorts gab ihm die Möglichkeit, noch mehr eigenständiges Profil zu entwickeln, nicht nur eine letztlich von Kohl »geliehene« Autorität zu verkörpern. Bevor Schäuble nach der Maueröffnung am 9. November 1989 sich als eigentlicher Architekt der deutschen Einheit und als Verhandlungsführer beim Einigungsvertrag[50] hohes Ansehen erwarb, zeigte er seine absolute Loyalität zu Kohl, als im Zusammenhang mit dem im September 1989 in Bremen stattfindenden CDU-Bundesparteitag der damalige Generalsekretär Heiner Geißler, wie erwähnt, zusammen mit anderen Pläne schmiedete, Kohl zu stürzen. Obwohl Schäuble seit gemeinsamen Tagen im RCDS und in der Jungen Union Geißler sehr nahestand, riet er doch zum harten Durchgreifen gegen den Generalsekretär, der dann von Kohl auch nicht mehr zur Wiederwahl vorgeschlagen wurde.

Rudolf Seiters: Der Niedersachse wurde im April 1989 Schäubles Nachfolger. Er war diesem 1984 auch schon als Erster Parlamentarischer Geschäftsführer gefolgt und nahm seit vielen Jahren wichtige Aufgaben für die Fraktionsführung wahr. Rudolf Seiters ist ein ruhiger und besonnener Mann, der durch seine glaubwürdige Art des Auftretens immer große Sympathien gewinnen konnte. Er gilt als ein solider, ethischen Normen verpflichteter politischer Handwerker und übte seine Tätigkeit als Chef des Kanzleramts in einer Weise aus, die Helmut Kohl gefallen mußte. Seiters ist unprätentiös, im politischen »Showbusineß« eher zurückhaltend. Seine früheren Mitarbeiter loben ihn wegen seiner menschlichen Art noch heute in den höchsten Tönen.

Im Dezember 1991 folgte er dann schließlich Wolfgang Schäuble auch als Bundesinnenminister. Von diesem aufreibenden Amt trat Seiters aus eigenem Antrieb zurück – eine Rarität im politischen Betrieb des einstigen Bonn und heutigen Berlin. Er übernahm die politische Verantwortung im Zusammenhang mit Fahndungspannen gegen Aktivisten der Roten-Armee-Fraktion (RAF); hierbei wurde in Bad Kleinen der mutmaßliche Terrorist Wolfgang Grams erschossen. Die Einschränkungen durch das Amt des Bundesinnenministers – eine der bestbewachten Persönlichkeiten Deutschlands – wollte Seiters nicht länger ertragen. Später wurde er der für Außen-, Sicherheits- und Europapolitik zuständige Stellvertretende Fraktionsvorsitzende und im Oktober 1998 Vizepräsident des Bundestags. Sein größter politischer Erfolg war ohne Frage die von ihm 1989 mit der DDR und der Tschechoslowakei ausgehandelte Ausreisegenehmigung für die Botschaftsflüchtlinge in Prag. Seiters hat damit dem brüchig gewordenen Eisernen Vorhang den letzten, vielleicht entscheidenden Schlag versetzt. Eine Erinnerungstafel, die das bis 1998 von der FDP dominierte Auswärtige Amt im Prager Botschaftsgebäude anbringen ließ, erweckt den – falschen – Eindruck, der damalige Außenminister Hans-Dietrich Genscher habe die Ausreise der DDR-Flüchtlinge bewirkt. Genscher wollte aber für sich lediglich den publicityträchtigen Auftritt auf dem Botschaftsbalkon. Er holte sich die Fernsehbilder, die Seiters durch seinen Verhandlungserfolg überhaupt erst ermöglicht hatte. Der Hintergrund: Seiters hatte im Kabinett von seiner bevorstehenden Pragreise berichtet, und Genscher bestand gegenüber Kohl auf einer Mitreise. Als Hausherr in der Botschaft nahm er als erster das Wort. Fernsehbilder machen eben Geschichte.

Friedrich Bohl: Wie Schäuble und Seiters war auch Bohl vor seiner im November 1991 erfolgten Berufung zum Kanzleramtschef und zum Minister für besondere Aufgaben Erster Parlamentarischer Geschäftsführer der CDU/CSU-Bundestagsfraktion. Er wurde Kohls letzter ChefBK und begleitete ihn 1998 in die bittere Niederlage. Der 1945 im Kreis Göttingen geborene Jurist war 1980 erstmals in den Bundestag gewählt worden, nachdem er zuvor zehn Jahre dem hessischen Landtag angehört hatte. Er war zum Schluß im Kanzleramt Kohls engster und letzter Vertrauter. Es entbehrt nicht einer gewissen Komik, daß Kohl des öfteren scherzte, als Chef des Kanzleramts verdiene Friedrich Bohl einen Ehrendoktortitel für Psychiatrie, wobei er allerdings an die von außen auf seinen Adlatus eindringenden »Problembeladenen« dachte. Bohl ist ein zu fast übermenschlichem Fleiß fähiger Mensch, ein präziser Techniker der Macht, der die Regierungsmaschinerie am Laufen hielt. Ohne ihn wäre die Koalition wahrscheinlich früher gescheitert. Im Gegensatz zu Schäuble, dem Kohl eher mit innerem Mißtrauen gegenübertrat, weil er ihm intellektuell zu eigenständig zu sein schien, lag Bohls Stärke nicht in der Entwicklung neuer Politikansätze; er war also ein erstklassiger Verwalter und zugleich der einzige Mitarbeiter, dem Kohl neben Juliane Weber uneingeschränkt vertraute.

DIE STAATSMINISTER

Die Staatsminister im Bundeskanzleramt sind eigentlich Parlamentarische Staatssekretäre, müssen also Mitglieder des Bundestags sein. Nur im Falle des Kanzleramts und des Auswärtigen Amts können sich die Staatssekretäre mit dem klangvolleren Titel »Staatsminister« schmücken. Kohl hatte schon zu Oppositionszeiten gewußt, wie wichtig es ist, sich durch die Vergabe hoher Ämter an Vertrauenspersonen Loyalitäten zu sichern. Zwei Uraltunterstützer des Pfälzers wurden denn auch dann seine ersten Staatsminister: *Philipp Jenninger* und *Friedrich Vogel*. Gerade in der Anfangszeit der Kanzlerschaft Kohls hatten beide wichtige Aufgaben, zumal das Gewicht Schreckenbergers gegenüber der Bundestagsfraktion gering war. Nachfolger Friedrich Vogels, der sich von Kohl verprellt fühlte, wurde *Lutz Stavenhagen* aus Baden-Württemberg, der an der Behandlung durch den Kanzler ebenfalls fast zerbrach und mit Bitterkeit aus dem Amt schied. Ein weiterer früher Unterstützer Kohls war der Berliner CDU-Landesvorsitzende *Peter Lorenz*, der im Rang eines Parlamentarischen Staatssekretärs im Kanzleramt die Aufgabe des »Bevollmächtigten der Bundesregierung in Berlin« wahrnahm, womit die Einbeziehung von Berlin (West) in den Verantwortungsbereich der Regierung dokumentiert werden sollte. In der Schlußphase der Kanzlerschaft Kohls sind zwei Staatsminister erwähnenswert, von denen der eine wegen seiner Koordination der Geheimdienste eine nicht geringe Öffentlichkeitswirkung erzielte und der andere so sehr im stillen wirkte, daß seine Bedeutung nahezu unbemerkt blieb:

Anton Pfeifer: Weitgehend unbekannt blieb die unheilvolle Rolle Pfeifers, der von 1991 bis 1998 Staatsminister im Kanzleramt war. In seinen ersten Jahren im Bundestag, dem der Reutlinger seit 1972 angehörte, galt er zunächst als ein Hoffnungsträger der Fraktion. Im baden-württembergischen Landesvorstand gehörte er schon früh – gemeinsam mit Wolfgang Schäuble – zu denjenigen, die Kohls Kampf gegen Barzel um den Parteivorsitz unterstützten. Schäuble und Pfeifer, die sich von ihrem Engagement im RCDS und in der Jungen Union her kannten, waren auch danach viele Jahre engste politische Freunde.

Heute aber ist diese Freundschaft wegen Pfeifers blinder Loyalität zu Kohl zerbrochen. Pfeifer, der bald zum bildungspolitischen Sprecher der Fraktion avancierte und Helmut Kohl als Fraktionsvorsitzenden und später als Bundeskanzler vor allem bei dessen Auftritten an Hochschulen begleitete, erwarb rasch das Vertrauen des mächtigsten Mannes. Pfeifers Einfluß auf Kohl insbesondere in dessen Spätphase als Kanzler wurde in der Öffentlichkeit, wie gesagt, kaum wahrgenommen, was damit zusammenhing, daß er nicht öffentlich wirkte, sondern im Auftrag seines Chefs vor allem in der Fraktion und in der von Kohl als wichtig angesehenen Konrad-Adenauer-Stiftung die Strippen zog. Bei letzterer avancierte er zum Stellvertretenden Vorsitzenden, erhielt dort im Unterschied zu seinem Stellvertreterkollegen Stoltenberg sogar ein eigenes Sekretariat und erfüllte für den Kanzler die von den Stiftungsmitarbeitern gefürchtete Funktion eines Oberaufpassers. Die wichtigste Aufgabe Pfeifers bestand darin, sich um die Partei zu kümmern. Von ihm ist weder eine politische Idee noch eine erfolgreich verlaufene politische Initiative bekannt. Er hatte früh gelernt, daß Kohl eine öffentliche Profilierung seiner engsten Mitarbeiter nur ungern sah.

Eigentlich aber hätte Anton Pfeifer ein eigenständiges politisches Profil entwickeln können, da er vor allem für zwei Themenfelder zuständig war, die genügend Chancen zur Selbstdarstellung boten. Zum einen verantwortete er den Kontakt mit den Bundesländern und berichtete unter anderem im Kreis der Bevollmächtigten der Länder über wichtige Entscheidungen der Regierung. Zum anderen war er für die Kulturpolitik des Bundes zuständig.

Daß Pfeifer gerade dieser Aufgabe nicht gewachsen war, konnte man im Vorfeld der Bundestagswahlen 1998 sehen, als der Kanzlerkandidat Gerhard Schröder seinen späteren Staatsminister und heutigen *Zeit*-Chefredakteur Michael Naumann als Kulturbeauftragten einer SPD-geführten Bundesregierung vorstellte und dieser ein kulturpolitisches Feuerwerk entfachte, das enorme, zumeist positive Aufmerksamkeit erregte. Pfeifer schien bei Naumanns Offensive wie gelähmt, er überließ ihm die kulturpolitische Debatte weitgehend.

Pfeifer war auch der Beauftragte Kohls für den Architektenwettbewerb zum Bau des Bundeskanzleramts in Berlin, einen Wettbewerb, dessen monströses Ergebnis von manchen in- und ausländischen Betrachtern mit Kopfschütteln quittiert wird. Es handelt sich bei diesem Gebäude um einen gewaltigen Klotz, neben dem der benachbarte Reichstag fast filigran wirkt. Und es zeugt zumindest von einem fragwürdigen Demokratieverständnis, wenn das Parlament als oberstes Verfassungsorgan baulich derart bedrängt wird. Zwar wäre es historisch unzulässig, das neue Kanzleramt mit den Bauten Albert Speers zu vergleichen, aber es fällt auch schwer, diese Assoziation gänzlich zu verdrängen. Die Bauherren hätten das historische Umfeld sensibler bedenken müssen.

Anton Pfeifer, dem nachgesagt werden kann, daß seine Positionen – sofern er überhaupt welche einnahm – immer mit Kohl abgestimmt waren, hat gegenüber diesem niemals, auch nicht im kleinsten Kreis, erkennbar Widerspruch gewagt. Im Gegenteil: Er hat es mit einem außerordentlichen Gespür verstanden, zu wissen oder zu erahnen, was sein Chef dachte und wollte – und ihn darin bestärkt. Insgesamt hat er sich bei Helmut Kohl als Spezialist für Sonderaufgaben unersetzbar gemacht. In der CDU/CSU-Bundestagsfraktion war er auch deshalb bei vielen Mitgliedern regelrecht verhaßt, weil er selten mit offenen Karten spielte, aber immer seine Nähe zum Kanzler auszuspielen wußte und dessen »Rachehand« und »Schwert« war. Pfeifer hatte auf inhaltliche Entscheidungen so gut wie keinen Einfluß – und dennoch besaß er, in Kombination mit einem beachtlichen Intrigantentum, als Alter ego auf viele von Kohls Sichtweisen enormen Einfluß. Er verstärkte die von diesem vorgegebene oder angedeutete Linie, auf keinen Fall aber kritisierte er sie. Am unübersehbaren Realitätsverlust des »späten« Kohl hatte Pfeifer einen besonders großen Anteil.

Bernd Schmidbauer: Spektakulärer hinsichtlich der öffentlichen Wirkung war dieser Staatsminister im Kanzleramt. Schmidbauer hatte die Geheimdienste zu koordinieren und übernahm selbst gelegentlich halboffizielle Fälle mit Geheimdienstcharakter, weshalb er insbesondere vom *Spiegel* mit dem James-Bond-Etikett »007« versehen wurde. Auch wenn sich Kohl gerne negativ über die Geheimdienste äußerte und immer wieder zum Ausdruck brachte, daß er durch seine direkten Kontakte mit führenden Staatsmännern über mehr relevante Informationen verfüge als beispielsweise der Bundesnachrichtendienst, so liebte er doch auf der anderen Seite die spannende Geheimdienstwelt – weshalb er zu Schmidbauer trotz aller gegen diesen gerichteten Presseaktivitäten hielt. Der Minister ging aber so sehr in seiner Koordinatorenfunktion auf, daß er sich kaum um andere Themen kümmerte, also kaum Einfluß auf den Kanzler nahm.

Die Abteilungsleiter

Interessant ist auch, wer die engsten Mitarbeiter Helmut Kohls auf Beamtenebene waren. In der Anfangszeit übten zweifellos insbesondere Eduard Ackermann und Horst Teltschik Einfluß auf den Regierungschef aus, später taten dies auf Abteilungsleiterebene Johannes Ludewig, Joachim Bitterlich sowie – mit Einschränkungen – Michael Mertes.

Eduard Ackermann: Sein Ruf ist bei den Hauptstadtjournalisten noch heute legendär. Trotz seiner Fasterblindung hielt er Helmut Kohl nach dem Ende der Kanzlerzeit regelmäßig telefonisch einen Vortrag über die jeweilige Presselage, nachdem ihm die Zeitungsartikel selber vorgelesen worden waren. Ackermann war bei Journalisten deshalb beliebt, weil er als ehrlich galt und nie bewußt unrichtige Informationen weitergab. Er hat ein ausgleichendes Wesen, was allerdings dazu führte, daß er vom Kanzler bei dessen Zornesausbrüchen häufig genug regelrecht runtergeputzt wurde. Manchmal schien es so, als habe Ackermann eine »masochistische Sklavenseele«, zumal er auch deshalb Objekt solcher Kohl-Eruptionen wurde, weil er dabei nicht zu Widerspruch neigte. Es wäre aber ungerecht, ihn nur als Erdulder von

Wutanfällen zu sehen. Er war fast in idealer Weise jemand, von dem man wußte, daß er das Gehör des Kanzlers hatte, gleichzeitig aber auch jemand, der die ihm unterbreiteten Informationen vermittelnd weiterleitete. Die Informanten Ackermanns mußten nicht damit rechnen, von ihm anschließend bei seinem Vier-Augen-Gespräch mit Kohl »in die Pfanne gehauen« zu werden. Er berichtete, daß sich selbst Kabinettsmitglieder bei ihm »ausweinten«, wenn sie sich vom Kanzler mißverstanden fühlten. Auf die Loyalität Ackermanns konnte sich Kohl hundertprozentig verlassen, was sich auch in den von dem Beamten verfaßten Büchern über seine Erfahrungen mit dem Regierungschef niederschlug. Ackermann war ein klassischer Medienberater, kein Mann der Fernseh-»Performance«. Er war im Rang eines Ministerialdirektors Abteilungsleiter im Kanzleramt geworden. Damit er die hohe Besoldungseinstufung B 9 erhalten konnte, wurde für ihn eine neue Abteilung eingerichtet, die sich auch mit politischen Grundsatzfragen befaßte. Dadurch entstand aber ein Dualismus zwischen der Ackermannschen Abteilung und dem Bundespresse- und Informationsamt. Sein Ruf, unmittelbaren Zugang zu Kohl zu haben, machte »Ede« Ackermann zu einer verläßlicheren Informationsquelle. Die Journalisten wußten, daß sie vom eigentlichen Regierungssprecher keine wirklichen Informationen erhielten.

Während die Regierungssprecher die offiziellen Entscheidungen des Kabinetts zu verkünden hatten – sei es in der Bundespressekonferenz oder bei internationalen Ereignissen, zum Beispiel bei Auslandsreisen –, war Ackermann *die* Anlaufstelle, wenn man Genaueres über die Ansichten des Kanzlers wissen wollte. Er war für die wichtigen Journalisten der Interpret Kohls, und umgekehrt ermöglichte er diesem wegen seiner ausgezeichneten Kenntnis des journalistischen Lagers ein fundiertes Urteil. Ackermanns politischer Einfluß sollte allerdings auch nicht überschätzt werden. Er blieb im wesentlichen ein Pressemann, der ständig Tikkermeldungen von dpa und anderen Nachrichtenagenturen las, diese weiterreichte und kommentierte. Wenn man ihn treffen wollte, brauchte man eigentlich immer nur in der Nähe des Kanzlerbüros zu sein, wo er pausenlos mit den neuesten Meldungen auftauchte. Auch bei den Vorbereitungen zu den jeweiligen Regierungserklärungen war er wenig prägend; dieses Feld überließ er anderen. Der Dualismus zwischen Ackermanns Funktion und dem Bundespresseamt, noch verstärkt unter seinem Nachfolger Andreas Fritzenkötter, sollte sich aber zu einem wesentlichen kommunikationspolitischen Problem Kohls entwickeln, weil das Presseamt durch die Herabstufung zu weitgehender Bedeutungslosigkeit wirksamer Möglichkeiten der Kommunikation beraubt und dessen Mitarbeiter lahmgelegt wurden.

Horst Teltschik: Politisch aus anderem Holz geschnitzt war der langjährige Kanzlerberater Teltschik, 1940 geboren, als Flüchtlingsjunge aus dem Sudetenland im Bayerischen aufgewachsen, früh aktiv im RCDS und ausgewiesener Diplompolitologe, der sein Examen bei Richard Löwenthal am Otto-Suhr-Institut in Berlin gemacht hatte. Teltschik, dessen erste berufliche Position die eines Referenten für Außenpolitik in der CDU-Bundesgeschäftsstelle war, gelangte 1972 in die von Kohl geleitete Mainzer Staatskanzlei, um dort ebenfalls für Fragen der Außenpolitik Verantwortung zu übernehmen – eigentlich etwas ungewöhnlich, weil ja Außenpolitik normalerweise nicht zu den spezifischen Aufgaben eines rheinland-pfälzischen Ministerpräsidenten gehört. Doch Kohl wußte um seine eigene Unerfahrenheit auf diesem Gebiet. Horst Teltschik wurde schon bei seinem Einstellungsgespräch von ihm beschieden: »Ich will Kanzler werden.« Diesen Satz zitierte Teltschik später auch gegenüber der Presse, weil er als ein Beleg für den frühzeitigen und absoluten Machtwillen Kohls gelten kann. 1976 folgte der Politologe seinem Mentor als Fraktionsvorsitzender nach Bonn, wo er dessen Bürochef wurde. Nach der Regierungsübernahme des Pfälzers im Jahr 1982 wurde er dann im Kanzleramt Abteilungsleiter für Außenpolitik im Rang eines Ministerialdirektors. In den Medien bezeichnete man ihn fortan – analog zum Weißen Haus in Washington – als »Sicherheitsberater« Kohls. Da er nicht aus dem Auswärtigen Amt stammte, das traditionell diese Schlüsselfunktion besetzt, blieb es nicht aus, daß sich Genscher und seine Mitarbeiter über den mangelnden »Stallgeruch« Teltschiks wenig erfreut zeigten, gehörten doch dessen Vorgänger, wie etwa der spätere Staatssekretär Berndt von Staden und der nachmalige Botschafter Otto von der Gablentz, dem Außenministerium an. Die Nominierung Teltschiks sollte sich deshalb als ein kluger Schachzug des Kanzlers erweisen, weil er auf diese wichtige Position nicht einen Diplomaten mit »doppelter Loyalität« berief: Wer nämlich eines Tages wieder ins Auswärtige Amt zurückmuß, gibt als Abteilungsleiter für Außenpolitik im Kanzleramt seine Loyalität gegenüber diesem nicht auf. Teltschik baute in allen für die Bundesrepublik wichtigen Regierungszentralen ein Netz eigener Gesprächspartner auf und war insoweit nicht allein oder in erster Linie auf die Informationen des Außenministeriums angewiesen, was ihm insbesondere Genscher verübelte. Von Helmut Kohl wurde er auch auf Sondermissionen geschickt. Im Januar 1989 ernannte ihn der Kanzler zu seinem persönlichen Beauftragten für die Verhandlungen mit Polen[51], was im Auswärtigen Amt gleichfalls wenig Freude auslöste – ebensowenig wie die Tatsache, daß er 1990 in Moskau zweimal lange mit Michail Gorbatschow sprach. Teltschik wurde von seinen Kollegen in der Welt der Diplomatie als wichtiger und präziser Gesprächspartner sehr geschätzt, gleichermaßen aber auch von Journalisten.

Horst Teltschik war einer der ganz wenigen unmittelbaren Mitarbeiter Kohls, die sich ein eigenes politisches Profil erlaubten – auch wenn der Kanzler dies selbst bei dem langjährig von ihm Geförderten ungern sah. Als dieser beispielsweise 1990 bei einer Veranstaltung in der Dependance der Europäischen Kommission in der Bonner Zitelmannstraße erklärte, der Schlüssel zur deutschen Einheit läge dank Helmut Kohls Politik nicht mehr allein in Moskau, sondern nun auch in Bonn, wurde der Regierungschef unheimlich wütend und wollte das öffentliche Wirken Teltschiks begrenzen. Kohl, der gerade bei seinen engsten Mitarbeitern wegen seiner eruptiven Ausbrüche gefürchtet war, hatte in Teltschik vielleicht den letzten engeren Mitarbeiter im Kanzleramt, der sich ihm gegenüber Widerspruch erlaubte.

Claus Gennrich, fast zwei Jahrzehnte leitender und vielbeachteter Korrespondent der *Frankfurter Allgemeinen Zeitung* in Bonn, schrieb beim Ausscheiden Teltschiks im Dezember 1990: »Die Lücke wird sich schmerzlicher bemerkbar machen, als es den Beteiligten derzeit bewußt sein dürfte. Aus dem Fundament der Regierung Kohl bricht ein tragender Stein, auch wenn er für Außenminister Genscher und dessen FDP eher ein Stein des Anstoßes gewesen sein mag.« In dem Artikel hieß es weiter: »Die CDU verliert ihren außenpolitischen Kopf, Kohl seinen im Umgang mit den Großen in West und Ost erfahrenen Unterhändler.

Viele Jahre war Teltschik ein loyaler Freund Kohls. Am Ende kamen ihm Zweifel daran, wieweit die Loyalität auch umgekehrt gelte.«[52] Der Hintergrund des Weggangs von Horst Teltschik war, daß sich der Koalitionspartner FDP und insbesondere Genscher weigerten, seiner Beförderung zum Staatssekretär zuzustimmen – und Kohl schien für seinen Abteilungsleiter auch nicht richtig zu kämpfen. Denn als durch das Ausscheiden Schreckenbergers eine Planstelle frei wurde, erfuhr Teltschik nicht von Kohl, sondern ausgerechnet von Genscher, daß aus seiner Beförderung nichts würde. Daraus zog Teltschik die Konsequenz und ließ sich von Reinhard Mohn als Geschäftsführer der Bertelsmann-Stiftung in Gütersloh anwerben, eine Position, die er zum Jahresbeginn 1991 antrat.

Kohl hat die ungewöhnliche Kündigung seines bis dahin für ihn am längsten tätigen Beraters in höchstem Maße irritiert, hatte er diesen doch im gelegentlichen Überschwang zu seinem »dritten Sohn« erklärt. Zwar wurde Teltschik am damaligen Sitz des Bundeskanzlers, im Palais Schaumburg, durch Kohl im Rahmen eines Empfangs verabschiedet – was als eine besondere symbolische Geste gewertet werden konnte –, doch hat es der Pfälzer nie verwunden, daß ein enger Berater von sich aus gekündigt hatte, und ihm dies auch nie verziehen. Das wurde schon damals als eine wenig souveräne Haltung empfunden. Noch Jahre später ging Kohl im kleinen Kreis immer wieder auf Teltschiks Entscheidung ein und behauptete, irgendwann wäre dieser doch Staatssekretär geworden. Nichtsdestotrotz blieb ihm Teltschik, der nach seinem Ausscheiden ein in der Politikwissenschaft vielbeachtetes Buch über die deutsche Einheit schrieb[53], bis in die jüngste Zeit loyal verbunden, auch als er im Jahr 2001 vor dem Untersuchungsausschuß des Bundestags zur Parteispendenaffäre der CDU aussagen mußte. Nach einer kurzen Zeit in Gütersloh wurde Teltschik Mitglied des Vorstands der Bayerischen Motorenwerke (BMW) und ist somit eine der ganz wenigen bundesdeutschen Politiker, denen der Umstieg von einer leitenden politischen Funktion in die Privatwirtschaft gelang. 2000 schied er als inzwischen Sechzigjähriger aus dem BMW-Vorstand aus, nimmt aber nach wie vor Sonderaufgaben für diese Firma wahr. Außerdem leitet er die jährlich in München stattfindende »Konferenz für Sicherheit«, die früher unter der

Bezeichnung »Wehrkundetagung« bekannt war und das höchstrangige europäisch-atlantische Treffen zu Sicherheitsfragen darstellt.

Johannes Ludewig: Er war im Kanzleramt als Abteilungsleiter einige Jahre für die Wirtschaftspolitik zuständig. Es gelang ihm, bei Kohl hohes Ansehen zu erlangen, weil er einerseits als dessen Chefvolkswirt zu brillieren wußte und andererseits häufig in den neuen Bundesländern unterwegs war, für sie sehr viel Sensibilität zeigte und deshalb dort über große Autorität verfügte. Der Kanzler kannte die schlechte Stimmung in der Bevölkerung Ostdeutschlands gut. Ludewig gehörte sogar zu den wenigen engen Mitarbeitern Kohls, denen mit seiner Unterstützung später neue Aufgaben übertragen wurden, bekam er doch das Amt des Staatssekretärs im Bundeswirtschaftsministerium – das seit Jahrzehnten ein Hort für FDP-Politiker war. Er sollte dort das wirtschaftspolitische Profil der Regierung stärken helfen. Aber Ludewig hatte erkannt, wohin der politische Zug der Bundesrepublik Deutschland fuhr, und avancierte schließlich etwa ein Jahr vor der Wahlniederlage Kohls noch zum Chef der Deutschen Bahn. Dies wurde von vielen Beobachtern als planvolles Absetzen von einer nicht mehr zu verteidigenden politischen Front angesehen. Sein unmittelbarer Nachfolger *Sieghart Nehring*, zuvor Staatssekretär in Thüringen, hatte nicht die zupackende Art Ludewigs, der – vom Kanzler unbeeindruckt – die Realität im Auge hatte. Und die große Kompetenz des heute als Chefökonom für Gerhard Schröder tätigen Beamten *Bernd Pfaffenbach* hatte Kohl offensichtlich nicht erkannt.

Joachim Bitterlich: Der Karrierebeamte aus dem auswärtigen Dienst arbeitete zuvor im Büro des Außenministers Genscher und wurde im Kanzleramt zunächst Referatsleiter mit Zuständigkeit für die Europapolitik. Bitterlich ist ein sehr engagierter, politischer Beamter und – verheiratet mit einer Französin – ein leidenschaftlicher Europäer, zugleich freilich sehr machtbewußt. Im Außenministerium hatte er sich ziemlich unbeliebt gemacht, weil er häufig seine einflußreiche Position ausspielte. Nachdem Bitterlichs unmittelbarer Vorgesetzter im Kanzleramt, Horst Teltschik, unter dem er sich insbesondere um das deutsch-französische Verhältnis, sein eigentliches Anliegen, kümmern konnte, bei Kohl seine Demission eingereicht hatte, machte dieser den ihm schon vertrauten Beamten zum Teltschik-Nachfolger. (Vorangegangen war ihm allerdings für kurze Zeit *Peter Hartmann*, der jetzige deutsche Botschafter in Paris.) Wie sehr der Kanzler Bitterlich schätzte, ist aus der Tatsache zu ersehen, daß er seinem eigenen Nachfolger Schröder abrang, den außenpolitischen Experten zum Botschafter bei der NATO in Brüssel zu berufen. Diese Entscheidung korrigierte dann etwa ein Jahr später der neue Außenminister Joschka Fischer, der den Missionschef auf den weniger wichtigen Posten des deutschen Vertreters in Madrid abschob. Bitterlich hat unter den Beamten des Kanzleramts deshalb eine Schlüsselstellung besessen, weil Kohl sich mit zunehmender Amtszeit immer weniger für die Innenpolitik interessierte – zumal internationale Termine oft sehr prestigeträchtig sind und von innenpolitischen Schwierigkeiten ablenken.

Eine traurige Erscheinung im Umfeld des »späten« Kohl war der mit seiner Parteilosigkeit kokettierende *Andreas Fritzenkötter*, der von der *Rheinischen Post* kam. Da der Exjournalist nie ein akademisches Studium mit entsprechendem Titel abgeschlossen hatte, nutzte der Kanzler diese formale Schwäche von »Fritzi«, wie er ihn liebevoll-herablassend nannte, weidlich aus. Der Angestellte war an seinen Dienstherrn auf Gedeih und Verderb gebunden. Zuletzt fungierte er im Kanzleramt als Unterabteilungsleiter. Hinsichtlich der Pressebetreuung trat er die Nachfolge Eduard Ackermanns an, den er allerdings schon zu dessen Amtszeit an den Rand gedrängt hatte. Mit zunehmender Erfahrung wurde Fritzenkötter von den Medienvertretern als präzise informierend eingeschätzt. Die Abteilungsleiter im Kanzleramt dagegen fühlten sich von ihm, dem man einen besonders direkten Draht zu Kohl nachsagte, wegen seines Machthungers häufig unfreundlich behandelt. Viele der problematischen Entscheidungen des Regierungschefs in bezug auf die Medien werden Fritzenkötter zugeschrieben. Er wußte, wie Journalisten gegen den von Kohl zunehmend mit Mißtrauen beobachteten Wolfgang Schäuble und gegen die Fraktion »munitioniert« werden konnten. Viele der im Kanzleramt gesponnenen Intrigen dürften in Fritzenkötter ihren Urheber haben. Die Medien aber spielten oft mit, weil er über die begehrten Mitflugplätze in der Kanzlermaschine und über – sorgfältig dosierte – Informationen verfügte. Der Sturz des Regierungssprechers Peter Hausmann geht ebenso auf sein Konto wie die Isolierung des prominenten Meinungsforschers Wolfgang Gibowski im Bundespresseamt.

Michael Mertes: Als Ackermann pensioniert wurde, übernahm Michael Mertes dessen Planstelle als Ministerialdirektor. Er ist der Sohn des in CDU-Kreisen legendären früheren Staatsministers im Auswärtigen Amt und gelernten Diplomaten Alois Mertes. Mertes junior war fortan als Leiter der Planungs- und Grundsatzabteilung der oberste Redenschreiber Kohls. Der kluge und nachdenkliche Kopf hat es verstanden, sich aus den »bei Hofe« üblichen Grabenkämpfen herauszuhalten. Wahrscheinlich war er unter den Mitarbeitern des Kanzlers der gebildetste. Heute ist er Stellvertretender Chefredakteur beim *Rheinischen Merkur* in Bonn. Gerade aber weil er sich aus den Intrigen heraushielt, blieb sein Einfluß auf Kohl doch ziemlich begrenzt. Mertes war sensibel genug, um unter den Ränken im Kanzleramt zuweilen sichtbar zu leiden. Am Ende von Kohls Regierungszeit war er bereits innerlich emigriert.

Die persönliche Umgebung

An erster Stelle muß hier *Juliane Weber* genannt werden, die schon in Mainz für Kohl gearbeitet hatte und nun zur Vorzimmerdame im Machtzentrum eines der bedeutendsten Industriestaaten der Welt aufrückte. »Juliane«, wie sie weithin genannt wurde, konnte außerordentlich effektiv sein, schnell zum Beispiel Terminentscheidungen beim »Chef« einholen. Ihre gehaltsmäßige Einstufung im Rang einer Regierungsdirektorin (A 15) machte anfangs beim Personalrat des Kanzleramts böses Blut, doch handelte es sich hier um eine letztlich nicht ganz berechtigte Reaktion, weil Frau Weber faktisch nicht nur Sekretärin war: Eigentlich leitete sie das Kanzlerbüro, wenn auch nur inoffiziell. Schon bald erhielt sie im Bonner Haus Norbert Blüms eine Wohnung, was quasi als politische Lebensversicherung des Ministers angesehen werden konnte. Die fleißige und höchst loyale Juliane Weber, von der selbst der scharfe Kohl-Kritiker Friedbert Pflüger in seinem Buch *Ehrenwort* mit größter Hochachtung spricht (»Fast alle mögen sie. Sie ist ein Kommunikationsgenie«),[54] wird auch jetzt noch von vielen wegen ihrer Tüchtigkeit, manchmal aber auch wegen ihres bis hin zum Ordinären reichenden Charmes bestaunt. In ihrer Wortwahl war sie nicht zimperlich, und Sekretärinnen anderer Vorzimmer demonstrierte sie ihre besondere Stellung, indem sie diese mit Worten wie »Mein Liebchen« anredete. Trotz all ihrer Qualitäten war sie mit ihrer Arbeit letztlich doch überfordert, sich dessen aber vermutlich nicht bewußt. Den Aufstieg ihres Chefs hat sie nicht verkraftet. Juliane Weber ist zwar alles andere als eine Intellektuelle, verfügt jedoch über einen untrüglichen Machtinstinkt, kann Menschen sehr gut ausfragen und war so für Kohl eine unerschöpfliche Informationsquelle – und dieser liebte gerade auch die manchen unwichtig erscheinenden privaten Informationen, die oft aber vieles über Schwächen und Stärken von Leuten aussagen. Frau Weber wußte immer, wer jeweils in der Gunst des Kanzlers stand, und sie konnte allerlei tun, um jemanden in dessen Ansehen steigen oder sinken zu lassen. Es ist schon bemerkenswert, welchen Einfluß eine Vorzimmerdame dadurch auch auf die Personalentscheidungen des Kanzlers nehmen konnte. »Juliane« lieferte auch den Stoff, wenn es bei den kleinen abendlichen Runden Kohls darum ging, über andere Menschen zu »tratschen«.

Frau Weber erhielt pausenlos von zahlreichen Persönlichkeiten Besuch, die ihr irgendwelche direkten oder indirekten Botschaften übermittelten – und wer ihre Sympathie gewinnen wollte, für den war es ratsam, ihr einen Elefanten aus Holz, Silber oder Marmor zu schenken: Ihr riesiger Schreibtisch im Kanzleramt war zu Dreiviertel mit unzähligen Miniaturelefanten bedeckt. Was mögen wohl Staats- und Regierungschefs gedacht haben, die an einem Arbeitsplatz an der Schaltstelle der Macht vorbeikamen, wo kaum noch eine Akte Platz finden konnte?

Ansonsten gab es im Kanzlerbüro einigen Personenverschleiß. Manche fielen dort bald wieder in Ungnade – auch deshalb, weil »Juliane« ihr Einflußmonopol in bestimmten Fragen nicht brechen lassen wollte. Die beiden ersten offiziellen Leiter des Kanzlerbüros waren *Wolfgang Burr* und *Franz Josef Bindert*, gefolgt von *Walter Neuer* und *Matei Hoffmann*. Doch jeder wußte, daß eigentlich Frau Weber das Sagen hatte. Der jeweilige Leiter des Kanzlerbüros saß nicht in unmittelbarer Nähe zum Kanzler – so etwas dürfte wohl einzigartig in der Welt gewesen sein –, sondern durch einen langen Flur von diesem getrennt und erhielt zu ihm nur über Juliane Weber Zugang. Häufig wurde der Büroleiter auch über wichtige Termine des Kanzlers im unklaren gelassen und erfuhr von ihnen erst aus der Presse. Kohl machte diesbezüglich eine erhebliche Geheimniskrämerei, was die Staatsgeschäfte keinesfalls erleichterte. Verwalterin seines Terminkalenders war ausschließlich Juliane Weber, während die hochbezahlten Bürochefs mehr oder weniger lediglich protokollarische Aufgaben wahrzunehmen hatten. So war man im Umgang mit dem Bundeskanzleramt, sobald spezifische, den Kanzler unmittelbar berührende Fragen geklärt werden mußten, in einer Schwierigkeit: Wollte man Kohl einen Vorgang möglichst effektiv zur Kenntnis bringen, mußte man diesen Frau Weber vortragen. Dies klappte aber in der Regel nur bei Terminaspekten oder »persönlichen« Dingen, da sie vor allem in politisch diffizilen Fragen überfordert war. In solchen Angelegenheiten jedoch hatten die Leiter des Kanzlerbüros nur wenig Möglichkeiten, Helmut Kohl direkt zu unterrichten.

Besonders gut unter seinen Büroleitern verstand sich Kohl mit Walter Neuer, einem Beamten aus dem Außenministerium, der mit schlohweißen Haaren viele Jahre in den Fernsehberichten über den Kanzler neben diesem zu erblicken war. Der höchst loyale und später sogar in den Rang eines Ministerialdirektors aufgestiegene Neuer entwickelte sich immer mehr zum bestbezahlten Protokollbeamten der Bundesrepublik. So hatte auch er keinen Einfluß auf die Politik des Kanzlers. Häufig war er – wie Ackermann – Blitzableiter Kohls, wenn sich dessen schlechte Laune wieder einmal entlud. Neuer gehörte nicht zu denjenigen Personen, die zum Intrigantentum neigten, wie das manche andere in der Nähe Kohls taten. Seine Aufgabe war es vor allem, die mit der Zeit immer häufiger werdenden Auslandsreisen des Kanzlers vorzubereiten. Seine Professionalität hielt Kohl den Rücken gegenüber dem Auswärtigen Amt frei, das immer bestrebt war, bei den Kanzlerreisen wichtige Entscheidungen zu beeinflussen – von der Terminfolge bis zu den Einladungslisten bei Staatsbanketten. Neuer wußte auch, welche Mahlzeiten der Kanzler bevorzugte oder welche Raumtemperatur von ihm in der jeweiligen Unterkunft im Ausland gewünscht war. Der seriöse Beamte war ausgesprochen uneitel, zudem auch verschwiegen und diskret.

Walter Neuer war zweimal Leiter des Kanzlerbüros, zwischenzeitlich abgelöst von Matei Hoffmann, einem anderen, 20 Jahre jüngeren Karrierebeamten aus dem Auswärtigen Amt. Hoffmann trat seine Aufgabe als Bürochef im September 1994 an, nachdem er zuvor Referatsleiter für Europapolitik im Kanzleramt gewesen war. Davor wiederum hatte er in Washington, Porto Alegre und Paris Dienst getan. Der ehemalige Bundesliga-Rugbyspieler[55] hielt offenbar unwissentlich den Sessel für Neuer frei, der wenige Monate vor der Bundestagswahl als Botschafter nach Lissabon geschickt wurde (man konnte ja nicht wissen, wie die Wahlen ausgehen!), um dann im März 1996 wieder als Büroleiter an den Rhein zurückzukehren. Über das Ausscheiden Matei Hoffmanns aus dem Kanzleramt orakelte damals die *Bild*-Zeitung: »Der eine läßt sich einen ›Chefanschiß‹ gefallen, der andere, wenn er sich mehrfach wiederholt, nicht mehr.«[56] Hoffmann gilt als ein leistungsstarker Beamter, der auf Korrektheit und Transparenz der Entscheidungsprozesse Wert legt; der unorthodoxe, jede Geschäftsordnung mißachtende Führungsstil Kohls mußte ihm fernliegen. Er ging dann als Gesandter an die deutsche Botschaft nach Rom und war danach unter anderem Stellvertretender Leiter des Office of the High Representative in Bosnien-Herzegowina. Heute leitet er im Auswärtigen Amt im Rang eines Botschafters die »Stabsstelle Koordinator für internationale Personalpolitik«.

Schon früh mit Kohl in Berührung kam *Michael Roik*, der zunächst im Konrad-Adenauer-Haus Stellvertretender und danach Leiter des Büros des CDU-Vorsitzenden wurde. Für Kohl war es wichtig, in der Parteizentrale einen ausschließlich ihm verpflichteten Arbeitsbereich zu etablieren, weil er dieser mit Blick auf das Zerwürfnis mit seinem früheren Generalsekretär Geißler ein dauerhaftes Mißtrauen entgegenbrachte. Roik wirkt eher unscheinbar, ist aber ein mit allen Wassern gewaschener Politologe und ein genauer Kenner der personalpolitischen Besonderheiten der CDU. Er hatte häufig die undankbare Aufgabe, dem Kanzler über für diesen negative Vorgänge in der Partei zu berichten. So mußte er zahlreiche Sonderaufträge erledigen – bis hin zur Beobachtung von Landesparteitagen. Von vielen im Konrad-Adenauer-Haus wurde Roik als »Spion« Kohls gefürchtet. Seine Berichte verstärkten – wenn auch nicht immer absichtlich – dessen notorisches Mißtrauen, was eine vernünftige Arbeit in der Parteizentrale sehr erschwerte. Geißler und seine Nachfolger Rühe und Hintze entschieden deshalb, den Kanzlerintimus an ihren täglichen Besprechungen mit ihren wichtigsten Mitarbeitern, der sogenannten Kleinen Lage, nicht teilnehmen zu lassen. Daran konnte nicht einmal Helmut Kohl etwas ändern. Roik rückte immer näher an den Pfälzer heran, insbesondere nachdem er ins Bundespresseamt versetzt wurde, jedoch hauptsächlich im Kanzleramt tätig war. Schließlich begleitete Roik seinen Gönner Kohl noch für zwei Jahre als dessen Bürochef nach Berlin. Die Erfahrungen in der dramatischsten Zeit des Parteispendenskandals dürfte er so schnell nicht vergessen. Ende 2000 kehrte Roik dann nach Bonn zurück, und zwar in den Arbeitsbereich des Kulturbeauftragten der Bundesregierung.

EXTERNE BERATER

Es gibt, wie schon gesagt, manch bedeutenden Unterschied hinsichtlich des »frühen« und des »späten« Kanzlers Helmut Kohl. So hatte er zum Beispiel in den Anfangsjahren seiner Regierungszeit – vor allem wenn es um die Abfassung von wichtigen Reden und Regierungserklärungen ging – hervorragende Berater in seiner Umgebung, die von Fall zu Fall für ihn tätig wurden. Vielfach wurde deren Arbeit durch Horst Teltschik koordiniert. Zu nennen ist hier insbesondere der damals in Mainz lehrende Politikwissenschaftler *Werner Weidenfeld*, der – gemeinsam mit Teltschik und dem später in Ungnade gefallenen Warnfried Dettling – die konzeptionellen Entwürfe für einige der bedeutenden Reden des Kanzlers fertige. Weidenfeld war schon zur Zeit Kohls als Ministerpräsident dessen wichtigster Redeninspirator außerhalb des Regierungsapparates. Später wurde er für mehr als zehn Jahre – bis zum Regierungswechsel 1998 – Koordinator für die deutsch-amerikanischen Beziehungen, entwickelte aber schon in diesem Amt immer mehr eine kritische Distanz zu Kohl. Zum endgültigen Bruch mit dem Kanzler kam es dann während der Spendenkrise, als Weidenfeld in einem Zeitungsbeitrag von den »mafiotischen Formen des Partei-Spendenskandals« sprach.[57]

Neben dem Politologen Weidenfeld gehörte der später von Terroristen ermordete *Alfred Herrhausen*, seinerzeit Mitglied des Vorstands der Deutschen Bank, in den Anfangsjahren der Kanzlerschaft Kohls genauso zu dessen Redenschreibern wie der spätere Präsident der Bundesbank, *Hans Tietmeyer*. Dieser war damals zunächst Abteilungsleiter im Bundeswirtschaftsministerium und einer der Autoren des »Lambsdorff-Papiers«, das 1982 die Ablösung der FDP von der Koalition mit der SPD begründete. Tietmeyer hatte dann ein Angebot Kohls bekommen, Abteilungsleiter für Wirtschaftspolitik im Kanzleramt zu werden, zog es aber vor, das Amt eines Staatssekretärs im Finanzministerium zu übernehmen. Er versicherte Kohl aber mehrfach, wie honorig er dessen Angebot empfand. Der Kanzler nahm ihm deshalb die Ablehnung auch nicht übel. Ebenfalls zu seinen Ghostwritern gehörte – allerdings nicht von Anfang an – die Demoskopin *Elisabeth Noelle-Neumann*. Sie wurde in dieser Rolle später von der Koleiterin ihres Instituts in Allensbach, *Renate Köcher*, abgelöst, die Kohl in den intimen Fragen der Datenanalyse zeitweilig als wichtigste Ratgeberin diente und ihn auch in Vorstandsklausuren effektiv unterstützte. Und bevor der anerkannte Meinungsforscher *Wolfgang Gibowski* von der Mannheimer »Forschungsgruppe Wahlen« Stellvertretender Chef des Bundespresseamts wurde, zählte er ebenfalls zeitweilig zu Kohls Beraterstab.

Sodann wurde in der Presse auch der Erlanger Historiker *Michael Stürmer* als Kanzlerberater gefeiert. Er hatte Kohl bei Geburtstagsfeierlichkeiten für dessen Doktorvater Walther Peter Fuchs kennengelernt. Stürmer pirschte sich bei dieser Gelegenheit an den Kanzler heran und ließ ihn wissen, daß seine politische Bedeutung in der Öffentlichkeit weit unterschätzt werde – ein probates Mittel, das bei Helmut Kohl fast immer verfing. Danach wurde er von Kohl ab und zu für die Vorbereitung von Reden herangezogen, doch mißfiel dem Kanzler, wie sich Stürmer als sein Berater in der Öffentlichkeit inszenierte. Auch Juliane Weber zeigte sich empört, nachdem sie gehört hatte, der Historiker habe mit der Begründung, er sei ja Kanzlerberater, beim Bundesinnenministerium Schutz durch Bodyguards beantragt. Noch größer »bei Hofe« war die Empörung, als sich herausstellte, daß Stürmer an den Memoiren von Franz Josef Strauß mitwirkte und sich dadurch die Unterstützung der bayerischen Landesregierung für die Übernahme der Leitung des renommierten Forschungsinstituts »Stiftung Wissenschaft und Politik« in Ebenhausen sicherte. So sah sich Kohl genötigt, sich in einem Interview offiziell von Stürmer zu distanzieren – was nichts daran änderte, daß dieser in der Öffentlichkeit weiterhin, unwidersprochen, als Kanzlerberater bezeichnet wurde. In der Boulevardpresse wurde auch der in seinem eigenen Orden höchst umstrittene Dominikanerpater Basilius Streithofen als Kanzlerberater tituliert, was allerdings blanker Unsinn war und das Bundeskanzleramt zu einem Dementi zwang.

Die Regierungssprecher

Man müßte eigentlich meinen, daß insbesondere der jeweilige Sprecher der Bundesregierung das Ohr des Kanzlers habe, eigentlich sogar dessen Hauptberater sei. Helmut Kohl aber liebte bei seinen Entscheidungen das Küchenkabinettsystem. Wer an der Spitze eines »Hauses« stand (so nennen häufig Behördenchefs und Minister ihre Ämter, wobei sich Kohl über alle lustig machte, die diesen Begriff verwandten), war für ihn schon per se verdächtig. Denn der Leiter eines Amtes könnte von diesem ja ›ferngelenkt‹ gewesen sein. Einige zur Objektivität verpflichtende Amtsaufgaben schienen zwangsläufig Kohls Zorn herbeizuführen. Insgesamt ist die Geschichte seiner Regierungssprecher ein Desaster hinsichtlich der Fähigkeit zu richtiger Personalwahl. Die Tatsache, daß es Kohl in den 16 Jahren seiner Regierungstätigkeit nicht schaffte, das Bundespresse- und Informationsamt, das ressortmäßig zum Kanzleramt gehört, so reorganisieren zu lassen, daß es hätte schlagkräftig werden können, hängt auch mit seiner völligen Unkenntnis der Methoden moderner politischer Kommunikation zusammen.

Insgesamt sieben Regierungssprecher verschliß Helmut Kohl. Es waren dies in chronologischer Reihenfolge:

Dieter Stolze: Der erste Regierungssprecher Kohls war nur für kurze Zeit im Amt (von Oktober 1982 bis Mai 1983). Stolze, zuvor ein geachteter Wirtschaftsredakteur der Wochenzeitung *Die Zeit* war das Gegenbild eines »Normalrepräsentanten« des politischen Betriebs, feinsinnig, differenziert, kein Mann der Parolen – aber auch politisch unerfahren. Er wurde als Ratgeber vom Kanzler bald weitgehend entmachtet, indem dieser für den Journalisten Peter Boenisch im Konrad-Adenauer-Haus ein Büro zur Wahlkampfunterstützung einrichtete. Kohl spielte gegenüber Stolze nicht mit offenen Karten und beließ ihn nach der Bundestagswahl des Jahres 1983 nur noch wenige Monate im Amt.

Peter Boenisch: Stolzes Nachfolger wurde im Mai 1983 der frühere *Bild-* und spätere *Welt*-Chefredakteur Boenisch, dem es, durch seine Fähigkeit, politische Botschaften »auf den Punkt« zu bringen, gelegentlich sogar gelang, Regierungserklärungen des Kanzlers zu beeinflussen. Boenisch versuchte denn auch, keinesfalls überraschend, der Pressepolitik mit Hilfe von Boulevardzeitungen Breitenwirkung zu verschaffen. Er stolperte aber über eine Steueraffäre und mußte nach etwas mehr als zwei Jahren gehen.

Friedhelm Ost: Dieser folgte Boenisch im Juni 1985 und amtierte relativ lange, nämlich bis zum April 1989. Ost wurde von Kohl wegen seines wirtschaftspolitischen Sachverstands geholt, er war vorher Wirtschaftsredakteur, Moderator und Kommentator beim ZDF. Bei vielen Journalisten hatte er wegen seiner sachlichen Informationspolitik einen durchaus guten Ruf. Kohl wurde aber seiner schließlich überdrüssig, weil die Auftritte Osts wenig Optimismus vermittelten – der Kanzler war im Jahr 1989 auf dem Tiefpunkt der Zustimmungsrate in der Öffentlichkeit gelandet. Ost wurde zum Sündenbock, was ihn aber nicht daran hinderte, Kohl später mit Gehässigkeiten gegen Schäuble in Interviews dienlich zu sein. 1990 gelang ihm für den Wahlkreis Paderborn der Sprung in den Bundestag.

Hans (»Johnny«) Klein: Nach Ost berief der Kanzler im April 1989 den gelernten Journalisten und CSU-Mann Klein, dem seine Erfahrungen in der politischen Welt zugute kamen. Während alle anderen Regierungssprecher Kohls lediglich beamtete Staatssekretäre waren, erhielt er den Rang eines Bundesministers. Doch dies wurde im Pressekorps und vor allem von der Opposition mit der Begründung kritisiert, einen Presseminister habe es zuletzt in unseligen deutschen Zeiten gegeben. Klein hat als Regierungssprecher die spannende Zeit der Wiedervereinigung erlebt. Er stammte aus dem Sudetenland, kam über den Journalismus zur Politik. Nach mehreren Jahren als Bonner Korrespondent wechselte er 1959 in den auswärtigen Dienst. 1976 zog er für die CSU in den Bundestag ein. Bevor er Sprecher der Bundesregierung wurde, war »Johnny« Klein von 1987 bis 1989 Bundesminister für wirtschaftliche Zusammenarbeit. Nach seinem Ausscheiden als Regierungssprecher wurde er Vizepräsident des Bundestags. 1996 verstarb er an einem Herzinfarkt.

Dieter Vogel: Auf Klein folgte dann für die gesamte 12. Legislaturperiode des Bundestags (1990 bis 1994) der als FDP-nah geltende Dieter Vogel. Er war 1989 zunächst Stellvertretender Regierungssprecher geworden. Den Journalismus und die amtliche Sprechertätigkeit hatte er von der Pike auf gelernt. Nach Engagements bei der Dresdner Bank und der *Frankfurter Allgemeinen Zeitung* war er von 1970 bis 1989 Pressesprecher des Bundeswirtschaftsministeriums. Bei den Journalisten galt Vogel als echter Profi und war bei ihnen nicht nur wegen seiner wirtschaftspolitischen Detailkenntnisse sehr beliebt. Häufig genug mußte er allerdings offen zugeben, daß er nicht zu dem »inneren Zirkel« des Kanzlers gehörte. Durch seine jahrzehntelange Erfahrung in der Medienarbeit und im öffentlichen Dienst strahlte er große Kompetenz aus, wobei er sich weitgehend um die eigentliche Pressearbeit kümmerte und die Verwaltung des Amtes seinem Stellvertreter Wolfgang Gibowski überließ.

Peter Hausmann: Schließlich kam im März 1995 Hausmann, früher Journalist des Bayerischen Rundfunks, an die Reihe, ein liebenswürdiger Mann, der sich in München, doch nicht auf dem Bonner Parkett auskannte. Er war von 1988 bis 1992 in der bayerischen Metropole Sprecher der CSU gewesen und konnte bei Kohl schon allein deshalb keine große Beraterrolle spielen, weil dieser fast allen Politikern der Schwesterpartei prinzipiell mißtraute. Er wurde in keinerlei Pläne des Kanzlers eingeweiht, nicht einmal in solche, die sein eigenes Amt betrafen. Er mußte auch unter Andreas Fritzenkötter leiden, denn der Pressebetreuer im Kanzleramt hatte nicht das geringste Interesse daran, daß ihm in der Person des Bayern ein Rivale erwuchs. Das Hauptproblem Hausmanns freilich war, daß ihm von Kohl der wichtige »Stoff« vorenthalten wurde, er also keine wirklichen Informationen bekam, die ihn zu einem begehrten Gesprächspartner für Journalisten hätten werden lassen. Ein Regierungssprecher aber, der keine Informationen weitergeben kann, ist bei den Presseleuten nur wenig angesehen. Nachdem Hausmann feststellen mußte, daß es ihm unmöglich war, Einfluß auf die Medienpolitik des Kanzlers zu nehmen – er wurde hier von Fritzenkötter genauso gekonnt ausgebremst, wie dieser auch Eduard Ackermann aufs Abstellgleis geschoben hatte –, konzentrierte sich der »verhinderte« Regierungssprecher darauf, seinen klugen Stellvertreter Gibowski im Amt zu entmachten, worin er von Fritzenkötter sogar unterstützt wurde. Der Frust der Uninformiertheit bewegte Hausmann also dazu, sich stärker auf die administrative Leitung des Bundespresseamts zu stürzen und dabei die – inoffizielle – Aufgabenteilung zwischen ihm und Gibowski zu zerstören. Darunter mußte aber zwangsläufig die Funktionsfähigkeit dieser Behörde noch mehr leiden. Entnervt und mit großem Bedauern räumte Hausmann schließlich im Mai 1998, also wenige Monate vor der schicksalhaften Bundestagswahl, seinen Bonner Arbeitsplatz. Gerade bei ihm zeigte sich: Wenn das Bundespresseamt vom politischen Kraftzentrum der Republik, dem Kanzleramt, abgekoppelt ist, läuft es mit seiner Arbeit letztlich ins Leere.

Otto Hauser: Auch die Ernennung des von manchen als »Wunderwaffe« gepriesenen Esslinger Bundestagsabgeordneten Hauser konnte in den letzten hundert Tagen vor der Wahl keine Veränderung des desolaten Öffentlichkeitsbildes mehr herbeiführen. Im Gegenteil: Der neue Regierungssprecher wurde selber sofort zum Teil des Problems. Vor seinem Einzug ins Parlament war Hauser für kurze Zeit bei der *Welt* als Redakteur tätig. In der Fraktion hatte er sich vor allem mit Verteidigungspolitik befaßt und Einfluß dadurch erlangt, daß er Chef der disziplinierten baden-württembergischen CDU-Landesgruppe wurde. Der Staatsminister Anton Pfeifer schlug ihn dann für das Amt des Regierungssprechers vor. Seine Ernennung mußte aber besonders von Wolfgang Schäuble als Affront gewertet werden, da beide heftige Animositäten gegeneinander hatten. Pikant war, daß nach Hausers Dienstantritt der Kanzleramtsminister Friedrich Bohl formal auch die Leitung des Bundespresseamts übernehmen mußte, da Hauser nur Parlamentarischer Staatssekretär wurde und deshalb die offizielle Leitungsfunktion nicht wahrnehmen konnte. Seine Vorgänger dagegen waren (da beamtete Staatssekretäre bzw. im Falle von Klein Bundesminister) wirkliche Leiter ihrer Behörde geworden. Hauser trat sofort nach seiner Ernennung von einem Fettnäpfchen ins andere: Vor allem sein Interview mit der Chemnitzer *Freien Presse* sorgte für Wirbel. In diesem erklärte er: »Die Westdeutschen unterstützen den Osten weiterhin, auch wenn manche das mit der Faust in der Tasche tun. Die Menschen in Ostdeutschland sollten aber wissen, daß die Hilfsbereitschaft mit der Wahl von Extremisten nicht überstrapaziert werden darf.«[58] Er nahm damit Bezug auf ein mögliches Zusammengehen von SPD und PDS in den neuen Ländern. Mit solchen und ähnlichen Äußerungen brachte Hauser nicht nur seine ostdeutschen Parteifreunde gegen sich auf. Offen ging auch Schäuble auf Distanz zum Regierungssprecher.[59]

Helmut Kohl wußte, wie schlecht die Meinungsumfragen nun waren, doch scheiterte er mit dem Versuch, durch eine personelle Umorganisation des Bundespresseamts eine für ihn bessere Stimmung in der Bevölkerung herbeizuführen. Auch ein zweiter verzweifelter diesbezüglicher Schachzug des Kanzlers sollte sich als Rohrkrepierer erweisen, nämlich daß er einige Monate vor den Wahlen noch den Medienberater Hans-Hermann Tiedje »einkaufte«. Dieser sollte ihm aus höchster medialer Not helfen, doch geriet der mit niemandem abgesprochene Coup zu einem Desaster. Tiedje ist zwar ein begnadeter Selbstdarsteller, erwies sich aber in Fragen der politischen Kommunikation als blutiger Laie. Nach seinem Ausscheiden bei der *Bild*-Zeitung war er Chefredakteur von *Tango* geworden, einem Blatt, das bald sang- und klanglos eingestellt wurde. Mit dieser »Qualifikation« wurde er Kanzlerberater und nahm sogar an Kohls »Morgenlagen« mit engsten Mitarbeitern teil. Offiziell hatte Tiedje sein Büro in der CDU-Bundesgeschäftsstelle. Unter anderem stammte von ihm die Idee, für eine Wahlkampfzeitschrift den Titel der alten DDR-Illustrierten *NBI* wiederaufleben zu lassen, auch wenn dieser Titel – für die Wahlkampfausgabe in die Langform – *Neue-Bundesländer-Illustrierte* umbenannt wurde. Die Zeitschrift, die als *NBI* zu DDR-Zeiten wegen ihrer Nacktfotos beliebt war, sollte sich speziell an die Bürger Ostdeutschlands wenden. Doch auch diese Idee entwickelte sich zu einem Flop. Die Tatsache, daß ein alter *SED*-Zeitschriftentitel ausgerechnet für eine CDU-Wahlkampfillustrierte verwendet wurde, führte eher zur Verwirrung der ostdeutschen Bevölkerung und zu ihrer Abwendung von der Union bei den Wahlen.

Interessant ist übrigens, warum Helmut Kohls Instinkt bei Tiedje versagte. Dieser hatte, ähnlich wie der Historiker Stürmer, den Kanzler in seiner Überzeugung bestärkt, daß den Menschen in Deutschland seine Bedeutung mehr klargemacht werden müsse, da die Partei sich ihm gegenüber ja undankbar zeige. Kohls Rolle müsse deshalb im Wahlkampf stärker in den Vordergrund gestellt werden. So sehr sein Medienberater den Kanzler mit dieser Argumentation für sich gewinnen konnte, so sehr verschärfte diese Strategie das Wahlkampfproblem der CDU, denn in der Bevölkerung war ein ausgeprägter Überdruß nach einer so langen Amtszeit Kohls nicht mehr zu übersehen. Der Wunsch nach einem Wechsel war übermächtig geworden.[60]

Der Politikstil Kohls

Helmut Kohl hat, strenggenommen, nichts wirklich Aufregendes an sich. Er ist als Person so seltsam »normal«, daß man sich schwertut, ihn in seiner historischen Größe einzuordnen. Gerade diese »Normalität« war es aber auch, die insbesondere viele Intellektuelle seine Führungsqualitäten lange Zeit in Frage stellen ließ. Der Exkanzler hat unbestreitbar – neben mutigen Teilen der Bevölkerung der einstigen DDR, die den Siegermächten des Zweiten Weltkriegs und den deutschen Politikern die Wiedervereinigung aufgezwungen haben – das Hauptverdienst am Einigungsprozeß. Auch seine historische Rolle beim Prozeß der europäischen Integration wird ihm nicht abzusprechen sein: Wer die heutigen EU-Gipfeltreffen mit all den nationalen Egoismen analysiert, erkennt unschwer, daß mit Kohl ein Lotse von Bord gegangen ist, der in Europa bisher noch keinen Nachfolger gefunden hat.

Die enorme psychische wie physische Anspannung, mit der die Spitzenpolitiker der Gegenwart leben müssen, beeinflußt auch ihren politischen Stil. Und die in diesem Umfang und solcher Detailliertheit nie dagewesene gnadenlose öffentliche Beobachtung verursacht zwangsläufig Persönlichkeitsveränderungen. Selbst die kleinste, völlig unbedeutende Geste im Plenarsaal kann in Millionen Haushalte übertragen werden. Die Heerschar von Fotografen, die jeden öffentlichen Auftritt genauestens festhält, führt bei Spitzenpolitikern zu einer fast unmenschlichen äußeren Kontrolliertheit, zu dem permanenten Zwang, sich »im Griff« haben zu müssen. Dies bringt psychische Verwerfungen mit sich, sosehr die öffentliche Aufmerksamkeit dem Ego schmeichelt. Wer als Politiker tagtäglich beim Blick in die Zeitung seinen Namen entdeckt, erlebt einerseits schmerzhaft den Verlust von Privatheit, andererseits aber genießt er es. Wer nicht mehr wie ein Normalbürger einkaufen kann, ohne daß sich eine Menschenmasse ansammelt, ohne daß nach einem Autogramm gefragt wird, erlebt die Welt aus einer anderen Perspektive. Und dies prägt den politischen Stil jedes Toppolitikers.

So auch bei Helmut Kohl. Es ist gar nicht einfach, seinen politischen Stil zu beschreiben, zumal sein Auftreten, sein Habitus nichts damit gemein hat, wie man sich die Helden der Geschichte vorstellt. Jacob Burckhardt schrieb über »historische Größe«, diese erfordere, »daß in dem großen Menschen ein bewußtes Verhältnis zum Geistigen, zur Kultur seiner Zeit nachweisbar sei, daß ein Alexander einen Aristoteles zum Erzieher gehabt habe. Einem solchen allein trauen wir dann eine höchst gesteigerte Genialität […] zu.«[61] Von alledem finden wir bei Kohl nichts. Sein Auftreten wirkte ungemein bieder, und er hatte kaum das, was Max Weber unter »Charisma« verstand.[62] Und doch faszinierte der Pfälzer auf seine Art, wahrscheinlich gerade deshalb, weil er in fast idealer Weise dem Prototyp des Bürgers einer »nivellierten Mittelstandsgesellschaft« (Helmut Schelsky) entsprach, die cäsaristischen und polarisierenden Führernaturen mißtraut. Vielleicht bestand sein größtes Geheimnis lange Zeit sogar darin, daß er zu den unterschätztesten deutschen Politikern gehörte, sein Machtsinn eher unterentwickelt schien, er aber tatsächlich ein Machtmensch par excellence war.

Es gibt viele Gründe, warum sich Helmut Kohl so lange als Bundeskanzler halten konnte. Nicht zuletzt hatte er Glück, ohne das ein Politiker keinen Erfolg haben kann. Die überraschend gekommene deutsche Einheit bewirkte eine Verlängerung seiner Regierungszeit, denn in schwierigen Ausnahme- und Übergangsphasen hat die jeweilige Regierung, wenn sie keine wesentlichen Fehler macht, immer größere Profilierungschancen als die Opposition. So verschaffte die Wiedervereinigung Kohl zwar die staatsmännische Kontur, die ihm bis dahin weitgehend abging, parallel dazu entwickelte sich aber immer mehr ein »anderer« Kohl als der, den man zu Beginn seiner Karriere kannte. Er wurde mit zunehmendem, auch international anerkanntem Erfolg immer unduldsamer, verschlossener und mißtrauischer. Aber eines wollte er – nämlich in die Geschichte eingehen. Dies erklärt nicht nur das Gefühl einer Mission, das er bei der deutschen Einheit empfand, zumal er im Gegensatz zu vielen anderen die Tür zur Wiedervereinigung nie zugeschlagen hatte. Auch sein unverdrossenes Wirken für die europäische Integration sah er in historischer Perspektive. Ohne sein Beharrungsvermögen wäre zum Beispiel der Euro nicht Wirklichkeit geworden, obwohl er in dieser Frage zeitweilig selbst innerlich zu schwanken schien, wußte er doch genau um die Meinung eines großen Teiles der Deutschen, die nur ungern auf die »gute alte Mark« verzichten wollen. Hätte aber die Bundesrepublik (trotz der Verpflichtungen aufgrund des Maastricht-Vertrags) die Einführung des Euro weiter hinauszuschieben versucht, wäre die Gemeinschaftswährung EU-weit wie ein Kartenhaus in sich zusammengefallen.

Helmut Kohl dachte zweifellos in historischen Kategorien, auch im Hinblick auf eine dauerhafte Aussöhnung mit Frankreich. Trotzdem setzte er nicht alles auf die französische Karte, sondern war zutiefst von proamerikanischen Empfindungen beseelt. Die ständigen Hinweise in seinen Reden auf die Carepakete aus den USA nach 1945 bestätigen dies. Auch das Verhältnis zu Polen und zu Israel hatte aus historischen Gründen für den Kanzler einen hohen Stellenwert. Sein Politikverständnis war nicht von Extremen, sondern von der Einsicht in die Notwendigkeit des Konsenses geprägt. Bei aller Skepsis, die zahlreiche Leute seinen Führungsqualitäten entgegenbrachten, war Kohl gerade wegen seiner politischen Konsensfähigkeit wählbar – zumindest stellte er für viele keinen Grund dar, die Unionsparteien auf Bundesebene nicht zu wählen, denn im Gegensatz etwa zu Strauß war er kein Polarisierer.

Die Führungstechnik des CDU-Kanzlers unterschied sich in erheblichem Ausmaß von der seines kühl-technokratischen Vorgängers Helmut Schmidt. Diesem gelang es zwar, sich in der Öffentlichkeit führungsstark zu zeigen; er sah sich gern als alle belehrender »Weltökonom«. Aber er mußte das Amt des SPD-Parteivorsitzenden weiterhin Willy Brandt überlassen. So konnte er sich bei seinen Entscheidungen überwiegend nur auf das Kanzleramt stützen. Schmidt und Kohl sind auch wesensmäßig völlig unterschiedlich und sich bis zum heutigen Tag in heftiger Abneigung zugetan. Hingegen spricht der Pfälzer auch jetzt noch in

warmen Worten von Willy Brandt. Mit ihm, dem Friedensnobelpreisträger, möchte er eher auf einer Stufe stehen. Kohl agierte
häufig hinter den Kulissen. Es wird aber niemand behaupten können, daß er damit weniger erfolgreich als Schmidt war. Offensichtlich gelang es ihm, die vorgegebenen politischen Strukturen
durch seinen Politikstil so zu prägen, daß er der am längsten amtierende Kanzler der Bundesrepublik werden konnte.

Visionen liebte Kohl bestenfalls in der Europapolitik. Dazu gehörte, wie angedeutet, auch die Politik gegenüber Polen. Seinem
Drängen war es zu verdanken, daß 1988 der Grenzvertrag mit
diesem Land mit nur fünf Gegenstimmen mühelos den Bundestag passieren konnte. Dies war eine Grundvoraussetzung für die
Zustimmung der Westalliierten zur deutschen Einheit. In den
grauen und kontroversen Fragen der Tagespolitik hingegen hatte
er selten eine entschiedene eigene Meinung. Was manche als
»konzeptionsloses Durchwursteln« bezeichneten, hieß bei seinen
engen Mitarbeitern, er ließe die Probleme »reifen«. Der Kanzler
wollte sich bei wichtigen Entscheidungen ungern unter öffentlichen oder gar unter Zeitdruck setzen lassen. Deshalb war auch
häufig zu lesen, er würde die Probleme »aussitzen«. Kernelement
seines Führungsstiles war jedoch, daß er selten selber mit klaren
inhaltlichen Vorgaben auftrat, sondern in der Regel erst einmal
abwartete, in welche Richtung sich der Entscheidungsprozeß entwickelte. Sein Votum bestand oft darin, abschließend den Konsens
zu verkünden (»Wir machen das so.«). Was aber zeichnete sonst
noch seinen unverwechselbaren politischen Stil aus?

Der unbedingte Glaube an sich selbst: Helmut Kohl wurde
vielleicht gerade deshalb Bundeskanzler, weil ihm viele diesen
Aufstieg nicht zutrauten. Er hatte etwas, das ihn von vielen seiner
einstigen Konkurrenten unterschied: absolutes Vertrauen in seine eigenen Fähigkeiten. Dieser Glaube an sich selbst ließ ihn in
kleinem Kreis gelegentlich über andere spotten: »Die mögen mich
für einen Dorfdeppen halten; das stört mich aber überhaupt
nicht.« In seinen Anfangsjahren mußte er zunächst Rainer Barzel
aus dem Weg räumen, und es gab Franz Josef Strauß, der sich immer für überlegen hielt. Der einzige aber, der ihm wirklich hätte
gefährlich werden können, der schleswig-holsteinische Pastoren-
sohn Gerhard Stoltenberg, galt als Zauderer, den Kohl durch seine Entschlossenheit und hemdsärmelige Robustheit in die

Schranken wies, zumal Stoltenberg innerparteilich keine Truppen aufbauen konnte, die ihn zu einer Parteivorsitzenden- oder Kanzlerkandidatur »gerufen« hätten. Kohl hingegen wußte hinsichtlich seiner Pläne zur Machterlangung und Machtsicherung immer sehr genau, was er wollte.

Die Sprache: Kohls wenig präzise Art des Formulierens ließ ihn lange Zeit keinesfalls als eine zukünftige Figur der Weltgeschichte erscheinen. Sie war das genaue Gegenteil der Ausdrucksweise eines charismatischen, weltläufigen und souveränen Staatsmannes. Ein Beispiel dafür ist sein *Newsweek*-Interview vom Oktober 1986, in dem er Michail Gorbatschow mit Goebbels verglich.[63] In einer Regierungserklärung nahm Kohl später von seinen eigenen Worten Abstand: Es sei der »falsche« Eindruck vermittelt worden, ich hätte Generalsekretär Gorbatschow persönlich mit Goebbels vergleichen wollen. Das war nicht meine Absicht. Ich bedaure es sehr, daß dieser Eindruck entstehen konnte, und distanziere mich mit Entschiedenheit davon.«[64] (Interessanterweise distanzierte sich der Kanzler nur von dem »Eindruck«.) *Newsweek* veröffentlichte daraufhin auch die vom Regierungssprecher Ost nicht freigegebene ursprüngliche Fassung, in der Kohl über Gorbatschow gesagt hatte: »Er ist ein moderner kommunistischer Führer. Er war nie in Kalifornien und nie in Hollywood, aber er versteht etwas von Public Relations. Goebbels verstand auch etwas von PR. Man muß doch die Dinge auf den Punkt bringen ...«[65]

Helmut Kohl war nur dann ein guter und wirklich mitreißender Redner, wenn er mit dem Rücken zur Wand stand, wenn er kämpfen mußte. Wegen der oft verspotteten Schwammigkeit seiner Formulierungen wirkte er einerseits inhaltlich ausgesprochen konturlos, andererseits aber war seine Ausdrucksweise gewissermaßen Programm: Er konnte in der gleichen Rede Vertriebene und ihre Seelenlage genauso »bedienen« wie sich an europäischen Visionen erfreuende Zuhörer. Und er war in der Lage, ehemalige SED-Mitglieder durch seinen Hinweis, er wisse nicht, wie er in einer Diktatur gehandelt hätte, ebenso anzusprechen wie Bürgerrechtler, deren Mut er lobte. Seine Art zu reden vermittelte den Eindruck eines guten »Hausvaters«, der die kleinen Schwächen seiner Familienmitglieder kennt. Er bediente sich trivialer Sprichwörter (»Die Hand, die segnet, wird zuerst gebissen«, womit er natürlich seine eigene meinte) und zitierte in vielen Reden Papst

Johannes XXIII.: »Giovanni, nimm dich nicht so ernst«, was Bescheidenheit signalisieren sollte. In Wirklichkeit jedoch stellte er sich dadurch mit einer der größten geistigen Persönlichkeiten des 20. Jahrhunderts auf die gleiche Stufe. Der Kanzler schaffte es, die Brücke zum »einfachen Menschen« zu schlagen – nicht aber zu den Intellektuellen, von denen er sich auch gerne verspotten ließ. Selbst daß er kein Englisch spricht, focht ihn nicht an, und sogar die Witze über ihn ließen Kohl der großen Mehrheit der Bevölkerung als einen der Ihren erscheinen.

Die Kommunikationstechnik: Es war keine natürliche intellektuelle Souveränität, sondern mehr seine joviale Vertraulichkeit mit gleichzeitiger Wahrung der Distanz, die Kohls spezifische Kommunikationstechnik ausmachte. Diese verriet aber schon immer, daß er im Grunde ein unsicherer Mensch ist, was allerdings durch die Art seines Auftretens übertüncht wird. Typisch für ihn ist sein einseitiges Duzen in der Manier eines barocken Fürsten. Der gleiche Mann, der beim Besuch eines Bundeswehrmanövers vor der erstaunten Fernsehöffentlichkeit sagen konnte: »General, komm mal her«, herrschte bei seiner späteren Vernehmung vor dem Untersuchungsausschuß des Bundestags andere mit den Worten an: »Für Sie bin ich immer noch Dr. Kohl.« Seine Technik, Menschen für sich einzunehmen, begann er im Laufe der Zeit zunehmend zu verfeinern. Kohl ging zwar häufig die Wirkung im Fernsehen ab, wie auch bei vielen Reden der Funke einfach nicht überspringen wollte. Und dennoch schaffte er es, mit den mit ihm kommunizierenden Personen ein intensives Verhältnis herzustellen. Er verstand es beispielsweise, diejenigen Leute in seiner Partei, die für ihn potentiell wichtig waren, so anzusprechen, daß sie sich als von ihm wahrgenommen empfanden. Sein eigentliches Rezept freilich bestand darin, daß er, erstens, gerade bei Gesprächen in kleinem Kreis einen ungewöhnlichen, wenn auch burschikosen Charme entfaltete, daß er, zweitens, seinen Gesprächspartnern das Gefühl vermittelte, er wisse um ihre wirkliche Bedeutung; und drittens erlebte man mit Kohl eine gemeinsame Geschichtsdeutung: Er erzeugte den Eindruck, daß man mit ihm zusammen an einem historischen Aufbruch teilnahm. Es gelang ihm wie keinem anderen, sowohl an die egoistische wie an die idealistische Natur von Politikern zu appellieren. Indirekt, aber wirkungsvoll machte er Gesprächsteilnehmern klar: Ihr habt Anteil an einer großen politischen Idee – und suggerierte gleichzeitig, der gemeinsame politische Erfolg sei auch karrierefördernd.

Kohl liebte es von Anfang an, Menschen nach ihrem persönlichen Hintergrund, etwa nach dem Elternhaus, auszufragen, und schloß hieraus auch auf Charaktereigenschaften. Zudem verband er Landschaften mit Charaktermerkmalen ihrer Bewohner. Und wenn er sich in einer Gegend auskannte, fragte er seine Gesprächspartner nach historischen Daten und genoß es nicht selten, diese dadurch in Verlegenheit zu bringen. Er verbreitete einerseits zwar oft eine kumpelhafte Aura, doch sehr gerne scherzte er auch auf Kosten seines Gegenübers. Wenn Kohl jemandem höchstes Wohlwollen entgegenbringen wollte, redete er ihn mit »Na (dann folgte der Nachname), du alter Gauner!« an. Bei aller Vertraulichkeit wahrte er aber Distanz. Deutsche Politiker, denen er während seiner Kanzlerschaft das Du angeboten hat, gibt es nur wenige. Wichtig war für ihn auch das »Tratschen« über andere Leute. Schon sein früherer Förderer Bruno Heck zeigte sich wenig erfreut, wie Kohl negativ über andere Leute redete. Damit vermittelte er aber seinem jeweiligen Gesprächspartner den Eindruck von Gewogenheit nach dem Motto: Wenn »der Kanzler« mir so etwas sagt, dann vertraut er mir, daß ich es für mich behalte; ich werde in seine persönlichsten Ansichten eingeweiht. Da aber Gespräche – und Kohl wußte das ganz genau – selten vertraulich bleiben, waren solche Hinweise des Pfälzers, der häufig seinen Mißmut nicht direkt bekunden wollte, auch ein wirksames Instrument zur Disziplinierung der Betroffenen. Vertraulichkeit zu demonstrieren, vermochte er während seiner Kanzlerschaft auch dadurch, daß Besucher gelegentlich in seinem Büro bleiben durften, wenn er mit den Großen der Welt telefonierte. Er machte sich ein Vergnügen daraus, andere an solchen Kontakten teilnehmen zu lassen, statt den oder die Gäste zu bitten, den Raum vorübergehend zu verlassen. So konnten die solcherart Geehrten das gesamte Geschehen – inklusive Einsatz von Dolmetschern und Beamten, die die Telefonate protokollierten – live miterleben. Und Kohl konnte damit rechnen, daß über diese besondere Vertrauensbekundung (die ja auch zu Indiskretionen hätte führen können) von den Betreffenden in ihrem jeweiligen Bekanntenkreis stolz berichtet wurde.

Auch seine beeindruckende körperliche Statur setzte Helmut

Kohl bewußt ein. Wenn er in einen Saal mit vielen Menschen kam, sahen diese zunächst die Bewegung um ihn herum, dann ihn selber, weil er fast alle anderen überragte. Und mit wachsendem politischem Gewicht nahm auch sein Körpergewicht zu, was er keineswegs als Manko empfand. Man sah ihm förmlich an, wie er mächtiger wurde. Auch in kleinerem Kreis wirkte er durch seine Statur, die vielleicht sogar einer der Gründe für seine Dominanz war.

Um von eigenen Fehlern abzulenken, entwickelte Kohl eine bemerkenswerte Technik: Er stellte sich nämlich bei aufkommendem Unmut durch die – geradezu absurde, sich in Wirklichkeit gegen ihn selbst richtende – ritualhaft wiederholte Warnung vor dem »Bonzentum«, speziell vor einer »Verbonzung« der eigenen Partei, an die Spitze der Kritik.

Personalistischer Führungsstil: Wir haben gesehen, daß Helmut Kohl in den Jahrzehnten seiner politischen Betätigung ein weitverzweigtes Netzwerk von Vertrauten aufbaute. Insbesondere in der Partei als seiner eigentlichen Machtbasis hatte er in allen Landesverbänden und sonstigen CDU-Gruppierungen zahlreiche Günstlinge in Schlüsselstellungen gebracht. Es konnte sogar vorkommen, daß er mit verdutzten Funktionären auf unterer Ebene telefonierte. Damit erwarb er sich den Ruf der Basisnähe. Zugleich zeigte er dadurch aber den Landesvorsitzenden, wenn sie von solchen Anrufen hörten, daß er an ihnen vorbei in ihrem »Revier« direkten Kontakt aufnehmen konnte. Eine seiner großen Stärken lag in der langjährigen Pflege solcher Kontakte – übrigens weit über seine eigene Partei hinaus, mit allen gesellschaftlichen Gruppen und auch Einzelpersönlichkeiten. Kohls Stil kann man deshalb als personenbezogen-autokratisch bezeichnen.

Intensives Aktenstudium liebte der Kanzler nicht; er erwartete von seinen Mitarbeitern knappe und präzise Vermerke. Seine Anweisungen gab er in unzähligen Telefonaten und informellen Gesprächen. Die in der Geschäftsordnung der Bundesregierung vorgesehenen Gremien nutzte er in erster Linie nicht zur Beratung, sondern zur Absegnung von Entscheidungen. Kohls personalistischer Führungsstil hatte auch zur Folge, daß Entscheidungen sehr häufig zunächst auf inoffiziellem Wege zustande kamen – mit der Konsequenz, daß heute vielfach aus den Akten allein die Ablaufprozesse nicht hervorgehen. Und es scheint manchmal so, als habe er möglichst viele Spuren der konkreten Entscheidungsprozeduren im Nebelhaften zurücklassen wollen.

Paternalistischer Stil: Was seiner Partei nutzte, war nach Kohls Auffassung auch für den Staat, für die Demokratie gut. Dazu gehörte auch seine Methode der finanziellen Zuwendungen. Da er die CDU im Stil eines Barockfürsten leitete, lag es nahe, in Not befindliche Verbände oder auch Einzelpersonen, wie er sich gern ausdrückte, »nicht im Regen stehenzulassen«. Vielleicht war das aber nicht nur der Sinn für den eigenen Machterhalt, sondern auch die Auffassung, daß ein »guter Hausvater« Angehörige der Partei-»Familie« in schwierigen Situationen unterstützen müsse. So half er einem inzwischen verstorbenen norddeutschen Landesvorsitzenden aus finanzieller Not – wenngleich mit Geld aus »schwarzen Kassen«, wie wir heute wissen. Mit solchen Geldern, die Kohl als eine Art persönlichen Verfügungsfonds betrachtete, löste er manches finanzielle Problem seiner Partei.

Präsidieren als Führungsersatz: Statt kraftvoll zu regieren, verlegte sich der Kanzler mehr und mehr aufs Präsidieren. Zunehmend interessierten ihn nur noch europa- und andere außenpolitische Fragen. So gab er die inhaltliche Gestaltungsmacht immer mehr an den Fraktionsvorsitzenden Wolfgang Schäuble ab, der auch der geistige Vater des Regierungsprogramms für die Jahre 1994 bis 1998 war. Kohls präsidialer Stil führte aber dazu, daß seine eigene Position bei wichtigen, vielfach langwierigen Entscheidungsprozessen erst am Ende sichtbar wurde. Die Teilnehmer an solchen Beratungen mußten sogar damit rechnen, daß er im Verlauf der Gespräche mehrmals seine Meinung änderte. Denn Kohl hatte ein Sensorium für Mehrheiten entwickelt – er wollte in wichtigen Fragen nie zur Minderheit gehören.

Er genoß es auch, wenn die Teilnehmer an solchen Runden differierende Positionen vertraten und wegen unterschiedlicher Aufgaben teilweise ja auch vertreten mußten. In derartigen Fällen konnte er als Moderator und Schlichter auftreten, ohne sich zu Beginn der Sitzungen schon festlegen zu müssen. Diese Methode wiederum verstärkte die Abhängigkeit der Mitberatenden von Kohl, und er konnte damit führende Unionspolitiker gegeneinander ausspielen. Es bereitete ihm Freude, wenn sich diese beharkten. Das beste Beispiel hierfür ist der Dauerstreit zwischen Schäuble und Waigel. Mit dem damaligen CSU-Vorsitzenden und

Bundesfinanzminister war der Kanzler innerlich herzlicher verbunden als mit dem Fraktionschef. Kohl und Waigel brauchten einander. Der CSU-Vorsitzende hatte in seiner Partei einen schweren Stand. Zwar war ihm die bayerische Landesgruppe in der Bundestagsfraktion zugetan – und mit gewissen Einschränkungen auch ihr Vorsitzender Michael Glos –, doch mit dem dynamischen und gelegentlich sprunghaften Ministerpräsidenten Edmund Stoiber hatte er ständig Probleme. Dieser sah die bayerischen Interessen in Bonn nicht gut genug vertreten. Insbesondere der Kurs des Finanzministers bei der Schaffung des Euro war nur schwer mit Stoibers Standpunkt zu vereinbaren. Da Waigel den Kanzler in allen wesentlichen EU-spezifischen Fragen auch mit der Bereitschaft, Haushaltsmittel zur Verfügung zu stellen, unterstützte, hatte der Regierungschef in ihm lange Zeit seinen stärksten Kombattanten, einen Mitstreiter, der ihm zugleich lästige Europakritik der bayerischen Staatsregierung vom Hals halten konnte. Insoweit war der CSU-Mann in einem gewissen Sinne für Kohl damals wichtiger als Schäuble, den er notfalls über das CDU-Präsidium in Entscheidungen einzubinden vermochte. Waigel hingegen brachte das Gewicht der selbständigen Schwesterpartei ein. Die Auseinandersetzungen zwischen Waigel und Schäuble wegen des von letzterem entworfenen »Zukunftsprogramms« waren gleichwohl für den Kanzler nicht einfach zu handhaben, da er auch den Fraktionsvorsitzenden brauchte und nicht offen für den einen oder den anderen Partei ergreifen wollte. Waigel war mit der frühen Festlegung Kohls auf Schäuble als seinen Nachfolger nicht einverstanden, zumal er wenig Lust verspürte, in einem künftigen Kabinett unter dem drei Jahre jüngeren Badener zu amtieren. Außerdem fühlte er sich von diesem zu sehr zu einer Steuerreform gedrängt, bei welcher der einst in der Finanzverwaltung tätige Fraktionsvorsitzende fachliche Dominanz zu zeigen versuchte.

Konfliktscheu: Kohl ging Konflikten möglichst aus dem Weg. Er wußte Menschen an sich zu binden, wenn er sie aber verstieß – aus welchen Gründen auch immer –, beauftragte er häufig Vertraute, ihre Entfernung aus dem Amt zu betreiben. Oder er steckte den Medien vorab die bevorstehende Entlassung. Einige Kabinettsmitglieder – etwa der frühere Gesamtdeutsche Minister Heinrich Windelen und der Bauminister Oscar Schneider – erfuhren von ihrer bevorstehenden Entlassung aus dem Radio oder von Dritten, bevor der Kanzler sie ihnen offiziell mitteilte. Statt die Betroffenen selber frühzeitig zu informieren, übertrug er das unangenehme Geschäft anderen. Er hätte ja in einem persönlichen Gespräch unter Begründungszwang gestanden. Einem Kanzler der Bundesrepublik Deutschland behagt es aber nicht, sich zur Ratio seiner Entscheidungen äußern zu müssen. Verärgerung löste weithin aus, wie er den verdienten Europäer Egon Klepsch, seinerzeit sogar Präsident des Europäischen Parlaments, von der rheinland-pfälzischen Landesliste für die Europawahlen drängte und seine Wiederaufstellung verhinderte. Kohl wollte ein internes rheinland-pfälzisches Personalproblem mit Hilfe eines Europamandats für den als CDU-Landesvorsitzender ausscheidenden Werner Langen gelöst sehen. So wurde Klepsch vor vollendete Tatsachen gestellt. Auch in diesem Fall hatte Helmut Kohl nicht den Mumm, den Betroffenen über seine Pläne selbst zu informieren.

Mißachtung des Institutionellen: Artikel 65 des Grundgesetzes normiert nicht nur die Richtlinienkompetenz des Bundeskanzlers, sondern bestimmt auch, daß jeder Bundesminister »seinen Geschäftsbereich selbständig und unter eigener Verantwortung« leitet. Das Kollegialprinzip kommt darin zum Ausdruck, daß der Kanzler die Geschäfte nach einer Geschäftsordnung führt und daß über Meinungsverschiedenheiten zwischen den Ministern die Bundesregierung in ihrer Gesamtheit entscheidet. Kohl hat diesen Grundgesetzartikel nicht wirklich mit Leben erfüllt. Vielmehr hat er mit zunehmender Amtszeit das Kollegialprinzip durch Koalitionsrunden ersetzt, die in der Geschäftsordnung der Bundesregierung gar nicht vorgesehen sind. Und das Prinzip der Ministerverantwortlichkeit mißachtete er – jedenfalls im Falle der der CDU angehörenden Minister – schlicht dadurch, daß er sehr häufig in die Ministerien unmittelbar hineinregierte. Die Geschäftsordnung, die geordnete Abläufe gewährleisten soll, war Kohl immer ein Dorn im Auge, weil sie ganz zwangsläufig sein Bemühen um direkte Einflußnahme einschränken mußte. Das galt auch im Rahmen der Partei oder der von ihm intensiv begleiteten Arbeit der Konrad-Adenauer-Stiftung. Kohl ist durch und durch Machtmensch und wollte sich nicht von institutionellen Hürden einengen lassen. Damit beschädigte er aber die Bedeutung der Institutionen – innerhalb der Regierung wie in seiner Partei. Sein einstiger Kanzleramtschef Waldemar Schreckenberger hat später nicht nur die Tatsache beklagt, »daß die Parteien immer mehr in die staatlichen Entscheidungsprozesse schon im Stadium der Konzeption und Vorbereitung einbezogen werden«,[66] sondern auch das Durchbrechen formaler, geordneter Abläufe, Kohls Fixiertheit auf Personen statt auf Institutionen, in loyal-feinsinniger Weise kritisiert:»Regierungschefs haben eine höchstpersönliche politische Leistung zu erbringen. Dies scheint zuweilen die Bereitschaft zu verstärken, der anonymen Vorlage der Administration die persönliche Erörterung mit den je nach Thematik sachverständigen Mitarbeitern der Regierungszentrale vorzuziehen. Auf diese Weise bildet sich eine Gruppe von Personen, die einen Sonderstatus gewinnt. Im Rahmen der formalen Organisation kommt eine Art informeller Stab mit unmittelbarem Zugang zum Regierungschef zustande. Die Probleme für einen geordneten Betrieb sind beträchtlich und wenig geeignet, die allgemeine Motivation des Personals zu steigern. Die Verschränkung einer klassischen Organisation mit einer allgemeinen Stabsorganisation ist bisher nicht gelungen. Die Kommunikationswege und die Zuarbeit sind zu sehr vom persönlichen Arbeitsstil des jeweiligen Regierungschefs abhängig.«[67]

Die Geringschätzung demokratischer Institutionen: Unter Helmut Kohls Leitung war das Bundeskabinett immer weniger der Ort, an dem unterschiedliche Ressortinteressen zur Sprache kamen. Der frühere Postminister Christian Schwarz-Schilling, einer der raren Intellektuellen in den Kohlschen Regierungen, kritisierte bei seinem Ausscheiden im Dezember 1992, daß im Kabinett eigentlich nie über zentrale Fragen der Politik diskutiert worden sei.[68] Diese Vermeidungsstrategie ist auch als »Marsch aus den Institutionen«[69] beschrieben worden. Sie ist dadurch charakterisiert, daß Bundesminister häufig gar nicht mehr in für sie wichtige Fragestellungen in den alles entscheidenden Koalitionsrunden einbezogen wurden. Ein solcher Politikstil mußte sich aber rächen, weil der Regierungsapparat damit teilweise blockiert wurde. Je länger Kohl im Amt war – in der Regierung wie in seiner Partei –, desto mehr verlagerte er die Entscheidungsprozesse aus den dafür vorgesehenen Institutionen. Außerdem erklärte er mit zunehmender Amtszeit im Kabinett immer mehr Angelegenheiten zur »Chefsache«, was nicht nur ein Eingeständnis dafür war, daß die Kooperation der Regierung nicht mehr funktionierte. Er signalisierte damit den Fachleuten unbewußt auch das nahende Ende seiner Kanzlerschaft.

Gezielte Medienstrategie: Kohl liebte es insbesondere bei Interviews, verdutzte Journalisten dadurch in die Defensive zu bringen, daß er ihnen sofort hinsichtlich ihrer Fragen Unwissenheit unterstellte oder auch sonst abschätzige Bemerkungen über »die Medien« machte, die dann vom Fernsehen brav gesendet wurden. Es ist eigentlich erstaunlich, daß sich viele Journalisten seine häufige Unduldsamkeit und Gereiztheit überhaupt gefallen ließen. In seiner Art des Umgangs mit ihnen erinnerte er an den früheren SPD-Fraktionsvorsitzenden Herbert Wehner, vor dessen Autorität und polternder Reaktion die meisten Interviewer gewaltigen Respekt hatten. Kohls Taktik war es, über die Medien hinweg den direkten Schulterschluß mit der Bevölkerung dadurch anzustreben, daß er ein bei vielen Menschen verbreitetes Mißtrauen gegen Journalisten ausnutzte. Außerdem ging er sowieso davon aus, daß die große Mehrheit der bundesdeutschen Presseleute eher »links«orientiert sei.

Zu Anfang seiner Bonner Zeit konzentrierte sich der Pfälzer vor allem auf Journalisten von Presseorganen, die er als seriös empfand. Insbesondere um die *Frankfurter Allgemeine Zeitung* und *Die Welt* bemühte er sich sehr. Bald bildete er kleine Zirkel, an denen stets der hoch angesehene und in seinem Urteil unbestechliche Claus Gennrich von der *Frankfurter Allgemeinen* teilnahm, aber auch die Redakteure Heinz Schweden von der *Rheinischen Post* und Peter Hopen vom ZDF. Viele Jahre gehörten Manfred Schell (*Die Welt*), Willy Zirngibl (*Westdeutsche Allgemeine Zeitung*), Henning Frank und Günther Henrich (beide Deutschlandfunk) sowie Hans Heckmann (Deutsche Presse-Agentur) ebenfalls dazu. Aber die ständige Gruppe blieb sehr klein, bis sie Fritzenkötter mit seiner Klientel später erheblich erweiterte. Zu der engen Auswahl der Kohl vertrauten Journalisten gehörte auch der jeweilige Korrespondent seiner Lokalzeitung, der in seinem Wahlkreis erscheinenden *Rheinpfalz*. Deren Lektüre nahm er sich jeden Tag vor.

Es konnte allerdings vorkommen, daß der Kanzler diejenigen Teilnehmer der Hintergrundzirkel, die er bevorzugt informierte, mit Nichteinladung bestrafte, wenn sie nicht so berichteten, wie er es wünschte. Dem renommierten Bonner ARD-Bürochef Ernst-Dieter Lueg teilte er sein Mißfallen sogar brieflich mit. Ein Beispiel für den »ungnädigen« Umgang Kohls mit Journalisten ist auch der Fall des Bonner Korrespondenten verschiedener Tageszeitungen und Buchautors Karl Hugo Pruys. Als einstiger Pressesprecher des CDU-Vorstands hatte er Kohls Agieren aus der Nähe erleben können. In einer fast 600 Seiten umfassenden, sehr anspruchsvollen Biographie zeichnete Pruys dessen Wirken vor allem als »Kanzler der Einheit« in einem würdigen Licht – und dennoch fiel er in Ungnade. Dies erstaunte diejenigen, die das Buch ganz gelesen hatten. Helmut Kohl hatte sich in seiner Eitelkeit über einen einzigen, aus dem Zusammenhang gerissenen Satz erregt. Dieser lautet: »Kohl hat noch keine Idee geäußert, über die sich länger als zwei Minuten nachzudenken lohnte.«[70] Der Biograph wollte damit zum Ausdruck bringen, daß der Kanzler nicht als großer Theoretiker in die Weltgeschichte eingehen würde, sondern als jemand, der ein untrügliches Gespür für politische Stimmungen – und Macht – hat. Eine andere, kleine Begebenheit dokumentiert ebenfalls, welche Konsequenz es haben konnte, das Mißfallen Kohls zu erregen. Als sich der *Bild*-Klatschkolumnist Mainhardt Graf Nayhauß erdreistete, in der aus der DDR-Konkursmasse übernommenen, im Inneren neu ausgestatteten Kanzlermaschine die persönliche Toilette des hünenhaften Regierungschefs mit dem Zollstock auszumessen, wurde er nicht nur von seinen Journalistenkollegen wegen seiner Geschmacklosigkeit als »Graf Scheißhaus« verhöhnt, sondern durfte zu Recht in dieser Maschine zeitweilig nicht mehr mitfliegen. Viel gravierender ist freilich, daß Kohl in Fällen von ihm mißfallender Berichterstattung sogar nicht davor zurückschreckte, bei großen Verlagshäusern oder bei den Rundfunkanstalten zu intervenieren. So mußte zum Beispiel der ZDF-Journalist Wolfgang Herles den Sendeplatz in Bonn verlassen.

Absolute FDP-Treue: Helmut Kohl hat nie mit dem Gedanken einer großen Koalition gespielt, weil ihm die Koalition mit der FDP immer wieder die Mehrheit sicherte. Und unter keinem Bundeskanzler hatte die FDP derart viele Freiheiten wie unter Kohl, der den Koalitionspartner systematisch pflegte. Er wußte, daß ohne die Liberalen eine ihm politisch zusagende Mehrheit im

Bundestag aussichtslos war. Die Tatsache, daß die FDP in all den Jahren der Koalition das profilträchtige Auswärtige Amt (am Anfang noch mit dem der CDU angehörenden Staatsminister Alois Mertes) zugesprochen erhielt, zeigt das Entgegenkommen Kohls dem kleineren Partner gegenüber. Viele CDU-Politiker sahen aber auch immer mit Beklommenheit, daß er bei den Koalitionsverhandlungen der FDP neben dem Außenministerium auch das Wirtschaftsministerium überließ, hat doch die Wirtschaftspolitik bei der Wählerentscheidung einen hohen Stellenwert.

Kohl verzichtete bezüglich der von der FDP entsandten Minister völlig auf personelle Einflußnahme (übrigens auch weitgehend gegenüber der CSU). Dies erleichterte zwar sein Verhältnis zur FDP, doch war es mit dem Grundgesetz kaum vereinbar, daß der Kanzler bei der Nominierung von Kabinettsmitgliedern nicht einmal mehr sein Vetorecht in Anspruch zu nehmen wagte. Freilich gab es auch bei früheren Koalitionsregierungen das Vorschlagsrecht der jeweiligen Koalitionspartner, doch nie wurde es so absolut gehandhabt wie unter Kohl. So duldete er sogar den nordrhein-westfälischen FDP-Politiker Jürgen Möllemann als zeitweiligen Vizekanzler und Wirtschaftsminister, obwohl er ihn nicht mochte. Die Entscheidung der Liberalen, die beiden Ämter mit dem starken und ausgesprochen schillernden Möllemann zu besetzen, hat aber zum ersten Mal das Kohlsche »Nichteinmischungsprinzip« vor eine schwere Belastungsprobe gestellt. Der zweithöchste Repräsentant der Regierung war nämlich in den Augen der überwiegenden Mehrheit der Öffentlichkeit eine glatte Fehlbesetzung. Der damalige FDP-Vorsitzende Otto Graf Lambsdorff drängte dann seinen Parteifreund im Januar 1993 zum Rücktritt – unterstützt vom Kanzler. Möllemann hatte auf einem von ihm unterschriebenen amtlichen Blankobriefbogen für in Supermärkten benutzte Einkaufswagenchips geworben, die ein Verwandter von ihm produzierte. (Solche Chips erfreuen sich heute in den Parteien als kleine Werbepräsente großer Beliebtheit.)

Goodwill-Personalentscheidungen zugunsten der Opposition: Kohls relevantester Einfluß bestand in der Entscheidung über bedeutsame – und gelegentlich auch höchst lukrative – Positionen. Dabei ist die Vermutung keineswegs richtig, er habe bei der Vergabe wichtiger Ämter immer nur Personen aus dem Umfeld der

Regierungsparteien bevorzugt. Im Bereich der Nachrichtendienste etwa achtete er stets darauf, die SPD mit einzubinden. Speziell auch im Rahmen der Europäischen Union konnten hochrangige SPD-Mitglieder in Amt und Würden kommen, wie der einstige Juso-Vorsitzende und langjährige Bundestagsabgeordnete Wolfgang Roth, der noch heute im Vorstand der Europäischen Investitionsbank in Luxemburg sitzt. Ein weiteres Beispiel hierfür ist der langjährige Generalsekretär des Europäischen Rates, der höchst umsichtige SPD-Mann Jürgen Trumpf. Und wer denkt, in den Behörden der EU seien in den 16 Jahren der Kanzlerschaft Helmut Kohls vor allem hiesige Christdemokraten auf Spitzenpositionen befördert worden, irrt ebenfalls. Für Kohl waren gerade diese Behörden dazu geeignet, der damaligen Opposition manches Entgegenkommen zu zeigen; denn für das Regieren zu Hause war das keinesfalls hinderlich. Wenn er einstens sogar Kurt Biedenkopf für Brüssel vorgesehen hatte, dann nicht etwa wegen dessen gestalterischer Qualitäten. Ein »Wegloben« kann unbequeme Personen im eigenen Land aus dem politischen Verkehr ziehen.

Entpolitisierung der Parteigremien: Demokratische Gremien waren für Kohl lediglich Mittel zum Zweck. Wenn es ihm paßte, wurden sie vergrößert oder verkleinert, je nachdem, welche personalpolitischen Notwendigkeiten sich aus seiner Sicht ergaben. Kampfkandidaturen wollte er meistens vermeiden. Sonst hätte er sich ja auf die Seite des einen oder des anderen Kandidaten schlagen müssen. Alle Erfahrung lehrt, daß mit zunehmender Größe eines Gremiums dessen Entscheidungsfähigkeit abnimmt, zumal bei großen Gremien auch »undichte Stellen« vermutet werden können. Deshalb mußten Entscheidungen woanders, im informellen Rahmen, getroffen werden. So kann es denn auch kaum überraschen, daß selbst Mitglieder des CDU-Präsidiums beklagten, im Prinzip über keine wirkliche Entscheidungsmacht zu verfügen. Im übrigen verstand Kohl es in wirklich kritischen Situationen ohnehin, die Entscheidungen schon vor den entsprechenden Sitzungen treffen zu lassen. Die Gremiensitzungen, auch wenn er vor diesen häufig ungewöhnlich nervös war, sah er als eine Art Marionettentheater an, bei dem er der Strippenzieher war und die Rollen schrieb.

Um unangenehmen Kampfabstimmungen aus dem Weg zu gehen, wurde 1977 die Satzung der Bundes-CDU geändert und die

Stellvertreterzahl von fünf auf sieben erhöht. Dies führte aber zu einer Schwächung des Einflusses der sich gegenseitig beäugenden Stellvertreter. Außerdem war dadurch nur noch in seltenen Fällen eine vertrauliche Behandlung wichtiger Fragen garantiert, was dem Parteivorsitzenden den Hinweis ermöglichte, daß man im Präsidium nicht offen sprechen könne und gewisse Entscheidungen deshalb an anderer Stelle getroffen werden müßten.

Mißachtung von allgemeinen demokratischen Grundsätzen: Der Kanzler war sich nicht sicher, ob seine eigene Partei – geschweige denn der Koalitionspartner – seinem Wunsch nach einer erneuten Kandidatur bei den Bundestagswahlen 1998 folgen würde. Er hatte gut in Erinnerung, daß die FDP sich einst gegen eine nochmalige Kanzlerschaft Adenauers aussprach. Einem möglichen negativen Votum der Liberalen wollte er deshalb zuvorkommen. So ersann er eine Methode der Überrumpelung von Partei, Fraktion und Koalitionspartner. Seine Selbstnominierung indes ist ein Musterbeispiel für die Mißachtung elementarer demokratischer Grundsätze. Kohl setzte seine Interessen durch, obwohl er wußte, daß sich das – ursprünglich auch von ihm selbst öffentlich verworfene – Verlangen nach einer weiteren Amtszeit zwangsläufig negativ auf die Wahlchancen der Unionsparteien auswirken mußte. Die damaligen Umfragen zeigen, daß der bereits in großen Teilen der Bevölkerung vorhandene Wunsch nach einer anders gefärbten Regierung durch Helmut Kohls eigenmächtige Entscheidung deutlich verstärkt wurde. Von der Selbstnominierung erfuhren Partei und Öffentlichkeit durch ein ARD-Interview aus Anlaß seines 67. Geburtstages am 3. April 1997 – und dies, während er sich zu einer Fastenkur im österreichischen Bad Hofgastein aufhielt. Wolfgang Schäuble sagt heute, daß Kohl ihn vorab telefonisch unterrichtete,[71] und es ist davon auszugehen, daß der Fraktionsvorsitzende als der nach dem Pfälzer mächtigste Mann der CDU keinen ernsthaften Versuch unternommen hat, diesen von einer erneuten Kandidatur abzuhalten. Außer Schäuble wurde niemand informiert. Der CSU-Vorsitzende Theo Waigel mußte Kohls Ankündigung genauso der Presse entnehmen wie der FDP-Chef Wolfgang Gerhardt. Besonders auch der FDP-Fraktionsvorsitzende Hermann-Otto Solms hatte darauf gedrängt, daß mit Kohl über die Kandidatur gesprochen werden müsse. Insofern war dessen Erklärung auch eine Brüskierung des Koalitionspartners. Übrigens gab es bei Kohls »Haussender« ZDF Verbitterung darüber, daß er seine Wiederkandidatur ausgerechnet über die ARD verkündet hatte.

Das Interview traf vor allem die Union also völlig unvorbereitet. Keines ihrer Gremien war mit der Entscheidung Helmut Kohls vorher befaßt. Dieser wollte mit der überraschenden Erklärung irreversible Fakten schaffen. »Es ist ja keine einsame Entscheidung auf dem Olymp. Ich habe mir das sehr genau überlegt«,[72] erklärte er. Das Ganze ist typisch für das Vorgehen Kohls, der in wirklich grundsätzlichen Fragen Parteipräsidium und Parteivorstand fast immer vor vollendete Tatsachen stellte. Die überwiegende Reaktion auf die erneute Kandidatur aber brachte Claus Gennrich auf den knappen Nenner: »Union und FDP zeigten sich nach einer Pause sprachlosen Erstaunens befriedigt.«[73] Der CSU-Vorsitzende verlautbarte, die Entscheidung Kohls käme »zum richtigen Zeitpunkt«[74], und der bayerische Ministerpräsident Stoiber erklärte: »Mit ihm sind die Wahlchancen für 1998 mit Sicherheit am allerbesten.«[75] Aus Solidarität versuchten alle, aus der Not eine Tugend zu machen, auch wegen starker Zweifel der CSU an Schäubles Eignung. Die CSU befürchtete, daß dieser eine große Koalition herbeiführen wolle, und sah deshalb Kohl als das kleinere Übel an.

Widerstand aus der Union gegen dieses eigenwillige Nominierungsverfahren war praktisch zwecklos. So wurde die autoritäre Entscheidung Helmut Kohls zähneknirschend, aber nach außen hin mit Loyalität hingenommen. Lediglich zwei innerparteiliche Reaktionen aus der damaligen Zeit verdienten Beachtung: die Haltung des sächsischen Ministerpräsidenten Kurt Biedenkopf und die des nachdenklichen saarländischen Bundestagsabgeordneten Peter Altmaier. Biedenkopf, der die Selbstnominierung Kohls sarkastisch als eine »Wette gegen die Wähler« bezeichnete, verlangte, daß die wirkliche Nominierung des Kanzlerkandidaten auf dem Leipziger Parteitag im Oktober 1997 erfolgen müsse. Obwohl Kohl der Forderung des Ministerpräsidenten zustimmte, wurde jene demokratische Selbstverständlichkeit schlicht nicht beachtet: Auf dem Parteitag wurde dann der Beifall nach der Rede Kohls von ihm einfach als Nominierung interpretiert. Der Saarländer Peter Altmaier hatte sogar offen für einen Wechsel des Spitzenkandidaten plädiert und Wolfgang Schäuble vorgeschlagen, obwohl es auch innerhalb der CDU/CSU-Bundestagsfraktion immer wieder Diskussionen darüber gegeben hatte, ob die Behinderung Schäubles die Übertragung des Kanzleramts, das ganzen körperlichen Einsatz erfordert, überhaupt zugelassen hätte. Der Altmaier-Vorschlag zugunsten Schäubles zu diesem Zeitpunkt war mutig, aber nicht durchsetzbar. Hätten die Bürgerinnen und Bürger in Deutschland hingegen nach einem Rücktritt Kohls im Laufe einer Legislaturperiode des Bundestags Schäuble als Kanzler im Amt erlebt, wären die Vorbehalte bezüglich seiner Behinderung sicherlich sehr viel weniger schwerwiegend gewesen. So sah das auch der Fraktionsvorsitzende selbst.

Es ist erstaunlich, wie wenig im Wahlkampf des Jahres 1998 die Tatsache eine Rolle spielte, daß Kohl kurze Zeit vor den Bundestagswahlen 1994 im thüringischen Flecken Mödlareuth an der einstigen »Zonengrenze« während einer von SAT 1 übertragenen Wahlkampfveranstaltung zur größten Überraschung seiner engen Mitarbeiter angekündigt hatte, es handele sich nun definitiv um seine letzte Kandidatur. Was den Kanzler zu einer solchen Erklärung bewogen haben mag, darüber rätseln seine ehemaligen Mitarbeiter noch heute. Es wird auch spekuliert, ob die Mödlareuth-Erklärung rein taktisch begründet war; denn Kohl war bereits 1994, wie Meinungsumfragen zeigten, in der Gesamtbevölkerung nicht mehr sehr hoch angesehen, auch damals gab es schon ein starkes Bedürfnis nach einem Regierungswechsel. Der Grund für diese wie eine Bombe einschlagende Ankündigung während einer Wahlkampfveranstaltung ist freilich viel profaner als gemeinhin vermutet, fast bizarr: Die besonders beschwerliche Veranstaltung fand bei schlechtem Wetter im Freien statt, und zudem war der Kanzler in einen Nagel getreten, weshalb ihn sein Fuß schmerzte. Seine verblüffende Erklärung, er kandidiere definitiv zum letzten Mal, hatte ihre Ursache also in einer momentanen persönlichen Unpäßlichkeit. Andererseits aber: Im engsten Kreis neigte Helmut Kohl gelegentlich dazu, in kryptischer Form Andeutungen über eine Beendigung seiner Kanzlerschaft zu machen und sich zur Höhe seiner Pensionsbezüge zu äußern.

Entmündigung von Parteitagsdelegierten: Kopfschütteln innerhalb und außerhalb der Union rief auch die Art hervor, in der Kohl Wolfgang Schäuble zu seinem »Kronprinzen« ausrief und dabei die Entmündigung von Parteitagsdelegierten aller Welt vor Augen führte. Denn der Kanzler hatte erst nach dem Abschluß des Leipziger Parteitages in den Medien erklärt, er halte Schäuble für seinen geeigneten Nachfolger (allerdings ohne dafür einen Termin zu nennen). Viele Delegierte waren regelrecht geschockt, als sie diese Meldung bei der Heimfahrt im Autoradio hörten oder von ihrer Mißachtung sogar erst abends im Fernsehen erfuhren. Die Proklamierung Schäubles zum Kronprinzen ist in der CDU auf alles andere als auf Freude gestoßen. Die einhellige innerparteiliche Reaktion auf diesen Coup war eine Mischung aus Ratlosigkeit und Empörung. Zum einen hatte der Parteivorsitzende Kohl, wie gesagt, das höchste Organ der Partei, den Bundesparteitag, übergangen. Zweitens wurde Schäuble mehr oder weniger zu einem deutschen Prince Charles degradiert, nämlich zu einem Thronfolger mit zweifelhaften Aussichten auf den Thron. Und drittens handelte es sich bei dieser Proklamierung ein Jahr vor den Bundestagswahlen um ein diffuses Niedergangssignal. Kohl hatte sich zwar die Peinlichkeit erspart, daß Schäuble als der eigentliche Retter, der einen Stimmungsumschwung hätte herbeiführen können, gefeiert worden wäre – aber um welchen Preis? Zudem hätte der Kanzler wissen müssen, daß Wähler solche Manöver nicht lieben, denn häufig genug spottete er über den früheren niedersächsischen Ministerpräsidenten Ernst Albrecht, der während des Landtagswahlkampfes 1990 verkündete, er wolle im Falle seiner Wiederwahl nach der Hälfte seiner Amtszeit das Zepter an Rita Süssmuth übergeben. Albrecht wurde abgewählt.

Zwar vermutet Wolfgang Schäuble in seinem Buch *Mitten im Leben*, seine Ausrufung zum Nachfolger Kohls sei erfolgt, nachdem der Kanzler die Wirkung seiner, Schäubles, Rede auf dem Parteitag gespürt habe[76], doch ist richtig – und insoweit noch fataler –, daß Kohl dies bereits vor der mit enthusiastischem Beifall aufgenommenen Rede des Fraktionsvorsitzenden geplant hat. Denn es handelte sich hierbei um eine Aktion, die der Kanzler von seinem damaligen Mediensprecher Fritzenkötter schon vorbereiten ließ, bevor Schäuble gesprochen hatte – entgegen den Vermutungen auch des *Spiegels*, der seinerzeit schrieb, der frenetische Beifall für Schäuble habe die sofortige Reaktion Kohls hervorgerufen, ein Fernsehteam zu bestellen, um die Kronprinzen-Erklärung zugunsten des Badeners abzugeben.[77] Zu dem Zeitpunkt nämlich, als Fritzenkötter Journalisten gegenüber davon sprach, der Kanzler habe »etwas ganz Wichtiges« mitzuteilen, und zu einem Pressegespräch nach dem Parteitag einlud, kannte Kohl die Wirkung von Schäubles Rede noch gar nicht. Er hatte aber zu Beginn des Parteitages gespürt, daß seine eigene Rolle, seine Akzeptanz innerhalb der Partei, in Frage gestellt war. Im Hinblick auf die erwähnte Forderung Biedenkopfs nach seiner Nominierung auf dem Parteitag sorgte er dafür, daß dort der Applaus nach seiner eigenen Rede als erneute Ernennung zum Kanzlerkandidaten gewertet wurde. Kohl wollte mit allen Mitteln einer geheimen Abstimmung aus dem Weg gehen. Er wußte, eine Proklamierung Schäubles zu seinem Nachfolger auf dem Parteitag selbst hätte bei den Delegierten orkanartige Beifallsstürme hervorrufen und eine Eigendynamik entfalten können, die von ihm nicht mehr zu kontrollieren gewesen wäre. Kohl erhoffte sich von der – nachträglichen – Ausrufung Schäubles zum Kronprinzen positive Auswirkungen auf das Wahlergebnis. Dem Fraktionsvorsitzenden selbst aber wollte er nichts Gutes tun, nur seine eigenen Wahlchancen hoffte er zu verbessern. Sein oberstes Ziel auf dem Parteitag war deshalb, nochmaligen Beifall für seinen Konkurrenten zu verhindern, einen Applaus, der so laut geworden wäre, daß er auf dessen Wogen möglicherweise hinweggeschwappt worden wäre. Helmut Kohl wollte Herr der Wirkung seiner Worte sein. Auf dem Leipziger Parteitag wäre ihm das sonst nicht gelungen.

Wenige Tage nach der Niedersachsenwahl am 1. März 1998 – bei welcher der Ministerpräsident Gerhard Schröder ein so überwältigendes Votum erhielt, daß er bald darauf zum Kanzlerkandidaten der SPD wurde – erklärte Kohl in den »Tagesthemen« der ARD nochmals: »Ich wünsche mir, daß Wolfgang Schäuble mein Nachfolger wird. […] Ich bin ja keiner, der an diesem Amt hängt. Ich habe auch nicht mehr die Vorstellung, die manche Politiker haben, ich muß ins Geschichtsbuch. Das ist nicht meine Politik.«[78] Alles in allem war in der Union jetzt nur noch ein leises Murren über die erneute Kanzlerkandidatur des Pfälzers zu hören: »Kohl muß mit sich selbst zu Rate gehen. Er hat den Schlüssel in der Hand«, meinte beispielsweise der damalige Stellvertretende Fraktionsvorsitzende Heiner Geißler und fügte noch hinzu: »Richtig ist, daß Wolfgang Schäuble ein hervorragender Kandidat wäre für dieses Amt.«[79] Und der seinerzeitige sachsen-anhaltinische CDU-

Vorsitzende und frühere Ministerpräsident Christoph Bergner plädierte für eine Doppelspitze Kohl/Schäuble.[80] Der *Welt*-Korrespondent Martin Lambeck allerdings behauptete, der Kanzler habe auf einer CDU-Präsidiumssitzung erbost seinen Rücktritt von der Kandidatur in den Raum gestellt, womit die Führungsfrage aufs neue thematisiert worden sei.[81] Das war aber falsch und Lambeck so erzählt worden. Denn heute ist erwiesen, daß Helmut Kohl im Präsidium nie die Vertrauensfrage stellte.

Als der damalige FDP-Generalsekretär Guido Westerwelle verkündete, die »Nach-Kohl-Ära« habe bereits begonnen,[82] hielt sich die Empörung in Unionskreisen trotz pflichtgemäßen Zurückweisens durch Peter Hintze und Wolfgang Schäuble spürbar in Grenzen. Und die auf dem Bremer Parteitag Mitte Juni 1998 in großen Lettern erhobene Forderung »Mach's noch einmal, Helmut« blieb in den Reihen der CDU ebenfalls ohne starke Resonanz.[83] Insofern hat Kohl durch zwei Entscheidungen seinen eigenen politischen Untergang beschleunigt, nämlich durch seine Selbstnominierung zum nochmaligen Kanzlerkandidaten ohne wirkliches Votum der Partei sowie durch die Art und Weise, wie er Schäuble zu seinem Nachfolger in einer unbekannten Zukunft machte. Typisch für seinen Politikstil war, daß er beide wichtigen Erklärungen nicht in den in einer Demokratie dafür vorgesehenen Gremien abgab und diese dort billigen ließ, sondern daß er den Weg über die Medien wählte. Dies tat er später übrigens auch mit seinem Bekenntnis in einer Sendung des ZDF, die Annahme gewisser Gelder sei »ein Fehler« gewesen.

Helmut Kohls Politikstil widersprach allen Grundsätzen, die der »frühe« Kohl verkündet hatte. Je länger er im Amt war, desto ausgeprägter zeigten sich seine Züge als Machtmensch. Dies ist zwar weitgehend wertfrei zu verstehen, denn Machtausübung ist nicht per se verwerflich, doch das Wie der Machtausübung läßt sich von den Inhalten nicht trennen.

Ablöseprozesse oder: Scheiden tut weh

Kohl hatte zu Beginn seiner bundespolitischen Karriere das Schicksal des späten Adenauer als Warnung gedeutet und im internen Kreis immer wieder sein Unverständnis darüber geäußert, daß es der erste Kanzler der Bundesrepublik versäumt habe, rechtzeitig »aufs Altenteil« zu gehen. Mit solchen Aussagen – sehr wahrscheinlich glaubte er selbst daran – wollte er seine Souveränität dokumentieren. Er beabsichtige nicht, so verkündete er, den richtigen Zeitpunkt seines Ausscheidens aus der aktiven Politik zu versäumen. Und doch vermied er es mit Bedacht, rechtzeitig für eine Nachfolgeregelung zu sorgen.

Für Außenstehende ist es nicht einfach zu verstehen, warum sich Politiker schwertun, die aktive Politik zu verlassen, sich davor fürchten, »zum alten Eisen« zu gehören. Viele Politiker – insbesondere solche, die ihr Privatleben (manchmal ganz zwangsläufig) vernachlässigt und den Kontakt mit der Berufswelt verloren haben – sind so auf die politische Szene fokussiert, daß sie sich ein Leben nach der Politik nicht vorstellen können. Die meisten Persönlichkeiten, die Macht verlieren, sind darüber verbittert, ein politisches Rentnerdasein wird von ihnen nicht als dasselbe Lebenselixier empfunden wie der tägliche, zum Teil äußerst konfrontative Kampf um Mehrheiten, um Ansehen und öffentliche Akzeptanz. Wie schon erwähnt, verdanken fast alle Politiker ihren sozialen Status der – ihnen eigentlich vom Volk verliehenen – Macht und ihrem jeweiligen Amt (häufig auch mehreren Ämtern). Viele merken nicht, daß ein Großteil ihres Ansehens ihrem Amt geschuldet ist, und stellen das erst dann schmerzhaft fest, wenn sie den Zustand der verlorenen Bodenhaftung notgedrungen aufgeben müssen, wenn sie ins private Leben zurückkehren. Dies trifft übrigens gerade für solche Leute zu, die schon in frühen Jahren zu Berufspolitikern wurden.

Auffällig ist, daß gerade die meisten älteren Spitzenpolitiker der Union ihren potentiellen Nachfolgern zu suggerieren versuchten, diese müßten »erst einmal einen ordentlichen Beruf erlernen« – so ein Lieblingsspruch Kohls –, also erst noch »flügge« werden. Die Lebensläufe vieler führender Politiker auch der CDU zeigen jedoch, daß deren berufliche Stationen häufig lediglich politiklegitimatorische Durchlauferhitzer waren, auch wenn manche sogar eindrucksvolle akademische Grade aufweisen können. Kurze Zeit oder pro forma ausgeübte Berufe und akademische Titel machen sich zwar gut auf Briefköpfen, verweisen aber kaum auf tatsächliche Berufserfahrung außerhalb der Politik. Denn viele verlieren sehr bald jeglichen Kontakt zur »normalen« Berufswelt, weil sie durch ihr parteipolitisches Dauerengagement schon als Dreißigjährige zu Berufspolitikern und somit von der Politik völlig abhängig werden.

Prototypisch dafür ist Helmut Kohls Lebensweg. Die wenigen Jahre seiner beruflichen Tätigkeit außerhalb der Politik vermittelten ihm keine wirklich prägenden Erfahrungen. Der 1930 geborene Pfälzer, der 1958 mit einer wissenschaftlich eher bescheidenen Schrift[84] zum Dr. phil. promovierte und gleich im Anschluß daran in der chemischen Industrie Arbeit fand, zog bereits als Neunundzwanzigjähriger, also 1959, in den rheinland-pfälzischen Landtag ein. Schon bald wurde er Berufspolitiker und – für damalige Verhältnisse fast eine Sensation – 1969 im Alter von 39 Jahren jüngster deutscher Ministerpräsident, nachdem er als »junger Wilder« (so würde man heute sagen) seinen tief von ihm verletzten Vorgänger Peter Altmeier verbannt hatte. Wer so lange ausschließlich für die Politik wirkte, mußte sich besonders schwertun, von deren Bühne abzutreten.

Allen, die Macht ausüben – auch in Gemeinschaften wie den Kirchen, in Gewerkschaften, in anderen großen und kleinen sozialen Organisationen, selbst in Vereinen auf der örtlichen Ebene –, fällt es schwer, sich von der häufig hart erkämpften Macht zu lösen. Auch Persönlichkeiten aus der Wirtschaft treten nur ungern von ihren Positionen ab. Viele von ihnen landen aber dadurch sanfter, daß sie in Aufsichtsräte wechseln oder wenigstens noch Sekretariate für »Sonderaufgaben« behalten können. Im Unterschied zu Politikern vollzieht sich zudem bei Wirtschaftskapitänen der Auf- oder Abstieg meist nicht im Brennpunkt des Medieninteresses, denn sie bleiben erstaunlicherweise in der Öffentlichkeit oft weitgehend unbekannt. In der Wirtschaft werden häufig auch klare zeitliche Regelungen hinsichtlich des Ausscheidens aus der Verantwortung getroffen. Sodann gibt es noch einen weiteren wichtigen Unterschied zur Politik: Im ökonomischen Sektor läßt sich »Erfolg«, wie bereits gesagt, in den Bilanzen, in täglich abrufbaren Umsatzzahlen darstellen – doch in der Politik ist Bilanzierung ungleich schwieriger. Wie ist dort »Erfolg« zu messen? Wahlergebnisse allein können ja kein Gradmesser für politischen Erfolg sein. Da an politischen Entscheidungen zumeist unzählige Menschen mitwirken, ist der konkrete »Erfolg« des einzelnen nicht feststellbar. Deshalb fällt es Politikern auch so schwer, sich selbst gegenüber eine ehrliche Bilanz zu ziehen.

Der promovierte Historiker Helmut Kohl hatte schon immer einen Sinn für historische Daten. So wollte er zum Beispiel die Jahrtausendwende, deren Faszination er in zahlreichen Reden und Interviews immer wieder beschwor, als Kanzler erleben. Auch über die Amtsdauer seiner Vorgänger in Deutschland wußte er genau Bescheid. Der Pfälzer, der am 1. Oktober 1982 ins Amt kam, sollte dieses erst 16 Jahre und 26 Tage später – bekanntlich aber unfreiwillig – verlassen. Er war damit knapp zwei Jahre, nämlich 23 Monate und 26 Tage, länger im Amt als Adenauer. Bismarck allerdings übertraf er nicht.

Freiwillige Rücktritte deutscher Politiker sind äußerst selten, Kohls Weigerung, rechtzeitig abzutreten, hat in unserer Geschichte Vorbilder. So belegen auch Bismarck, Adenauer und Brandt, wie der nachfolgende Exkurs zeigt, daß vor allem hochrangige Politiker hierzulande nicht freiwillig zurücktreten, sie »werden zurückgetreten« – im Falle Bismarcks durch »Seine Majestät den Kaiser«, im Falle Adenauers durch die Weigerung des Koalitionspartners FDP, mit ihm weiterzuregieren, und im Falle Brandts als Kanzler durch eine von ihm mitverschuldete Staatsaffäre, als SPD-Vorsitzender durch seine eigene Partei. Helmut Kohl hingegen, der durch das konstruktive Mißtrauensvotum ins Amt gelangt war, wurde – und das ist einmalig in der Bundesrepublik – durch ein Mißtrauensvotum der Wähler gestürzt.

Beispiel Bismarck: Wahrscheinlich war die Überlegung, sogar länger im Amt bleiben zu wollen als der Reichskanzler Otto von Bismarck, für Kohl ein wichtiger innerer Antrieb. Da er sich immer wieder seiner Kenntnis der Geschichte des deutschen Kaiserreichs rühmte, liegt diese Vermutung keinesfalls fern. Wahrscheinlich kam Kohl in den für ihn bitteren Tagen, als er die Macht zunächst im Staat und bald danach auch in seiner Partei abgeben mußte, jene berühmte Karikatur nach dem Sturz Bismarcks in den Sinn, die mit der Bildunterschrift »Der Lotse geht von Bord« am 23. März 1890 in der englischen Zeitschrift *Punch* veröffentlicht wurde. Die Amtszeit des Kanzlers Bismarck hat keiner seiner Nachfolger in Deutschland erreicht, regierte er doch das Reich mehr als 19 Jahre, nämlich vom 18. Januar 1871 bis zum 20. März 1890. Hinzu kommen auch noch seine Jahre als Kanzler des Norddeutschen Bundes (seit Juli 1867).

»Die Politik ist wie eine große Forelle, welche die kleine Forelle auffrißt. Denn die Forelle gehört zu den Raubfischen, wie Sie wissen – so hat die Politik jedes andere Steckenpferd, das ich jemals gehabt habe, verschlungen«[85], erklärte Bismarck in einem Gespräch auf seinem Gut Varzin im Oktober 1891. Über ihn schreibt sein Biograph Theo Schwarzmüller: »Der Staatsmann gleicht einem Wanderer im Walde, der die Richtung seines Marsches kennt, nicht aber den Punkt, an dem er aus dem Forste heraustreten wird.«[86] Als Bismarck Abschied von der Macht nehmen mußte, war er tief verbittert.[87] Ein anderer seiner Biographen, Manfred Hank, stellt fest, der Exreichskanzler habe diese Verbitterung manchmal gut zu verbergen gewußt, die Entlassung durch Wilhelm II. habe ihn aber vor allem wegen seiner nunmehrigen Einflußlosigkeit schwer gekränkt: »Die Wurzeln dieses Gefühls der Isolierung lagen folglich tiefer als nur im vordergründigen Erleben einer neuen Situation. Vielleicht sind sie zu suchen in jener elementaren Distanz und Fremdheit Bismarcks gegenüber der eigenen Zeit und den sie prägenden Strömungen, die er nunmehr, dazu verdammt, einer verhaßten Entwicklung untätig zuzusehen, in Gestalt einer inneren Einsamkeit mit doppelter Schwere empfinden mußte.«[88] Ein Artikel Bismarcks in den *Hamburger Nachrichten* vom 19. April 1890 könnte – wenngleich in etwas anderer Diktion – auch von Kohl geschrieben sein: »Man wird […] von einem Staatsmanne, der dreißig Jahre lang die hervorragendste Stellung im öffentlichen Leben eingenommen und dies wie kein anderer maßgebend beherrscht hat, nicht erwarten dürfen, daß mit seinen Ämtern zugleich seine politische Kraft, seine Vaterlandsliebe und das Bedürfnis verloren habe, mit der öffentlichen Meinung in Fühlung zu bleiben und sie nach seiner Überzeugung zu beeinflussen. Wer vom Fürsten Bismarck glaubt, daß er, alt und gebrochen, künftig den gänzlich passiven Zuschauer der Ereignisse auf der Weltbühne abgeben werde, irrt in jeder Hinsicht.«[89] Bismarcks Engagement in den Medien und während seiner – wenn auch kurzen – Zeit im Reichstag als Abgeordneter resultierte sicherlich nicht nur aus verletztem Stolz, sondern auch aus der Sorge um die Politik eines Reiches, dessen Schicksal nach seiner Meinung nun in den Händen politischer Laien lag.[90] Der Historiker Lothar Gall spricht vom »Zynismus der Macht«, wenn er bezüglich Bismarcks Sturz feststellt, daß es auf seiten derer, die ihn stürzten, in Wahrheit um keine vorwärtsweisende Alternative ging, »sondern fast ausschließlich um das, woran sich auch der alternde Kanzler so sehr klammerte: um die Macht als solche und nicht zuletzt um ihren äußeren Schein und ihre Insignien«.[91] Gall fügt noch hinzu, daß das »Untergründige« der Bismarckschen Existenz nach seiner Entlassung beherrschender denn je hervortrat, nämlich »der unbedingte Wille zur Macht und zur Selbstbestätigung, der das eigene Werk niemals getrennt von der eigenen Person zu sehen vermochte, ihm gleichsam nie Eigenständigkeit zuerkannte«.[92] Das erinnert frappierend an Helmut Kohl.

Beispiel Adenauer: Was Kohl im Hinblick auf Bismarck nicht gelang, schaffte er bei Adenauer, ihn nämlich in der Dauer der Amtszeit zu übertreffen. Der erste Kanzler der Bundesrepublik war vom 15. September 1949 bis zum 15. Oktober 1963 im Amt – genau 14 Jahre und einen Monat, seine Zeit als Präsident des Parlamentarischen Rates nicht mitgerechnet. Auch Adenauer trat nur höchst unwillig von der politischen Bühne ab. Sein zeitweiliges Liebäugeln mit dem Amt des Bundespräsidenten zeigt, daß er auf der Suche nach der Möglichkeit war, seine irgendwann zu beendende Kanzlerzeit durch ein anderes, protokollarisch sogar »höheres« Amt gleichsam zu verlängern. Er wußte spätestens Anfang der sechziger Jahre, daß der Koalitionspartner FDP nicht bereit war, ihn noch länger als Regierungschef mitzutragen. So stand der Wahlkampf 1961 auch im Zeichen des CDU-internen Machtkampfes um die Nachfolge Adenauers. Die FDP hatte sich nun definitiv darauf verständigt, die Koalition nur ohne ihn fortzusetzen. Das Wahlziel der Adenauer-Verhinderung bescherte den Liberalen dann bei den Bundestagswahlen im September 1961 mit 12,8 Prozent ihr bislang bestes Ergebnis, während die CDU mit 45,3 Prozent Einbußen von 4,9 Prozent hinnehmen mußte. Schließlich aber stimmte die FDP nach zähen Verhandlungen dem Kompromiß einer Ablösung Adenauers in der Mitte der Legislaturperiode zu. Aus dieser Zeit rührt das Trauma »Umfallerpartei«, das die FDP bis zum heutigen Tag mit sich schleppt.

Um die Vereinbarung mit den Liberalen zu konterkarieren – und auch um Ludwig Erhard nicht seinen Nachfolger werden zu lassen – verhandelte Adenauer 1962 mit den von ihm stets heftig bekämpften Sozialdemokraten sogar ernsthaft über die Möglichkeit einer großen Koalition. Der Historiker Hans-Peter Schwarz schreibt dazu: »Zwar hat es nie an faszinierten Beobachtern gefehlt, die Adenauers Taktik bei den Koalitionsbildungen beobachtet haben, aber nur wenige ahnten bisher, daß die Verhandlungen mit der SPD im Jahre 1962 so weit gediehen waren.«[93] Seine damalige Absicht zur Bildung einer großen Koalition stieß natürlich (wie auch 1966[94]) bei Erhard auf Ablehnung.[95]

Konrad Adenauer, dessen Querschüsse schließlich auch den Niedergang des von ihm ungeliebten Ludwig Erhard als Bundeskanzler herbeiführten – er hatte Erhard zuletzt doch nicht verhindern können –, tat sich schwer, die Politik als »Privatier« betrachten zu müssen. Als Adenauer das Kanzleramt am 15. Oktober 1963 verließ, blieb er aber immerhin noch drei Jahre lang CDU-Vorsitzender. Er wurde auf dem Parteitag in Hannover 1964 zum achten Mal in dieses Amt wiedergewählt. Dadurch konnte er den Manövrierraum Erhards, dem Parteiarbeit nicht viel bedeutete, ein wenig begrenzen. Aber der ausschließliche Parteivorsitz machte dem Exkanzler auch seinen tatsächlichen Machtverlust schmerzhaft bewußt. So erinnert sich seine langjährige engste Mitarbeiterin und persönliche Assistentin Anneliese Poppinga an einen Tag im April 1964, an dem die Gefühle der Machtlosigkeit und des »Unruhestandes« bei Adenauer aufeinandertrafen. Er war gerade in seinem Bonner Büro eingetroffen und klagte: »Ich bin von tiefer Trauer erfüllt. Ich muß sehen, wie die Dinge sich entwickeln. Und ich kann nichts tun. Es kommt mir so zu Bewußtsein, daß ich gar keinen Einfluß mehr habe. Man braucht nur einen Blick in die Zeitungen zu werfen, da kommt doch etwas auf uns zu! Wohin treibt das Ganze? Die Außenpolitik? Und die Entwicklung der Partei?«[96] Die Ähnlichkeit mit den Äußerungen Bismarcks ist frappierend; beide litten sichtlich darunter, nicht mehr große Politik machen zu können oder wenigstens um Rat gefragt zu werden. Interessant sind auch die Eindrücke von Adenauers Vertrautem im Kanzleramt Horst Osterheld, der in einem

Bericht seinen Tagebucheintrag vom 21. April 1963 über die Ränkespiele um den Machtwechsel von Adenauer zu Erhard zitiert: »Die Politiker, notierte ich, sind doch ein muntereres Völkchen als die Beamten, ein wenig wie Studiker, lebendiger, wärmer, aber auch irrationaler – wie nun auch im Kampf gegen Adenauer. Rang, Ansehen und Einfluß sind ihnen so wichtig, daß sie beim Streiten, beim Ringen miteinander zeitweise das eigentlich Wichtige aus den Augen verlieren.«[97]

Konrad Adenauer war über den Beschluß der CDU/CSU-Fraktion vom April 1963, im Herbst desselben Jahres Ludwig Erhard zu seinem Nachfolger zu nominieren, zutiefst niedergeschlagen gewesen.[98] Er konnte sich mit dem am 17. September 1963 gewählten neuen Kanzler nie abfinden. So erklärte er dem US-Journalisten Daniel Schorr auf dessen Frage »Aber Sie glauben noch immer, daß Erhard kein großer Politiker ist?«: »Ich glaube, daß er das selbst nicht glaubt. Das habe ich auch so offen gesagt. Er ist ein guter Wirtschaftler, aber kein Politiker, und das wirtschaftliche Denken und das politische Denken sind selten zusammen.«[99] Der Altkanzler ließ ständig Giftpfeile gegen seinen Nachfolger los – so etwa in seinem berühmten Interview mit der *Bild am Sonntag* vom 1. November 1964 unter der Schlagzeile »So schafft es Erhard nicht«. Mit 47,6 Prozent erzielte Erhard bei den Wahlen zum Bundestag im September 1965 zwar einen klaren Sieg, doch trat er nach schweren Auseinandersetzungen in der Koalition schon am 1. Dezember 1966 zurück. Noch wenige Wochen vorher hatte der Fraktionsvorsitzende Rainer Barzel seine berühmte Erklärung abgegeben, wonach Ludwig Erhard »Bundeskanzler ist und bleibt«.[100] Dessen Unterstützung in der eigenen Fraktion hatte immer mehr abgenommen. Und Teile der FDP (so Hans-Dietrich Genscher, Wolfgang Mischnick und der Bundesschatzmeister Hans Wolfgang Rubin) hatten aus Gründen der politischen Profilierung den zur Beratung anstehenden Bundeshaushalt für das Jahr 1967 dazu nutzen wollen, ein noch größeres Defizit in den Staatsfinanzen zu verhindern. Sie sprachen sich gegen jede weitere Neuverschuldung aus. Nachdem die FDP-Fraktion die Haltung ihrer vier Minister Mende, Scheel, Dahlgrün und Bucher in der Haushaltsfrage nicht mitgetragen hatte, waren diese im Oktober 1966 zurückgetreten. Als Erhard daraufhin das Handtuch warf, war Adenauer außerordentlich erleichtert.

Beispiel Willy Brandt: Auch der Friedensnobelpreisträger trat nicht freiwillig ab. Es war die Affäre um den DDR-Agenten Günter Guillaume, die ihn am 7. Mai 1974 zum Rückzug vom Amt des Bundeskanzlers zwang – nicht aber von dem des SPD-Vorsitzenden. Diese wichtige Funktion versah er noch weitere neun Jahre, bis er schließlich durch seine eigene Partei gestürzt wurde, als er den Versuch unternahm, eine intelligente parteilose Politikwissenschaftlerin griechischer Herkunft, Margarita Mathiopoulos, zur Sprecherin der SPD zu ernennen. Es muß großen parteiinternen Frust über Brandt gegeben haben, wenn die Berufung einer Sprecherin zu dessen Rücktritt ausreichte. Auch auf ihn hatte Macht immer faszinierend gewirkt. Seine erste Frau schilderte das in ihren Erinnerungen: »Ich begriff nicht, wie wichtig es für ihn war, Einfluß zu bekommen. Eines Abends brach es aus ihm hervor: ›Verstehst du denn gar nicht, daß ich Macht will!‹« [101]

Obgleich die erzwungenen Demissionen von Bismarck, Adenauer und Brandt sowie Kohls Ende als Kanzler unter unterschiedlichen Bedingungen stattfanden, so ähneln sich doch die Reaktionen auf den Verlust von Macht, von öffentlicher Wirksamkeit: Der schmerzhafte Vorgang wird als Liebesentzug empfunden. Helmut Kohl, der Adenauer gut kannte, denkt heute vielleicht oft an den »Alten von Rhöndorf«, daran, daß sich dieser weggeschubst vorkam – aber dann im Laufe der Zeit das erfuhr, was man heutzutage ein »Revival« nennt. Auch Adenauer pflegte nach dem unfreiwilligen Ausscheiden aus dem Kanzleramt seine alten »Seilschaften«. Durch seine Reden – aber auch seine Memoiren – griff er immer wieder in die deutsche Politik ein. Und je größer der zeitliche Abstand zu seinem quälenden Abtreten war, desto mehr wurde er in der eigenen Partei und in der Öffentlichkeit wieder gefeiert, erinnerte man sich an die »guten alten Zeiten«. Kohl war im ersten Jahr nach dem Ende seiner Kanzlerschaft schon auf dem besten Weg, auch diesbezüglich in die Fußstapfen Adenauers zu treten.

Es gab in der Presse und sogar innerhalb der CDU die Vermutung, Kohl habe in seinen Spättagen als Kanzler ganz bewußt eher einen SPD- als einen CDU-Nachfolger in Kauf genommen, weil ihm der Gedanke »unerträglich« (eines seiner Lieblingswörter) gewesen sei, aus den eigenen Reihen einen Erben zu erhalten. Diese Spekulation ist aber unhaltbar. Für den Historiker Kohl mußte der Gedanke, sein Amt durch eine Niederlage zu verlieren, noch viel unerträglicher sein, auch wenn er immer wieder an die Schwächen seiner möglichen CDU-Nachfolger gedacht haben mag. Die Mutmaßung, daß Kohl die Niederlage als für ihn einzig akzeptables Ausstiegsszenario selbst gewählt habe, ist auch deshalb nicht überzeugend, weil er sich so sehr mit diesem Amt gleichsetzte, daß er nur einen schicksalhaften Eingriff in seine Lebensplanung akzeptieren konnte. Er war nicht nur von der Idee beseelt, die Amtszeiten Bismarcks und Adenauers zu übertreffen, er wollte, wie gesagt, auch der »Kanzler der Jahrtausendwende« sein. Sowenig er die Welt des Internets verstand – typisch seine Antwort auf die Frage von Klaus Bresser im ZDF nach den »Datenautobahnen«, die er als eine verkehrspolitische einschätzte –, so sehr war er doch dem Mythos des neuen Jahrtausends verfallen. Er wollte ganz sicher einen CDU-Sieg, weil er nämlich nur über seine eigene Partei Einfluß auf wichtige Entscheidungen hätte nehmen können.

Kohl kannte die demoskopischen Zahlen. Warum hat er dann nicht den Rücktritt, den er in depressiven Phasen intern gelegentlich andeutete, in die Tat umgesetzt? Er konnte sich zuletzt nicht einmal mehr dazu entschließen, der Forderung Theo Waigels nach einem Austausch des gesamten Kabinetts nachzukommen. Der Grund dafür war wahrscheinlich seine Annahme, daß nach einem solchen Verzweiflungsakt die Scheinwerfer um so mehr auf ihn selbst gerichtet gewesen wären. Hätte er nämlich alle Minister ausgewechselt, wäre er möglicherweise in den Medien selber als der Überständigste angesehen worden, als derjenige, der eigentlich als erster hätte ausgetauscht werden müssen. Da Kohl aber nicht einmal mehr eine solche Notlösung herbeiführen und damit Handlungsfähigkeit demonstrieren konnte, taumelte er mit seinem nicht mehr sehr attraktiven Kabinett in den Wahlkampf – und nahm das in Kauf, was er trotz allen zur Schau gestellten Siegeswillens in seinem tiefsten Inneren befürchtete: Seine Abwahl.

Als am 27. September 1998 das Ausscheiden Helmut Kohls aus dem Kanzleramt durch die Bundestagswahlen erzwungen wurde, dachte er keinesfalls daran, sich jetzt aus der Politik wirklich zurückzuziehen. Zwar übernahm er noch in der Wahlnacht die politische Verantwortung für die Wahlniederlage und kündigte seinen Rücktritt vom Parteivorsitz an. Dies wirkte honorig. Etwas anderes wäre ihm aber auch nicht übriggeblieben, dafür war die Niederlage doch zu dramatisch. Nur durch diesen Rücktritt bewahrte er sich einen Manövrierraum, den er zum politischen Überleben brauchte. Denn er wollte wohl noch so lange wie möglich heimlicher Kanzler bleiben. Auf sein dies symbolisierendes und als denkwürdigste »Hausbesetzung« bespötteltes weiteres Verbleiben im Bonner Kanzlerbungalow wurde bereits hingewiesen. Es schien damals so, als wolle er sich nicht wirklich mit seiner Niederlage abfinden, selbst wenn er wenige Wochen später auf dem Bonner Parteitag der CDU seinem Nachfolger Wolfgang Schäuble die Insignien der Macht in seiner auf die Oppositionsbank gewechselten Partei übergab.

Kohl betrachtete die CDU im wahrsten Sinne des Wortes als seine »Heimat«. Da er sich aber in all den Jahren angewöhnt hatte, die Partei wie sein Privateigentum zu behandeln, mußte ihm der zwar freiwillig erscheinende, gleichwohl zwangsläufige Abschied aus dem Amt des Parteivorsitzenden – nach seinem eigenen Verständnis war dieses Amt die eigentliche Quelle seiner Macht und seiner politischen Identität – besonders schwerfallen. Wie wir gesehen haben, wurden für ihn mit zunehmender Regierungszeit Staat und Partei immer mehr identisch. Im Gegensatz zu Adenauer mußte er aber fast zeitgleich mit dem Ende seiner Kanzlerschaft auch das Amt des Parteivorsitzenden abgeben. Sein Schmerz über den Verlust dieses Amtes wurde durch die sofortige Übernahme des Ehrenvorsitzes der CDU nur mäßig gelindert. Allerdings erhielt er damit – was Kundige von Anfang an als Problem sahen – das Recht, mit Sitz und Stimme an allen Präsidiums- und Bundesvorstandssitzungen der Partei teilnehmen zu können. Der Ehrenvorsitzende dachte keinesfalls daran, sich von der Parteipolitik weitgehend zurückzuziehen oder wenigstens einmal eine politische Pause zu machen. Das Vorbild des bescheidenen und souveränen Theo Waigel, der in der CSU nach seiner Ablösung durch Edmund Stoiber ausdrücklich auf den Ehrenvorsitz verzichtete, vermochte Helmut Kohl nicht nachzuahmen. Während Waigel aber auch ohne einen solchen weiterhin einen Ehrenplatz am Fraktionsvorstandstisch hat, mußte sich Kohl in die Reihe der rheinland-pfälzischen Abgeordneten zwängen; meist sitzt er zwischen dem Geißler-Gegner Norbert Schindler und dem früheren Parlamentarischen Geschäftsführer Joachim Hörster. Ob ein Politiker nach seiner Amtszeit geehrt wird, hängt offensichtlich nicht von Ehrentiteln, sondern von ehrenhaftem Verhalten ab.

Auf seinen Nachfolger Wolfgang Schäuble wirkte Kohl auf Sitzungen der Partei oder in anderen Gremien – bei denen er sich so zu Wort meldete, als wäre er noch Bundeskanzler – wahrhaft »erdrückend«. Er machte weiterhin das, was er mit zunehmender Amtszeit als Kanzler getan hatte, er monologisierte und zog, als wenn nichts geschehen wäre, weiterhin Strippen im Hintergrund. Mit weitaus mehr Zeit ausgestattet, empfing er nun Parteifreunde und pflegte nach wie vor sein weitverzweigtes Netzwerk, auf dem seine Macht immer beruhte. Das »System Kohl« lebte weiter. Schäuble – vom Typ her eher »unterkühlt« und ein nur geringes Wirgefühl ausstrahlend – mußte schon sehr bald feststellen, wie schwer es ist, die eigenen Parteifreunde und die mit der Union sympathisierenden Bevölkerungsteile auch emotional zu erreichen. Kohl genoß zudem den Fehlstart der neuen Regierung, die anfänglich von einer Schwierigkeit in die andere torkelte. Und nachdem sich 1999 auf Landesebene die ersten Wahlsiege der CDU eingestellt hatten, gab es in der Presse sogar Schlagzeilen, die – halb im Scherz, halb im Ernst – eine Rückkehr Kohls als Bundeskanzler vorhersagten. Allerdings waren diese für die Union überraschend günstigen Wahlergebnisse eine wesentliche Ursache dafür, daß die eigentlichen Gründe der bitteren Wahlniederlage des Pfälzers und der Union verdrängt wurden. Schäuble und der neuen Parteiführung gelang es im ganzen Jahr 1999 nicht, ein wirklich eigenständiges Profil zu erwerben, immer wirkte die wuchtige Gestalt Kohls im Hintergrund, der sich auch nicht scheute, seinen Nachfolger in Gesprächen mit Parteifreunden zu kritisieren und vor allem in der Europapolitik eine aktivere Rolle anzumahnen. Hätte es den ein Jahr nach dem Ende seiner Kanzlerschaft auf die CDU einstürzenden Spendenskandal nicht gegeben, wären sicher bald auch öffentlich inhaltliche Kontroversen zwischen Kohl und der neuen Parteiführung ausgebrochen. Anzeichen hierfür gab es bereits. Erst durch die Ende 1999 aufgekommene Spendenaffäre wurde Kohl, der noch bei den Zehnjahresfeiern im Oktober 1999 aus Anlaß der Maueröffnung als »Kanzler der Einheit« gefeiert worden war, auch vom politischen

131

»Thron« seiner Partei gestoßen. Man stelle sich vor, der Spendenskandal hätte sich während der Zeit Helmut Kohls als Kanzler ereignet!

Ablöseprozesse von der Politik sind, wie gesagt, generell sehr schwierig. Vor allem in Deutschland wird ehemaligen Politikern ein angemessener Status in der Gesellschaft nur selten zuerkannt. Es gibt hierzulande kein »Oberhaus« wie in Großbritannien oder keinen »Senat« wie in Frankreich, in denen aktive Politiker als »Elder Statesmen« ihren Rückzug aus der Politik quasi einüben können. In Deutschland haben außerdem bisher nur ganz wenige Politiker einen Wechsel in die Privatwirtschaft geschafft. Beispiele hierfür sind der frühere SPD-Finanzminister Manfred Lahnstein, der als Vorstandsmitglied bei Bertelsmann landete, oder Kohls außenpolitischer Berater Horst Teltschik, auf den in diesem Zusammenhang schon hingewiesen wurde. Das Übernehmen neuer Aufgaben außerhalb der Politik wird darüber hinaus in unserem Land oft mit Mißgunst betrachtet, auch in den Medien. Wegen der Schwierigkeit des Wechselns klammern sich viele Politiker so lange wie möglich an ihre Ämter, die Macht, Prestige und Einkommen sichern. Hinzu kommt, daß die meisten Politiker – soziologisch betrachtet – ihren gesellschaftlichen Aufstieg vor allem der Politik beziehungsweise ihrer Partei verdanken. Ein Ausscheiden aus der Politik stellt deshalb in der Mehrzahl der Fälle auch einen gesellschaftlichen Abstieg dar. Vor nichts aber fürchtet sich ein Politiker mehr als davor, auch wenn er das nie zugeben würde. Und sicher trifft dies auch für einen ehemaligen Bundeskanzler zu, der – aus »kleinen Verhältnissen« kommend – mit den Großen der Welt auf du und du stand und der seit frühester Jugend sein Leben der Politik verschrieben hatte.

Schwierigkeiten bei ungewollten Ablöseprozessen von der Macht sind also ganz normal. Es gibt solche Prozesse auf allen Ebenen der Politik – in Deutschland auch bei den Ministerpräsidenten. Diese tun sich in der Regel deshalb besonders schwer mit dem Abschied von der Macht, weil auf Landesebene nicht der gleiche rauhe Wind wie in der Bundespolitik weht, die Oppositionsparteien dort häufig ohne öffentliche Wirkung bleiben und die »einheimische« Presse der jeweiligen Landesregierung gegenüber meistens relativ unkritisch eingestellt ist. Die Folge ist in den Bundesländern ein quasihöfisches Zeremoniell, bei dem die Ministerpräsidenten leicht in Gefahr geraten, die ihnen entgegengebrachte Ehrerbietung nicht ihrem Amt, sondern ihrer Person zuzuschreiben. Einige Beispiele für langwierige Machtübergabeprozesse seien genannt:

Der frühere bayerische Ministerpräsident Alfons Goppel kam 1962 ins Amt und gab es erst nach 16 Jahren wieder ab. Er ließ den damaligen CSU-Vorsitzenden Franz Josef Strauß neun Jahre warten, bis dieser sein Nachfolger werden konnte, obwohl Strauß bereits 1969, mit dem Ende der großen Koalition, als Finanzminister aus der Bundesregierung ausgeschieden war. Er wurde erst im November 1978 Ministerpräsident des Freistaates. Ein anderes Beispiel für das Festhalten an der Macht ist Johannes Rau, der in Nordrhein-Westfalen zunächst acht Jahre lang Minister für Wissenschaft und Forschung und schließlich 20 Jahre (von 1978 bis 1998) Ministerpräsident war. Er übergab dieses Amt erst dann an Wolfgang Clement, als ihm von seiner Parteiführung die Wahl zum Bundespräsidenten fest zugesagt worden war.

Daß sich nun auch der derzeitige sächsische Ministerpräsident Kurt Biedenkopf in die Schar derer, die nicht freiwillig von der Macht weichen wollen, einreihte, ist besonders erstaunlich. Er hatte zu Zeiten des Machtkampfes zwischen Schäuble und Kohl in nüchterner Analyse festgestellt:»Das Verhältnis der jetzigen Parteiführung zu Kohl ähnelt dem Verhältnis eines amtierenden Bauern zum Altbauern. Wie bekommt man ihn dazu, sich endgültig aufs Altenteil zurückzuziehen?«[102] Die messerscharfe Frage trifft aber nun auch auf Biedenkopf selbst zu. Denn er hatte – nachdem er mit dem damaligen CDU-Landesvorsitzenden Klaus Reichenbach über seine Kandidatur zum Amt des Ministerpräsidenten debattiert hatte – in seinem jetzt veröffentlichten Tagebuch am 6. September 1990 festgehalten, es gehe ihm ausschließlich darum, »in den ersten Jahren des Freistaates Sachsen als Anwalt der Menschen in Sachsen das Land, seine Verwaltung, seine kulturellen Einrichtungen und seine Wirtschaft so aufzubauen, daß seine, Reichenbachs, Generation danach die Arbeit fortsetzen« kann. Und: »Mit 65« wolle er sich auf seine »wissenschaftliche und schriftstellerische Tätigkeit und auf Fragen der Europa- und Außenpolitik konzentrieren«.[103]

Daß aber ausgerechnet der heftige Kohl-Kritiker Biedenkopf selbst ein Beispiel dafür ist, wie schwer sich führende Politiker von ihren Ämtern trennen und deshalb potentielle Nachfolger manchmal auszuschalten versuchen, zeigt die Entlassung seines überaus fähigen Finanzministers Georg Milbradt, die zwar den Höhepunkt einer schon seit längerem schwelenden Dissonanz zwischen den beiden Spitzenpolitikern darstellte, aber letztlich doch überraschend kam. Milbradt gehörte zu den sächsischen Ministern der ersten Stunde. Biedenkopf hatte, als er noch CDU-Landesvorsitzender in Westfalen war, den damaligen Stadtkämmerer von Münster schätzengelernt und holte ihn dann in sein erstes Landeskabinett. Zu Beginn der Regierungszeit wohnten beide sogar einige Monate lang zusammen mit anderen Kabinettsmitgliedern in der Biedenkopf-»Kommune«, einem Haus, das den nach Sachsen zugereisten Westpolitikern zunächst als Übernachtungsstätte diente. Die Frau des Ministerpräsidenten war dort unter anderem fürs Frühstück zuständig, bei dem schon eine erste Arbeitsbesprechung des Regierungschefs mit seinen engsten Mitarbeitern stattfand. Milbradt, trotz seiner intellektuellen Beschlagenheit und seines Professorentitels ein eher bodenständiger Typ, ließ sich schon bald in einem sorbischen Wahlkreis auch in den Landtag wählen und avancierte zum Stellvertretenden CDU-Landesvorsitzenden. Wegen seiner eisernen Sparbemühungen, die ihm nicht nur Freunde in der eigenen Fraktion verschafften, gilt er als einer der kompetentesten deutschen Finanzpolitiker. Als aber ein Vertrauter Milbradts für das Amt des CDU-Fraktionsvorsitzenden kandidierte – Biedenkopf favorisierte dagegen den ihm treu ergebenen, aufrichtigen, jedoch eher farblosen Fritz Hähle –, sah der Ministerpräsident darin einen Affront. Zudem wurde seiner Frau, die auf ihn großen Einfluß ausübt (worunter nicht nur manche Minister leiden), von jeher ein schlechtes Verhältnis zu Milbradt nachgesagt. Dieser konnte sich aber nach seiner Entlassung erst recht als potentester innerparteilicher Widerpart des Regierungschefs profilieren, doch steht nun eine zerstörerische Nachfolgeschlacht bevor.[104] Biedenkopf, der sich stets und nicht zu Unrecht über Kohls Unfähigkeit zur Selbstkritik erregte, zeigt damit, daß er genau jener Schwäche erlegen ist, die er immer so scharf kritisiert hatte.

Ablöseprozesse von der Politik sind freilich nicht nur für deutsche Politiker ein Problem. Berühmt ist Winston Churchills beredte Klage, als er in die Opposition geriet: »No information, no transportation.« Margaret Thatcher, die jetzige Baroness of Kesteven, die mit Helmut Kohl eine herzliche Abneigung verband, regiert bis auf den heutigen Tag in die Partei der Konservativen hinein. Sie machte auch ihrem unmittelbaren Nachfolger John Major das Leben politisch zur Hölle – obgleich dieser ihr eigener Wunschkandidat war. Und kaum anders sieht es in Spanien mit Felipe Gonzáles aus, der durch seine Aktivitäten den heute in der Opposition befindlichen Sozialisten keinesfalls ein eigenständiges Profil erleichtert.

So normal Ablöseprobleme in der Politik auch sind: Die Tatsache, daß Helmut Kohl nicht selber den geeigneten Zeitpunkt seines Ausscheidens aus dem Amt des Bundeskanzlers gewählt hat, sondern sich – sozusagen schicksalsergeben – abwählen ließ, zeigt, daß er sich an seiner Partei, die ihm immer das Maß aller Dinge war, versündigt hat. Denn er hat sehenden Auges mit seinem eigenen Absturz auch den der Partei in Kauf genommen, indem er den Fehler Adenauers in dramatischer Weise wiederholte. Da ihm jede freiwillige Übergabe seines Amtes an einen Nachfolger, jedes freiwillige Abtreten zutiefst zuwider war, gab es für ihn nur die ewige Regentschaft oder das Ende in einer Niederlage, die er in ihrer Schicksalhaftigkeit als seiner geschichtlichen Rolle angemessen empfand. Hatten nicht auch die Briten den großen Churchill abgewählt, und dies nach dem Sieg im Zweiten Weltkrieg? Vielleicht hoffte Kohl sogar, daß ihm wie Churchill schon sehr bald Genugtuung zuteil würde, wenn nämlich die – wie er es vermutlich empfindet – »Zwergenhaftigkeit« seines Nachfolgers vor dem großen Schatten des Kanzlers der deutschen Einheit richtig deutlich würde.

II.
Die Macht der Wahl

Die Talfahrt

Bei den zahlreichen Wahlanalysen, die den Sieg der SPD bei den Bundestagswahlen 1998 untersuchten, wurde ein wahlentscheidender Faktor kaum berücksichtigt, der mit dem Scheitern des sogenannten Bündnisses für Arbeit zusammenhängt. Die Gewerkschaften und die einstige Bundesregierung konnten sich auf kein stringentes Beschäftigungskonzept einigen. Dies verhalf der SPD zur Befreiung aus ihrer Isolation, weil sich die DGB-Gewerkschaften nicht mehr an Kooperationsnotwendigkeiten mit der damaligen CDU/CSU/FDP-Regierung orientierten. Es ermöglichte zugleich den Sozialdemokraten, ihre Strategie der »neuen Mitte« zu entwickeln.

Das Bündnis für Arbeit war von IG-Metall-Chef Klaus Zwickel[106] Anfang November 1995 vorgeschlagen worden. Doch dann stiegen die Gewerkschaften aus diesem Bündnis aus, weil die Regierung die Kürzung der Lohnfortzahlung im Krankheitsfall beabsichtigte.[107] Schäuble hatte sich mit aller Macht für diese Entscheidung eingesetzt, ähnlich unterstützend verhielt sich die FDP. Kohls Instinkt versagte an diesem wahlentscheidenden Punkt: Er folgte dem Vorschlag Schäubles. Von diesem Entschluß erholte sich die Bundesregierung nicht mehr. Zwar war das Bündnis für Arbeit nicht sonderlich produktiv, doch integrierte die Einrichtung medienwirksam Gewerkschaften wie auch Arbeitgeber. Mit dem letztlich von Schäuble zu verantwortenden Kardinalfehler hinsichtlich der Lohnkürzung fühlten sich die Gewerkschaften gegenüber der Regierung nicht mehr in der Pflicht; sie traten ab diesem Zeitpunkt für einen Machtwechsel ein. Plötzlich war die Position der SPD in einer wichtigen sozialpolitischen Frage wieder gefragt. Da die Oppositionsparteien bei dem Bündnis ausgeschlossen waren, hatte der Bruch der SPD einen strategischen Vorteil verschafft: Sie stand nun in der Öffentlichkeit als der eigentliche Sachwalter der Arbeitnehmer da.

Das Wahlergebnis vom 27. September 1998 war dementsprechend vorhersehbar. Noch bis zuletzt strahlte Kohl Zuversicht aus – und nicht wenige Parteimitglieder ließen sich von seinem Siegerwunsch anstecken. Zu häufig war es noch in letzter Minute gelungen, das Ruder herumzureißen. Warum sollte das nicht 1998 noch einmal gelingen? Die deutlich sichtbaren Zeichen ließen aber einen Wahlsieg der CDU/CSU höchst unwahrscheinlich erscheinen. Auch ist erstaunlich, wie intensiv, ja nahezu ausufernd während des Wahlkampfs über die Möglichkeit einer großen Koalition nachgedacht wurde – aber auch bei dieser Überlegung handelte es sich einzig um Taktik und gelegentlich wohl auch um Autosuggestion. Offensichtlich war die SPD über die Eindeutigkeit des Wahlergebnisses überrascht – nicht minder waren es die Grünen. Im nachhinein ist es schon frappierend, zu erkennen, wie wenig Schröder damit gerechnet hatte, einer Koalition mit den Grünen vorzustehen. Die Diskussion über eine mögliche große Koalition mußte ihm recht gewesen sein, weil mit diesem Modell suggeriert wurde, daß es zu einem gänzlich neuen Kurs in der Politik nicht kommen werde. In der Union gab es intern längst Denkansätze, die eine Zusammenarbeit mit der SPD nicht ausschlossen. In Kreisen der Wirtschaft wurde eine derartige Konstellation geradezu favorisiert.

Wer konsequent das Meinungsbild der Deutschen analysierte, mußte spätestens mit der Nominierung des SPD-Kanzlerkandidaten erkennen, daß ein Wahlsieg unter einer CDU-Führung 1998 höchst unwahrscheinlich war. Schon zum Jahresende 1995 verbesserten sich die Umfragewerte für die SPD erheblich, als Lafontaine den Parteivorsitz übernahm und in dieser Position Scharping ablöste, der aber Fraktionsvorsitzender blieb. Lafontaine verstand es, kraftvoll seine Partei zu führen und ein Bild von einer grandiosen »Geschlossenheit« zu vermitteln.

Im Frühjahr 1996 begann – Umfragen zufolge – für die CDU eine dramatische Talfahrt. Erst Mitte 1998 erhielt die CDU einen leichten Aufschwung, doch war unterdessen in der Bevölkerung die Zufriedenheit mit der SPD derart angestiegen, daß es für einen Endspurt auf der Überholspur zu spät erschien. Der Negativ-trend zeigte sich auch beim Vergleich der Popularität von Kanzler und Herausforderer. Kohl war nicht sonderlich beliebt. Wenn sich auch sein Image bis zur Wahl verbesserte, das von Schröder konn-te er nie einholen.

Mit der Kundgabe Kohls, er wolle wieder Kanzlerkandidat wer-den, war die Wahlniederlage der CDU endgültig besiegelt. Der Popularitätsbonus des Einheitskanzlers war aufgebraucht. Auch die verlorenen Landtagswahlen in den damals CDU-regierten Ländern hätten eine Warnung sein müssen. Übrigens ergab eine Auszählung, daß es bis zum Jahr 1987 nach 110 stattgefundenen Bundestags- und Landtagswahlen nur siebenmal einen Wechsel der Regierung oder der Koalition gab. Von da an aber bis ein-schließlich der Bundestagswahlen von 1998 wechselte die Regie-rung bzw. die Koalition bei insgesamt 40 Wahlen 18mal.[108]

Durch die Vielzahl von Meinungsumfragen existierten hin-sichtlich der jeweiligen Wahlchancen diffuse Einschätzungen. Doch selbst erfahrene Umfragespezialisten waren über den er-kennbaren Negativtrend für die Unionsparteien erstaunt. Die präziseste Vorhersage ging übrigens aus dem Institut hervor, des-sen Leiterinnen, Elisabeth Noelle-Neumann und Renate Köcher, dem Kanzler besonders nahestanden. Je weiter die Wiederverei-nigung entfernt lag, um so größer wurden die politischen Proble-me; die Performance der Regierung im größer gewordenen Deutschland wurde schwächer, das Kompetenzgefüge geriet dabei ins Wanken. Der Bevölkerung erschienen zahlreiche Probleme, die die Zukunft Deutschlands betrafen, ungelöst. Dies hätte die CDU bei der Aufstellung ihres Spitzenkandidaten bedenken müs-sen.

Personenkult und rote Socken

Kohl setzte auf seinen erworbenen Mythos, daß er es auch noch aus schwierigen Situationen heraus, sozusagen mit dem Rücken zur Wand, noch einmal schaffen könnte. Der Kanzler hatte dabei verdrängt, daß die Situation vier Jahre zuvor eine andere war: Die ökonomische Ausgangslage der Bevölkerung war wesentlich besser gewesen, und der damalige SPD-Spitzenkandidat Scharping hatte ungemein blaß und unsicher gewirkt. Insider wußten 1998 nur zu gut, daß die Unionsparteien einzig bei einem anderen Spitzenkandidaten eine Chance gehabt hätten. Dem »alten Schlachtroß« (Kohl über Kohl) konnte es in seinem letzten Wahlkampf nicht mehr gelingen, den Popularitätsabstand zu seinem SPD-Herausforderer Schröder wirksam zu verringern.

Der Wahlverlust für Kohl und die CDU/CSU läßt sich mit fünf Gründen erklären:

1. *Die mangelnde Attraktivität und Kompetenzausstrahlung des Kandidaten Kohl.*

Der Kanzler hatte gehofft, ihm könne wieder eine Entzauberung des Oppositionskandidaten gelingen – doch Schröder ließ sich als gewiefter Wahlkämpfer nicht in die Defensive bringen. Er brachte es erstmalig fertig, Kohl – der stolz darauf war, so viele SPD-Kandidaten »verschlissen« zu haben – im Wahlkampf als einen passiv reagierenden, äußerst schnell verletzbaren Elefanten erscheinen zu lassen, der die Übersicht hinsichtlich der politischen Strategie verloren hatte. Hinzu kam eine Tatsache, die Kohl im Kampf gegen Schröder übersah: In einer immer mehr durch das Medium Fernsehen bestimmten Zeit hatten sich die Menschen an Kohl schlichtweg »satt gesehen«. Dies bestätigte eine im April 1998 veröffentlichte Untersuchung, nach der 57 Prozent der Befragten erklärten, daß sie einer erneuten Kandidatur Kohls ablehnend gegenüberstanden.[109]

Natürlich ist der Nachweis nicht einfach zu führen, inwieweit die Wahlentscheidung durch eine generelle Sympathie für eine Partei oder durch die Persönlichkeit des jeweiligen Spitzenkandidaten beeinflußt wird. In der Kohl-Ära der CDU war die Partei häufig besser angesehen als das Regierungsoberhaupt, weshalb Heiner Geißler zur Empörung Kohls sogar von einem »Kanzlermalus« sprach. Die Frage nach der Meßbarkeit hinsichtlich des Persönlichkeitsfaktors wird also zu Recht gestellt. In der sozialwissenschaftlichen Forschung wird zwischen drei Einflußfaktoren bei der Wahlentscheidung unterschieden: 1. eine langfristig stabile Parteiidentifikation, 2. eine kurz- und mittelfristig veränderliche Themenorientierung und 3. eine kurz- und mittelfristig veränderte Kandidatenorientierung.[110] Dabei ist bislang nicht

139

eindeutig zu beantworten, in welchem Verhältnis diese drei Faktoren bei Wahlen bestimmend sind, zumal sie sich gegenseitig manipulieren. Auch ist bekannt, daß selbst Stammwähler sich nicht immer eindeutig an dem von der jeweiligen Partei vorgegebenen Kandidaten orientieren. Zudem nimmt die Zahl der Wechselwähler seit vielen Jahren deutlich zu. Aus heutiger Sicht ist festzustellen, daß dem amtierenden Kanzler bei fast allen wirtschaftlichen und sozialen Problemen nicht mehr ausreichende Kompetenz zugesprochen wurde. So zeigte sich in einer Umfrage der größte Unterschied bei dem Topthema »Bekämpfung der Arbeitslosigkeit«: Schröder wurde mit 44 Prozent im August/September 1998 weitaus mehr Glaubwürdigkeit zugetraut als seinem Gegenspieler Kohl (25 Prozent). Beim wichtigen Thema »Wirtschaft« sah es nicht anders aus: Schröders ökonomische Fähigkeiten honorierten die Befragten mit 42 Prozent, Kohls Ideen zur Ankurbelung kamen dagegen nur auf 30 Prozent. Beim Problem »Rentenversicherung« rangierte Schröder in der Datenanalyse ebenfalls deutlich vor Kohl. Noch prägnanter war der Abstand auf dem Feld der »Gesundheitsvorsorge«. Lediglich auf dem Gebiet der »Verbrechensbekämpfung« lag Kohl weit vor Schröder.[111]

Schröder hatte also einen deutlichen Vorsprung. Bestätigt wurde dieser von den Mannheimer Meinungsforschern Matthias Jung und Dieter Roth. Ihre Untersuchungen zeigten die unterschiedliche Beurteilung der beiden Spitzenkandidaten auf: Schröder galt als besonders tatkräftig und auch als fähig, die politischen Probleme unkompliziert anzupacken sowie das zu beenden, was nach 16 Jahren Kohl-Regierung häufig als »politischer Stillstand« bezeichnet wurde. Der Niedersachse hatte sich gekonnt das Image eines Managers aufgebaut, der brisanten Wirtschaftsfragen nicht auswich. In der Folge traten Kohls Defizite immer stärker zum Vorschein.[112]

In der politik- und sozialwissenschaftlichen Forschung wird überwiegend herausgestellt, daß die Abwahl Kohls das Hauptergebnis der Bundestagswahl von 1998 darstellt.[113] Kohl, so müßte man es eigentlich formulieren, war der entscheidende Grund für den Wahlverlust der Union. Als er am 3. April 1997 seine erneute Kandidatur verkündete, war dies der Todesstoß für die CDU. Die Bevölkerung wollte endgültig die »Reißleine« ziehen. Das sieht man daran, daß mit dem Zeitpunkt der Eröffnung die Umfrage-kurven nach unten gingen. Unter dieser Voraussetzung mußte die CDU den Bundestagswahlkampf weitgehend aus der Defensive heraus führen. Natürlich gab sich die Regierungspartei alle erdenkliche Mühe, wenigstens ihre strategischen Vorteile gegenüber der politischen Konkurrenz – so können wahlkampfgerecht Staatsbesuche terminiert, wichtige internationale Spitzenkonferenzen nach Deutschland gelegt werden – auszuspielen (wie das umgekehrt jetzt die Regierung Schröder handhabt), um der Sehnsucht der Deutschen nach Sicherheit, Stabilität und Vertrauen im Wahlkampf Rechnung zu tragen. Doch die überaus lange Amtszeit des Kanzlers war ein Störfaktor, der Wunsch nach personeller Veränderung war zu übermächtig.

So wurde evident, daß die Wahlen stark von dem Wunsch nach einem personellen Wechsel geprägt waren, die inhaltlichen Zielsetzungen erschienen dagegen zweitrangig. Schröder ist nicht deshalb Kanzler geworden, weil er etwa eine »linke Berliner Republik« versprochen hätte, sondern weil er es meisterhaft verstand, den Begriff der politischen Mitte (»neue Mitte«) neu zu besetzen, und ansonsten nur wenig politische Änderungen versprach. (»Wir machen nicht alles anders, aber vieles besser.«) Auch das Ergebnis der bayerischen Landtagswahlen zwei Wochen vor den Bundestagswahlen spricht dafür, daß sich die Unzufriedenheit auf Kohl bezog – oder wie läßt sich sonst das triumphale Abschneiden der CSU mit 52,9 Prozent der Stimmen erklären? Sie hatte sogar das Wahlergebnis von 1994 noch verbessern können. Der bayerische Wahlausgang bestätigt, daß in der deutschen Bevölkerung weniger der Wunsch nach einem prinzipiellen Politikwechsel vorlag, sondern daß das Verlangen nach einem personellen Wechsel auf Bundesebene übergroß war. Anders sind die glänzenden Wahlergebnisse der Union bei allen folgenden Landtagswahlen des Jahres 1999 – und vor allem bei den Europawahlen – auch nicht zu verstehen. Gerade bei der Europawahl ging es weniger um spezifische Politikerköpfe, sondern vielmehr um politische Grundeinstellungen, stand doch auch keine deutsche Landes- oder gar Bundesregierung zur Abstimmung. Nicht zuletzt basierte auf dieser Einschätzung des Wählerwillens die Wahlkampfstrategie von Gerhard Schröder. Ohne sie hätte er viel konsequenter inhaltliche Gegensätze thematisieren müssen. Anders gesagt: Kohl stellte seine Ambitionen vor das Wohl der Partei. Demzufolge baute er auch nicht rechtzeitig einen Nachfolger auf.

2. *Die alte Koalition aus CDU, CSU und FDP handelte nur noch reaktiv, ohne Visionen, ohne wirkliche Gestaltungskraft; sie wirkte abgenutzt und reagierte in wichtigen sozialen Fragen unsensibel, zu arbeitgeberfreundlich; selbst in den politischen Grundfragen kam es zu Irritationen.*

Helmut Kohl wirkte am Ende seiner Macht konzeptlos – und es entstand vielfach der Eindruck, als würde er die politischen und gesellschaftlichen Entwicklungen in Deutschland und in der Welt nicht mehr verstehen, wobei sich der Realitätsverlust in einer im Denken und Handeln vorrangig werdenden Vergangenheit zeigte. Dazu gehörte der kultivierte Haß auf Heiner Geißler, Kurt Biedenkopf und Richard von Weizsäcker, aber auch das blanke Unverständnis, was die Welt der Computer betraf. Kohl hatte keine Antennen für die revolutionären Veränderungen durch die virtuellen Datenautobahnen. Die Menschen bekamen das Gefühl, daß ihr Kanzler die neuen technologischen wie auch ökonomischen Entwicklungen in einer globaler werdenden Welt genausowenig verstand wie sie selbst. Doch genau dieses Wissen erhofften sie von dem politischen Führer der zweitgrößten Industrienation der Welt.

Sozialwissenschaftliche Analysen bestätigen, wie visionslos die alte Regierung auf die Bevölkerung wirkte. Hinsichtlich der Kohl-Administration wurde die Erfahrung gemacht, daß eine sehr lange Amtsdauer offensichtlich zwangsläufig Verkrustungen mit sich bringt. Wolfgang Schäuble kam zu dem einsichtigen Ergebnis, »daß die Regierungszeit der Union mit allergrößter Wahrscheinlichkeit bereits 1990 geendet hätte, wenn nicht der Fall der Mauer und die Wiedervereinigung die Karten völlig neu gemischt hätten«[114]. Die Tatsache der Verbrauchtheit zeigte sich auch an folgendem Phänomen: Regierungschefs, die unter Druck geraten, erklären politische Themen zur »Chefsache«. Das läßt sich auch am Beispiel der Regierung Kohl nachweisen. Mit zunehmender Zentralisation, einer Verlagerung der Entscheidungen auf den »Chef«, geht einer Regierung die Gemeinsamkeit verloren, sie wird fragil und steuert dann häufig sehr schnell dem Ende zu. In den letzten Jahren seiner Regierungszeit hatte Kohl alle kreativen politischen Ansätze im Keim erstickt, und beim Versuch, alles selber zu machen, brachte er letztlich nichts mehr auf die Reihe. Kohl war einfach nicht mehr in der Lage, die unterschiedlichen Ressorts und ihre Interessen so zu koordinieren, wie es die Durchführung von Reformen erfordert hätte. Der Regierungsstil war derart erstarrt, daß die Ministerien eher Signale aus dem Kanzleramt abwarteten, bevor sie sich zu Initiativen durchrangen. Dies galt selbst für das FDP-geleitete Auswärtige Amt, das sich vor wichtigen Entscheidungen beispielsweise erst bei dem außenpolitischen Kohl-Berater Hans-Joachim Bitterlich erkundigte, wie es der Kanzler denn gern hätte. Angesichts der Fülle von Anfragen, die auf diese Weise an eine Regierungszentrale gerichtet werden, ergibt es sich aber zwangsläufig, daß Entscheidungen verschleppt oder Fehlentscheidungen getroffen werden.

Wolfgang Schäuble war der geistige Vater des Kohlschen Regierungsprogramms, da sich der Kanzler immer mehr (mit Ausnahme der Europa- und Außenpolitik) auf das Präsidieren verlegte. Insofern trägt Schäuble für die Umsetzung des Reformprogramms und dessen teilweises Scheitern zumindest Mitverantwortung. Das Konzept ging von der Annahme aus, daß die Arbeitslosigkeit nur durch Wachstum reduziert werden könne. Dazu waren drei Schritte notwendig: *Erstens* sollte das Arbeitsrecht zu Lasten der Arbeitnehmer verändert werden, um eine Flexibilisierung der Arbeitsmärkte zu erreichen; *zweitens* mußten die Lohnnebenkosten gesenkt und *drittens* die ökonomischen Bedingungen durch eine Steuerentlastung verbessert werden. Doch die Reduzierung der Lohnnebenkosten wurde von vielen Arbeitnehmern als eine Bedrohung der sozialen Sicherheit empfunden. Die Leistungskürzungen, von denen etwa neunzig Prozent der Bevölkerung betroffen waren, riefen Widerstand gegen die CDU-Regierung hervor. Zugleich ließ die politische Konstellation im Bundesrat den politischen Gestaltungsspielraum der Regierung immer enger werden. Ein entscheidender strategischer Fehler war der sehr späte Beschluß über die Steuerreform. Ohnmächtig mußten Kohl und Waigel zusehen, wie die Sozialdemokraten, die durch gewonnene Landeswahlen einer Zweidrittelmehrheit im Bundesrat nahe kamen, die notwendige Mitwirkung verweigerten. Über einen Zeitraum von vier Jahren hätte sich die SPD eine solche Haltung nicht leisten können, wohl aber jetzt, am Ende der Legislaturperiode. Zwar wurde dem damaligen SPD-Vorsitzenden Oskar Lafontaine zu Recht eine »Blockadepolitik« vorgeworfen – doch dessen politisches Kalkül ging, was die Bevölkerung betraf, auf. Wenn eine Regierung, das war Lafontaine bewußt, wichtige Ziele verfehlt, dann wird dies im seltensten Fall der Opposition angelastet, sondern vielmehr den Machthabern – schließlich tragen sie für die Lösung politischer Probleme die Verantwortung.

Zwar waren eine Reihe von Reformen in Gang gesetzt worden (beispielsweise bei der Einkommenssteuer, der Lohnfortzahlung oder dem Kündigungsschutz), doch waren diese eher unpopulär. Manchmal wurde über sie monatelang in einer Weise gestritten, daß in der Bevölkerung der Verdacht aufkam, der Vorrat an Gemeinsamkeiten innerhalb der Koalitionsparteien sei aufgebraucht. Das Mißtrauen bekam zusätzliche Nahrung, weil die Unionsparteien ihrerseits wenig Konzeptionelles zu bieten hatten. Zudem gelang es der Regierung nicht, die Einschränkung der Lohnfortzahlung im Krankheitsfall oder die Streichung des Zahnersatzes für Jugendliche einer Bevölkerung verständlich zu machen, die diese Maßnahmen als Symbol für eine Politik »gegen die kleinen Leute« auffaßte. Vor allem wurde das großmundige Versprechen einer Halbierung der Arbeitslosenzahlen in der Wählerschaft nie ernst genommen.

3. *Insbesondere auf dem Gebiet der Wirtschaftspolitik mangelte es der Regierung an Kompetenz, doch sind die Fragen des konjunkturellen Auf- oder Abschwungs gerade in Zeiten hoher Arbeitslosigkeit wahlentscheidende Themen.*

Der Mangel an Wirtschaftskompetenz wird deshalb als eigener Faktor angeführt, weil es sich hier um eine wahlentscheidende Basiskompetenz handelt, von der sich die CDU schon seit vielen Jahren – auch indem sie der FDP das Wirtschaftsministerium überließ – weitgehend verabschiedet hatte. Sämtliche Wahlen in Deutschland haben aber gezeigt, daß – insbesondere in wirtschaftspolitisch schwierigen Zeiten – diejenige Partei die größten Chancen hat, die in Kombination mit ihrem jeweiligen Spitzenkandidaten die größte Wirtschaftskompetenz aufweisen kann. Dieser Zusammenhang zwischen Wirtschaftslage und dem Wahlverhalten in der Bundesrepublik kann als empirisch angesehen werden.[115] Es rächte sich auch in diesem Wahlkampf, daß die CDU immer weniger ökonomischen Sachverstand ausstrahlte, obwohl sie doch als die Partei Ludwig Erhards mit dem Thema hätte »punkten« müssen. In Zeiten der Unruhe sind die ökonomischen Aspekte – vor allem die Bekämpfung der Arbeitslosigkeit, der generelle wirtschaftliche Aufschwung und die damit verbundene soziale Sicherheit sowie die Garantie der Renten – besonders wichtig. Nun war jedoch die Zeit vorbei, wo die Unionsparteien noch Wahlen mit dem zugkräftigen Argument ihrer größeren wirtschaftspolitischen Fähigkeiten gewinnen konnten. Die Problemlösungskompetenz »Wirtschaft ankurbeln« lag nach einer Emnid-Umfrage vom August/September 1998 bei der CDU als Partei immerhin noch bei 40 Prozent, doch wurde dem im Amt befindlichen Bundeskanzler Kohl nur eine Kompetenz von 30 Prozent zugesprochen.[116] Als dann noch die SPD im Bundestagswahlkampf Ludwig Erhard als »Vater des Wirtschaftswunders« für sich reklamieren konnte – ohne daß die Bevölkerung Protest erhob –, zeigt, wie sehr die Unionsparteien diesen Bereich unterschätzten.

Der verzweifelte Versuch Kohls, noch in den letzten Monaten vor der Wahl durch die Ernennung des früheren baden-württembergischen Ministerpräsidenten Lothar Späth zum Sonderbeauftragten für Fragen der Wirtschaftspolitik ein neues wirtschaftspolitisches Profil durchzusetzen, bewies zumindest Insidern, wie aussichtslos selbst Helmut Kohl die Wahlchancen beurteilen mußte – war doch Lothar Späth einst einer seiner entschiedenen innerparteilichen Hauptgegner. Wer Kohl je über Späth reden gehört hatte, für den wäre niemals vorstellbar gewesen, daß er ihn jemals wieder – und sei es nur aus Gründen einer politischen Show – reaktivieren könnte. Sobald es aber um das eigene politische Überleben geht, können Politiker ausgesprochen pragmatisch werden. Nebenbei bemerkt, bedeutete die Berufung Späths gleichzeitig die Entlassung von Matthias Wissmann in seiner Rolle als wirtschaftspolitischer Sprecher der Union. Sosehr Wissmann als Verkehrsminister zu den kreativen Gestalten des Kohlschen Kabinetts gehörte, als wirtschaftspolitischer Sprecher des Präsidiums konnte sich der nicht unternehmerisch tätige Jurist keine Autorität bei der Wirtschaft erwerben.

4. *Die Regierung hatte sich zerschlissen, häufig hinausgeschobene Versprechen zur Lösung von Problemen führten zu einem defensiven Wahlkampf und zu einer unklaren Wahlkampfstrate-*

gie, begleitet von spezifischen Fehlentscheidungen Kohls hinsichtlich der Wahlkampfführung.

Die Union war insgesamt nicht mehr in der Lage, den Wählern nahezubringen, welche zukunftsorientierten Ziele sie verfolgte. Hinzu kam ein gewaltiger Wählereinbruch in Ostdeutschland. 1994 war es noch gelungen, den auch damals schon existenten Wechselwunsch abzuwenden, mit einer von CDU-Generalsekretär Peter Hintze durchgesetzten »Rote-Socken-Kampagne« – wobei die SPD hinsichtlich ihres Verhältnisses zur PDS als unsicherer Kantonist dargestellt wurde. Dies minderte die Attraktivität der Sozialdemokraten, zugleich sollte die PDS tabuisiert werden. Ziel dieser Kampagne war es, eine Koalition der SPD mit der PDS als einer umgewandelten SED zu verhindern. Der Wählereinbruch im Osten wurde durch den Verzicht auf eine ähnliche Kampagne 1998 – wie man heute sieht – keineswegs eingedämmt, im Gegenteil. Oder wie läßt sich sonst das Landtagswahlergebnis in Mecklenburg-Vorpommern erklären? Der frühere PDS-Vorsitzende Gregor Gysi hat die Effektivität von Hintzes »Rote-Socken-Strategie« inzwischen bestätigt, weil sie auch dazu diente, eine künftige Zusammenarbeit irgendeiner anderen Partei mit der PDS auszuschließen: »CDU-CSU nahmen also in Kauf, daß die PDS zusätzlich Stimmen erhielt, um sie andererseits aus dem akzeptierten politischen Spektrum auszugrenzen, so daß Stimmen für die PDS unbedeutend für Machtkonstellationen blieben.«[117] Die Aktion sollte die SPD zwingen, einer PDS-Koalition eine eindeutige Absage zu erteilen – was zunächst gelang.

Normalerweise liegt die Wahlkampfführung einer Partei bei dem Generalsekretär. Dieser sollte die politischen Grundentscheidungen treffen, natürlich in Absprache mit dem Spitzenkandidaten und der Partei selbst. Die CDU-Bundesgeschäftsstelle war aber hinsichtlich der Wahlkampfführung stärker eingeschränkt. Kohl redete – häufig über seine Mittelsmänner aus dem Kanzleramt, vor allem Anton Pfeifer und Andreas Fritzenkötter – sogar bei den allerkleinsten Details der Wahlkampfführung mit. Selbst das CDU-Präsidium war in dieser entscheidenden Angelegenheit ohne Einfluß. Kohl zimmerte sich eine eigene Wahlkampfkommission zurecht, das Gremium war zu groß, die Diskussionen dauerten zu lang, um eine klare Linie festzulegen. Teilnehmer dieser Runde berichteten über eine unglaubliche Sprunghaftigkeit Kohls in wichtigen taktischen Fragen. Hinzu kam, daß sich Kohl keinesfalls nur von Fachleuten beraten ließ. Auf den in letzter Minute eingekauften Medienberater Tiedje wurde bereits hingewiesen. Ein Kanzlerkandidat muß sich – das ist die wichtigste Voraussetzung – auf die Professionalität seiner Wahlkampfzentrale verlassen können. Wenn aber der Kandidat professionellen Rat und die Warnsignale der Demoskopie in den Wind schlägt, dann ist ein effektiver Wahlkampf von vornherein kaum zu führen. Kohl hat die Entscheidungen selbst unwichtigster Fragen an sich gezogen und sämtliche Warnsignale in den Wind geschlagen. Für einen erfolgreichen Wahlkampf ist aber die Teamarbeit entscheidend. Das Nebeneinander einer Wahlkampfzentrale im Konrad-Adenauer-Haus und einer Oberwahlkampfzentrale im Kanzleramt führte aber ganz zwangsläufig zu Irritationen, vor allem auch zu einem ständigen nervösen Wechsel der Wahlkampftaktik. Eiserner Grundsatz einer siegreichen Wahlstrategie ist es aber, die einmal ausgearbeitete Linie stringent durchzuhalten. Erwin Teufel demonstrierte bei den Landtagswahlen im März 2001, wie es durch Konsequenz in der Wahlkampfführung möglich ist, selbst einen Medienstar wie seine Opponentin Ute Vogt zu entzaubern.

Ein guter Wahlkampf setzt auch Mut zu bestimmten Themen voraus, er muß die Menschen interessieren, Vertrauen wecken und Visionen freisetzen. Helmut Kohl hatte jedoch all dies verhindert – dadurch konnte die Wahltaktik der SPD um so größere Wirksamkeit entfalten. Die Kraft des Parteioligarchen Kohl reichte nicht mehr aus, in schwierigen politischen Fragen eine verständliche Antwort zu finden. Auf das Beispiel der mißlungenen und am Bundesrat gescheiterten Steuerreform wurde bereits hingewiesen. Aber es gab noch weitere Handicaps:

Problem Benzinpreis/Ökosteuer: Das einzig wirklich wichtige »Fremdereignis« im Wahlkampfjahr 1998, das den Unionsparteien zu Hilfe kam, war der Beschluß der Grünen auf ihrem Magdeburger Parteitag im März, den Benzinpreis durch drastische Steuerzuschläge mittelfristig auf fünf DM anzuheben. Die Forderung polarisierte die Gesellschaft innerhalb kürzester Zeit. Doch die Meinungsverschiedenheiten innerhalb der Union zu dem Thema warfen ein Licht auf den inneren Zustand der CDU/CSU. Als nämlich Peter Hintze medienwirksam und mit breitem

Widerhall in der Öffentlichkeit eine Gegenkampagne mit dem Slogan »Lass Dich nicht anzapfen« startete, lobte gleichzeitig die einstige Umweltministerin Angela Merkel die Erhöhung des Benzinpreises als eine »gute Grundidee«[118]. Hier sei angemerkt, daß sich ähnlich wie Peter Hintze dessen späterer Nachfolger Laurenz Meyer aus Anlaß der Erhöhung des Benzinpreises durch die Ökosteuer ab 1. Januar 2001 ebenfalls werbewirksam auf den Weg zu Deutschlands Tankstellen machte, übrigens heftig unterstützt durch Presseauftritte der jetzigen CDU-Vorsitzenden Angela Merkel – so ändern sich mit den Ämtern die Einstellungen! Hintzes Kampagne wurde darüber hinaus auch durch den damaligen Fraktionsvorsitzenden Schäuble konterkariert. Der dachte derart laut über die Einführung einer Energiesteuer nach, so als wollte er die Grünen noch überholen. Seine Überlegungen wurden dann, wenn auch in abgeschwächter Form, ins »Zukunftsprogramm der Union«[119] aufgenommen. Heute können sich die SPD und die Grünen bei Schäuble und Merkel für ihren Beitrag zur Ökosteuer nur bedanken. Allein die CSU erkannte die Wählerwirksamkeit der Anti-Fünf-Mark-Kampagne beim Benzinpreis und unterstützte sie nachhaltig. Diese Eindeutigkeit trug sicherlich zu dem glänzenden Erfolg bei den bayerischen Landtagswahlen kurz vor den Bundestagswahlen bei. Die argumentative Konstanz der Bayern schuf ihnen die Möglichkeit, sich dem Sog des Niederganges zu entziehen. Kohl vermied es damals mit Rücksicht auf Schäuble, in dieser Frage Stellung zu beziehen.[120]

Problem Haushaltskonsolidierung: Die begründete Politik der Haushaltskonsolidierung zwang die damalige Regierung zu unpopulären Maßnahmen. Gleichwohl hatte sie sich selbst einem enormen Druck ausgesetzt, als sie im Jahr 1990 angekündigt hatte, die Wiedervereinigung ohne Steuererhöhung herbeizuführen – ein Versprechen, das nicht gehalten werden konnte. Da die Bundesrepublik unter anderem wegen der hohen Verschuldung infolge der deutschen Einheit größte Probleme hatte, die im Maastricht-Vertrag vorgesehenen Stabilitätskriterien zu erfüllen, war auch national das Image der Regierung angekratzt. Diese wollte aber besonders gegenüber der deutschen Bevölkerung als eine Macht erscheinen, die sicherstellen konnte, daß der geplante Euro genau so stabil wie die Deutsche Mark sein würde. Die Bemühungen um eine Haushaltskonsolidierung wurden vor allem mit dem »Maastricht-Vertrag« begründet, was die Europapolitik in den Augen der Bevölkerung nicht gerade attraktiver erscheinen ließ. Als Waigel den Vorstoß unternahm, über die Goldreserven der Bundesbank finanzpolitische Handlungsräume zu erschließen, führte der Konflikt mit der Bundesbank zu einem erneuten Tiefpunkt im öffentlichen Ansehen der Regierung. Wer sich – das war schon zu Adenauers Zeiten so – mit der Bundesbank anlegte, hatte in der Öffentlichkeit verloren.

Problem Bekämpfung der Arbeitslosigkeit: Insbesondere erwies sich die Regierung als unfähig, das Problem der Arbeitslosigkeit – in allen Meinungsumfragen rangierte es weit vorne! – in den Griff zu bekommen. Auf beklemmende Weise demonstrierte sie Rat- und Hoffnungslosigkeit. Es fehlte an praktikablen Konzepten und eindeutigen Direktiven ebenso wie an Kompetenz in den wichtigsten Fragen der Wirtschaftspolitik. Die unterschiedlichen Positionen innerhalb der Koalition – und allein innerhalb der Unionsparteien – machten einmal mehr deutlich, daß es über das reine Moderieren hinaus einer straffen Lenkung und der Autorität eines Regierungschefs bedurft hätte.

Problem Renten- und Gesundheitspolitik: Auch in der Renten- und Gesundheitspolitik tat sich die Union schwer. Nach intensivem Widerstand durch Norbert Blüm gelang es endlich im Juli 1997, die Rentenversicherung strukturell zu reformieren. Die Sozialdemokraten lehnten die Rentenreform der Regierung kategorisch ab, sie kündigten an, die Sparbeschlüsse im Falle eines Wahlsieges wieder rückgängig zu machen.[121] Geschickt nutzte die SPD die Ängste vieler Deutscher, die unsoziale Lösungen auch in der Gesundheitspolitik befürchteten. Auf einem Plakat der SPD prangte denn auch der Slogan »Wir möchten, daß Sie gesund werden. Und nicht arm«. Als besondere Propagandawaffe für die SPD erwies sich auch die Maßnahme der Regierung, den Zahnersatz aus der gesetzlichen Krankenversicherung zu nehmen. Das Plakat mit einem armen, zahnlosen Jugendlichen brannte sich in das Gedächtnis vieler ein. Zu diesem Zeitpunkt konnte noch keiner ahnen, daß ein Schröder in seiner Funktion als Kanzler noch umfangreicher in das Sozialsystem eingreifen würde (zum Beispiel durch eine Abkehr von der von Adenauer geschaffenen paritätischen Finanzierung bei der Rente).

Im Bewußtsein der Wähler war die Union nur in wenigen Bereichen herausragend: So besaß sie einen klaren Kompetenzvorsprung auf dem Gebiet der *inneren Sicherheit*. Durch die Zustimmung zu einem mühsam ausgehandelten Kompromiß in Sachen »Lauschangriff« brachte sich die SPD um ihre Glaubwürdigkeit bei ihren linken Anhängern. Doch wollte sie das Feld auch nicht der Union überlassen, wie ein von der SPD im Juli 1998 vorgestelltes »Positionspapier zur inneren Sicherheit« aufzeigen sollte.[122] Gleichzeitig kündigten die Sozialdemokraten an, die Ursachen der Verbrechen stärker bekämpfen zu wollen; deshalb liehen sie sich Tony Blairs Slogan »Hart gegen Kriminalität, aber auch hart gegen die Ursachen der Kriminalität« aus.[123]

Auch in der *Ausländer- und Asylpolitik* bemühten sich Schröder und die SPD relativ erfolgreich, der Union allen Wind aus den Segeln zu nehmen. Schröder hatte schon 1997 mit dem Spruch »Wer unser Gastrecht mißbraucht, für den gibt es nur eins: Raus, und zwar schnell«[124] Furore gemacht. Um solchen medienwirksamen Ankündigungen auch Taten folgen zu lassen, wurde dann mitten im Wahlkampf ein neues Sicherheitsprogramm verfaßt, das die Forderung nach unverzüglicher Ausweisung aller straffällig gewordenen Ausländer zur offiziellen SPD-Politik machte. In solchen Fällen sollten, so war dort nachzulesen, »aufenthaltsbeendende Maßnahmen unverzüglich« getroffen werden, die entsprechenden Abschiebemöglichkeiten müßten »konsequent« genutzt werden, und die Strafverfolgung sei zu »intensivieren«.

In der *Europapolitik* konnte sich die CDU zwar nicht das Image einer Europapartei erwerben, aber die SPD war davon auch noch weit entfernt. Schröder bezeichnete den Euro als eine »kränkelnde Frühgeburt«[125], was bei großen Teilen der Bevölkerung ankam, da nach allen Meinungsumfragen die Mehrheit der Deutschen gegen eine Hergabe der Mark zugunsten des Euro votierte. Auch Edmund Stoiber reihte sich immer offensichtlicher in die Schar der Skeptiker ein – was zu diesem Zeitpunkt auch als Teil der innerparteilichen Auseinandersetzung in der CSU angesehen werden konnte. Denn Finanzminister Theo Waigel war damals zugleich noch CSU-Landesvorsitzender und für Kohl die entscheidende Stütze in der Durchsetzung des Euro. Kohl beharrte auf einer zeitgerechten Einführung der gemeinsamen europäischen Währung – zweifellos berechtigt. Doch wirkte sein Auftreten in dieser Frage ignorant, so als interessiere ihn die Meinung der Bevölkerung überhaupt nicht. Die Presse war allerdings überwiegend positiv zum Euro eingestellt, Kohl wußte das. Deshalb verwandte er selber sehr viel Zeit auf die öffentliche Vermittlung des Euro. Eine großangelegte PR-Kampagne seines langjährigen »Hausinstituts« von Mannstein verlief nach Meinung aller Beobachter jedoch kläglich. Doch bei aller Aversion gegen die neue Währung wurde Kohl nicht einmal zugebilligt, daß er durch die Umsetzung einer unpopulären, aber objektiv notwendigen Forderung Führungsstärke zeigte. Die Bevölkerung sah in Kohl zunehmend einen Kanzler, der sich nicht mehr um ihre eigenen, nationalen Belange kümmerte, sondern abgehoben im Kreise europäischer Regierungschefs agierte. In einer repräsentativen Demokratie ist es jedoch nicht möglich, den überwiegenden Willen der Bevölkerung im öffentlichen Diskurs zu ignorieren. Die Folge ist dann eine Absage bei den kommenden Wahlen. Auch in der eigenen Fraktion wurde jede Gegenmeinung zum Euro massiv unterdrückt. Einzig der Finanzpolitiker Wolfgang Schulhoff aus Düsseldorf leistete offenen Widerstand.

In der *Außen- und Sicherheitspolitik* konnte Kohl zwar von internationalen Krisen profitieren, doch erfüllte sich die Hoffnung nicht, daß beispielsweise der Kosovokonflikt eine tiefe Bindung zum Kanzler entstehen lassen würde. Sie trog auch, als Jelzins Macht in Rußland bröckelte und der deutschen Bevölkerung signalisiert werden sollte, daß es in außenpolitischen Krisensituationen besonders wichtig sei, an einem bewährten Staatslenker festzuhalten.[126] Die Menschen spürten einfach, daß die Koalition am Ende war.

5. *Die SPD hatte – vielleicht zum ersten Mal in ihrer Geschichte – mit dem Konzept der neuen Mitte ein Angebot an die Wähler, das für alle, vom Unternehmer über die Arbeitnehmer hin bis zum Rentner, attraktiv erschien. Das ausgeklügelte Programm konnte nur diesen Erfolg erzielen, weil die Regierung angesichts steigender Arbeitslosenzahlen ihr Scheitern offen demonstrierte. Mit dem nebulösen Begriff der »Innovation« beantwortete die SPD-Wahlkampfführung alle Nachfragen, wie ihre Strategie zur Besserung der Lage am Arbeitsmarkt konkret aussehen würde. Die Bevölkerung wurde mit dem Angebot gelockt, es doch einmal mit einem Wechsel zu versuchen, der durch beruhigende Konti-*

nuitätsversprechen abgemildert wurde. Der auf einen Kanzler-
kandidaten mit Namen Lafontaine fixierte Kohl war zudem der
»Amerikanisierung« des Wahlkampfes nicht gewachsen.

Die Taktik des SPD-Wahlkampfs bestand darin, die Bevölkerung auf der einen Seite mit Blick auf die Auswirkungen eines
Wechsels zu beruhigen, auf der anderen Seite mit größeren Erwartungen zu binden. Das Ziel lag eindeutig darin, die breite
stimmungsmäßige Mehrheit auch real am Wahltag für sich zu
gewinnen. Viele vergleichen einen Wahlkampf mit einem Leicht-
athletik-Wettkampf. Doch unterläuft ihnen bei dieser Kontrastie-
rung ein fundamentaler gedanklicher Fehler. Während beispielsweise jeder Läufer beim Start die gleiche Ausgangsposition hat,
beginnt der Wahlkampf mit Stimmungslagen, die sich längst gebildet haben. Häufig verschaffen sie der Regierung, manchmal –
wie im Falle der Bundestagswahlen 1998 – der Opposition die bessere Ausgangslage (im Rennsport wird von einer Pole-Position
gesprochen).

Die Professionalität des SPD-Wahlkampfs begann schon damit, daß die eigentliche Wahlkampfzentrale aus der »Baracke« (so
wurde die einstige Bonner SPD-Zentrale genannt) herausverla-
gert wurde: Die neue »Kampa«, wenige hundert Meter von der
SPD-Bundesgeschäftsstelle entfernt, sollte den eigentlichen
Wahlkampfapparat aus den Fesseln der Parteizentrale lösen und
dem Einfluß der im SPD-Präsidium tonangebenden Ministerpräsidenten entziehen. Der Gedanke des klugen Wahlkampfmana-
gers und heutigen SPD-Geschäftsführers Matthias Machnig dabei war: Viele Köche verderben den Brei. Das Konzept ging auf.
Die Kampa konnte die Idee der neuen Mitte ungehindert von Gewerkschaften und Altfunktionären durchsetzen. Das große Geheimnis des SPD-Wahlerfolgs lag nicht zuletzt darin, daß dieses
moderne Konzept den Wahlkampf über durchgehalten wurde. Die
Errichtung der »Kampa« wirkte wie ein sichtbarer Beweis für das
neue Denken in der SPD. Daran änderte auch die Tatsache nichts,
daß das Gebäude selbst zum Abriß bestimmt war und die Räume
dieser vermeintlich modernsten Wahlkampfzentrale der Welt
eher trostlosen Stuben glichen.

Müntefering und Machnig erhielten genügend freie Hand in
der Wahlkampfführung – was wohl auch dem Umstand zu verdanken war, daß lange Zeit nicht klar war, ob der damalige SPD-

Vorsitzende Lafontaine selber als Kandidat antreten würde oder aber Schröder der Kohl-Herausforderer sein sollte. Entsprechend konnte sich ein ausgesprochen offensiver SPD-Wahlkampf entwickeln. Den Sozialdemokraten gelang es immer häufiger, die Arbeit der »Kampa« in den Medien zu thematisieren und damit Interesse für ihre Ziele zu wecken.

Helmut Kohl war zutiefst davon überzeugt, daß Oskar Lafontaine sein Herausforderer bei den Bundestagswahlen im September 1998 sein würde. Heute erklärt die SPD-Spitze, schon lange zuvor hätte es eine Absprache zwischen Lafontaine und Schröder gegeben, daß letzterer die Rolle des Herausforderers übernehmen würde. Wenn es diese Vereinbarung tatsächlich gab, dann ist es bemerkenswert, daß sie in dieser Form in der Öffentlichkeit nicht bekannt wurde. Bekanntermaßen war die Ausgangslage der SPD desolat: Unter Scharpings Ägide hatten die Sozialdemokraten den Regierungswechsel 1994 nur knapp verfehlt. Trotz der Reibereien in der »Troika« Scharping, Lafontaine und Schröder, die darin mündeten, daß in der Schlußphase des Wahlkampfs vorwiegend Scharping auf Plakaten abgebildet war, gab es großen Zuspruch von seiten der Wähler. Scharping vermochte es aber nicht, hieraus Kapital zu schlagen. Die SPD verspielte den möglichen Sieg durch die Entscheidung Reinhard Höppners in Sachsen-Anhalt, wenige Monate vor der Bundestagswahl eine von der PDS tolerierte Minderheitsregierung zu bilden. Die starke Ablehnung des Volkes gegen eine von manchen befürchtete Zusammenarbeit von SPD und PDS auf Bundesebene gab in Verbindung mit der »Rote-Socken-Kampagne« vermutlich den Ausschlag für einen ganz knappen Unionssieg. Nachdem jedoch gleichsam in einem eruptiven Akt Scharping durch Lafontaine auf dem SPD-Parteitag im November 1995 abgelöst wurde, wirkte sich dieser Befreiungsschlag positiv auf den Kampfeswillen der Sozialdemokraten aus. Lafontaine vermochte es, wenn auch zum Teil autoritär, die SPD zu integrieren, sie nicht in Flügel auseinanderfallen zu lassen. Selbst die SPD-Ministerpräsidenten ordneten sich seiner Macht unter. Dem SPD-Bundesgeschäftsführer Müntefering gelang es, binnen drei Jahren aus der »mausgrauen (...) SPD eine hübsch bunt und geschlossen daherkommende Partei zu machen«.[127]

Journalisten und Wissenschaftler kritisierten den Plan der

SPD, erst relativ spät den Kanzlerkandidaten zu nominieren. So argumentierte der Göttinger Politikwissenschaftler Peter Lösche im April 1997, also lange vor der Ernennung Schröders zum Kanzlerkandidaten: »Wahlkämpfe werden heute langfristig angelegt, sie gehen über 16, 18 Monate (…). Die SPD müßte so oder so in diesem Frühsommer ihren Kanzlerkandidaten bestimmen, wenn sie ihre Chancen zu gewinnen steigern will.«[128] Die späte Nominierung – aus welchen Gründen auch immer – hat sich jedoch als ein eindeutiger Vorteil erwiesen: So konnte sich die Regierungskoalition nicht frühzeitig auf einen Spitzenmann der SPD »einschießen«. Kohl hatte sich zudem schon auf seinen Wunschkandidaten, nämlich Lafontaine, innerlich festgelegt. Er konnte sich einfach nicht vorstellen, daß Lafontaine als der Inhaber der Parteimacht – er war in seiner Partei dominant und unbestritten – freiwillig auf das höchste Amt verzichten würde, das eine Partei zu vergeben hat. Im Konrad-Adenauer-Haus hatte man sich dagegen auf Schröder als Kanzlerkandidaten eingestellt. Schröders Siegeslauf in Niedersachsen war auch durch den Sympathieträger Christian Wulff nicht zu stoppen. Entsprechend begann man damit, Schröders zahlreiche politische »Fehlleistungen« für die »Stunde Null« zu dokumentieren und aufzubereiten. Aber die Angriffsversuche scheiterten an den frischen Bildern eines möglichen neuen Kanzlers. Die von der CDU als »klägliche Bilanz« apostrophierte Politik Schröders in Niedersachsen wurde vom grandiosen Landtagswahlerfolg überstrahlt. Erfolg ist nun einmal die wichtigste Grundlage für weiteren Erfolg.

Die Ausrichtung Kohls auf Lafontaine hätte einen Links-Rechts-Lager-Wahlkampf in altbekannter Form ermöglicht. Schröder hingegen war politisch nicht in der gleichen Weise festzulegen wie Lafontaine; vor allem erschien er pragmatischer, moderater und somit wenig ideologisch. Der moderne Wähler fand das ansprechend. Darüber hinaus gelang es auch den SPD-kritischen Medien nicht, in der kurzen Zeit zwischen der Nominierung des Kanzlerkandidaten und dem eigentlichen Wahlakt das rasant anwachsende Image des niedersächsischen Ministerpräsidenten zu demontieren. Je länger die Phase der Kandidatur gedauert hätte – dies zeigten jedenfalls damalige Meinungsumfragen –, desto angreifbarer wäre Schröder geworden. Die späte Ernennung zeigte auch, daß die SPD dadurch als Partei interessant blieb, denn die Rivalität zweier Politikergrößen wie Schröder und Lafontaine heizte die Medien an. Die monolithische CDU erschien damals weniger spektakulär und aufregend. Hinzu kam, daß die niedersächsische Landtagswahl am 1. März 1998, ein halbes Jahr vor den Bundestagswahlen, quasi ein Plebiszit für Gerhard Schröder darstellte. Er erzielte mit 47,9 Prozent der Stimmen einen Zugewinn von 3,6 Prozent – damit das bisher beste Ergebnis in der Geschichte der SPD Niedersachsens. Die CDU wurde hingegen mit dem nahezu stagnierenden Stimmenanteil von 35,9 Prozent in ihrem sowieso nur verhaltenen Optimismus gebremst. Nebenbei bemerkt: Schon vor der Niedersachsen-Wahl gab Schröder kund, daß er bei einem Wahlverlust von zwei Prozent und mehr nicht mehr als Kanzlerkandidat zur Verfügung stehen würde.[129] War das Mut zum Risiko?

Ein aufsehenerregender Schlußpunkt des niedersächsischen Wahlkampfs war eine anonym geschaltete Werbekampagne in allen niedersächsischen und überregionalen Tageszeitungen. Als deren Urheber wurde zunächst VW-Chef Ferdinand Piëch vermutet. Es stellte sich aber heraus, daß diese Millionen kostenden Anzeigen von einem Chef eines Finanzvertriebs geschaltet wurden, dessen Methoden der Kundengewinnung als äußerst fragwürdig gelten. Einst hatte Schröder zu seinen Gunsten eine Initiative im Hinblick auf das Berufsbild des Finanzberaters gestartet. »Ein Niedersachse muß Bundeskanzler werden« war übrigens die Pointe dieser medienwirksamen Kampagne.

Schröder gelang es frühzeitig, gegen Kohl in die Offensive zu gehen. Da hinsichtlich der ökonomischen Entwicklung ein Silberstreif am Horizont vermeldet wurde, erklärte Schröder ohne Umschweife: »Der Aufschwung ist mein Aufschwung« – und machte damit die Regierungsseite einigermaßen sprachlos. Der Wahlerfolg von Schröder ist auch darauf zurückzuführen, daß er gegenüber seiner eigenen Partei Distanz zu zeigen versuchte. Sich gegenüber der Partei profilieren, das kommt in der Öffentlichkeit gut an. Der in den eigenen Reihen ungeliebte Schröder – ironischerweise favorisierte Kohl gemeinsam mit der SPD-Basis Lafontaine – erhielt dann dennoch auf dem Nominierungsparteitag mit 93,4 Prozent der Stimmen ein »ehrliches Ergebnis«[130] und konnte schlagartig sein Image als ernst zu nehmender Herausforderer Kohls verbessern. Nicht dezidierte politische Inhalte ließen

Schröder zum Publikumsliebling werden, zumal die Medien auch nicht daran interessiert zu sein schienen, solche in das Zentrum ihrer Berichterstattung zu rücken[131], sondern die Tatsache, daß er eine klare Haltung einnahm.

Der Wahlkampf von 1998 wurde häufig mit dem diffusen Schlagwort »Amerikanisierung« kommentiert. Mit diesem plakativen Begriff wird meistens ein politisches Duell verbunden, das inhaltlich weitgehend entleert ist und grundsätzliche Fragen nach einer wie auch immer definierten politischen Philosophie vernachlässigt. Eher steht die Art und Weise im Mittelpunkt, mit der sich die Kandidaten in den Medien einprägsam darstellen. Natürlich müssen sie demzufolge optisch wie menschlich vertraueneinflößend wirken. Die Annäherung der beiden großen Volksparteien bei den Wahlkampfthemen (trotz der manchmal polarisierend wirkenden Rhetorik) führte in Deutschland das herbei, was präziser mit »Entpolitisierung« zu bezeichnen wäre. Gleichwohl wurde in den Medien eine angebliche »Amerikanisierung« des Wahlkampfs in Deutschland beklagt und eine Annäherung der deutschen an die US-amerikanische Wahlkampfkultur konstatiert, ohne daß Klarheit darüber bestand, was unter diesem Begriff zu verstehen sei.[132] Vielleicht helfen die vier Prinzipien weiter, die die amerikanischen Präsidentschaftswahlen prägen:

1. Fokussierung auf das Duell der beiden Spitzenkandidaten;
2. Emotionen und Inszenierungen beherrschen den Wahlkampf, während Sachinformationen eine geringere Rolle einnehmen;
3. die zentralen Werbeträger für die Übermittlung der jeweiligen Botschaften sind die elektronischen Medien – vor allem das Fernsehen;
4. Spitzenkandidaten sind auf eine professionelle Wahlkampfmaschinerie angewiesen, wobei besonders die Demoskopie ein unverzichtbares Machtinstrument ist.

Zweifellos findet in den bundesdeutschen Wahlkämpfen zunehmend eine »Personalisierung« statt – insofern als Diskussionen über politische Sachfragen und über die grundlegende Entwicklung der Gesellschaft immer mehr verdrängt werden und eine Konzentration auf die jeweiligen Spitzenkandidaten stattfindet. So scheint es wenigstens. Übrigens versuchte Helmut Kohl erst gar nicht, den möglichen Vorwurf einer Fokussierung auf seine Person zu entkräften. Als man die Überlegung anstellte, Kohl auf Wahlplakaten mit Schäuble oder sogar im Team abzulichten, wußte er dies gekonnt zu verhindern. Allerdings ist die weitgehende Konzentration auf einen jeweiligen Spitzenkandidaten in Deutschland kein neues Phänomen. Schon bei Adenauer, Brandt, Schmidt, Strauß oder Kohl war dies zu beobachten. Im übrigen erleichterte der bis in weite Kreise der Unionswählerschaft hineinreichende Verdruß angesichts einer weiteren Amtszeit Kohls aus Sicht der SPD eine Personalisierung. »Danke, Helmut, 16 Jahre sind genug« war schon per se ein sehr eingängiger Slogan, der große Integrationskraft entfalten konnte.

Allerdings sorgt das Wahlsystem in Deutschland dafür, daß Koalitionen gerade auf Bundesebene die Regel sind, so daß auch die Spitzenkandidaten kleinerer Parteien in der Wahlkampfauseinandersetzung eine Bedeutung haben. Da die SPD den Kohl-Überdruß umfangreich thematisieren konnte, spielten inhaltlich differenzierende Fragen im 98er Wahlkampf eine relativ geringe Rolle. Ob diese für das Jahr 1998 zu konstatierende Tendenz auch bei den künftigen Wahlen zu beobachten sein wird, dürfte heute zu bezweifeln sein. Denn mit jeder Wahl werden die Schwerpunkte und damit die Karten neu gemischt.

Das emotionale Styling war indessen tatsächlich das besondere Charakteristikum des Wahlkampfs von 1998. Allein die Inszenierung auf dem Nominierungsparteitag machte einer Broadway-Show alle Ehre.[133] Wichtig war die Verpackung des Produkts »Kanzlerkandidat«, nicht sein Inhalt. Und weil es erst bekannt und gekauft wird, wenn die entsprechende Werbetrommel in Gang gesetzt ist, dachten sich Agenturen ausgefallene Fernseh- und Radiospots aus.

Die SPD hat es zudem verstanden, die modernen Gesetzmäßigkeiten der Medienwirklichkeit zu nutzen, beispielsweise spannte sie durch spezifische Ereignisse vor allem das Fernsehen in die eigene politische Wahlkampagne ein. Geschickt stellten es die Sozialdemokraten an, die Arbeit ihrer »Kampa« als besonders interessant darzustellen, sie nahezu zu mystifizieren. Ferner setzte die SPD häufig auf eine Methode, die Hintze als CDU-Generalsekretär vier Jahre zuvor erfolgreich vorgeführt hatte: Wahlplakate, von denen nur ein einziges Exemplar existierte, wurden vor der Parteizentrale für das Fernsehen und die Fotografen aufgebaut.

Die SPD verwendete 1998 Sujets von Filmplakaten und stellte Kohl und Waigel als ein vom Winde verwehtes Paar oder auf der Titanic dem Untergang geweiht dar. Vorbild hierfür war ein Plakat der CDU aus dem Jahre 1994, das Helmut Kohl – ohne Slogan oder CDU-Logo – inmitten einer Menge jubelnder Menschen zeigte. Das Plakat machte damals Furore, weil es begierig von den TV- und Printmedien aufgegriffen wurde. Gerade das Fernsehen benötigt immer wieder neue Bilder zur Visualisierung politischer Vorgänge. Der Effekt des Jubel-Plakates war der, daß überall darüber diskutiert wurde, und manche Journalisten behaupteten sogar, es hinge auf jedem deutschen Marktplatz. In Wirklichkeit gab es von diesem Kohl-Poster nur ein einziges, das am Konrad-Adenauer-Haus werbewirksam enthüllt wurde und wochenlang zu sehen war. Solche im Fernsehen visualisierten Großplakate – in der Fachsprache Reframing genannt – sind für eine Partei wichtige und zugleich kostenlose Werbeträger. Dieser Praxis, abgekupfert von den amerikanischen Wahlkämpfen[134], bediente sich die SPD mit Erfolg. Wahlkampftaktiker nutzen dieses »Reframing« nicht nur wegen des kostenlosen Transports von politischen Botschaften, sondern auch weil durch die Medienberichterstattung eine »Objektivierung« stattfindet – medial gesendete Informationen haben in unserer Gesellschaft eine höhere Glaubwürdigkeit.

Eine Wahlkampfindustrie ist in Deutschland noch relativ gering ausgeprägt. Selbst die Einrichtung der »Kampa« hat die hiesige Wahlkampftradition nicht umgekrempelt. Anders ist es beim Einsatz von professionellen Agenturen: Sie hatten schon immer eine wichtige Beraterfunktion. Auch in den USA liegt die eigentliche Verantwortung für die Ausrichtung der Wahlkämpfe in den Headquarters der Parteien, allerdings sind in diesen Zentralen zahlreiche Agenturen für PR-Aktivitäten integriert. In der »Kampa« war eine entsprechende Entwicklung zu beobachten.

Zusammenfassend läßt sich sagen, daß die Gründe der CDU-Wahlniederlage nicht monokausal waren. Hätte ein anderer Kandidat als Helmut Kohl der Union die Kanzlerschaft erhalten? Eine derartige hypothetische Frage ist kaum zu beantworten. Aber die Ablehnung von Helmut Kohl war übermächtig, so daß jeder andere Kandidat der Unionsparteien bessere Chancen gehabt hätte; denn einen ausgeprägten Wunsch nach einem prinzipiellen Politikwechsel gab es nicht. Wäre ein frühzeitiger Rücktritt Kohls während der Legislaturperiode erfolgt und beispielsweise Schäuble zu dessen Nachfolger gewählt worden, wären möglicherweise seine Ausgangsbedingungen, die Wahlen als Kanzlerkandidat zu gewinnen, günstiger gewesen als die von Kohl. Aufgrund der geheimen Wahl eines Kanzlers im Bundestag und wegen der knappen Parlamentsmehrheit wäre ein vorzeitiger Rücktritt schwierig gewesen. Dem Rollstuhlfahrer Schäuble hätte man eine Politik schmerzlicher sozialer Einschnitte vielleicht eher abgenommen als dem offensichtlichen Wohlstandsbürger Kohl. Das eindeutige Ergebnis zugunsten einer rot-grünen Koalition ersparte indes der Union die Diskussion um eine möglich erscheinende große Koalition, was sich sicherlich, auch wegen der harten Ablehnung durch die CSU, zu einer Zerreißprobe geführt hätte.

III.
Neue Mächte braucht das Land

Schwarzkonten, Spendensysteme und Skandale

Helmut Kohl stürzte durch seinen Umgang mit Spenden die CDU in die größte Krise ihrer Geschichte. Er selber vermittelte in internen Gesprächen den Eindruck höchster Sensibilität in Geldfragen und forderte, vielleicht im Innersten seine Gratwanderungen ahnend, andere Personen ohne erkennbaren Grund auf, in Finanzfragen mehr als nur »pingelig« zu sein. Kohl machte sich immer lustig über Politiker, die in der Politik Geld – er nannte dies abschätzig »Bimbes« – verdienen wollten. Er war davon überzeugt, daß er einer der ganz wenigen sei, wenn nicht gar der einzige, der die dienende Verantwortung des Politikers ernst zu nehmen schien.

Kurze Zeit jedoch nachdem Helmut Kohl – noch im alten Bonner Plenarsaal – als Oppositionspolitiker Platz nehmen mußte, wurden zwei Meldungen in den Medien veröffentlicht. Sie wurden viele Monate vor dem Spendenskandal publik, fanden aber seinerzeit kaum Beachtung. Zum einen gab es eine kleine Notiz in der Ludwigshafener Tageszeitung *Die Rheinpfalz* vom 17. März 1999. Darin stand, daß im Handelsregister beim Amtsgericht Ludwigshafen am 23. Februar 1999 die am 15. Februar 1999 gegründete Firma »Politik- und Strategie-Beratung P&S GmbH« (mit einem Stammkapital von 30 000 Euro) mit Sitz in Ludwigshafen, Marbacher Straße 11, eingetragen worden war. Die angegebene Adresse – und hier wird es interessant – ist exakt die Privatanschrift des Altbundeskanzlers. In der Bekanntmachung hieß es weiter, daß der Geschäftsführer Walter Kohl den Aufgabenbereich der Firma mit einer »strategischen Beratung von Unternehmen, wissenschaftlichen Institutionen und Privatpersonen im politischen und wirtschaftlichen Bereich« angab. Walter Kohl ist der ältere und in Köln lebende Sohn des früheren Bundeskanzlers, der nach einem Studium der Volkswirtschaft in den Vereinigten Staaten und Wien eine Tätigkeit beim Handelskonzern Metro angenommen hatte. Welche geschäftlichen Ziele die Beratungsfirma anstrebte, war aus der Meldung nicht ersichtlich.[135] Die zweite Nachricht druckte die *Frankfurter Allgemeine Zeitung* ab. Sie ließ verlautbaren, daß Kohl senior in den internationalen Beirat der Schweizer Großbank Credit Suisse eingetreten sei.[136] Bislang wird immer noch ein Zusammenhang zwischen diesen beiden Verlautbarungen abgestritten. Doch in der Presseerklärung der Bank selbst hieß es: »Diesen neuen Beiräten kommt die Rolle eines Resonanzbodens zu. Sie beraten (…) vor allem in Bereichen, welche die Rahmenbedingungen für die Geschäftsaktivitäten der Gruppe in den einzelnen Ländern wesentlich beeinflussen. Die gewonnenen Erkenntnisse sollen es Verwaltungsrat und Geschäftsleitung ermöglichen, strategische Weichenstellungen frühzeitig vorzunehmen.«[137] Im Zuge des Spendenskandals ließ dann später Kohl seine Mitgliedschaft ruhen. Später erfuhr die Öffentlichkeit, nach dem Bekanntwerden des Spendenskandals, daß Helmut Kohl Vorsitzender des Beirats der Deutschen Vermögensberatung AG (DVAG), des mit 25 000 Mitarbeitern größten eigenständigen Versicherungs- und Finanzbetriebs der Welt, wird.[138]

Zwei Kohl-Vertraute arbeiteten dort bereits: Der ehemalige Kanzleramtschef Friedrich Bohl und Kohls früherer Regierungssprecher, der Bundestagsabgeordnete Friedhelm Ost. Ost ist Generalbevollmächtigter bei der Deutschen Vermögensberatungs-Aktiengesellschaft. Zwischen dem 22. Juli und dem 18. August 2000 – ein genaueres Datum wird im *Tagebuch* von Kohl nicht mitgeteilt – bietet Reinfried Pohl, Chef der Deutschen Vermögensberatungs-AG in Frankfurt, dem Altkanzler den Vorsitz im Beirat seines Unternehmens an. Kohl nahm das Angebot bekanntermaßen an.[139]

Es ist Helmut Kohl bislang noch nicht einmal von seiten der Regierungsparteien, der SPD und der Grünen, vorgeworfen worden, sich persönlich bereichert zu haben. Aber er hat ein Finanzierungssystem außerhalb der Legalität geführt, sich schwarzer Kassen bedient und damit gegen das Parteiengesetz verstoßen. Fast tragisch im Zusammenhang mit der sich Ende 1999 offenbarenden Parteispendenkrise ist die Tatsache, daß Helmut Kohl aus dem Flick-Skandal, der ihn beinahe um Amt und Würden gebracht hätte, nichts gelernt hat. Der Flick-Untersuchungsausschuß war am 19. Mai 1983, also bereits zwei Monate nach Kohls Sieg bei der vorgezogenen Bundestagswahl, eingesetzt worden. Ausgerechnet ein eigener Parteifreund, der CDU-Landtagsabgeordnete und Vorsitzende des Ausschusses »Parteispenden« Georg August Schnarr, stellte dem Zeugen Kohl am 18. Juli 1985 die verhängnisvolle Frage, »ob Sie, Herr Bundeskanzler, als damaliger Ministerpräsident (…) etwas davon wußten, daß diese Staatsbürgerliche Vereinigung, die in Koblenz ihren Sitz hatte, als Geld- und Spendenbeschaffungsanlage diente?«[140]. Zum Verständnis: In der Bundesrepublik existierten damals mehrere »Staatsbürgerliche Vereinigungen«, manche trugen so phantasievolle Namen wie »Gemeinschaft zur Erschließung unterentwickelter Märkte« oder »Vereinigung zur Förderung der privaten Entwicklungshilfe e.V., Linz«. Sie hatten im wesentlichen die Aufgabe, ein Urteil des Bundesverfassungsgerichts aus dem Jahre 1958 zu umgehen.[141] Der Umweg über die Staatsbürgerlichen Vereinigungen besaß den Vorteil, daß die eigentlichen Spender nicht der im Parteiengesetz vorgeschriebenen Publizitätspflicht nachkommen mußten. Sie konnten also anonym bleiben.

Wer Anfang 1986 mit Kohl und seinem Umfeld Kontakt hatte, spürte dort eine große innere Unruhe, zumal der damalige Grünen-Abgeordnete Otto Schily in Mainz und Bonn Anzeige gegen Kohl wegen uneidlicher Falschaussage am 29. Januar 1986 gestellt hatte. Geißler erklärte dann am 18. Februar, Kohl müsse einen »Blackout« gehabt haben, als er im Mainzer Spendenausschuß den wahren Charakter der »Staatsbürgerlichen Vereinigung als Spendenwaschanlage« nicht gekannt haben wollte. Diese inzwischen berühmt gewordene Geißler-Äußerung brachte Kohl in Rage; in Wirklichkeit sollte sie ihn aber aus der Schußlinie bringen. Schließlich stellten die Staatsanwaltschaften in Koblenz (21. Mai 1986) und in Bonn (30. Mai 1986) das Ermittlungsverfahren gegen Kohl ein. Sie folgten Geißlers Argumentation, daß Kohl kein eigentlicher Vorsatz nachgewiesen werden könne.

Was war aber der eigentliche Hintergrund des Flick-Untersuchungsausschusses? Der Großindustrielle Friedrich Karl Flick hatte am 13. Januar 1975 Daimler-Benz-Aktien im Wert von mehr als 1,9 Milliarden Mark verkauft und für die Wiederanlage Steuerbefreiungsanträge gestellt. Die meisten wurden genehmigt. Die entscheidenden Vorgänge geschahen übrigens – was heute weitgehend vergessen ist – während der sozialliberalen Koalition. Helmut Schmidt und sein Finanzminister Hans Apel hatten seinerzeit ebenfalls ein offenes Ohr für die Anliegen des Unternehmens. Der Untersuchungsausschuß sollte klären, ob Flick und sein Generalmanager Eberhard von Brauchitsch die Steuerbefreiung durch Spenden an Parteien und Politiker bewirkt hatten. Von Brauchitsch sprach in diesem Zusammenhang von der »Pflege der politischen Landschaft«. Einer seiner engsten Mitarbeiter, Adolf Kanther, wurde später als Agent des DDR-Geheimdienstes enttarnt. Kanther dürfte also frühzeitig den DDR-Staat über die Finanzierungspraxis der Firma Flick und diverser politischer Parteien in Kenntnis gesetzt haben. Die SPD-nahe Friedrich-Ebert-Stiftung erhielt, offensichtlich auf Veranlassung des damaligen sozialdemokratischen Schatzmeisters Alfred Nau, von Flick eine Million Mark. Vom Untersuchungsausschuß befragt, warum die Zahlung so ungewöhnlich hoch ausfiel, erklärte von Brauchitsch: »Ich hatte den Eindruck, daß es für unseren Zweck gut wäre, Herrn Nau heiter zu stimmen.« Auf die Frage des damaligen CDU-Abgeordneten Friedrich Bohl: »War er heiter?« entgegnete von Brauchitsch: »Er kam dann immer wieder, wenn er nicht mehr heiter war.«[142] Zeitgleich standen die beiden der FDP angehörenden Politiker Hans Friderichs und dessen Nachfolger als Wirtschaftsminister, Otto Graf Lambsdorff, in Bonn vor Gericht und wurden zu hohen Geldstrafen verurteilt. Graf Lambsdorff trat am 26. Juni 1984 von seinem Ministeramt zurück, und Hans Friderichs wurde am 1. Januar 1985 von seinem Amt als Vorstandssprecher der Dresdner Bank freigestellt. Beide hatten für ihre Partei mehrere hunderttausend Mark erhalten. In den Listen des ehemaligen Flick-Buchhalters Rudolf Diehl war fein säuberlich festgehalten worden, an welche Politiker Geld geflossen ist.

In seinen Erinnerungen zeigt sich von Brauchitsch verletzt.[143] Zum einen, weil er, der frühere Spitzenmanager, später von Kohl abgelehnt wurde, zum anderen, weil er schon zum Vorsitzenden des einflußreichen Bundesverbandes der Deutschen Industrie (BDI) gewählt worden war, diese Position dann aber nicht mehr antreten konnte. Die Brauchitsch-Memoiren, auch wenn sie Rechtfertigungscharakter haben, lassen erkennen, daß der Flick-Manager schon früh die politischen Talente des einstigen rheinland-pfälzischen Ministerpräsidenten Helmut Kohl entdeckt hatte. So ist in den Betrachtungen des Managers nachzulesen, daß er davon überzeugt war, Kohl müsse der CDU vorstehen – lange bevor diese Idee sich auch in anderen Köpfen einnistete. Auch wird darin behauptet, daß die Düsseldorfer Flick-Zentrale regelmäßig von Kohl Anrufe bekommen habe, auch von Juliane Weber, in denen es um Geldbeträge für den einen oder anderen Landesverband ging, in dem ein Kohl-Vertrauter gestützt werden mußte. Eberhard von Brauchitsch bekundete bei seiner Vernehmung, Kohl habe damals schon über Summen außerhalb des offiziellen Parteivermögens verfügt, die auch aus Bargeldspenden des Hauses Flick gespeist wurden. Kohl indes hatte am 7. November 1984 vor dem Untersuchungsausschuß erklärt, alle Spenden, die er von Flick bekam, seien an den Generalbevollmächtigten des CDU-Schatzmeisters, Uwe Lüthje, weitergegeben worden. Jedenfalls kann von folgendem ausgegangen werden: Hätte Eberhard von Brauchitsch seine Kenntnisse über die Spendenpraxis Helmut Kohls in ihrem ganzen Umfang verkündet, und hätte Uwe Lüthje seinerzeit keine Falschaussage gemacht, hätte Kohl vorzeitig von seinem Kanzleramt zurücktreten müssen.[144]

Im Oktober 1984 wurde bekannt, daß der damalige Bundestagspräsident Rainer Barzel von Flick eine »Ablösesumme« von rund 1,7 Millionen Mark erhalten habe. Die Firma Flick ließ diesen Betrag in Form von Honoraren über die Frankfurter Anwaltskanzlei Paul von 1973–1979 überweisen. In der Folge mußte Barzel, gegen den im Juli 1985 ein offizielles Ermittlungsverfahren wegen Verdachts auf »Beteiligung an Steuerhinterziehung« eingeleitet wurde, ein weiteres Mal zurücktreten. Der nachfolgende Bundestagspräsident, Philipp Jenninger, gab indes 1986 eine Ehrenerklärung für Barzel ab. Das Gerichtsverfahren gegen Barzel wurde im selben Jahr eingestellt – eine Politikerkarriere, die hoffnungsvoll begonnen hatte, fand damit ihr Ende. Barzel verzichtete 1987 auf eine weitere Kandidatur für den Bundestag.

Es ahnten zunächst höchstens die wenigen Eingeweihten, daß die von Kohl ausgelöste CDU-Spendenaffäre die politischen Dimensionen der Flick-Affäre übertreffen werde. Denn was als Ermittlung der Augsburger Staatsanwaltschaft gegen den einstigen CDU-Schatzmeister Walther Leisler Kiep wegen des Verdachts auf Steuerhinterziehung begann, entwickelte sich mehr und mehr zu einem handfesten Skandal, der nicht nur der CDU großen Schaden zufügte, sondern auch der Demokratie insgesamt einen Vertrauensverlust bescherte. Um die manchmal verwirrenden Vorgänge zu verstehen, scheint eine Chronik ausgewählter Daten sinnvoll:

5. November 1999: Das Amtsgericht Augsburg erließ an diesem Tag 1999 einen Haftbefehl gegen Kiep, Schatzmeister der CDU von 1971–1992. Er war verdächtigt worden, 1991 von dem kurz zuvor in Kanada festgenommenen Kaufmann Karlheinz Schreiber eine Million Mark als Schmiergeld erhalten und nicht versteuert zu haben. Die Gelder sollen im Zusammenhang mit Panzerlieferungen nach Saudi-Arabien und Airbus-Geschäften geflossen sein. Auch gegen zwei Thyssen-Manager und den untergetauchten ehemaligen Verfassungsschutzchef und Staatssekretär im Verteidigungsministerium Holger Pfahls wurde deswegen ermittelt. Max Strauß, der Sohn des verstorbenen bayerischen Ministerpräsidenten Franz Josef Strauß, war ebenfalls in die Affäre verwickelt. Kiep legte Dokumente vor, nach denen die Zahlung von einer Million Mark nicht als Provision an ihn persönlich gegangen war, sondern als Parteispende an die CDU. In der Folge wurden immer mehr Einzelheiten der Spendenpraxis bekannt, auch kam es zu der Vermutung, daß ein erheblicher Geldbetrag zwischen dem früheren Schatzmeister Kiep, seinem Generalbevollmächtigten Lüthje und dem Steuerberater Horst Weyrauch als eine Art Abfindung aufgeteilt worden sei. Eine Enthüllung nach der anderen rollte anschließend wie eine Lawine auf die CDU und die deutsche Öffentlichkeit zu.

12. November 1999: Schreiber übte immer mehr Druck auf die Beteiligten aus. So bestätigte er an diesem Tag in einer Fernsehsendung, ein Spende in Höhe von einer Million Mark an Weyrauch übergeben zu haben. Die damalige CDU-Generalsekretärin Angela Merkel erklärte daraufhin, daß nach Feststellungen eines unabhängigen Wirtschaftsprüfers von der Schreiber-Million keine Mark auf Konten der CDU geflossen sein. Helmut Kohl geriet durch die Parteispendenaffäre zunehmend unter Beschuß, doch er wies zu diesem Zeitpunkt alle Vorwürfe zurück.

16. *November 1999:* Angela Merkel behauptete auf einer Pressekonferenz in Berlin, daß es zwischen einem 1991 aus einer Spende des Kaufmanns Schreiber angelegten Sonderkonto und anderen CDU-Konten »keine Berührungspunkte« gäbe. Weiterhin sagte sie aus, es sei von der Million, die an den Schatzmeister Kiep ging, kein Betrag »in das Rechenwerk der CDU gelangt«. Die Mutmaßungen in der Presse, daß unter Kohls Parteivorsitz ein undurchsichtiges Kontensystem angelegt worden war, verdichteten sich immer mehr und wurden durch beschlagnahmte Unterlagen des Kohl-Beraters Weyrauch später bestätigt.

26. *November 1999:* Besonders erbost zeigte sich Kohl über den langjährigen CDU-Generalsekretär Heiner Geißler, der sich zum Erschrecken der eigenen Partei zu der Bemerkung hinreißen ließ: »Es gab den Etat der Bundesgeschäftsstelle und daneben gab es auch andere Konten.« Und weiter: »Diese Konten standen ausschließlich unter der Verantwortung des Bundesvorsitzenden und der Schatzmeisterei.«[145] Zu seinem eigenen Schutz fügte Geißler indes hinzu, die Bundesgeschäftsführung sei davon ausgegangen, daß diese Konten entsprechend dem Parteiengesetz behandelt würden. Zudem hatte er als Generalsekretär der CDU weder Einblick in diese Konten, noch konnte er über sie verfügen. Im WDR hatte Geißler einen Bericht der *Süddeutschen Zeitung* grundsätzlich bestätigt, wonach es sich »um rund zehn Konten« gehandelt habe: »Es ist so, wie es da drinsteht, im wesentlichen, ja. Neben dem Etat der Bundesgeschäftsstelle gab es auch andere Konten, das ist wahr. Das habe ich immer für falsch gehalten, und das muß jetzt eben abgeklärt und diskutiert werden.«[146] Diese Aussagen Geißlers schlugen wie eine Bombe ein und führten zu einem nachhaltigen Druck auf Kohl, allerdings auch zu weitergehenden Fragen. Mit diesen Äußerungen hatte erstmals ein hochrangiges CDU-Mitglied der Ära Kohl zugegeben, daß es auch eine inoffizielle Buchführung gab.

30. *November 1999:* Nach einer Sondersitzung des CDU-Präsidiums las Kohl auf einer anschließenden Pressekonferenz in Berlin eine Erklärung vor, in der er zugab, »vertrauliche Sonderzuwendungen an Parteigliederungen und Vereinigungen geleistet

zu haben«. Er habe, so Kohl weiter, eine »getrennte Kontenführung« zu diesem Zweck für »vertretbar« gehalten, Verstöße gegen das Parteiengesetz seien nicht beabsichtigt gewesen: »Ich wollte meiner Partei dienen.«

2. Dezember 1999: An diesem Tag wurde parallel zu den staatsanwaltschaftlichen Ermittlungen ein Untersuchungsausschuß eingerichtet.

16. Dezember 1999: In einem ZDF-Interview gestand Kohl ein, bei seinem viele Jahre währenden Umgang mit Spenden einen »Fehler gemacht« zu haben. Die Summe, die er von 1993–1998 entgegen dem Parteispendengesetz angenommen hatte, bezifferte er auf einen Betrag »zwischen anderthalb bis zwei Millionen Mark«. Dabei hätte er die Spenden »ganz normal über die Partei an die Schatzmeisterei« gelenkt, anschließend seien sie in den »Gesamtapparat der Partei« geflossen.[147] Kohl aber weigerte sich, die angeblichen Spender zu benennen, denn diese hätten ihm diese Beträge nur unter der Voraussetzung anvertraut, daß sie ungenannt blieben. Er gab nur zu, daß es sich dabei um »deutsche Staatsbürger« handeln würde, »die in gar keiner Branche etwas zu tun haben mit Regierungsgeschäften, die mir aber helfen wollten. Und ich habe nicht die Absicht, deren Namen zu nennen, weil ich mein Wort gegeben habe.«[148] Aufgrund dieser Verweigerungshaltung leitete die Bonner Staatsanwaltschaft Ermittlungen gegen Kohl ein.

29. Dezember 1999: Die Bonner Staatsanwaltschaft teilte mit, sie habe gegen Kohl ein Ermittlungsverfahren wegen »des Verdachts der Untreue« eingeleitet. Die Annahme von Spenden, die dann außerhalb des finanziellen Regelwerks der Partei verwandt wurden, sei, so die Staatsanwaltschaft, ein strafbarer Tatbestand. Die Staatsanwaltschaft mußte tätig werden, weil es sich hierbei um ein Offizialdelikt handelte: Die Vermutung schien begründet, Kohl habe als Parteivorsitzender seine Vermögensbetreuungspflicht gegenüber seiner Partei verletzt. In einem solchen Fall möglicher »Untreue« gegenüber der Partei muß die Staatsanwaltschaft von sich aus aktiv werden, auch wenn die geschädigte Partei selber kein juristisches Verfahren anstrebt, unabhängig von der Tatsache, daß das Geld für Parteizwecke und nicht privat verwandt wurde. Nach den Bestimmungen des Parteiengesetzes sind keine strafrechtlichen Sanktionen gegen Personen vorgesehen, wenn eine Verletzung der Gesetze vorliegt, wohl aber erhebliche finanzielle Sanktionen gegenüber der regelverletzenden Partei.

18. Januar 2000: Die Präsidiumsmitglieder lehnten das Rücktrittsangebot Schäubles ab. Kohl erhielt vom Präsidium die Aufforderung, seinen Ehrenvorsitz bis zu einer Veröffentlichung der Spendernamen ruhen zu lassen. Selbst ausgewiesene Kohl-Anhänger und langjährige Freunde stimmten dem Antrag zu. Kohl reagierte auf den Beschluß noch am selben Tag mit seinem Rücktritt als Ehrenvorsitzender der CDU. Zu diesem Zeitpunkt war bereits bekannt, daß Schäuble 1994 von dem Kaufmann Schreiber eine 100 000-DM-Spende entgegengenommen hatte.

31. Januar 2000: Schäuble geriet jetzt selber immer mehr in den Strudel des Skandals. In einem ARD-Interview mußte er zugeben, den Lobbyisten Schreiber mindestens ein weiteres Mal getroffen zu haben – es gab aber keinerlei Erinnerung an diese Begegnung. Die während der inkriminierten Spendenvorgänge amtierende Schatzmeisterin Brigitte Baumeister widerrief zudem ihre bisherige Darstellung, sie habe die 100 000-Mark-Spende von Schäuble erhalten und an Kiep weitergeleitet. Jetzt verstieg sie sich zu der Behauptung, den Betrag persönlich von Schreiber empfangen und dann an Schäuble übergeben zu haben. Später nahm sie diese Version wieder zurück, nachdem Schreiber erklärt hatte, seine Ehefrau hätte die 100 000 Mark an sie weitergegeben, er sei bei diesem Termin nicht dabeigewesen. Das Zerwürfnis zwischen Baumeister und Schäuble nahm immer eklatantere Formen an, die in der Partei mit zunehmendem Befremden betrachtet wurden.

16. Februar 2000: Wolfgang Schäuble erklärte vor der CDU/CSU-Fraktion seinen Rücktritt als Partei- und Fraktionsvorsitzender mit den Worten: »Die CDU befindet sich in der schwersten Krise ihrer Geschichte.«

9. März 2000: Helmut Kohl kündigte eine finanzielle Wiedergutmachung an: 6,3 Millionen Mark wolle er auf das Konto der CDU überweisen, wovon 700 000 Mark aus seiner eigenen Tasche stammen und der Rest von zum Teil prominenten Bürgern gespendet werde. Größter Geldgeber sei dabei der Filmhändler Leo Kirch, ihm folge mit einem Betrag von 800 000 Mark der Essener *WAZ*-Verleger Erich Schuhmann. Bemerkenswert ist, daß Schuhmann zu diesem Zeitpunkt ein eingetragenes SPD-Mitglied war, der dann später aber aus seiner Partei ausgeschlossen wurde. Kohl erklärte weiter: »Ich habe meinen Fehler öffentlich eingestanden und bedauert. Ich habe die politische Verantwortung übernommen. Ich will mithelfen, die durch mein Fehlverhalten entstehenden finanziellen Belastungen für die CDU auszugleichen. Ich werde bei diesem Vorhaben von namhaften Persönlichkeiten finanziell unterstützt. Es sind dies deutsche Staatsbürger oder Bürger der EU, die ihre Spenden aus ihren versteuerten Einkommen tätigen. Dieser Beitrag ist steuerlich nicht absetzbar.« Zweifellos litt Helmut Kohl darunter, daß er für die schlechten Wahlergebnisse bei den Landtagswahlen in Schleswig-Holstein und in Nordrhein-Westfalen verantwortlich gemacht werden konnte. Aber über die Spender der 2,1 Millionen Mark wollte der Altkanzler immer noch keine Auskunft geben.

26. Januar 2001: Der Vorsitzende des Untersuchungsausschusses, Volker Neumann (SPD), sah sich zur Mitteilung veranlaßt, er glaube nicht, »daß Altkanzler Helmut Kohl für die Lieferung der Fuchs-Panzer nach Saudi-Arabien bestochen wurde«[149]. Bei der Vernehmung von Hans-Dietrich Genscher hätten sich für eine Annahme von Schmiergeldern keine Anhaltspunkte ergeben.

2. März 2001: Die 7. Große Strafkammer des Landgerichts Bonn stimmte dem Antrag der Bonner Staatsanwaltschaft zu, das Ermittlungsverfahren gegen Kohl einzustellen.[150] Bei der Einstellung des Verfahrens kam Kohl zugute, daß er sich nicht persönlich bereichert, sondern das Geld für Ziele seiner Partei eingesetzt hatte, wenngleich unter Verletzung der Parteisatzung. Außerdem wurde Kohls Spendenaufruf wie auch sein Einsatz eigener finanzieller Mittel als Wiedergutmachung berücksichtigt. Kohls großes Glück im Unglück war, daß er bei der Suche nach einem guten Anwalt auf den klugen rechtspolitischen Obmann der CDU/CSU-Bundestagsfraktion Ronald Pofalla stieß, der Kohl an die renommierte Essener Anwaltskanzlei von Stefan Holthoff-Pförtner vermittelte, wo Pofalla selbst tätig ist. Holthoff-Pförtner gelang es, hervorragenden juristischen Sachverstand zu mobilisieren und damit der Bundesrepublik das Schicksal eines vorbestraften Bundeskanzlers zu ersparen. Die Überlegungen mancher journalistischer Beobachter, ob diese große, aber im Strafrecht nicht besonders ausgewiesene Kanzlei die richtige Adresse für Kohl sei, wurden bald eingestellt. Der Kohl-Berater Pofalla ging – nebenbei bemerkt – insoweit in die deutsche Justizgeschichte ein, als er wenige Tage vor der nordrhein-westfälischen Landtagswahl mit steuerlichen Vorwürfen konfrontiert wurde, die sich nachweislich aber als falsch herausstellten. Die Landesregierung mußte sich hierfür offiziell entschuldigen und der verantwortliche General-staatsanwalt seinen Hut nehmen. Er war von Rüttgers als Justiz-minister vorgesehen gewesen.

Es ist interessant zu sehen, wie das jahrelange gleichsam wie geschmiert funktionierende System des geheimen Geldtransfers wie ein Kartenhaus zusammenbrach, da alle Beteiligten nur noch nach dem Prinzip »Rette sich, wer kann« handelten. Als besonde-res Politikum erwies sich, daß ein von Schreiber übergebener Geldbetrag von über einer Million Mark offensichtlich aufgeteilt wurde. Kohl erklärt noch heute in seinem *Tagebuch*, daß er von alldem nichts wußte: »Angesichts des Vertrauensverhältnisses, das mich mit Uwe Lüthje über viele Jahre verband, finde ich es unerträglich, daß hinter meinem Rücken derartige Geldtransak-tionen stattfanden – Geld, das ganz offensichtlich für die Partei-kasse bestimmt war.«[151] Nachdem durch die staatsanwaltschaftli-chen Ermittlungen immer mehr Details über die langjährige Praxis der CDU-Finanzierung an die Öffentlichkeit gedrungen waren, geschah das, was in solchen Fällen immer passiert: Perso-nen, die jahrelang verschworen zusammengearbeitet hatten, wur-den nun zu erbitterten Gegnern. Das traf beispielsweise für den langjährigen Schatzmeister Kiep zu, der behauptete, nichts von dem Kontenlabyrinth gewußt zu haben.[152] Helmut Kohl erklärte ebenfalls, »daß ich mich bei meiner enormen Arbeitsbelastung als Bundeskanzler und Parteivorsitzender nie um Kontenverbuchun-gen gekümmert habe«[153]. Er behauptete sogar, Weyrauch kaum gekannt zu haben«[154], mit ihm »nie eine nähere Beziehung ge-habt« zu haben, er sei ihm vielleicht vier- oder fünfmal begeg-net.[155] Die Praxis von Weyrauch, jahrelang Spenden auf »Vorkon-ten« geparkt zu haben, sei für ihn, Kohl, »so überraschend wie bestürzend gewesen[156], er fühle sich von ihm »zutiefst ent-täuscht« sowie »hintergangen und verletzt«.[157]

Aber Helmut Kohl kann die zentrale Rolle von Weyrauch al-lein schon deshalb nicht entgangen sein, weil die leitenden Mitar-beiter der CDU-Bundesgeschäftsstelle ihre Gehälter von dem Büro der »Weyrauch und Kapp GmbH« in Frankfurt am Main überwiesen bekamen. Damit sollte die Vertraulichkeit über die von Kohl entschiedene Höhe der Gehälter der leitenden Mitarbeiter gewahrt werden.

Der langjährige Generalbevollmächtigte Uwe Lüthje seinerseits wandte sich im Laufe des Untersuchungsverfahrens immer mehr von Kohl ab – weil er sich von diesem Mann verraten fühlte. In Lüthjes – wie übrigens auch Weyrauchs – Gedankenwelt kann man sich leicht hineinversetzen: Beide hatten jahrelang im Auftrag Kohls, sozusagen »nach bestem Wissen und Gewissen«, die Geldflüsse der Union verwaltet. Sie dürften sich der Risiken ihres Vorgehens bewußt gewesen sein, standen immer mit einem Fuß im Gefängnis, auch wenn die bewußt unklar gehaltenen Bestimmungen des Parteiengesetzes Schlupflöcher zu ermöglichen schienen. Obwohl Kohl zwar immer wieder betonte, von den verschlungenen Wegen des Kontensystems nichts gewußt zu haben, so hätte er wenigstens politisch die Verantwortung für seine Helfer übernehmen müssen. Er aber ließ seine bis dahin treuen und verschwiegenen Gehilfen wegen der anstehenden juristischen Auseinandersetzungen allein.

Bei Lüthje, der am 1. November 1971 seinen Dienst in der Schatzmeisterei der CDU angetreten hatte und beim Aufdecken des Spendenskandals schwer krank war, kam noch eine weitere persönliche Tragik hinzu: Als er sich beruflich verändern wollte und bereits zum Hauptgeschäftsführer der Industrie- und Handelskammer Dortmund gewählt worden war, leitete die Bonner Staatsanwaltschaft im Zuge des Flick-Skandals ein dann später wegen Verjährung beendetes Verfahren wegen Beihilfe zur Steuerhinterziehung ein. So mußte Lüthje bei der CDU bis Ende 1992 in einer Art »babylonischer Gefangenschaft« verbleiben. Wenn die Behauptungen von Lüthje zutreffen, daß er vor dem Flick-Untersuchungsausschuß zugunsten von Kohl gelogen habe, um ihm das Weiterregieren als Kanzler zu ermöglichen, und er nach seinem Ausscheiden aus dem Dienst von diesem jahrelang bewunderten Chef nicht einmal zu einem Gespräch empfangen wurde, dann ist mehr als verständlich, daß Lüthje einen tiefen Ingrimm gegen Kohl entwickelte. Kohl wandte sich nach all den Jahren des Schweigens erst wieder im Zusammenhang mit dem Spendenskandal an Lüthje, um entsprechende Informationen über die vorangegangene Spendenpraxis einzuholen. Daraufhin machte der in seinem Wesen eher diskrete Lüthje etwas, womit sein alter Chef nicht gerechnet hatte – er übergab nämlich dem von Kohl als »Hauptagitator der ganzen Kampagne gegen mich«[158] bezeichneten Journalisten der *Süddeutschen Zeitung*, Hans Leyendecker, Unterlagen, die er eigentlich für Kohl angefertigt hatte. So ging auch aus einem Bericht der *Süddeutschen Zeitung* im Zusammenhang mit der Flick-Affäre der Hinweis hervor, Weyrauch und Lüthje hätten für Kohl falsch ausgesagt. Ein Zitat von Lüthje in diesem Artikel: »Uns hat er zu verdanken, daß er nach 1986 noch Bundeskanzler bleiben konnte.«[159]

Dem Magazin *Der Stern* erläuterte Lüthje im August 2000 nochmals seine tiefe Frustration über Kohl. Lüthje berichtete darin von einer schriftlichen Befragung durch den damaligen CDU-Vorsitzenden Schäuble, in der er, Lüthje, erklärte – mit Kopie an Kohl –, er habe von Kiep und gelegentlich von Kohl Spenden unbekannter Herkunft weitergeleitet. In dem *Stern*-Artikel gab Lüthje zu verstehen, er sei nicht mehr »zu irgendwelchen uneidlichen Falschaussagen bereit«; für ihn habe »die persönliche Ehre Vorrang vor allen anderweitigen Solidaritätsverpflichtungen«.[160] Kohl, der diesen Hinweis sofort verstand, rief daraufhin Lüthje an und forderte ihn auf, von dieser Passage Abstand zu nehmen. Doch Lüthje, so der *Stern*, weigerte sich, dem Ansinnen des Exkanzlers zu entsprechen. Kohl zu diesem Vorgang heute: »Die Behauptung von Lüthje … er habe seinerzeit im Zusammenhang mit der Flick-Affäre eine Falschaussage zu meinen Gunsten gemacht, entspricht nicht der Wahrheit. Ich hatte ihn niemals zu einem solchen Tun angehalten oder angestiftet.«[161] Vielleicht trifft es sogar zu, daß er den loyalen Lüthje gar nicht erst »anstiften« mußte. Könnte es nicht sein, daß Lüthjes »vorauseilender Gehorsam« ein Ersuchen zu solchem Tun gar nicht erst notwendig machte? Andererseits wäre es aber auch töricht, wenn sich Lüthje und Kohl seinerzeit nicht abgesprochen hätten.

Kohls wichtigster Verbindungsmann im Konrad-Adenauer-Haus war nach Lüthjes Ausscheiden Hans Terlinden. Dieser hatte sich im wahrsten Sinne hochgedient, war bei der Bahn im einfachen Dienst tätig gewesen, wurde später Kreisgeschäftsführer der CDU in Recklinghausen und danach CDU-Landesgeschäftsführer von Rheinland-Pfalz. Kohl hatte ihn ursprünglich sogar als Bundesgeschäftsführer der CDU vorgesehen. Er wurde aber dann der für Finanzen zuständige Hauptabteilungsleiter im Konrad-Adenauer-Haus. Terlinden, so könnte man sagen, betrieb die Filigranarbeit beim Eintreiben der Gelder und vor allem auch bei deren Ausgabe. Er hatte einen äußerst intensiven Kontakt zu Kohl, auch über Juliane Weber. Der frühere CDU-Bundesgeschäftsführer Hans-Joachim Reck, der Kohl für den Bereich von Terlinden ein modernes Controlling-System vorgeschlagen hatte, blitzte bei Kohl in ziemlich harscher Form ab. Kohl ließ ihn mit einem Schreiben vom 21. August 1995 wissen, er wünsche »auf gar keinen Fall, daß im Amtsbereich von Hans Terlinden Veränderungen vorgenommen werden«. Der Kanzler verwarf auch den Vorschlag Recks, den schwer erkrankten Terlinden durch eine personelle Neuorganisation des Finanz- und Verwaltungsbereichs zu »entlasten«.

Obwohl Kohls engster Vertrauter im Konrad-Adenauer-Haus, blieb Terlinden auch unter der neuen Parteiführung als Hauptabteilungsleiter im Amt. Es war zwar nur eine Frage der Zeit, bis er das Rentenalter erreichte, aber Terlindens Verbleib hatte auch damit zu tun, daß man sich mit Helmut Kohl nicht anlegen wollte. Diese Entscheidung sollte sich bald als ein Fehler herausstellen und führte in der Folge zu einem schweren Krach zwischen Schäuble und Kohl. Der Grund: Von seiner etwa siebenstündigen Vernehmung durch die Augsburger Staatsanwaltschaft am 23. November 1999 hatte nämlich Weyrauch ein Protokoll verfaßt, das er direkt an Terlinden weiterreichte. Terlinden wiederum übergab es unmittelbar Kohl, während Schäuble oder Angela Merkel davon nicht in Kenntnis gesetzt wurden. Als dann Weyrauch zwischenzeitlich den CDU-Bundesgeschäftsführer Willi Hausmann von der Weitergabe dieses Protokolls an Terlinden telefonisch informierte, war die Empörung bei Schäuble und Merkel groß. Terlinden wurde wegen Verletzung der Dienstpflichten fristlos entlassen. Kohl, der nie Regeln beachtet hat, die ihm nicht opportun erschienen, gab allerdings später in seinem *Tagebuch* zu, daß die Einbehaltung des Protokolls ein Fehler war.

Der Fall Terlinden zeigte vielerlei. Schäuble und seine Generalsekretärin wußten um das besondere Vertrauensverhältnis zwischen Kohl und Terlinden. Angesichts der Tatsache, daß die Pensionierung von Terlinden im Jahr 2000 anstand, kamen beide überein, sich wegen Terlinden nicht mit Kohl anzulegen. So konnte Terlinden ohne wirkliche Einschränkung seiner Kompetenzen weiterarbeiten, weil die neue Parteiführung jeder Lösung – auch in anderen Fragen – aus dem Wege ging, die Kohls Donnergrollen hätte hervorrufen können. Zum Beispiel hätte Terlinden der Verantwortungsbereich für Finanzen entzogen werden können. Aber Schäuble und Merkel trafen die falsche Entscheidung – einer der Gründe, warum die neue Führung selbst erst so spät einen Überblick über den tatsächlichen Hintergrund des Kohlschen Spendensystems bekam.

Das plötzliche Hereinbrechen des Finanzierungsskandals sollte die CDU für längere Zeit lähmen, sie politisch in die Defensive bringen. Dabei muß bedacht werden, daß die Krise auf Bundesebene von einem hessischen Spezialproblem begleitet wurde. In seiner ganzen Dramatik verschärfte es die Situation der Bundespartei. Denn die parallel bekannt gewordene Tatsache schwarzer Konten der hessischen CDU in der Schweiz war ein zusätzlicher und nicht zu unterschätzender Schlag ins Kontor der CDU: Auf einer kurzfristig angesetzten Pressekonferenz gestand der frühere Innenminister Manfred Kanther ein – er war viele Jahre Landesvorsitzender der CDU in Hessen –, in der Schweiz lagernde Geldmittel nicht im Rechenschaftsbericht aufgeführt zu haben. Mit besonderer Empörung wurde die Version zur Kenntnis genommen, daß angebliche Vermächtnisse jüdischer Erblasser – diese Begründung stammte von dem vormaligen CDU-Schatzmeister Casimir Prinz Wittgenstein – zur Verschleierung der Rücküberweisung von Geldern aus der Schweiz nach Hessen genutzt worden waren. Helmut Kohl zeigte sich angesichts der hessischen Konten völlig ahnungslos. Daß der Finanzberater Weyrauch auch mit den schwarzen Kassen in Hessen jonglierte, ist zwar an sich noch kein Beweis für Kohls Wissen um diese Gelder. Wer aber Kohls Fähigkeiten bei der Beschaffung von Informationen kennt, müßte sich über seine Nichtkenntnis nur wundern.

Zur Bewertung der Spendenvorgänge sei noch auf folgende Aspekte hingewiesen:

Erstens: Die CDU-Finanz-und-Spenden-Krise geschah zeitgleich mit der Aufdeckung von SPD-Skandalen in Nordrhein-Westfalen und Niedersachsen. Die Westdeutsche Landesbank wurde im größten deutschen Bundesland in mancherlei Weise wie eine schwarze Kasse benutzt. Durch sie wurden Politikerflüge bezahlt und andere Kosten übernommen, die im Landeshaushalt nicht auftauchten. Selbst Bundespräsident Johannes Rau mußte sich für seine Flugpraxis als früherer Ministerpräsident von Nordrhein-Westfalen entschuldigen. Wegen seiner Befangenheit fiel er damals auch als »moralische Instanz« in dem CDU-Spendenskandal aus. In Niedersachsen gab es ähnliche Vorwürfe gegen den früheren Ministerpräsidenten Gerhard Glogowski (SPD), der jedoch kurze Zeit später zurücktrat. Daß die Medien vorübergehend auch die SPD beleuchteten, half der CDU jedoch nicht, da die Dimension ihrer Spendenaffäre alles andere in den Schatten stellte. Zugleich wurde die CDU verstärkt in die Kritik genommen, weil sie zu Beginn ihrer Regierungszeit die »geistig-moralische Wende« angekündigt hatte. Insoweit konzentrierte sich – trotz der genannten Vorgänge in der SPD – die öffentliche Aufmerksamkeit auf die Bundes-CDU. Wenn zudem eine Partei sechzehn Jahre ununterbrochen an der Macht ist, dann ist davon auszugehen, daß sich hier weitaus mehr Probleme als bei Oppositionsparteien angesammelt hatten. Die Dominanz Helmut Kohls tat ein übriges hinzu. Der Mann bewies eine erstaunlich geringe Sensibilität bei all diesen Problemen, zudem sie auch noch personalisiert werden konnten.

Zweitens: Der Gerechtigkeit halber muß bei der Beleuchtung der schwarzen Kassen berücksichtigt werden, daß noch in den sechziger und siebziger Jahren bei allen politischen Parteien die Spendenpraxis sehr viel liberaler gehandhabt wurde. Zudem war in früheren Jahrzehnten ein Unrechtsbewußtsein über Umgehungstatbestände weniger ausgeprägt. Heute sind die moralischen Maßstäbe in der öffentlichen Diskussion wesentlich rigoroser. Gleichwohl erklärte man parteiübergreifend mit einem Augenzwinkern, daß die rechtlichen Bestimmungen sehr vage seien – und wo kein Kläger ist, ist auch kein Richter. Das Parteiengesetz strotzte nur so von unklaren Regelungen. Die jeweiligen Schatzmeister hatten die für ihre Partei wichtigen Regelungen auf Interpretationsmöglichkeiten hin abgeklopft und nach stundenlangen Beratungen das Regelpaket geschnürt. Dadurch wurde eine nach außen hin deklarierte Moralität nicht für den internen Bereich akzeptiert – es wurden bewußt Schlupflöcher geschaffen. Unter anderem blieb die Möglichkeit der Stückelung von Beträgen unterhalb der 20 000-DM-Grenze, so daß Tochtergesellschaften großer Firmen eigenständig spendenberechtigt sind, ohne daß diese Spendensummen addiert werden. Auch wurden die Einnahmen aus Vermögensbeteiligungen der SPD an Firmen und Tageszeitungen mit anderen Einnahmen gleichgestellt. Die absichtliche Unklarheit im Finanzierungsteil des Parteiengesetzes wird mit Sicherheit auch noch anderen Parteien Schwierigkeiten machen.

Drittens: Welcher Teufel jedoch Kohl geritten haben mag, daß er aus seiner wenig ruhmreichen Rolle im Flick-Spendenprozeß keine entsprechenden Konsequenzen zog, wird sein Geheimnis bleiben. Kohl hatte, wenn es um Vorteile für seine eigene Partei und den eigenen Machterhalt ging, kaum Unrechtsbewußtsein. Offensichtlich existierte das Finanzierungssystem schon vor seinem Amtsantritt. Nach Aussagen von Wolfgang Schäuble vom 8. Dezember 1999 sind schwarze Konten in der CDU vor der Ära Kohl installiert worden, vermutlich bereits unter Kohls Vorgänger, Rainer Barzel, Anfang der siebziger Jahre.[162] Auf jeden Fall wird Kohl das Vorhandensein einer »Kriegskasse« als angenehm empfunden haben – auf ein derartiges Machtinstrument auf einmal zu verzichten, fällt ja nicht gerade leicht. Denn sobald ein solches System für einige Zeit geduldet wurde, war bereits Unrecht geschehen. Andererseits wird Kohl schon gewußt haben, daß eine Zeitbombe tickte. Vermutlich lag bei seinem Vorgehen eine Mischung aus Verdrängung und Legitimation vor. Es mußte ihn geärgert haben, daß die SPD vor allem durch die Restitution ihres Vermögens in den neuen Ländern zu einer reichen Partei geworden war. Damit legitimierte er vermutlich in seinem Innersten das Vorhandensein solcher außerrechtlichen finanziellen Regelwerke. Daß der Gewerkschaftsbund (DGB) und seine Einzelgewerkschaften die Sozialdemokratie insbesondere bei den Bundestagswahlen im Jahr 1998 massiv unterstützten, dürfte für Kohl eine zusätzliche Legitimation für schwarze Kassen gewesen sein. Und er hatte ja auch immer Vasallen, die ihm die eigentliche Arbeit abnahmen und dafür gut entlohnt wurden, wie beispielsweise Lüthje, der bei seinem Ausscheiden eine Altersversorgung in der Besoldungsstufe eines Unterabteilungsleiters eines Bundesministeriums (B 6) erhielt. Und Kohl – das gehörte sicherlich mit zu seinen inneren Denkstrategien – erzählte in ihm vertrautem Kreis gelegentlich, daß der französische Staatspräsident François Mit-

176

terrand einst mit Hilfe eines Geheimfonds, auch »Reptilienfonds« genannt, über viele Millionen Franc verfügen, sie ohne jegliche Kontrolle verwenden konnte. Was für den französischen Staatspräsidenten recht und billig war, müßte – so vermutlich Kohls Selbstlegitimierung – auch dem deutschen Bundeskanzler zustehen.

Viertens: Parteien brauchen für ihre Aufgaben Geld, angesichts der an sie herangetragenen Anforderungen sogar viel Geld. Vergleicht man aber den Gesamthaushalt großer Parteien beispielsweise einmal mit den Werbeetats großer Firmen, dann wird man feststellen, wie klein die Parteietats sind. Dennoch muß auch eine Partei ein »Produkt« verkaufen. Wäre es wirklich richtig, private Spenden zu verbieten? Und müssen Spenden zum Beispiel von Firmen (aber auch von Verbänden und Gewerkschaften) wirklich immer nur – wie häufig unterstellt wird – als »Schmiermittel« für einzelne Projekte gedacht sein? Oder können diese Spenden nicht auch auf die Unterstützung einer generellen politischen Richtung abzielen? Sollen die Parteien wirklich am Tropf des Staates hängen? Denn daß Mitgliedsbeiträge allein den Bedarf der Parteien decken, wird kaum jemand behaupten wollen. Nach einem Urteil des Bundesverfassungsgerichts darf der Betrag der öffentlichen Einnahmen den Betrag der Eigeneinnahmen nicht übersteigen. Die Grundfragen zur Parteienfinanzierung stellen sich allein deshalb, weil bei jeder Spende die unterschiedlichste Abhängigkeit einer Partei vom Geldgeber vermutet werden kann. Deshalb gibt es das Transparenzgebot des Parteiengesetzes, das jede Spende über 20 000 DM anzeigepflichtig macht. Sicher haben Lobbyisten wie Schreiber versucht, sich die Bundesregierung geneigter zu machen – nämlich genau das, was Eberhard von Brauchitsch als »Pflege der politischen Landschaft« bezeichnet hatte. Natürlich wurde der Regierung Geld in der Hoffnung gegeben, daß sie von sich aus die richtigen Konsequenzen ziehen würde. Ein Nachweis darüber, daß eine spezielle Spende ein spezielles politisches Ergebnis zur Folge hatte, dürfte aber schwer zu erbringen sein. Was die Spendenpraxis anbelangt, ist ein hohes Maß an Heuchelei zu konstatieren, und: Spenden an politische Parteien haben immer einen Beigeschmack.

Fünftens: Helmut Kohl verstieß über viele Jahre systematisch gegen das Parteiengesetz, auch wenn er sich nach allen Erkenntnissen nicht persönlich bereichert hat, sondern die ihm zur Verfügung stehenden finanziellen Mittel primär für seine Wiederwahl und zur Machterhaltung innerhalb der eigenen Partei nutzte. Zudem muß festgehalten werden, daß sich in der Ägide Kohls Entwicklungen ergeben haben, die nachdenklich stimmen: Hier ist vor allem der möglicherweise in Südostasien untergetauchte und mit internationalem Haftbefehl gesuchte frühere Staatssekretär im Verteidigungsministerium, Holger Pfahls, zu nennen. Er war zuvor Chef des Bundesamts für Verfassungsschutz und kam aus den Reihen der CSU. Kohl hat immer wieder behauptet, er habe Distanz zu Pfahls gehalten. Pfahls fädelte Geschäfte in Saudi-Arabien ein – lange vor einer offiziellen Anfrage –, bei denen es um Lieferungen von Spürpanzern ging. Eine Schlüsselrolle spielte in diesem Zusammenhang aber auch die frühere parlamentarische Staatssekretärin im Verteidigungsministerium, Agnes Hürland-Büning. Ihr werden enge persönliche Beziehungen zur Familie Kohl nachgesagt. Nach ihrem Ausscheiden aus ihrem Amt heuerte sie Thyssen als Beraterin an; dafür kassierte sie rund fünf Millionen Mark. Auch bei dem Verkauf der ostdeutschen Leuna-Raffinerie und des Tankstellennetzes Minol an den französischen Konzern Elf Aquitaine in der Regierungszeit Kohls soll sie ein erhebliches Beraterhonorar erhalten haben.

Sechstens: Der parallel zu den staatsanwaltschaftlichen Ermittlungen installierte Untersuchungsausschuß hat – wie praktisch alle Untersuchungsausschüsse des Bundestags – nicht sonderlich viel zur Wahrheitsfindung beigetragen, da diese Ausschüsse auch immer ein Instrument des politischen Machtkampfes sind. Helmut Kohl empfing beispielsweise mehr oder weniger regelmäßig, insbesondere dann, wenn er als Zeuge vernommen werden sollte, CDU-Mitglieder aus dem Untersuchungsausschuß zu Gesprächen. Dabei ging es sicherlich auch um die Verteidigungsstrategie, also nicht nur um einen Austausch von Informationen. Der eingesetzte Ausschuß sollte aufklären, inwieweit Spenden, Provisionen oder andere Zuwendungen direkt oder indirekt an Mitglieder und Amtsträger der früheren Regierungskoalition und deren nachgeordnete Behörden, die sie tragenden Parteien und Fraktionen oder an sonstige Personen und Institutionen geflossen sind. Und er sollte Klarheit darüber schaffen, ob die Kohl-Regierung als Gegenleistung für angebliche Schmiergeldzahlungen bereit gewesen sei, zur Jahreswende 1989/1990 Bundeswehr-Spürpanzer nach Saudi-Arabien zu liefern. Ferner sollten die Privatisierung der Leuna-Raffinerie, die Airbus-Geschäfte mit Kanada und Thailand und die Lieferung von Hubschraubern an die kanadische Küstenwache untersucht werden. Der unter großem Getöse installierte Ausschuß hatte nichts zutage gefördert, was nicht bereits in den Medien in der einen oder anderen Form bekannt war – auch nichts zu den Vorwürfen angeblicher Bestechung, die Kohl bzw. einzelne Regierungsmitglieder betrafen. Folglich erklärte der Ausschußvorsitzende Volker Neumann (SPD), wie schon gesagt, daß eine Schmiergeldzahlung an Kohl bezüglich der Lieferung der »Fuchs«-Panzer nicht nachweisbar sei.

Siebtens: Es herrschte im CDU-Vorstand insgesamt eine »Kultur der Zurückhaltung« – dergestalt, daß im Prinzip jeder davon ausging, es sei besser, in Finanzangelegenheiten überhaupt nicht nachzufragen und diese Kohl zu überlassen, um dessen guten Draht zu Wirtschaftsbossen nicht zu gefährden. Auch die vom Geldsegen beeindruckbaren Landesvorsitzenden der CDU dürften kaum intensiver nachgeforscht haben, aus welchen Quellen die entsprechenden Sonderzuweisungen denn stammten.

Die Tatsache, daß die Gelder nach eigenem Gutdünken am CDU-Bundesvorstand vorbei verteilt wurden und noch nicht einmal das Präsidium darüber informiert worden war, zeigt, daß es sich bei den Donationen auch um Instrumente zur Stabilisierung von Kohls persönlicher Macht handelte. Kohl bestreitet zwar, daß er »mit Millionenbeträgen« seine individuelle Macht in der Partei habe sichern wollen: »Mein einziges Motiv als Parteivorsitzender bestand darin, dort zu helfen, wo die Parteiarbeit besonders schwierig war.«[163] Und in der Tat waren die meisten Zuwendungen von kleinerer Art – doch machen nicht diese ebenfalls abhängig?

Kohl mag bei den von ihm zu verantwortenden finanziellen Praktiken manchmal an bestimmte politische Größen gedacht haben. Er dürfte dabei nicht nur neidvoll auf seinen Freund Mitterrand geschaut haben, sondern auch auf den »eisernen Kanzler«. Denn je mehr Einzelheiten des Spendenskandals aufgedeckt wurden, um so mehr fühlte man sich an die »Reptilienfonds« Otto von Bismarcks erinnert: 1866, im Krieg zwischen Preußen und Österreich, hatten der König von Hannover und der Großherzog von Hessen-Kassel – obwohl ihre Staaten dem Deutschen Bund angehörten – auf der falschen, also österreichischen Seite gekämpft. Nach der Niederlage waren sie außer Landes geflohen; Bismarck ließ deren Vermögen sofort beschlagnahmen. Auch der Reichskanzler wollte sich nicht persönlich bereichern, aber das unkontrollierte Geld kam ihm gerade recht, um die Politik in seinem Sinne zu beeinflussen.[164] Kein Landtag und kein Reichstag wußten um die eingegangenen Summen, womit Bismarck Wohlverhalten erkaufen konnte. Er hatte zwar große militärische Siege und entsprechende politische Erfolge erzielt, doch brauchte er aus seiner Sicht die Geldmittel, um insbesondere ihm gewogene Presseorgane zu unterstützen (»Pressereptilien«). 1889 sickerten zwar Details hinsichtlich des Bismarckschen Finanzierungssystems durch und verursachten auch zu dieser Zeit schon einen ungeheuren Skandal. 1891 mußte der geheime Fonds aufgegeben werden. Es wurde sogar gemunkelt, der Reichskanzler habe nach seinem Ausscheiden 300 000 DM aus dem »Reptilienfonds« mitgehen lassen – um seine persönliche Weiterarbeit zu finanzieren. Einen Beweis für diese Vermutung hat man bislang nicht gefunden. Bismarck – welche Parallele – legte Wert darauf, daß im preußischen Staatsministerium keine Akten aufgespürt werden konnten.[165]

Glanz und Elend liegen häufig nahe beieinander. Derselbe Kanzler, der durch seine Wiedervereinigungspolitik seiner Partei längere Zeit zum höchsten Ansehen in der deutschen Bevölkerung und sogar in der Welt verhalf, stürzte durch den von ihm zu verantwortenden Spendenskandal die Christdemokraten in eine lang anhaltende Krise – und riß zudem seinen Nachfolger Wolfgang Schäuble mit in die Tiefe. Für viele Monate war das Dilemma auch innerparteilich nicht zu bewältigen, weil sowohl Kohl als auch Schäuble selber von dem Debakel betroffen waren. Während der Krise hatte die Partei deshalb kein wirkliches Machtzentrum. Die Parteispendenkrise wird auch deshalb zu einem langfristigen Problem für die CDU, weil Kohl ein hohes Maß an Vertrauen in ihn und seine Partei verspielte.

Männerbande: Schäuble und Kohl

Noch nie in der deutschen Politik haben sich zwei Männer, die so eng miteinander verbunden waren, öffentlich und in aller Form die Freundschaft aufgekündigt, wie das Kohl und Schäuble taten. Mit dem Rücktritt Kohls vom Ehrenvorsitz der CDU und dem Rücktritt Schäubles vom CDU-Parteivorsitz vollzog sich ein überraschender Führungswechsel in der Union, dessen Konsequenzen noch immer nicht absehbar sind. Der verschleppte Prozeß der Scheidung – das Ende einer Dienstfahrt – symbolisierte den größten Tiefpunkt in der Geschichte der CDU.

Kohl und Schäuble hätten nicht unterschiedlicher sein können: Der wuchtige, katholische, barocke, sich häufig unklar ausdrückende und zugleich dominierende Rheinland-Pfälzer und der schmächtig-sportliche, protestantische, eher unscheinbare, wie gestochen formulierende Baden-Württemberger. Jahrzehntelang hatte Schäuble für Kohl manches heiße Eisen anzufassen. Der Helfer stand deshalb in absoluter Abhängigkeit zu seinem Chef, der aufs engste mit ihm verflochten war. Schäuble hat letztlich alle – auch die »verwerflichen« – Entscheidungen Kohls nicht nur mitgetragen, sondern vielfach sogar exekutiert.

Schäuble ist politisch nicht an Kohl zerbrochen, sondern an sich selbst: Obwohl der Jurist das Werkzeug Kohls war und zugleich fast alle seine Finessen kannte, glaubte er, seinen Lehrmeister stürzen zu können. Dies wurde ihm zum Verhängnis. Schäuble hatte Kohl bei seinem Sturz vom Podest des Ehrenvorsitzenden gezwungen, sich öffentlich schuldig zu bekennen. Der Freiburger erkannte zunächst nicht – das war sein Fehler –, daß Kohl bei seinem Fall auch ihn, Schäuble, zwangsläufig mit in den Abgrund reißen würde. Auch der Abgrund mußte mit dem getreuen Vasallen geteilt werden, man konnte sich so gut an ihm festhalten. Der kluge Gehilfe hatte zu seinem eigenen Schaden verdrängt, was er über Kohls Charakter besser wußte als jeder andere.

Durch seine Entscheidung, Angela Merkel zur Generalsekretärin zu machen, beschleunigte Schäuble den eigenen Untergang. Angela Merkel wußte seine verhängnisvolle Verbindung mit Kohl kühl kalkulierend auszunutzen. Mit ihrem Artikel in der *Frankfurter Allgemeinen Zeitung* vom 22. Dezember 1999 zerstörte sie das Verhältnis zwischen Schäuble und Kohl endgültig. Die Botschaft von Angela Merkel lautete dort, die Zeit Kohls sei unwiederbringlich vorüber. Sie benennt klar den Schaden, den die »von Kohl eingeräumten Vorgänge« der Partei zugefügt haben. Und sie kritisiert Kohls »Ehrenwort« bezüglich der Spender: »Ein Wort zu halten und dies über Recht und Gesetz zu stellen mag vielleicht bei einem rechtmäßigen Vorgang noch verstanden werden, nicht aber bei einem rechtswidrigen Vorgang.« Angela Merkel forderte deshalb die eigene Partei zu einer Emanzipation von Helmut Kohl auf.[166] Sie hatte diesen Artikel hinter Schäubles Rücken geschrieben, und es ist glaubhaft, wenn Schäuble heute zu verstehen gibt, daß er hinsichtlich dieses Textes »völlig ahnungslos« gewesen sei: »Ich rief Frau Merkel an und gab ihr meine Überraschung und mein Befremden darüber zu verstehen, daß sie diesen Beitrag veröffentlicht hatte, ohne mich zu informieren.«[167] Kohl vermochte dieser Version nicht zu folgen, ihm erschien es »undenkbar, daß Wolfgang Schäuble von dieser Aktion nichts gewußt haben soll«.[168] Daraus resultierte Kohls äußerst heftige Reaktion gegenüber Schäuble.

Wer ist eigentlich Wolfgang Schäuble? Der 1942 in Freiburg geborene Vater von vier Kindern ist eine der bemerkenswertesten Persönlichkeiten des Deutschen Bundestages, kein großer Volkstribun, doch von manchmal schneidender Rhetorik. Er trägt – wie viele andere auch – eine Politikermaske, die ihn so rätselhaft erscheinen läßt. Schäuble ist Jurist – und das aus vollem Herzen. Nach seiner Promotion 1971 arbeitete er in einem kleinen Finanzamt in Baden-Württemberg. Er engagierte sich schon früh in der Politik, beim RCDS und in der Jungen Union, wo er seit 1961 Mitglied war. In die CDU trat er 1965 ein. 1969 bis 1972 war Schäuble Bezirksvorsitzender der Jungen Union Südbaden, 1970 wurde er Mitglied des Bezirksvorstandes der CDU Südbaden und seit 1982 dessen stellvertretender Vorsitzender. Er gehörte zu den ersten Unterstützern Helmut Kohls – und dies gerade in dem für Kohl nicht ganz einfachen Landesverband Baden-Württemberg. In den Deutschen Bundestag zog er erstmals 1972 ein und wurde 1981 unter Kohl Parlamentarischer Geschäftsführer der CDU/CSU-Bundestagsfraktion. Von November 1984 bis April 1989 war er Chef des Bundeskanzleramts. In dieser Zeit erwarb sich Schäuble den Ruf eines effizient arbeitenden Stabschefs der Bundesregierung, zu dem Kohl ein besonders enges Vertrauensverhältnis entwickelte. Schäuble strebte nach einem eigenen Ressort. So wurde er im April 1989 – als Nachfolger von Friedrich Zimmermann (CSU) – Innenminister. Das Amt übte er bis November 1991 aus. In dieser Zeit gelang es ihm, den Koalitionspartner FDP in so heiklen Fragen wie Datenschutz, Ausländer- und Asylgesetzgebung sowie innere Sicherheit einzubinden. Sein politisches Meisterstück gelang ihm bei den monatelangen Verhandlungen zur deutschen Einheit. Der Einigungsvertrag trägt seine Unterschrift. Schäuble ist einer der wesentlichen Architekten dieses historisch bedeutsamen Vertragswerks, zumal er als einstiger für die operative Deutschlandpolitik zuständiger Chef des Bundeskanzleramts vielfältige Erfahrungen mit der DDR gesammelt hatte. Schäuble war es auch, der innerhalb seiner eigenen Fraktion unablässig für die Notwendigkeit einer raschen politischen Integration kämpfte. Dort waren manche Bedenken geäußert worden, ob nicht die Einheit zu schnell käme, die ostdeutsche Bevölkerung eher »links« wählen und damit eine CDU-geführte Bundesregierung wegfegen würde.

Durch ein Pistolenattentat eines geistesgestörten Täters während einer Veranstaltung in seinem Wahlkreis im badischen Oppenau am 12. Oktober 1990 wurde Schäuble querschnittgelähmt; den Rest seines Lebens wird er im Rollstuhl verbringen müssen. Was Kohl und Schäuble in jenen Wochen des Klinikaufenthalts besprachen, darüber haben sich beide Politiker nie öffentlich geäußert. Doch hielt es Schäuble für richtig, sich nicht ins Privatleben zurückzuziehen, sondern ins Innenministerium zurückzukehren. Schäuble gilt als ausgesprochen diszipliniert, auch wenn er sich gelegentlich bemüht, dieses Image zu relativieren.

Im November 1991 wurde Schäuble als Nachfolger Alfred Dreggers Vorsitzender der CDU/CSU-Bundestagsfraktion. Diese Entscheidung war von Kohl geprägt, obwohl er sie später wohl für einen Fehler gehalten haben mag. Denn Schäuble konnte in diesem Amt immer mehr Selbständigkeit entwickeln. Unter dem Juristen wurde die Fraktion Schritt für Schritt zu einem zweiten Machtzentrum neben der Regierungszentrale ausgebaut. In dieser Zeit kam es zu Änderungen des Asylrechts, Schäuble provozierte mit Thesen über ein »Kerneuropa« und initiierte eine Wertediskussion über die Zukunft.[169] Mit seinem im Jahr 1998 erschienenen Buch *Und sie bewegt sich doch* wandte sich Schäuble gegen einen Reformstau und plädierte für eine Politik, die den Herausforderungen der Globalisierung gewachsen ist. Entsprechend wichtig war ihm die Europapolitik.[170] Das Buch zeigt Schäuble als einen nachdenklichen Politiker, der zudem das Gegenbild zu dem wenig intellektuell wirkenden Kohl abgibt. Kohl konnte es überhaupt nicht leiden, wenn seine Mitstreiter Bücher veröffentlichten. Als Wolfgang Schäuble einem Buch den Titel *Der Vertrag. Wie ich über die deutsche Einheit verhandelte* gab, war Kohl darüber wenig erbaut, fürchtete er doch, seine Rolle als Kanzler der Einheit könne dadurch relativiert werden.

Früh kamen Gerüchte auf, Schäuble wolle eines Tages Kohl als Bundeskanzler nachfolgen. Ihm wurde immer wieder unterstellt, er wolle die FDP als Koalitionspartner verprellen, um sich den Weg zu einer großen Koalition mit ihm als Bundeskanzler zu bahnen. Schäuble blieb engagierter Fraktionsvorsitzender bis zu seiner Ablösung durch Friedrich Merz im Februar 2000.

Es war nie einfach – trotz vieler Reden und Publikationen –, Schäuble politisch einzuordnen. In gewissem Sinn kann man ihn als einen Technokraten der Macht bezeichnen. Während sich Helmut Kohl ohne Scheu über seine politischen Empfindungen, seine Eingebundenheit in ein Wertesystem, seine historischen Bezüge verbreitete, tat sich Wolfgang Schäuble schwer, sein Koordinatensystem offenzulegen. Alles wirkte bei ihm rational, durchdacht und von hoher Intelligenz geprägt. Als eingefleischter Pragmatiker entwickelte er enorme Schachspielerfähigkeiten. Er konnte in der Regel besser als alle anderen die jeweils nächsten politischen Züge analysieren und potentielle politische Szenarien darlegen. Dabei kam ihm sein ausgezeichnetes Gedächtnis zugute. Häufig war es in den schwierigen innenpolitischen Fragen einzig und allein Schäuble, der die einzelnen Fäden noch zusammenbinden konnte. Bei all diesen Fähigkeiten blieb er doch eher ein verschlossener Zeitgenosse, der gerade mit Mitarbeitern außerordentlich unduldsam sein konnte. Ihnen fiel an Schäuble ein Wesenszug auf, der ihm hin und wieder zum Verhängnis werden sollte, nämlich der Hang zur Rechthaberei. Gern ließ er andere seine Überlegenheit spüren. Am besten kam er mit Juristen aus, die mit ihm auf gleicher Wellenlänge lagen.

Schäuble besaß trotz mancher Niederlagen den größten Einfluß auf die Politik der Koalition, auch weil Kohl ihm die Entscheidung zu vielen prinzipiellen Fragen der Innenpolitik überließ. Schäuble war damit nicht nur der Helfershelfer Kohls, sondern auch Gestalter. Insofern ist die Wahlniederlage 1998 auch sein persönlicher Mißerfolg.

Der Präsidialstil Kohls vergrößerte den Einfluß Schäubles, der zunehmend den Eindruck erweckte, daß ohne ihn in der Regierung nichts mehr laufen würde, zumal er als Fraktionsvorsitzender über einen von der Regierung unabhängigen Apparat verfügte. Hieraus entsprang auch seine Idee eines »Zukunftsprogramms«, das schließlich auf dem Bundesparteitag der CDU am 19. Mai 1998 in Bremen beschlossen wurde. Mit diesem Programm verfolgte Schäuble drei Ziele: Zum *einen* wollte er selber als ein richtungweisender Kopf angesehen werden (ein durchaus berechtigtes Egoziel). Allerdings hatte dies auch zur Konsequenz, daß Kohl als geistig verbraucht dastand – so, als würde er eine Debatte um die Zukunft nicht mehr wirklich mitbestimmen können. Zum *zweiten* beabsichtigte Schäuble eine ökologische Erneuerung der Gesellschaft, um damit eine der Regierung vorgeworfene Modernitätslücke zu schließen. Zum *dritten* ging es Schäuble bei diesem Zukunftsprogramm um eine verständliche Sprache, die das übliche Politikerdeutsch hinter sich lassen sollte. Allerdings handelte er sich mit seinem Vorhaben erheblichen Streit mit der CSU ein. Insbesondere verärgerte er mit der Idee einer Ökosteuer die Union, da er eine ähnliche Absicht wie die Grünen hegte – nämlich Energieeinsparungen durch eine entsprechende Ökosteuer zu erzwingen. Eine besonders starke Konkurrenz herrschte übrigens zwischen Waigel und Schäuble, die Helmut Kohl nicht verborgen blieb. Wenn sich wichtige Personen verfeinden, war das Kohl durchaus recht, weil derartige Spannungen – auch jene zwischen Waigel und Rühe – den eigenen Spielraum erweiterten. Schäuble kam mit seiner unruhestiftenden Taktik seinem Ziel näher: Er hatte sich immer unersetzbarer gemacht. Nur wenigen Menschen zollte Kohl Respekt, aber Schäuble mußte er aufgrund seiner Kenntnisse achten. Je intensiver sich Kohl um die internationale Politik kümmerte, desto mehr überließ er Schäuble faktisch die Verantwortung für die Innenpolitik.

Schäuble zählte auch zu den ganz wenigen, die Kohl gegenüber ein »Nein« herausbrachten. Auch wird er sich mit dem ihm eigenen Zynismus keine Illusionen hinsichtlich der väterlich-freundschaftlichen Gefühle, die Kohl ihm gegenüber an den Tag legte, gemacht haben. Wann das Vertrauensverhältnis zwischen den beiden in die Brüche ging, läßt sich nicht genau sagen, zumal es sich hier um eine langfristige Angelegenheit handelte. Eine Ursache kann darin vermutet werden, daß Kohl mehrere Stunden nach dem Attentat für die Angehörigen Schäubles nicht zu sprechen war, auch wenn die Nichterreichbarkeit möglicherweise auf ein technisch-menschliches Problem an der Pforte des Bundeskanzleramts zurückgeführt werden kann. Klar ist jedenfalls, daß Schäuble nicht die Kraft fand, sich frühzeitig von Kohl zu lösen. Er war – bei allem inneren Zorn, der häufig in ihm aufkommen mußte – doch so sehr an Kohl gefesselt, daß er nie den Schritt einer wirklichen Emanzipation wagte – bis dieser fast unausweichlich wurde, nämlich im Zusammenhang mit dem Spendenskandal der CDU. Aber diese Trennung wurde mehr von seiner Generalsekretärin als von Schäuble betrieben. Selbst mit Blick auf die von ihm sicher erwartete Niederlage bei den Bundestagswahlen 1998 hatte er keinen Aufstand gegen Kohl gewagt. Die Männerfreundschaft – Schäuble lehnte die Bezeichnung ab – zwischen ihm und Kohl währte etwa dreißig Jahre. Dann trat das »Ende einer Dienstfahrt« ziemlich abrupt ein. Mehr noch: Die Tiefe von Schäubles Verbitterung ließ langjährige Verwundungen erkennen. Als der Bruch dann endlich da war, waren bei Schäuble die Dämme nicht zu halten: Oder wie soll man sonst beschreiben, was in dem langjährigen Knappen Helmut Kohls, seinem loyalsten Mitarbeiter und effizienten Mitstreiter vorging, als er in einem bemerkenswerten Interview wenige Tage nach seinem Rücktritt als Fraktionsvorsitzender seiner Empörung Luft machte? Das im April ausgestrahlte TV-Interview im Nachrichtensender Phoenix schlug wie eine Bombe ein: Noch einige Wochen zuvor, so Schäuble, hätte er sich nicht vorstellen können, wie intensiv mit dem Kaufmann Schreiber in Kanada telefoniert werde. Dabei würden die Gespräche »aus diesem Gebäude heraus geführt« – womit nicht klar wurde, ob Schäuble damit den im selben Haus agierenden Helmut Kohl oder Brigitte Baumeister (oder gar beide) meinte. Schäuble weiter: »Und deswegen sage ich … vielleicht war es kein Machtkampf, vielleicht ist es einfach nur eine Intrige – aber dann war es schon eine ziemlich ordentliche *Intrige, ich sage, mit kriminellen Elementen.* Das Maß, wie hier gelogen wird, mit Falschaussagen operiert wird, mit Unterstellungen, wie immer neue Fährten aus dem Handbuch der konspirativen Desinformation getrieben werden, das war dann jedenfalls ein *Kampf zur Vernichtung mindestens einer Person,* der aber nun gleichzeitig Vorsitzender der CDU Deutschlands und der CDU/CSU-Bundestagsfraktion gewesen ist. Vielleicht ist der Begriff Machtkampf dann doch nicht völlig unangemessen. Ich hoffe, dass irgendwann die Wahrheit auf den Tisch kommt.«[171]

Der Krieg zwischen Kohl und Schäuble ging dann auf dem Buchmarkt weiter: Auf Schäubles Werk *Mitten im Leben*[172] folgte wenige Wochen später das Kohlsche *Tagebuch*[173], das am 24. November 2000 der Öffentlichkeit vorgestellt wurde. Beide Bücher sind spannend zu lesen in ihren unterschiedlichen Versionen, und sie zeigen zwei Politiker, die in ihrer Mentalität kaum gegensätzlicher sein können. Beide Bücher sind nachträglich und mit der Intention geschrieben, jeweils die eigene Position besonders deutlich zu vertreten.

Kohls *Tagebuch* ist die »Apologie eines Gekränkten«.[174] Es hat Rechtfertigungscharakter, da die jeweiligen Tagesnotizen erst später formuliert worden sind.[175] Beispielsweise trägt Kohl unter dem 28. September 1998 folgendes ein: »Unsere Pläne für eine Steuerreform, die wesentlich weiter gingen als die Beschlüsse der heutigen SPD-Regierung, wurden umgehend als unsozial diffamiert.«[176] Ein eigentümlicher Eintrag, denn Kohl schreibt bereits einen Tag nach den verlorenen Bundestagswahlen von den Beschlüssen einer »heutigen SPD-Regierung«, die zum Zeitpunkt der angeblichen Niederschrift noch gar nicht existierte! Ein weiteres Beispiel zeigt noch deutlicher, daß das *Tagebuch* »nachgeschrieben« wurde. So heißt es am 22. November 1999: »Heute haben die Koalitionsfraktionen von SPD und Grünen den Antrag für einen Parlamentarischen Untersuchungsausschuß beschlossen.«[177] Aber auch am 2. Dezember 1999 ist zu lesen: »Mit den Stimmen aller Fraktionen beschließt der Bundestag die Einsetzung eines fünfzehnköpfigen Untersuchungsausschusses.«[178] Ein ehrlich geführtes Tagebuch hätte niemals zwei fast gleichlautende Sätze beinhaltet. Tatsächlich setzte der Bundestag erst am 2. Dezember 1999 den Ausschuß ein; am 22. November 1999 hatten die beiden Regierungsfraktionen die Einführung des Untersuchungsausschusses beschlossen.[179]

Hätte Kohl tatsächlich ein Tagebuch geführt, dann kämen darin gerade auch jene Termine vor, die wirklich von Interesse sind – beispielsweise die Gespräche mit Leo Kirch, Hans Terlinden oder seiner Vertrauten Agnes Hürland-Büning oder anderen wichtigen Funktionsträgern der Partei. Kohl hätte durchaus auch ausführlicher über seine Begegnungen mit dem früheren PDS-Fraktionsvorsitzenden Gregor Gysi berichten können, die für ihn keineswegs unbedeutsam zu sein schienen. Kohl vermerkte lediglich in seinem Tagebuch, er habe mit Gysi nach seinem Ausscheiden aus dem Bundeskanzleramt »gelegentlich eine Tasse Kaffee«[180] getrunken. Zudem lobte Kohl ihn unter dem Eintrag vom 20. Juli 2000 für sein Hintergrundwissen bezüglich der DDR – ein nicht ganz überraschender Hinweis. Inzwischen bestätigte Gysi in einem eigenen Buch, diverse Gespräche mit Kohl geführt zu haben.[181] Zu einem »ersten ausführlichen Gespräch« mit Helmut Kohl kam es bereits im Juni 1999[182], also lange vor der Spendenaffäre. So läßt sich erklären, daß Gysi im Plenum zur allgemeinen Verwunderung gelegentlich Partei für Kohl ergriff. Und natürlich verblüffte es, daß ausgerechnet Kohl mit einem Funktionsträger der umbenannten SED so herzlich parlierte. Im *Tagebuch* hätte man sich mehr Informationen zu dieser Beziehung gewünscht. Im übrigen war es Taktik von Gysi, solche Kontakte zu pflegen. Immerhin rühmte er sich in seinem Buch weiterer Gespräche mit hochrangigen Unionspolitikern – von Baumeister über Merkel bis Schäuble. Die Beziehungen zur CDU sollten Gysi helfen, aus der persönlichen wie der politischen Isolierung herauszukommen.

Von der Absicht Schäubles, ein Buch über den Prozeß der Trennung zu schreiben, hatte Kohl sicherlich frühzeitig erfahren. Er mußte auf jeden Fall verhindern, daß Schäubles Interpretation allein die Szene beherrschte. Im wesentlichen ging es Kohl in seinem *Tagebuch* darum, die eigene historische Bedeutung zu unterstreichen – er tut das mit einer seltenen Penetranz. Ein anderer Aspekt war, daß Kohl für seine juristischen Auseinandersetzungen Geld brauchte. Es wird geschätzt, daß die Veröffentlichung etwa eine Million Mark an Einnahmen brachte. Kohls Buch ist deshalb so interessant, weil es offenbart, wie er wirklich denkt:

Selbstgerecht, in einfachen politischen Schnittmustern. Es zeigt auch, daß er nur noch wenigen Menschen freundlich gesinnt ist – allen voran sind dies der thüringische Ministerpräsident Bernhard Vogel und der rheinland-pfälzische Landesvorsitzende Christoph Böhr sowie sein langjähriger Adlatus Anton Pfeifer, den er sogar einen »Freund« nennt. Sodann führt er noch den CDU-Landesvorsitzenden Bernd Neumann auf, der ihn zu einem Zeitpunkt, als er wegen der Enthüllungen immer mehr gemieden wurde, demonstrativ zu sich nach Bremen einlud. Doch letztendlich ist es einsam um Kohl geworden. Kohl rechnet in seinem *Tagebuch* in sehr emotionaler Weise mit seinen innerparteilichen Gegnern ab, wodurch es gelegentlich recht peinliche Züge annimmt.

Nicht minder ist Schäubles Publikation von dem Wunsch nach Rechtfertigung durchdrungen, wobei der Jurist sehr viel tiefer in die Materie eindringt und durch eine Fülle von zum Teil auch nebensächlichen Fakten gleichsam die besondere Glaubwürdigkeit seiner Rechtfertigungsschrift belegen will. Die Brillanz von Schäubles Werk beruht nicht zuletzt auf einer genauen Analyse der politischen Verhältnisse. Es wirkt gerade dadurch gefühlsbetont, daß sich der Autor – fast möchte man sagen unterkühlt – zurückgenommen hat; Schäuble läßt schlichtweg die Fakten wirken.

Der 18. Januar 2000 wird in die Geschichte der CDU eingehen: Das Ende einer besonderen Männerfreundschaft wurde spätestens an diesem Tage besiegelt. An jenem Morgen um 8.30 Uhr, nur anderthalb Stunden vor einer Präsidiumssitzung der CDU, forderte Schäuble Kohl auf, endlich die volle Wahrheit zu sagen und die Namen der von ihm verschwiegenen Spender zu nennen. Glaubt man Wolfgang Schäuble – und es gibt keinen Anlaß zu zweifeln – begann Kohl das gemeinsame Gespräch »eher frohgemut« mit der Frage »Trittst du zurück?«[183] Schäuble ignorierte die Frage und versuchte Kohl zu erläutern, wie wichtig eine Offenlegung der Namen für alle sei. Weil Kohl bei seiner starren Haltung blieb, forderte Schäuble ihn auf, sein Bundestagsmandat niederzulegen. Kohl erklärte daraufhin, er sähe sich bei Aufgabe seines Mandats dem Verfahren im Untersuchungsausschuß schutzlos ausgeliefert. »Darauf sagte ich ihm«, so Schäubles Erwiderung, »daß ich dann zurücktreten würde, weil ich die Partei aus der Kri-

se, die er mit der Zerstörung seines Ansehens seiner Regierungszeit verursache, nicht herausführen könne.«[184] Kohl rief dann ge-
reizt aus, lediglich die an ihn, Schäuble, gerichtete Spende von
Schreiber »habe diese Affäre zu einer so dramatischen Krise werden lassen«.[185] Schäubles Schlußkommentar zu dieser prekären
Situation: »Mit dem Satz, daß ich wohl schon zu viel meiner
knapp bemessenen Lebenszeit mit ihm verbracht hätte, beendete
ich daraufhin das Gespräch.«[186]

Helmut Kohl hingegen schildert den Bruch in seinem *Tagebuch* mit anderen Worten: »Wolfgang Schäuble sagt dann in
höchster Erregung, er frage mich jetzt ein letztes Mal, ob ich die
Namen der Spender nennen werde. Als ich darauf mit nein antwortete, sagt er wörtlich: ›Dann bleibt mir nichts anderes übrig,
als meinen Rücktritt zu erklären.‹ Darauf sage ich: ›Das wirst du
nicht tun.‹«[187] Schäuble habe ihn »äußerst aufgewühlt« verlassen
und ihm noch zugerufen: »Dieses Büro werde ich in meinem Leben nie wieder betreten.«[188] Kohl gibt sich angesichts der Konfrontation traurig: »Diese Szene zählt zu den schlimmsten Erfahrungen meines Lebens. Ich weiß, viele werden sich schwertun,
mir dies zu glauben. Aber es tut weh, mir in diesem Moment ein-
gestehen zu müssen, daß eine wichtige Beziehung, eine jahrelange tragfähige und belastbare Freundschaft völlig zerbrochen ist.
Aus meiner Sicht war es wirklich so: Zwischen Wolfgang
Schäuble und mir hatte sich in den letzten Jahrzehnten eine sehr
enge persönliche und wirklich freundschaftliche Beziehung entwickelt. Sie mit dem Verhältnis eines Älteren zu einem Jüngeren
zu beschreiben greift zu kurz. Es war viel mehr. Ich kann es natürlich nur für mich sagen: Ich stand zu ihm in einer sehr emotionalen, ja brüderlichen Beziehung. Zwar hätten Wolfgang Schäuble
und ich gegensätzlicher nicht sein können, aber vielleicht lag gerade darin das Geheimnis unserer guten Zusammenarbeit.«[189]
Diese angebliche Tagebucheintragung für den 18. Januar fällt besonders lang aus, was aufzeigt, wie sehr Kohl sich hinsichtlich seines Verhältnisses zu Schäuble in einem Rechtfertigungszwang
sah. Nicht von ungefähr entsinnt sich Kohl an diesem Tag auch
jenes Attentats auf Schäuble: »Gerade jetzt erinnere ich mich an
die erschütternden Bilder, als ich ihn im Krankenhaus besuchte.
Er lag auf der Intensivstation. Man brauchte kein Arzt zu sein,
um die schwere Verletzung zu erkennen, die nicht nur äußerlich

spürbar war. Ich wollte ihm nahe sein, suchte tröstende Worte und versuchte, auch schweigend Beistand zu leisten. Als ich die Station verließ, weinte ich wie ein kleines Kind. Die Erinnerung an damals, als er auf Leben und Tod lag, ist mir jetzt wieder gegenwärtig, wo wir endgültig auseinander sind und der Bruch irreparabel scheint.«[190] An dieser Stelle betont Kohl, daß er auch nach dem Attentat Schäuble als den richtigen Mann, als seinen Nachfolger angesehen habe. Zum Schluß wagt er sich an eine Interpretation des großen Streits: »In den letzten Wochen mußte ich allerdings lernen, daß mein Bild von ihm falsch war. Es will mir noch nicht wirklich gelingen, bis zur letzten Einsicht vorzudringen, aber ich begreife allmählich, daß das, was ich als Offenheit und als Michkümmern verstanden habe, von ihm offenbar als eine Belastung empfunden wurde.«[191] Und der ehemalige Kanzler weiter: »Vielleicht interpretierte er meine Haltung ihm gegenüber als Eindringen in seine persönliche Sphäre, die er mir gegenüber verschlossen halten wollte. Es gibt viele Zeugen unserer engen Verbindung, die uns bei jeder sich bietenden Gelegenheit beobachteten und sich gerade jetzt fragen, warum dieses besondere Verhältnis zerbrochen ist. Meine eigenen Überzeugungen dazu sind immer noch nicht abgeschlossen. Doch eins ist sicher: Ich habe Fehler gemacht, ohne es zu wollen, vor allem im psychologischen Bereich. Möglicherweise war aber auch meine schiere Existenz für Wolfgang Schäuble eine Belastung.«[192]

An jenem 18. Januar 2000 – dessen Atmosphäre auch dadurch beeinflußt wurde, daß immer mehr Einzelheiten aus dem parallel verlaufenden hessischen Spendenskandal ans Tageslicht kamen – forderte auch das CDU-Präsidium Kohl auf, sein Schweigen hinsichtlich der Spender zu brechen, andernfalls müsse erwogen werden, ihm seine Rechte als Ehrenvorsitzender abzuerkennen. Auch die anschließende Sitzung des CDU-Bundesvorstandes führte zu einer Stärkung der Position Schäubles, der an diesem Tag offensichtlich ernsthaft überlegt hatte, von seinem Amt als Parteivorsitzender zurückzutreten, nicht aber von seinem Fraktionsvorsitz.[193] Nebenbei bemerkt: Beim Rücktritt Rainer Barzels gab es nahezu eine Parallele – nur umgekehrt. Zunächst aber wandten sich alle anwesenden Präsidiumsmitglieder gegen Schäubles Rücktrittsabsichten und unterstützten vehement das Ansinnen, Kohls Rechte als Ehrenvorsitzender bis zur Namensnennung der

Spender ruhen zu lassen (nur zwei Mitglieder stimmten dagegen, ein Mitglied enthielt sich der Stimme).

Die Reaktion Kohls folgte prompt. Noch am Abend – während einer Fraktionssitzung, auf der unter anderen Norbert Blüm das Wort ergriff und erläuterte, warum er den Vorstandsbeschluß trotz seiner früheren engen Bindungen zu Kohl für unausweichlich hielt – erklärte Kohl: »Nach dem Ergebnis der heutigen Bundesvorstandssitzung habe ich mich entschlossen, den mir von den Delegierten des CDU-Bundesparteitages im November 1998 in Bonn übertragenen Ehrenvorsitz der CDU Deutschlands niederzulegen. Ich sehe mich außerstande, mein Versprechen, das ich einigen Persönlichkeiten gegeben habe, die meine Arbeit in der CDU finanziell unterstützt haben, zu brechen. Die Entscheidung, den Ehrenvorsitz niederzulegen, fällt mir nicht leicht. Ich gehöre der Christlich-Demokratischen Union seit fünfzig Jahren an. Sie ist und bleibt meine politische Heimat. Ich habe ihr über vier Jahrzehnte hinweg in wichtigen Ämtern gedient. Dabei habe ich auch Fehler gemacht, zu denen ich mich öffentlich bekannt habe. Ich habe immer versucht, meine Pflicht zu tun.«[194] In seinem *Tagebuch* begründete er seinen Verzicht auf den Ehrenvorsitz: »Zu keiner Zeit ist es mir in den Sinn gekommen, noch einmal einen Machtkampf auszutragen.«[195] Die Tatsache, daß Kohl, der an den Sitzungen dieses Tages selber gar nicht teilnahm, kaum noch Unterstützer hatte, muß ihn zusätzlich tief deprimiert haben: »Alte Weggenossen wenden sich von mir ab, zeigen demonstrativ, daß sie mit mir nichts mehr zu tun haben wollen. Norbert Blüm gehört dazu. Ich komme mir manchmal vor wie ein Aussätziger, den man wegen seiner gefährlichen, ansteckenden Krankheit fürchtet und meidet.«[196] Auch bekam er zu spüren, wie seine innerparteilichen Gegner diese Gelegenheit wahrnahmen, alte Rechnungen zu begleichen: »Heiner Geißler beispielsweise wird seinen Haß mir gegenüber wohl mit ins Grab nehmen. Das steht ihm ins Gesicht geschrieben. Gleiches gilt für Kurt Biedenkopf, der es genießt, endlich von oben auf mich herabblicken zu können. Es gibt weitere Persönlichkeiten, die ich jahrelang unterstützt und gefördert habe und die ohne mich niemals dort angelangt wären, wohin ihre politische Karriere sie heute geführt hat. Ihr Rachedurst ist im Laufe der Zeit ungemein gewachsen, und jetzt endlich können sie ihn stillen. Rita Süssmuth fällt mir dazu ein.«[197]

Die Aufzeichnungen von Kohl und Schäuble belegen das Ende einer langen, gemeinsamen politischen Kampfzeit, und sie zeigen unweigerlich auf, daß das, was als Sieg Schäubles über seinen langjährigen Mentor erschien, in Wirklichkeit ein um wenige Wochen verzögerter Rückzug Schäubles war, der an diesem berühmten 18. Januar lediglich mit dem Gedanken gespielt hatte, den Parteivorsitz niederzulegen. Genau vier Wochen später wurde Schäuble zusätzlich den Fraktionsvorsitz los. Die Verletztheit Schäubles zeigt sich unter anderem darin, daß er seitdem nach Möglichkeit allen Sitzungen aus dem Weg geht, an denen auch Helmut Kohl teilnimmt.

Der Entfremdungsprozeß zwischen Kohl und Schäuble hatte früh eingesetzt. Schon um die Jahreswende 1996/97 waren dissonante Signale feststellbar, und spätestens der Leipziger Parteitag am 13. und 14. Oktober 1997 vertiefte ihre Schwierigkeiten. Wie bereits ausgeführt, wurde Schäuble, der auf diesem Parteitag eine mit höchsten Ovationen gefeierte Rede gehalten hatte, ohne sein Wissen nach Abschluß des Parteitages von Kohl zum Kronprinzen ausgerufen. Schon damals, so schreibt Schäuble rückblickend, sei er der »festen Überzeugung« gewesen, »daß Kohl letzten Endes niemals freiwillig abtreten würde«.[198] Wenn das kein Kassandraruf war!

Schäuble mußte sich schon zu dieser Zeit in bezug auf seine Pläne verraten gefühlt haben. Kohl bezweckte mit seinen Kronprinzenversprechungen zweierlei. Zum einen erhoffte er mit einer solchen Ankündigung eine Verbesserung der politischen Atmosphäre zugunsten der Unionsparteien, zum anderen wollte er, daß Schäuble ihm gewogen bleibt. Und er mußte demonstrieren, daß er über das Monopol zur Benennung seines eigenen Nachfolgers verfügt. Schäuble behagte diese Rolle überhaupt nicht, weil er nur zu gut erkannte, daß es Kohl zuallererst darum ging, seine eigene Macht zu erhalten: »Kohl hat seinem Verständnis von politischen Notwendigkeiten, den Erhalt eigener Macht eingeschlossen, immer den absoluten Vorrang eingeräumt – alles andere wäre im Prinzip auch mit politischer Führung und Verantwortung schwer vereinbar.«[199] Schäuble, dem selber nachgesagt wurde, er wäre Anhänger einer großen Koalition und wolle von der Koalition mit der FDP wegsteuern, vermutet in seinem Buch, daß Kohl allein um des Machterhalts willen notfalls auch

Kanzler einer Koalition von CDU/CSU und SPD geworden wäre: »Kohl hat es immer weit von sich gewiesen, Kanzler einer großen Koalition sein zu wollen. Ich war mir da nicht so sicher.«[200] Für ihn – so Schäuble – wäre es keine »verlockende Vorstellung« gewesen, »daß die Union sich als Juniorpartner an einer großen Koalition beteiligen könnte«.[201] Im Magazin *Der Stern* indes hatte Schäuble im Oktober 1997 erklärt, daß er, »wenn die Umstände nur eine große Koalition zulassen«, ein solches Regierungsbündnis nach der Bundestagswahl nicht »als Unglück« ansehen würde.[202] Und der *Frankfurter Allgemeinen Zeitung* gestand Schäuble, er wolle zwar keine große Koalition, aber »wenn es die Wähler so richten, dann muß man es machen«[203]. Solche Aussagen ließen damals keine große Siegeszuversicht mehr verspüren.

Am besten läßt sich der Entfremdungsprozeß zwischen Kohl und Schäuble nachzeichnen, wenn man ihn in der zeitlichen Abfolge analysiert. Trotzdem kann nicht mit Bestimmtheit ausgemacht werden, wann genau der verschlossene, diszipliniert wirkende Schäuble seinen inneren Bruch mit Kohl vollzogen hatte. Aber spätestens mit der Jahreswende 1996/97 wurde Schäuble immer unruhiger und thematisierte auffällig oft die Kandidatenfrage. Zunächst versuchte er, auf Kohl in dieser Angelegenheit indirekt Druck auszuüben. Dazu bediente er sich der Medien. Wenn aber schon der Weg über Presse und TV gesucht werden muß, um einem Kanzler Mitteilungen zu machen, dann ist nach allen Erfahrungen ein Verhältnis nicht mehr zu kitten. Bei seiner Methode, wichtige Botschaften über die Öffentlichkeit zu verbreiten, fällt auf, daß *Der Stern* das von Schäuble bevorzugte Presseorgan war, obwohl das Hamburger Magazin an den Unionsparteien sonst kein gutes Haar ließ. Auch der Vorabdruck seines Buchs *Mitten im Leben* erschien in dieser Wochenzeitschrift. Und immer war es der Journalist Hans Peter Schütz, dem Schäuble seine Innenansichten preisgab. Schütz war Augenzeuge des Attentats auf Schäuble. Interessant ist vor allem, daß Schäuble beim *Stern* das Thema anregte, ob ein Behinderter überhaupt in der Lage sein könne, ein so bürdenreiches Amt wie das eines Bundeskanzlers auszufüllen, und sich die Frage stellen ließ, ob sich »der Mann im Rollstuhl« das Amt des Bundeskanzlers überhaupt zutraue.[204] Sogar das Titelbild dieser entsprechenden Ausgabe zeigte Schäuble im Rollstuhl. Offensiv erklärte er in dem Gespräch, es verletze ihn nicht, wenn ihm »die Frage nach dem Kanzler im Rollstuhl gestellt wird«. Er fügte hinzu, er wolle gegen Kohl niemals eine Kanzlerschaft anstreben, und sollte die Situation einmal eintreten, daß ihm diese doch angetragen würde, werde er »der Versuchung nicht widerstehen«, denn er könne »im Grunde genommen jedes Amt machen«, und auch Helmut Kohl gehe »davon aus, daß ich es kann«.[205]

Kohl erklärte – unmittelbar nach der *Stern*-Veröffentlichung – zur Frage der Kanzlerkandidatur lediglich: »Kommt Zeit, kommt Rat.«[206] Und fügte hinzu, zu Schäuble habe er eine emotionale Bindung, deren er sich nicht schäme: »Wir sind Freunde.« Bemüht humorvoll setzte Schäuble seine Kandidatendiskussion fort, was bei Kohl zu weiteren Irritationen führen mußte: »Natürlich weiß der Fraktionsvorsitzende der CDU/CSU, daß die Frage der Nachfolge von Helmut Kohl sich irgendwann stellen wird. Obwohl ich einmal den Vorschlag gemacht habe, wir ernennen ihn zum Kanzler auf Lebenszeit und erklären ihn für unsterblich.«[207] Schäuble setzte allerdings hinzu: »Ich wünsche mir, daß Kohl möglichst lange Kanzler bleibt.«[208] In der *Bild am Sonntag* stellte Schäuble dann die provozierende Frage: »Können Sie sich vorstellen, daß einer im Rollstuhl eine Parade abnimmt?«[209] Am 24. Februar 1997 erschien ein großer Artikel in der *Süddeutschen Zeitung*, den Helmut Kohl als von Schäuble inspiriert empfand. In diesem Beitrag wurde spekuliert, Kohl trete im Herbst zurück, Kohl leide unter dem Streß des Amtes. Ganz auf Loyalität getrimmt, äußerte sich Schäuble im Artikel dazu: »Ich weiß, daß Helmut Kohl öffentliche Ratschläge, insbesondere von seinen Freunden, nicht schätzt. Und deswegen gebe ich ihm keine.«[210] Presseorgane wie *Der Stern* oder die *Süddeutsche Zeitung* galten im Hause Kohl als schäublefreundlich, und daher wurden solche Interviews von Kohl und seiner unmittelbaren Umgebung genau registriert; man spürte, daß Schäubles Botschaften unmittelbare Hinweise an Kohl selber waren.

Nun müssen bei Kohl die Alarmglocken geläutet haben. Es war an der Zeit, sich zu erklären, und deshalb kündigte Kohl überraschend am 3. April 1997, seinem 67. Geburtstag, in einem TV-Interview seine erneute Kandidatur für 1998 an. Schäubles Kommentar zu diesem Vorgang: »Er hatte mir das vorab telefonisch mitgeteilt.«[211] Schäuble sagte allerdings nicht, wie konkret Kohl war, denn der Kanzler liebte es, sich bei solchen Mitteilungen vage zu halten, was ein »Offenhalten« einer Position bis zur letzten Minute erleichterte. Wahrscheinlich hatte Kohl gegenüber Schäuble seine Überlegungen nur angedeutet, zumal Schäuble sich nicht über seine Reaktion auf dieses Telefonat ausließ. Aber er wollte sich zumindest in der Tatsache sonnen können, daß wenigstens er – im Gegensatz zu den Vorsitzenden der beiden Koalitionsparteien, Theo Waigel und Wolfgang Gerhardt – diese Mitteilung von Kohl direkt erhalten hatte. Die Abkehr Schäubles von Kohl ist seit der Bekanntgabe der Kandidatur nicht mehr aufzuhalten, das Scheidungsdrama nahm seinen weiteren Lauf.

Fast alle politischen Vorhaben der Regierung gingen 1997 schief – oder sie waren zu spät angelaufen. Das sah dann selbst Helmut Kohl ein: »Es war ein großer Fehler, die Reformdiskussion bis in die Mitte der Legislaturperiode zu schieben.«[212] Die Überlegung Kohls, die SPD-geführten Bundesländer würden die von Lafontaine verfügte »Blockadehaltung« im Bundesrat nicht durchhalten, erfüllte sich genausowenig wie seine Vermutung, die Bevölkerung würde für dieses Dilemma die Opposition verantwortlich machen. 1997 war auch das Jahr, in dem der unterschiedliche Politikstil von Schäuble und Kohl besonders kraß zum Vorschein kamen. Schäuble wirkte eher ungeduldig, wollte auch unpopuläre Reformen umsetzen, wie zum Beispiel die Umstrukturierung der Kohleförderung. Die Folge war, daß im März 1997 mehrere zehntausend Bergarbeiter vor dem Bonner Regierungsviertel aufmarschierten. Dieses Ereignis ist übrigens nicht nur deshalb bemerkenswert, weil seinerzeit der gesamte Verkehr in Bonn zusammenbrach, sondern weil sich viele Polizeibeamte mit den Kumpels von Ruhr und Saar solidarisierten und mit der Begründung der Deeskalation sich keineswegs bemühten, die Verkehrswege freizuhalten. Kohl dagegen wollte den Konflikt mit den Bergarbeitern abwenden. Er hatte nicht nur den Bauern, sondern auch den Bergarbeitern gegenüber einen Hang zum Emotionalen – vielleicht ein Zeichen seiner Generation, weil Kohl in der Kriegs- und Nachkriegszeit Hunger und Kälte selbst erlebt hatte. Und so versteht es sich, daß er einem Streit mit dieser mächtigen Lobby aus dem Wege gehen wollte. Kohl pflegte immer zu sagen: »Wenn das Ruhrgebiet brennt, brennt Deutschland.« Schäuble hatte bei seinem Reformbestreben durchaus gute politische

Gründe auf seiner Seite. Er konnte darauf hinweisen, daß der Bergbau bei Subventionsleistungen des Bundes an erster Stelle rangierte.[213] Außerdem stand er unter politischem Druck der Landesregierung von Baden-Württemberg, wo es keinen von den deutschen Steuerzahlern mitsubventionierten Bergbau gibt. Doch die Uhr Kohls tickte im Gegensatz zu der von Schäuble nicht ordnungs-, sondern machtpolitisch. Es wird sogar kolportiert, Schäuble habe einige Monate später in einer Koalitionsrunde trotzig gegen den Erhalt des »Kohlepfennigs« plädiert, woraufhin Kohl den Raum verließ.

Auch in Fragen der Steuer- und Rentenreform kristallisierten sich zwischen Schäuble und Kohl unterschiedliche Herangehensweisen heraus. Schäuble war der Meinung, der Blockadevorwurf gegenüber der SPD allein reiche nicht, es müsse noch einmal der Versuch einer Einigung unternommen werden. Ein schwieriges Ergebnis sei immer noch besser als gar keines, so lautete seine Devise. Deshalb vereinbarte Schäuble mit seinem SPD-Kollegen Scharping hinter den Kulissen einen Kompromiß zur Steuerreform. Sein Vorschlag, zur Senkung der Lohnnebenkosten die Mineralöl- und Mehrwertsteuer anzuheben, war aber vorweg nicht mit der CSU und der FDP abgesprochen worden.[214] Der CSU-Landesgruppenchef Michael Glos erklärte daraufhin, eine Erhöhung der Mineralölsteuer zur Finanzierung der Blümschen Rentenreform werde es nicht geben.[215] Die Diskussion der Steuervorschläge kam auch bei Finanzminister Waigel – er befand sich zu diesem Zeitpunkt gerade im Ausland – keineswegs positiv an. Die FDP ließ wissen, offenbar habe Schäuble seine persönliche Meinung vorgetragen »und nicht damit gerechnet, daß der nicht in der Koalition abgestimmte Vorstoß bekannt werde«.[216] Vermutet wurde damals, Kohl habe sich mit Rücksicht auf Waigel noch nicht festgelegt. Oder hat Kohl gar beabsichtigt, Schäuble mit seiner Pfadfindermission ins offene Messer laufen zu lassen? Die FDP hatte wie auch manche Unionsabgeordneten sowieso die Befürchtung, Schäuble präferiere eine große Koalition, so daß sie ihre Empörung über Schäuble gar nicht verbergen wollte. Für Kohl hatte aber die Koalition mit der FDP höchste Priorität. Schäuble hätte wissen müssen, daß alle Überlegungen, die in fundamentaler Weise das Verhältnis zum Koalitionspartner FDP berührten, von Kohl nicht akzeptiert worden wären. – Jedenfalls wurde Schäuble zurückgepfiffen, zumal er Gegenwind nicht nur aus den Reihen von CSU und FDP, sondern auch der CDU verspürte. Der hervorragend informierte Journalist Claus Gennrich schrieb denn auch in der *Frankfurter Allgemeinen Zeitung:* »Obgleich Schäuble sich immer um Genauigkeit und logische Prägnanz bemüht, bewirkt sein Ruf des raffinierten Strategen, daß seine Ziele selbst dann rätselhaft erscheinen, wenn sie über das Nächstliegende nicht hinausgreifen.«[217] Schäuble begründete das Risiko, das er aufgrund seiner Überlegungen eingegangen war, damit, daß er »einen Stillstand der deutschen Politik vermeiden« wollte.[218] Doch sprach er selbst von einem »Fehlschlag« Schäubles – und mit ihm war die ganze Koalition angeschlagen, die Nerven lagen blank, zumal zu diesem Zeitpunkt kaum jemand in den Führungsetagen noch an einen Wahlsieg unter Kohl glaubte. Im Dezember wurde mit Rücksicht auf die FDP die letzte Chance auf eine Einigung in der Steuerreform mit der SPD vertan.[219] Zwar zeigten sich Schäuble, Waigel und Scharping am 10. Dezember 1997 endlich über einen Kompromiß einvernehmlich, doch wegen der darin immer noch vorgesehenen Erhöhung der Mineralölsteuer kam es zum erneuten Widerstand der FDP. Beim gemeinsamen Strategiegipfel der beiden Unionsparteien am 18. Dezember 1997 betonte Kohl, jeder Eindruck, die Unionsparteien strebten eine große Koalition an, müsse vermieden werden.[220] Kohl versuchte, die FDP zu beruhigen, die Schäuble weiterhin mißtraute. Heiner Geißler wiederum rügte die Beschwichtigungstaktik als »Selbstfesselung der Union«.[221] Faktisch war mit dem Strategiegipfel die Steuerreform ad acta gelegt. Der FDP-Fraktionsvorsitzende Hermann Otto Solms erklärte denn auch, es sei besser, »das Richtige im Jahr 2000« zu entscheiden und die Steuerreform zu verschieben.[222]

Auch rückblickend blieb Schäuble von seinem Erneuerungsvorhaben überzeugt. So schrieb er in seinem Buch, er habe »alle Analysen für falsch gehalten, die davon ausgingen, eine Fortsetzung unserer Regierungszeit wäre möglich gewesen, wenn man nur Fehler vermieden, ja am besten sogar auf Reformansätze verzichtet hätte. In einer Welt, die sich im Zeitalter der Globalisierung und des Internets so rasend schnell weiterentwickelt, war der objektive Druck auf Veränderungen jedenfalls groß genug, um selbst bei vorherrschender Neigung zur Wahrung aller Besitzstände bei den meisten Menschen das Gefühl von Stillstand zu produzieren.«[223] Schäuble hielt Reformen für notwendig, weil er daran glaubte, daß ein solcher Veränderungswille »von oben« letztlich von der Bevölkerung honoriert, als Führungsstärke ausgelegt werden würde. Ein noch so kleiner Fortschritt war ihm jedenfalls lieber als überhaupt keiner. Ganz anders Kohl, der von der Erfahrung geprägt zu sein schien, daß ein zu hohes Tempo bei Umstrukturierungen sich eher kontraproduktiv für die eigenen Siegeschancen ausnehmen würde. Sein nachträglicher Kommentar zu reformerischen Maßnahmen: »Die ganze Bevölkerung sah sich zunehmend als Opfer der Reformpolitik, dagegen die Wirtschaft und die höheren Einkommensschichten als Nutznießer. Repräsentativumfragen zeigen, daß diese Veränderung bis zur Bundestagswahl andauerte und ihren Verlauf mitbestimmte. Unmittelbar vor der Bundestagswahl sprachen sich 65 Prozent der gesamten Bevölkerung dafür aus, unsere Reformen wie die Kürzung der Lohnfortzahlung im Krankheitsfall oder die Senkung des Rentenniveaus rückgängig zu machen. Wir waren regelrecht eingeklemmt zwischen der Wirtschaft, die uns Stillstand bei wichtigen Reformvorhaben vorwarf, einer Opposition, die die Reformen blockierte, und einer Bevölkerung, die die Reformen fürchtete.«[224] Die Mehrheit der Bevölkerung, so Kohl weiter, sei »zunehmend von der Überzeugung geprägt, in einem Verteilungskampf zu stehen, in dem Wirtschaftsinteressen gegen Bevölkerungsinteressen stehen. Gleichzeitig wurde die CDU als Anwalt der Wirtschaftsinteressen gesehen und entsprechend die SPD als Widerpart, als Anwalt der Gewerkschaften und kleinen Leute.«[225] Dennoch mußte der Standort Deutschland gestärkt werden.

Vor diesem Hintergrund fand dann der Leipziger CDU-Bundesparteitag im Oktober 1997 statt. Trotz der für Schäuble schwierigen Ausgangslage feierte er auf dem Parteitag große Triumphe. Überschattet wurde der Erfolg nur durch die Tatsache, daß ein Wahlsieg Kohls nun spürbar in die Ferne rückte. Jeder machte sich Gedanken, wie ein »Worst Case« verhindert werden und man sich selber unbehelligt aus der Schlinge der Mitverantwortung ziehen kann. Die ZDF-Sendung »Politbarometer« stellte zum Zeitpunkt des Parteitags die Ergebnisse einer Umfrage vor, die Schäuble auf dem Gipfel seiner Popularität zeigte. Er war den

Umfragewerten zufolge ähnlich beliebt wie der amtierende niedersächsische Ministerpräsident Gerhard Schröder.[226] Schäuble dürfte vermutet haben, mit ihm seien die Wahlen zu gewinnen. Den Schritt zu einem Bruch mit Kohl wagte er jedoch damals nicht. Er gab einzig zu verstehen: »Der Wunsch des Bundeskanzlers, daß ich einmal sein Nachfolger werden möge, ehrt mich.« Allerdings stünde diese Entscheidung derzeit gar nicht an, eine solche Entscheidung müsse zum gegebenen Zeitpunkt durch die zuständigen Gremien getroffen werden.[227] Generalsekretär Hintze wies sogar darauf hin, Kohl habe noch für viele Jahre Freude und Kraft für das Amt des Bundeskanzlers. »Kohl tritt für die volle Legislaturperiode an. Es kennzeichnet ihn aber als einen verantwortlichen und weit vorausschauenden Politiker, daß er mit seinem Votum im Hinblick auf Schäuble klargemacht hat, daß die entscheidenden Personalfragen in der Union bis weit in die Zukunft hinein geklärt sind.«[228] Warum – und diese Frage stellt sich – reagierte Schäuble bei all seinem Wissen um die politische Situation derart zurückhaltend?

Im Jahr 1998 setzten sich die unerfreulichen Auseinandersetzungen innerhalb der Unionsparteien nahtlos fort. So fand im Januar eine Klausurtagung des CDU-Bundesvorstands in Windhagen bei Bonn statt, auf der Kohl es immer noch verstand, kritische Anfragen hinsichtlich seiner erneuten Kandidatur zu verhindern. Er verzog auch keine Miene, als Renate Köcher vom Allensbacher Institut für Demoskopie versehentlich eine Folie mit Umfrageergebnissen für Wolfgang Schäuble projizierte. Innerhalb von Sekunden war allen Sitzungsteilnehmern klar, daß die Umfragedaten für den Freiburger Juristen sehr viel günstiger als die für Kohl ausfielen. Doch wollte Renate Köcher auf diese nicht eingehen und zog statt dessen eine neue Folie heran, die Allgemeines über das Wahlverhalten zum Inhalt hatte. Keiner sagte etwas, alle schwiegen, alle fügten sich in das offensichtlich Unvermeidbare.

Schließlich kam es zur gespannt erwarteten Niedersachsenwahl am 1. März 1998. Gerhard Schröder schnitt dabei glänzend ab. Der damalige Bonner Korrespondent der *Welt*, Martin Lambeck, schrieb unmittelbar nach der Wahl: »Unionsfraktionschef Wolfgang Schäuble hat persönlich und nachhaltig dafür gesorgt, daß Kohl jetzt als Mann des Stillstands dasteht. Schäuble war es, der immer wieder Anstöße zu schmerzhaften Reformen verkün det hat, die nicht umgesetzt werden konnten. Motto: Schäuble fordert eine Lösung bei den geringfügigen Beschäftigungsverhältnissen, Schäuble fordert das Streichen von Steuervergünstigungen, aber Kohl kann ja gegen die übermächtige SPD nichts durchsetzen. Schönen Gruß vom Kronprinzen.«[229]

Die Sitzung der CDU/CSU-Bundestagsfraktion am Dienstag nach der Niedersachsenwahl verlief für die Abgeordneten äußerst deprimierend. Nachdem Schäuble gemahnt hatte, es sollte nicht der Fehler der SPD wiederholt und eine Debatte über den Kanzlerkandidaten begonnen werden, kam Kohl zu Wort. Doch auch er wußte kein schlüssiges Konzept zu verkünden, mit dem der Herausforderung durch die SPD begegnet werden könnte. Zudem nahmen die Spannungen mit der FDP immer mehr zu. In dieser Situation beriet sich Schäuble mit seinen wenigen Vertrauten, fragte sie, ob er Kohl raten sollte, von seiner Kandidatur doch noch – sozusagen in letzter Minute – Abstand zu nehmen. Einer seiner engsten Vertrauten in der Fraktion warnte ihn davor: »Wolfgang, jeder darf's ihm sagen, nur du nicht. Das wirst du bitter büßen.«[230] Es war einschätzbar, daß sich Kohl gewaltig an Schäuble rächen würde. Ob es dann dennoch zu einem Gespräch unter vier Augen kam, in dem Schäuble vehement Kohl von seinem Vorhaben abzubringen versuchte, bleibt im unklaren. Schäuble berichtete lediglich, daß »niemand von denen, die plötzlich auf radikale Veränderung drängten, selbst zu Kohl gehen« wollte. Statt dessen klopften sie »der Reihe nach« bei ihm – Schäuble – an, weshalb er es dann »schließlich auf sich nahm«, mit dem Kanzler zu reden: »Aber das Gespräch bestätigte schnell meine Vermutung, daß eine Bereitschaft, geschweige denn Initiative, das Feld zu räumen, von ihm überhaupt nicht zu erwarten war. Auf meine Aussage, mit ihm als Kandidaten sei die Bundestagswahl für die Union nicht mehr zu gewinnen, antwortete er – gegen seine Gewohnheit ohne Umschweife –, er sei im Gegenteil ganz sicher zu gewinnen. Und er fügte sofort hinzu, die unterschiedliche Beurteilung dieser einen Frage werde ja wohl an der Loyalität unserer Zusammenarbeit nichts ändern. Womit er, wie er wußte, recht hatte.«[231] In diese von Schäuble beschriebene Situation kann man sich sehr gut hineinversetzen. Kohl hatte instinktiv gespürt, was Schäuble ihm sagen wollte, und sich deswegen gar nicht erst auf eine wie auch immer geartete Auseinandersetzung eingelassen. In Schäubles nachträglichen Aufzeichnungen ist von einer energisch versuchten Umstimmung nichts zu spüren. Fragt man nach den Gründen, gibt es – wie so häufig – verschiedene Antworten. Die eine lautet, Schäuble hätte andere Granden der CDU zu überzeugen versucht, mit Helmut Kohl hinsichtlich seiner erneuten Kanzlerkandidatur zu sprechen. Hierzu sollen der thüringische Ministerpräsident Bernhard Vogel, der damalige Sozialminister Norbert Blüm und der frühere Innenminister Rudolf Seiters gehören. Die andere lautet, daß sich Schäuble schließlich in die Pflicht nehmen ließ, mit Kohl zu sprechen, da alle anderen von der Aussichtslosigkeit eines solchen Versuchs überzeugt waren. Entsprechend konnte auch Schäuble nichts grundlegend anderes erreichen. Vermutlich stimmen beide Versionen.

Die Osterpause 1998 wurde zur letzten großen Belastungsprobe der Koalition. Die Personaldiskussion intensivierte sich während der traditionellen österlichen Fastenkur Kohls im österreichischen Bad Hofgastein derart, daß sich Hintze zu der Bemerkung veranlaßt sah, »einzelne Meinungsäußerungen an nachrichtenarmen Wochenenden« seien »in jeder Hinsicht überflüssig«[232], da ja wohl nun klar sei, daß Kohl sich Schäuble »zur gegebenen Zeit als Nachfolger« wünsche. Mit diesem Argument sollten auch die Gegner von Schäuble, die vornehmlich aus den Reihen der CSU kamen, ruhiggestellt werden.[233]

Gegenstand des unionsinternen Streits blieb das von Schäuble zu verantwortende »Zukunftsprogramm«, insbesondere die im Entwurf enthaltene Aussage, den Energieverbrauch im Rahmen einer europäischen Lösung versteuern zu wollen. Dieser Streit hatte sogar noch – alles dies wenige Monate vor der Bundestagswahl! – die Bundestagsfraktion am 21. April 1998 beschäftigt. Es kam auf dieser Sitzung zu einer Kontroverse zwischen Schäuble, Waigel und Geißler über die inhaltliche Ausrichtung des Zukunftsprogramms. Im Kern ging es darum, daß Schäuble glaubhaft machen mußte, daß die CSU bei diesem Projekt nicht ausgebootet werden sollte. Schäuble insinuierte wiederum, der damalige CSU-Generalsekretär Bernd Protzner hätte eigenmächtig in einer Journalistenrunde über das Programm, das er von Waigel erhalten hatte, gesprochen und die Ablehnung dieses Papiers durch die CSU angekündigt.[234] Waigel wehrte sich gegen den Vorwurf einer Indiskretion. Am Ende war es dann Geißler, der in einer wortgewaltigen Rede für Schäuble Partei ergriff. Aus dessen heutiger Sicht stellt sich der Vorgang folgendermaßen dar: »Später wurde mir berichtet, Mitarbeiter aus dem Kanzleramt hätten zwei der Journalisten, die dann auf der Pressekonferenz fragten, einen Tag vorher mit einem Textentwurf versorgt und darauf aufmerksam gemacht, daß die Sache mit den ökologischen Elementen auf entschiedenen Widerstand der CSU stoßen würde.« Und am Vorabend der Pressekonferenz, so hieß es weiter, sei genau das in einem Hintergrundgespräch des CSU-Generalsekretärs mit einigen wenigen, darunter auch diese beiden Journalisten, ausdrücklich bestätigt worden. Sie seien also »offensichtlich munitioniert gewesen«.[235]

Der Verdacht Schäubles hinsichtlich der Indiskretion bezog sich zwar auf seinen Erzfeind Waigel, doch Helmut Kohl verfolgte diese Zuspitzung mit Schweigen. Was alles mag zu dieser Zeit in Schäuble vorgegangen sein?

Die Auseinandersetzungen vermittelten den Eindruck, weder Kohl noch Schäuble konnten die beiden Schwesterparteien disziplinieren. Ja, man mutmaßte sogar, die führenden Unionspolitiker würden die Schuldzuweisungen wegen des schon als sicher angesehenen Wahlverlusts frühzeitig plazieren wollen. Und was war in diesen Tagen in Kohl vorgegangen? Dieser hatte sich darüber erregt, daß eine Grundsatzrede Schäubles – gehalten zwei Wochen nach der Niedersachsenwahl im CDU-Bundesvorstand am 16. März 1998 – im *Spiegel* dokumentiert wurde; Schäuble selbst gab sich überrascht.[236] Wenig erfreuen mußte Kohl eine Aussage wie diese: »Wir regieren seit 16 Jahren und können in einem solchen Wettbewerb nicht gewinnen. Das ist überhaupt keine Personenfrage (damit man das nicht auf so ein idiotisches Mißverständnis oder auf eine Scheindebatte reduziert). Wir tragen seit 16 Jahren Verantwortung. Wir können ja nicht sagen: Jetzt haben wir das ganz Neue.«[237] Man muß kein Hellseher sein, um davon auszugehen, daß Helmut Kohl in dieser Veröffentlichung einen Seitenhieb Schäubles vermutete.

Wer in den nächsten Wochen ein sich entspannendes Verhältnis zwischen Kohl und Schäuble erwartete, wurde eines Besseren belehrt. In den Unionsreihen breitete sich zunehmend Niedergeschlagenheit aus. Eine Äußerung wie die des CSU-Generalsekretärs Protzner im Juni 1998, die Tolerierung einer SPD-Minderheitsregierung sei »ein Weg für den unwahrscheinlichen Notfall«[238], zeigte jedoch, wie sehr sich die Unionsparteien schon in der Opposition wähnten. Von dieser Äußerung distanzierte sich umgehend sogar der eigene CSU-Vorsitzende. Allerdings hatte Waigel zuvor in einem Gespräch mit Journalisten am 24. Juni 1998 selber eine mögliche Minderheitenregierung thematisiert: Falls Schröder eine solche – ohne PDS – bilde, müsse er unter derartigen Bedingungen in Einzelfragen neu verhandeln. Es sei unter bestimmten Bedingungen denkbar, so Waigel weiter, daß die Union als konstruktive Opposition etwa die Verabschiedung eines Haushalts ermöglichen würde.[239] Auch gab es immer häufiger Spekulationen über eine große Koalition. Der CDU-Bundestagsabgeordnete Horst Eylmann beispielsweise meinte, angesichts der Differenzen zwischen der SPD und ihrem Kanzlerkandidaten sowie der Zerrissenheit der Grünen sei eine große Koalition das kleinere Übel.[240] Der frühere Bundespräsident Richard von Weizsäcker äußerte, eine große Koalition sei »in ihren Leistungen sehr viel besser als ihr Ruf«.[241]

In der beginnenden Urlaubszeit machte dann ein Interview mit Ingeborg Schäuble, der Ehefrau Wolfgang Schäubles, Furore. Sie sprach sich im *Stern* gegen eine Kanzlerkandidatur ihres eigenen Mannes aus, weil ein solches Amt »unheimlich viel Kraft kostet« und ihrem Ehemann »noch weniger Spielraum lassen würde«. Und sie fuhr fort: »Ich glaube im übrigen auch, daß es nicht leicht wäre, der Öffentlichkeit das Bild des Kanzlers im Rollstuhl zu vermitteln. Ich habe da sehr große Bedenken.« Noch deutlicher antwortete sie im Hinblick auf eine mögliche Kanzlerkandidatur: »Mir geht es wie meinem Mann. Ich hoffe, daß die Frage sich gar nicht erst stellt.«[242] Das Interview bleibt rätselhaft. Denn es muß davon ausgegangen werden, daß auch Ehemann Wolfgang das Gespräch vor der Veröffentlichung zu Gesicht bekommen und dem Text zugestimmt hatte. Ganz sicher war dieses Interview der allerletzte Versuch, die Kanzlerfrage zu thematisieren. Mag auch ein weiteres Motiv Schäubles darin bestanden haben, der Öffentlichkeit zu erkennen zu geben, daß er einen Wahlsieg Kohls für unmöglich halte. Jedenfalls dürften Ingeborg Schäubles Aussagen kaum zu Kohls Entspannung beigetragen haben, der gleichwohl kurz darauf der *Welt am Sonntag* gegenüber erneut unterstrich, Schäuble sei ein »Glücksfall für die Union«[243]. Dem Kanzler blieb nichts anderes übrig, als immer und immer wieder zu erklären, daß er an Schäuble als seinem »Wunschnachfolger«[244] festhalten wolle. Allerdings wurde sein Ton dabei zunehmend barscher: »Im übrigen werden Positionen bei uns nicht verteilt, zwischen der Herren- und Damentoilette hin und her laufend, sondern sie werden verteilt und bestimmt über die Gremien der Partei und der Fraktion, und dabei bleibt es.«[245] Als ob Kohl seine Selbstnominierung mit den Gremien der Partei oder der Fraktion abgestimmt hätte.

Schäuble gab nicht auf und versuchte weiterhin, den Kanzler aus der Reserve zu locken. In einem Interview mit der Zeitung *Die Woche* antwortete Schäuble auf die Frage, wann das Kronprinzendasein ein Ende haben sollte: »Er (Kohl) hat ja gesagt, er tritt für vier Jahre an, aber letzten Endes hat er auch ein Stück weit offengelassen, was innerhalb dieser vier Jahre sein kann. Niemand kann eine Personalentscheidung verfügen, auch nicht ein so starker Bundeskanzler wie Helmut Kohl.«[246] Bei dieser Aussage konnte sich Kohl kaum noch zurückhalten. Nun rückte er mit Äußerungen heraus wie: Schäuble sei ein »hochqualifizierter Mann«, den er sich »etwa im Jahre 2002 als Kanzlerkandidaten vorstellen«[247] könne, oder: »Ich habe gesagt, ich trete an für die vier Jahre. Punkt. Aus.« Und so manche Tageszeitung gab dann auch zu verstehen, es sei »Feierabend« für die Kohl-Regierung. Zu Irritationen führten dann auch noch die Bemerkung des Kanzlers über Voraussetzungen und Möglichkeiten eines schwarz-grünen Bündnisses.[249] Joschka Fischer traute einen Ohren nicht: »Peter Hintze nennt die Grünen den Untergang des Abendlandes, für Volker Rühe sind wir der Mühlstein am Hals der SPD. Und nun sagt Helmut Kohl: Her mit dem Mühlstein – da kann doch was nicht stimmen.«[250]

In der Folge stiftete Schäuble mit einem Interview Verwirrung, das wenige Tage vor der Wahl im *Playboy* erschien. Darin äußerte er sich in einer besonders unduldsamen Weise zu seinem Übervater – ein Hinweis auf die eigenen inneren Spannungen. Er habe es für »politisch ungeschickt« gehalten, ließ er die *Playboy*-Leser wissen, daß Kohl »schon vor Jahren« verkündete, er solle sein Nachfolger werden; denn es gäbe »in der Demokratie keine Personalentscheidungen auf Vorrat. Sie müssen dann getroffen werden, wenn sie anstehen.« Am Schluß des Interviews verwahrte sich Schäuble gegen die Bezeichnung »Männerfreundschaft« für sein Verhältnis zu Kohl: »Wir kommen aus zwei politischen Generationen, schon deshalb kann das keine Männerfreundschaft sein.«[251] Kohl muß über das Interview besonders entrüstet gewesen sein, da Schäuble ihm ausgerechnet in einem Herrenmagazin die Freundschaft in aller Deutlichkeit aufkündigte.

Offenkundig wurde der Bruch, als der Kanzler Schäuble am Wahlabend nicht in seinen Bungalow einlud. Dieser kam dann doch in Begleitung Volker Rühes.[252] Nach Bekanntwerden der Wahlniederlage betrat Kohl im Konrad-Adenauer-Haus das Podium, um diese einzugestehen und zu verkünden, daß er zu einer Wiederwahl als Parteivorsitzender nicht zur Verfügung«[253] stehe. Bei diesem Auftritt fiel auf, daß Schäuble nicht mit auf dem Podium war. Schäubles nachträgliche Begründung, er wolle sich »im Rollstuhl das Gedränge ersparen«[254], wirkt nicht ganz überzeugend. Ebenso war Volker Rühe nicht dabei. Sie blieben der Kohlschen Kapitulationserklärung mit Sicherheit auch deshalb fern, um zu bekunden, daß sie nicht bereit waren, Mitverantwortung für das desasträse Wahlergebnis zu übernehmen. Jedem sollte sichtbar werden, daß allein Helmut Kohl, von einigen wenigen Getreuen umgeben, für diese Schlappe verantwortlich sei. Auch in den Tagen nach der Wahl kam bei Schäuble wenig Fröhlichkeit auf, da Kohl ohne sein Einverständnis predigte: »Der Wolfgang Schäuble wird natürlich Fraktionsvorsitzender und wird natürlich auch Parteivorsitzender, aber das alles sind keine News, sondern bekannte Sachen.«[255] Kohl wollte weiterhin als »Königsmacher« erscheinen. Rühe wies darauf hin, es wäre eigentlich »verabredet« gewesen, die Personalpläne erst später bekanntzugeben, damit »die Partei diese Woche die Zeit hat, darüber nachzudenken«.[256] Schäuble war über Kohls Vorpreschen erbost, zumal »einige Freunde« sich bei ihm darüber beschwerten, daß Kohl so tue, »als habe er nach wie vor das Sagen«.[257]

In diesen Tagen erhielt Schäuble auch den Rat, den Fraktions- und Parteivorsitz nicht in eine Hand zu legen. Sowohl der sächsische Ministerpräsident Kurt Biedenkopf als auch der von Kohl abgelöste frühere Parteivorsitzende Rainer Barzel empfahlen ihm eine Trennung dieser beiden Ämter, weil in der neu anbrechenden Oppositionszeit die Verantwortung auf mehrere Schultern verteilt werden müsse. Mit nahezu seherischen Qualitäten warnte ihn Barzel: Als Fraktionsvorsitzender sei Schäuble unumstritten, kaum angreifbar – nicht jedoch als Parteivorsitzender angesichts der vorhersehbaren kommenden Zeiten. Dann in Krisenzeiten sei nicht nur der Partei-, sondern auch der Fraktionsvorsitz gefährdet.[258] Wie recht Barzel hatte. Schäuble mußte diese Botschaft zu denken geben, hatte er doch als noch junger Politiker Barzel 1973 stürzen sehen. Kohl jedenfalls fügte sich ins Unvermeidliche; er wußte, daß er Schäubles Aufstieg zum Parteivorsitzenden nicht verhindern konnte. Er schlug ihn deshalb lieber von sich aus vor und signalisierte auf diese Weise, daß sein Einfluß ungebrochen sei. Gleichsam automatisch wurde dann Schäuble am 7. November 1998 auf einem Bundesparteitag in Bonn zum Vorsitzenden gewählt. Übrigens hatte zeitgleich auch Waigel erklärt, er wolle den CSU-Parteivorsitz aufgeben.

Schäuble überlegte, wie er seinen potentiellen innerparteilichen Mitbewerber, Volker Rühe, einbinden könnte. Schon am Wahlabend waren Schäuble und Rühe ständig zusammen und berieten sich. Es gab sogar zwischen beiden Gespräche darüber, ob nicht auch Rühe als Parteivorsitzender in Betracht käme. Dazu äußerte sich Schäuble: »In der Frage des Parteivorsitzes stimmten wir in der Einschätzung überein, daß meine Integrationskraft größer sein würde als die seine.«[259] Offensichtlich gab es auch die Überlegung, Volker Rühe die Funktion eines Ersten Stellvertretenden Vorsitzenden zu übertragen. Es wurde überlegt, ob Rühe Generalsekretär werden sollte – aber diese Idee kam nicht zum Tragen. Das Argument, man könne nicht ein zweites Mal die gleiche Position innehaben – Rühe war von 1989 bis 1992 Generalsekretär –, ist deshalb nicht überzeugend, weil die Position des Generalsekretärs eine der wenigen war, die die CDU als Oppositionspartei überhaupt noch zu vergeben hatte. Wären die Anfangsüberlegungen in bezug auf Rühe realisiert worden, hätte Schäuble mit Rühe ein politisch erfahrenes und öffentlich bekanntes Schwergewicht an seiner Seite gehabt. Gleichwohl galt der Politiker aus dem Norden als äußerst ruppig. Er dürfte Schäuble deshalb als zu wenig kalkulierbar und vielleicht als zu unabhängig erschienen sein.

So verfiel Schäuble alsbald auf Angela Merkel als neue Generalsekretärin, die bei den Präsidiumswahlen auf dem Bonner Parteitag im Dezember 1998 ein exzellentes Ergebnis erzielte. Für

Schäuble stimmten 872 Delegierte, 56 gegen ihn, und 23 enthielten sich, zwei Stimmen waren ungültig. Da ungültige Stimmen und Enthaltungen nicht mitgezählt werden, kam er auf 93,4 Prozent. Angela Merkel erreichte ein nahezu identisches Ergebnis: 874 stimmten für sie, 68 votierten mit Nein, 25 Delegierte enthielten sich, eine Stimme war ungültig. Auch der neu zum Schatzmeister vorgeschlagene frühere Verkehrsminister Matthias Wissmann bekam ein sehr gutes Ergebnis. Bei den Stellvertretenden Vorsitzenden gab es keine Kampfabstimmungen. Volker Rühe kam hier nach der baden-württembergischen Kultusministerin Annette Schavan mit 78,8 Prozent auf die zweithöchste Zustimmungsrate, gefolgt vom niedersächsischen Partei- und Fraktionsvorsitzenden Christian Wulff, während der bisherige Arbeitsminister Norbert Blüm lediglich 60,2 Prozent der Delegiertenstimmen auf sich vereinigen konnte. Kampfabstimmungen hingegen gab es bei der Wahl der sieben weiteren Mitglieder des Präsidiums, bei der die frühere Bundestagspräsidentin Rita Süssmuth, Vorsitzende der Frauen-Union, ebenso scheiterte wie ihre Stellvertreterin Maria Böhmer und der intellektuell herausragende Vorsitzende der Jungen Union, Klaus Escher. Im ersten Wahlgang wurden der kurz vor einer Landtagswahl stehende hessische Vorsitzende Roland Koch, der sächsische CDU-Abgeordnete und Bürgerrechtler Arnold Vaatz sowie die stellvertretende CDU-Landesvorsitzende von Nordrhein-Westfalen, Christa Thoben, gewählt. Der Sprung ins Präsidium gelang im zweiten Wahlgang dem Vorsitzenden der Sozialausschüsse, Rainer Eppelmann, dem sich ebenfalls vor einer Landtagswahl befindlichen saarländischen Parteivorsitzenden Peter Müller, der aus Thüringen stammenden früheren Ministerin Claudia Nolte und dem Vorsitzenden der Mittelstandsvereinigung, Peter Harald Rauen. Eine personelle Veränderung fand insoweit statt, als alle ehemaligen Mitglieder – bis auf Blüm, Eppelmann, Claudia Nolte und Christa Thoben – ausgetauscht wurden.

Den Parteivorsitz hatte Schäuble neu errungen, in seinem bisherigen Amt als Vorsitzender der CDU/CSU-Bundestagsfraktion wurde er wiedergewählt, ebenso Michael Glos als Chef der bayerischen Landesgruppe und damit als sein Stellvertreter. Allerdings ging der Neustart für Schäuble nicht ohne Blessuren ab. So verlor bei den Wahlen zum Fraktionsvorstand der alte Schäuble-Gefolgsmann, Rupert Scholz, Verfassungsrechtler aus Berlin, seinen Stellvertretersitz. Hingegen wurde der frühere Forschungsminister Jürgen Rüttgers gewählt. Er setzte sich im dritten Wahlgang klar gegen den Berliner durch. Auch Heiner Geißler bekam keine weitere Chance als Stellvertretender Fraktionsvorsitzender. Der bisherige Erste Parlamentarische Geschäftsführer Joachim Hörster, ein absoluter Vertrauensmann Kohls, wurde durch den beliebten Baden-Württemberger Hans-Peter Repnik abgelöst, worüber wiederum der Altkanzler wenig amüsiert gewesen sein dürfte.

Die Weichen für eine Veränderung innerhalb der Union waren gestellt. Die Ergebnisse der Bundestagswahl hatten zweifellos den Vorteil, daß die Unionsparteien ihre Oppositionsrolle annehmen mußten. Schäuble galt von seinem Format, seinen Erfahrungen und seinem Intellekt her als die geeignetste Persönlichkeit, um die Union aus ihrer Misere herauszuführen. Doch schien es, als ob er nicht wirklich in der Lage wäre, seine Rolle als ewiger Mann im Schatten zu überwinden. Der Altkanzler nahm die Schwäche Schäubles wahr, besonders auf dem Parteitag am 27. April 1999: »Hier auf dem Parteitag spüre ich ein Grundproblem zwischen Wolfgang und mir, dessen ich mir lange gar nicht bewußt war, das aber womöglich schon seit längerer Zeit existiert: Meine bloße Anwesenheit scheint ihn mehr und mehr zu irritieren.«[260] Allein seine Erscheinung – dies war nicht nur für Schäuble ein Problem – beeindruckte. Wer an Sitzungen teilnahm, an denen Helmut Kohl mitwirkte, mußte den Eindruck bekommen, als schere sich »der Alte« (auch »der Dicke« genannt) nicht darum, daß er überhaupt einen Nachfolger hatte. Mühsam versuchte Schäuble bei solchen Gelegenheiten, Kohl – viel zu nachsichtig – in die Schranken zu weisen. Helmut Kohls Agilität hatte aber nicht merkbar nachgelassen. Er, der in seinem *Tagebuch* großzügig von sich behauptete, er habe »nie das Verlangen nach protokollarischem Abgehobensein als Bundeskanzler« verspürt, dem »die äußeren Embleme der Macht« angeblich »nie so wichtig« waren[261], genoß es weiterhin, ehrfurchtsvoll mit »Herr Bundeskanzler« angeredet zu werden.

Kohl dachte keineswegs daran, sich aufs Altenteil zurückzuziehen. Noch in der Wahlnacht hatte er erklärt, daß er weiterhin »in der Partei mitarbeite …«[262] Schäuble muß das wie eine Drohung im Ohr geklungen haben, denn er begriff, daß Kohl die Fäden noch so weit wie möglich in der Hand behalten wollte. Für andere

Männer hätte der ruhigere Tageslauf eine Erleichterung bedeutet. Nicht so für den 68jährigen. Das Mitmischen in der Politik blieb sein Lebenselixier. Kohl genoß es – trotz des Abschiedschmerzes von der Macht –, wie sehr seine 16 Jahre währende Kanzlerschaft gerade in jener Zeit des Übergangs gewürdigt wurde, in seiner eigenen Partei, in den Medien und in der Welt der Diplomatie. Die Anerkennung fand ihren Höhepunkt in einer Entschließung des Europäischen Rats, jener Zusammenkunft der Staats- und Regierungschefs der fünfzehn EU-Mitgliedsstaaten, ihm den Titel »Ehrenbürger Europas« zu verleihen. Vor Kohl hatte ihn bislang nur der Franzose Jean Monnet bekommen, der damit als wichtigster Inspirator des europäischen Gedankens geehrt wurde.

Kohl hatte nach der Wahlniederlage alles darangesetzt, daß ihm der Ehrenvorsitz der CDU übertragen wurde. Es gab in der Partei durchaus Stimmen, denen ein späterer Zeitpunkt willkommener gewesen wäre. Nur so hätte in ihren Augen eine wirkliche Zäsur in der Partei gesetzt werden können. Bezüglich des Ehrenvorsitzes, der mit einem Sitz und einer Stimme im Parteipräsidium verbunden ist, erklärt Kohl, Schäuble selbst habe ihn diesbezüglich angesprochen. Kohls Kommentar dazu in seinem *Tagebuch*: »Er weiß, daß ich auf Ehrungen dieser Art nicht besonders erpicht bin.«[263] Schäuble hat interessanterweise dieses Thema in seinem Buch *Mitten im Leben* vermieden. Vermutlich hätte er dann beichten müssen, daß er in dieser Angelegenheit aufgrund des gezielten Drängens von Kohl absolut machtlos war. Und Schäuble wollte – wofür es gute Gründe gab – innerparteilich eine Auseinandersetzung über die weitere Bedeutung Kohls vermeiden. Das war Schäubles Kardinalfehler, fortan ließ er sich in einer Reihe von Fragen durch Kohl förmlich überrollen. So blieb beispielsweise der Vorstand der Konrad-Adenauer-Stiftung auch nach den Wahlen ein kohldominiertes Gremium. Schäuble ging dem einen oder anderen grundlegenden Konflikt mit Kohl aus dem Weg, obwohl er innerlich schäumte und dem einen oder anderen Gesprächspartner anvertraute, wie sehr ihm die permanente Präsenz von Kohl in allen wichtigen Gremien die Kraft zum politischen Agieren nahm. Ein Schwergewicht, das sein einstiges Machtzentrum möglichst bewahren will, ist für nahezu jeden Nachfolger eine gefährliche Sache.

Zum Glück konnte die CDU bei den Landtagswahlen in Hessen

am 7. Februar 1999 einen ersten Sieg erzielen. Die Querelen zwischen Schäuble und Kohl traten in der Folge für einige Monate in den Hintergrund. Doch fand immer noch nicht statt, was die Basis einer inhaltlichen wie personellen Erneuerung der CDU hätte sein müssen: Die Auseinandersetzung mit den eigentlichen Gründen des Machtverlusts. Wolfgang Schäuble hatte dann auch dazu eine Ausrede parat: »Doch wenn ich jetzt die Schuldfrage gestellt hätte, wäre dies das Startsignal für ein in jeder Beziehung kontraproduktives ›Gemetzel‹ gewesen. Die Medien hätten sich darüber gefreut, der Neuanfang der CDU wäre dadurch zum Desaster geworden.«[264] In der Tat kam es zu keinem innerparteilichen Streit, zumal ein solcher in der Bevölkerung nicht gut angekommen wäre. Auch wurde zu keinem Zeitpunkt das Wahldesaster parteiintern schonungslos analysiert. Wer immer das provoziert hätte, der Zorn des »Dicken« wäre ihm gewiß gewesen.

In dieser Situation betrat eine Art Mephisto die politische Bühne: Karlheinz Schreiber, der das Kohlsche Finanzierungssystem einer Versuchung aussetzte. Der bayerische Unternehmer nahm mit seiner 100 000-DM-Spende auf eine noch ungeklärte Weise Einfluß auf das Verhältnis der beiden Machtmänner. Schäuble gab, wenngleich mit Verspätung, zu, daß er von Schreiber auf einer von der damaligen Bundesschatzmeisterin Brigitte Baumeister organisierten Sponsorenveranstaltung am 21. September 1994 »im Nachgang« eine Summe von 100 000 DM erhalten hatte. Schäuble legte bei seiner Darstellung Wert darauf, daß er diesen Betrag »ordnungsgemäß der CDU-Schatzmeisterin Baumeister zur Verbuchung und Verwendung übergeben« habe. Brigitte Baumeister bekräftigte dann, daß Schäuble diesen Betrag »zuständigkeitshalber an mich zur Verbuchung weitergeleitet« hat.[265] Da der Jurist Schäuble möglicherweise um geheime Konten wußte, verlangte er von Brigitte Baumeister im nachhinein, eine schriftliche Bestätigung über den ordnungsgemäßen Verbleib des Geldes zu erhalten. Schäuble muß jedenfalls geahnt haben, daß diese Barspende so etwas wie eine tickende Zeitbombe war. Brigitte Baumeister händigte ihm die Bestätigung »nach langem Zögern« schließlich im Frühjahr 1998 aus.[266]

Für Schäuble hielt diese Spendengeschichte ein unrühmliches Ende bereit. Die Tatsache, daß er am 2. Dezember 1999 die Spende und ihre Umstände zunächst vor dem Deutschen Bundestag verschwieg und ihre Entgegennahme erst am 10. Januar 2000 in einem Interview mit der ARD ansprach[267], führte letztlich zu seinem Rücktritt als Partei- und Fraktionsvorsitzender der CDU. Erstaunlich, wie wenige Worte einem zum Verhängnis werden können. Schäuble hatte nämlich vor dem Bundestag ausgesagt: »Auf der damaligen Veranstaltung bin ich Herrn Schreiber begegnet. Das war es.« Und als dann der grüne Abgeordnete Hans-Christian Ströbele »Mit oder ohne Koffer?« dazwischenrief, entgegnete Schäuble: »Ohne Koffer, das heißt, ich habe vielleicht einen Aktenkoffer dabeigehabt. Ich weiß es nicht mehr genau. Es ist jedenfalls im Spätsommer oder im Herbst 1994 weder von Panzern noch von Ähnlichem die Rede gewesen.« Vor dem Bundestag entschuldigte sich Schäuble zunächst in einer bemerkenswerten und bewegenden Rede für die Verstöße der CDU-Führung gegen das Parteiengesetz. Er entschuldigte sich auch für sein Verhalten in der Debatte vom 2. Dezember 1999. Er habe nicht so reagiert, »wie ich hätte reagieren müssen«.[268]

Es ist mit Sicherheit auch keine boshafte Übertreibung zu behaupten, daß Helmut Kohl seinen eigenen Informationsstand ausnutzte, um Schäuble in den kommenden Auseinandersetzungen vorzuführen. Die kämpferischen Wortwechsel gingen dann so weit, daß es zur Abgabe eidesstattlicher Versicherungen zunächst von Schreiber, dann auch von Schäuble und Brigitte Baumeister kam.[269] Kohl wunderte sich nur über das Verhalten seines einstigen Gehilfen, über seine Aussage vor dem Parlament: »Ich verstehe Wolfgang Schäuble nicht.«[270]

Selbst für Insider dürfte das Ausmaß des Spendenskandals überraschend gewesen sein. Hierzu notierte Kohl: »Der Name Karlheinz Schreiber erinnert mich nur an eine Spende über DM 100 000, die Wolfgang Schäuble 1994 von ihm erhielt. Davon hatte ich zunächst nichts erfahren. Erst drei Jahre später, 1997, informierte mich entweder Wolfgang Schäuble oder die Nachfolgerin Kieps, die damalige CDU-Schatzmeisterin Brigitte Baumeister, von dieser Spende.«[271] Kohl muß nachträglich empört darüber gewesen sein, nichts von dieser Spende erfahren zu haben, wo er doch immer alles genau wissen wollte, was in der Partei passierte. Zu jener Zeit zeigte er sich auch darüber »sehr betroffen, daß mir Wolfgang Schäuble von diesem Vorgang 1994 nichts gesagt hatte. Bei unserem damaligen sehr engen persönlichen Verhältnis und unseren außerordentlich häufigen Begegnungen wäre es ein leichtes gewesen, mich unmittelbar nach Empfang der Spende darüber zu informieren.«[272] Schäuble erklärte hierzu, er habe sich 1997 bei Kohl darüber beschwert, »daß die Schreiber-Spende nicht ordnungsgemäß behandelt worden sei«.[273] Offensichtlich verlangte daraufhin Kohl von Brigitte Baumeister eine Liste mit den Namen, die ebenfalls Gelder von Schreiber erhalten hatten.[274]

Fazit ist jedoch, daß Schäuble eine mögliche Erpreßbarkeit aufgrund der Entgegennahme dieser Spende geahnt haben muß, zumal ihn dann Kohl bei Bekanntwerden der Affäre am Morgen des 29. November 1999 mit dem Satz ansprach: »Du hast doch auch von diesem Schreiber Geld bekommen.«[275] Diese Bemerkung war sicherlich nicht als eine Aufforderung zu einer umfassenden Aufklärung zu verstehen, sondern beinhaltete vermutlich Schäuble gegenüber eine verdeckte Drohung. Schäubles Auftreten wirkte in diesen Wochen höchst unsicher, er zeigte sich auf Pressekonferenzen fahrig, argumentierte, als ob er sich schon frühzeitig eine juristische Rückzugsposition aufbauen wollte. Nachträglich ist sein Verhalten einfach zu deuten, da er zunächst die Entgegennahme einer Spende von Schreiber nicht bestätigte und nur eine einmalige Begegnung mit diesem zugegeben hatte – was aber unrichtig war. Später stellte sich dann heraus, daß Schäuble den spendablen Bayern ein zweites Mal gesehen hatte. Die Umstände dieses Treffens konnten jedoch nie zweifelsfrei geklärt werden.

Schäuble dürfte sich in jenen Tagen vielleicht auch Gedanken über seinen früheren Part gemacht haben: Wer wie er so viele Jahre mit Kohl zusammengearbeitet hatte, war möglicherweise schon von den Kohlschen Denkmustern geprägt, so daß eine mentale Befreiung davon schwierig erschien. Indirekt bestätigte der baden-württembergische Innenminister Thomas Schäuble das Dilemma seines Bruders: »Denn das eigentliche Problem ist ja für ihn schon, daß Kohl ohne ihn nicht 16 Jahre Bundeskanzler gewesen und geblieben wäre.«[276] Kein Wunder – der Ablösungsprozeß im Zusammenhang mit dem Spendenskandal mußte sich eruptiv gestalten.

Wolfgang Schäuble war wohl über die Tragweite des von Kohl zu verantwortenden Skandals perplex. Das undurchschaubare System der Kontenführung wurde letztlich nur von drei bis vier verantwortlichen Personen durchschaut, zu denen Schäuble nicht gehörte. Aber muß er nicht doch irgendwelche Ahnungen gehabt haben? War ihm nie bewußt geworden, daß im Kampf mit dem politischen Gegner manches Mittel recht sein konnte, notfalls auch die Installation von Schwarzkonten? War er es nicht gewesen, der sich im Auftrag Helmut Kohls darum bemüht hatte, eine Amnestie in bezug auf die Flick-Affäre herbeizuführen? Dies hätte insbesondere den beiden FDP-Politikern Otto Graf Lambsdorff und Hans Friderichs genutzt. Gegen eine Amnestie, die illegale Spendenpraktiken straffrei gemacht hätte, verwahrte sich aber mit Blick auf die Öffentlichkeit die FDP-Fraktion selbst. Und war er es nicht auch, der beispielsweise im Zusammenhang mit diesem Skandal gegenüber Eberhard von Brauchitsch als Emissär Kohls auftrat? Einem Bericht des früheren Flick-Managers zufolge fand Anfang 1984 ein Gespräch zwischen ihm und Schäuble im Büro des später als Agent der DDR-Staatssicherheit enttarnten Flick-Managers Adolf Kanter statt: »Schäuble redete auf mich ein: Der Kanzler bitte mich inständig, jetzt keinen Fehler zu machen und Michael Kohlhaas zu spielen. Ich brauchte mich doch gar nicht so genau erinnern. Wir stünden unmittelbar vor einer Amnestie, dann sei ohnehin Schluß mit dem ganzen Zirkus. Ich habe meine Verteidigung daraufhin in einigen Punkten zurückgenommen.«[277] Natürlich liegt hier die Version eines tief von Kohl enttäuschten Wirtschaftskarrieristen vor. Bislang hat Schäuble – soweit bekannt ist – dieser Aussage nicht widersprochen. Wenn es jemanden gab, der die ganze Palette der Tricks und Kniffe des Altkanzlers kannte, dann war es Wolfgang Schäuble, der seinem Förderer auf fatale Weise verbunden war.

Im Verlauf der nun eskalierenden Auseinandersetzung zwischen dem ehemaligen und dem amtierenden Parteivorsitzenden kam es dann zu einem heftigen Stellungskampf zwischen Kohl und Schäuble, nachdem durch gründliche Recherchen – vor allem des *SZ*-Journalisten Hans Leyendecker – immer mehr Einzelheiten über die Geldbeschaffung Kohls bekannt geworden waren. Schäuble rang deshalb Kohl vor dem Präsidium der CDU am 30. November 1999 eine Aussage ab, die Kohl tief gewurmt haben muß, da er diese auch als »an eine Selbstbezichtigung grenzende Erklärung« bezeichnete.[278] Er übernahm darin »die politische Verantwortung für hierbei in meiner Amtszeit entstandene Fehler« und bedauerte, »wenn die Folge dieses Vorgehens mangelnde

Transparenz und Kontrolle sowie möglicherweise Verstöße gegen Bestimmungen des Parteiengesetzes sein sollte«.[279]

Wenige Tage später, am 2. Dezember 1999 – also an jenem Tag, an dem der parlamentarische Untersuchungsausschuß eingesetzt wurde und Schäuble einen Geldempfang durch Schreiber verneinte –, kam es zu einem weiteren Höhepunkt in dem Duell zwischen dem Parteivorsitzenden und seinem Vorgänger: die fristlose Entlassung von Hans Terlinden, dem Kohl-Vertrauten und Abteilungsleiter im Konrad-Adenauer-Haus. Terlinden hatte – wie bereits erwähnt – ein Schriftstück des Finanzberaters Weyrauch nicht zuerst der Parteiführung, sondern Kohl zugeleitet. Am 16. Dezember 2000 kam es schließlich zu dem berühmten ZDF-Interview mit Kohl. Er gestand erstmals ein, Geldmittel von anonym bleiben wollenden »Spendern« entgegengenommen zu haben. Dieses Interview bleibt deshalb rätselhaft, weil Kohl sich damit selbst belastet. Es löste auch die Untersuchungen der Bonner Staatsanwaltschaft wegen des Verdachts der Veruntreuung aus. Wahrscheinlich dachte Kohl, diese Selbstbezichtigung, bei der er sich ja unmittelbar an die Bevölkerung wandte, wäre eine Art Befreiungsschlag. Das Gegenteil war der Fall. So ist zu fragen, ob Kohl, der keinen juristischen Sachverstand besaß, möglicherweise von Schäuble zu dieser Eigendemontage getrieben worden war.

Einen weiteren Höhepunkt stellte eine Präsidiumssitzung der CDU am 22. Dezember 1999 dar. In ihr ging es um den Bartransfer von 1,146 Millionen DM seitens der Bundestagsfraktion an den Abteilungsleiter in der CDU-Bundesgeschäftsstelle, Hans Terlinden, am 30. Januar 1997.[280] Hintergrund dieser neu beleuchteten finanziellen Transaktion war das am 1. Januar 1995 in Kraft getretene »Fraktionsgesetz«, das die Prüfung der Einnahmen und Ausgaben der Fraktionen aus öffentlichen Mitteln und des daraus erworbenen Vermögens durch einen im Einvernehmen mit dem Bundesrechnungshof bestellten Abschlußprüfer vorsieht. Es hatten sich aber in der Fraktionskasse Gelder angesammelt, die nicht aus öffentlichen Zuwendungen stammten, beispielsweise persönliche Abgaben von Mitgliedern der Unionsfraktion. Deshalb sei – so Joachim Hörster, der diese Transaktion nach Absprache zwischen Kohl und Schäuble in die Wege geleitet hatte – dieser Vorgang »rechtlich unbedenklich«, da es »nach allen zur Verfügung stehenden Informationen auszuschließen« sei, daß es sich bei diesem Transfer um öffentliche Mittel handelte.[281] Dennoch fällt der Zeitrahmen auf: Das entsprechende Konto der Fraktion wurde erst 1986 aufgelöst, wobei Terlinden diese ungewöhnlich hohe Geldsumme wegen einer längeren Krankheit erst im Januar 1997 in bar übergeben wurde. Die Änderung des entsprechenden »Fraktionsgesetzes« war indes schon zwei Jahre zuvor in Kraft getreten.

Schäuble berichtete schon auf einer Pressekonferenz am selben Tag von dieser Aktion – allerdings so vage, daß kaum einer der anwesenden Journalisten den Sachverhalt begriff. Dieser wurde dann als ein völlig unbekannter im Januar 2000 noch einmal durch die Medien verbreitet, so daß medial ein Skandal im Skandal entstand. Schäuble gelang es zwar, Hörster als den eigentlich Verantwortlichen darzustellen, doch ist bekannt, daß das ganze Vorgehen zwischen Schäuble und Kohl zuvor abgesprochen worden war.

Die Ereignisse begannen sich auszuwirken. So fand im Januar 2000 in Norderstedt, in der Nähe von Hamburg, eine Bundesvorstandssitzung statt, die eigentlich zur Unterstützung Volker Rühes im Landtagswahlkampf gedacht war. Auf ihr wurde Schäuble insbesondere von dem Vorstandsmitglied Rita Pawelski nach möglichen weiteren Enthüllungen befragt, er gab indes wiederum nur kryptische Andeutungen von sich. Als er dann wenige Tage später im Fernsehen eingestand, eine Spende von Schreiber entgegengenommen zu haben, empfanden manche Vorstandsmitglieder dieses Verhalten als eine Mißachtung. In den Medien tauchten Mutmaßungen darüber auf, ob nicht Kohl zum »Gegenschlag« ausgeholt und Schäuble letztlich gezwungen habe, die Entgegennahme dieser Spende zu bestätigen.[282] Schäuble wirkte auch deshalb angeschlagen, hatte er doch von Kohl immer die volle Wahrheit gefordert, er selber aber kam mit dieser nur zögerlich heraus. Schäuble mag es zudem als eine von Kohl inspirierte Attacke der »Springer-Presse« interpretiert haben, wenn ihm wie sechs anderen Politikern (Helmut Kohl, Theo Waigel, Klaus Kinkel, Gerhard Stoltenberg, Jürgen Möllemann und Hans-Dietrich Genscher) von der *Bild am Sonntag* Ende November 1999 einige Fragen zur Spendenaffäre und zu Schreiber gestellt wurden. Schäuble war der einzige, der auf diese Fragen nicht antwortete, sondern seinen Vertrauten Walter Bajohr, damals Sprecher der CDU/CSU-Bundestagsfraktion, antworten ließ, der »zuständig-keitshalber« mit »zwei »Rückfragen« antwortete: Auf die Frage »Hatten Sie jemals persönlichen Kontakt zu Karlheinz Schreiber« und zwei weitere, Schreiber betreffende Fragen antwortete Bajohr im Auftrag seines Chefs: »1. Sind Sie mit staatsanwaltlichen Er-mittlungen beauftragt? 2. Wenn ja, in welcher Sache ermitteln Sie (bitte Aktenzeichen mitteilen)?« Der politikerfahrene Schäuble hätte diese sehr konkrete Anfrage als letzten Hinweis nehmen müssen, möglichst bald die volle Wahrheit zu sagen. Er wußte ja, daß Helmut Kohl die Schreiber-Spende bekannt war.

Vielleicht wehrte sich Schäuble auch deshalb so lange gegen ein »Outing«, weil er genau wußte, daß ihm das geheime Wissen Helmut Kohls im Nacken saß. Doch statt dessen mußte sich Schäuble jetzt der Vermutung stellen, er habe sich erst im Januar 2000 dazu durchgerungen, die bis dahin geleugnete Entgegen-nahme einer Spende zu offenbaren, weil Schreiber aus Kanada mit Drohungen kam. Schreiber nahm zudem demonstrativ Bri-gitte Baumeister in Schutz[283] und ließ alle Welt wissen: »Wenn Schäuble im Untersuchungsausschuß den gleichen Quatsch wie zur Zeit erzählt, lasse ich den in ein so tiefes Loch fallen, daß man den Aufprall nicht mehr hört.« Und weiter: »Schäuble lügt. Wenn er will, kann er mich ruhig verklagen. Darauf freue ich mich schon.«[284] Die Situation erschien unerträglich, schon allein des-halb, weil nun die CDU durch den Kaufmann erpreßbar wurde, durch eine ziemlich dubiose Figur. Schreiber selber versuchte mit unterschiedlichsten Darstellungen, Verwirrung zu stiften und sein eigenes Auslieferungsverfahren zu verzögern. Selbst ein ge-wiefter Taktiker wie Schäuble schien langsam den Überblick zu verlieren. Vielleicht mußte er ihn auch verlieren, wurde doch in jenen Tagen sein politisches Schicksal im wesentlichen – abgese-hen von Kohl – von zwei Frauen bestimmt: von Angela Merkel und Brigitte Baumeister. Beide Frauen hatten übrigens Wolfgang Schäuble ihre Ämter zu verdanken.

Kommen wir zunächst zu seiner Generalsekretärin: Was mag das Motiv Angela Merkels gewesen sein, am 22. Dezember 1999 in der *Frankfurter Allgemeinen Zeitung* einen mit dem Partei-vorsitzenden nicht abgestimmten Artikel zu publizieren, der die Union zur Emanzipation von Kohl aufforderte? In diesem hieß es unter anderem: »Die Partei muß also laufen lernen, muß sich zutrauen, in Zukunft auch ohne ihr altes Schlachtroß, wie Helmut Kohl sich oft selbst gerne genannt hat, den Kampf mit dem politischen Gegner aufzunehmen. Sie muß sich wie jemand in der Pubertät von zu Hause lösen, eigene Wege gehen.«[285] Der Kommentar war gegenüber Schäuble eine Illoyalität. Mit der Veröffentlichung hat Angela Merkel nicht nur das Verhältnis Schäuble–Kohl in einen noch heilloseren Zustand gebracht, sondern sie spitzte auch den Kampf Schäuble gegen Kohl in einer Weise zu, daß Kohl keine andere Wahl hatte, als sich mit allen Kräften gegen die Attacke zu wehren, hinter der er im übrigen Schäuble vermutete. Kohl konnte den Artikel nur dahingehend interpretieren, »daß es sich offensichtlich um ein abgesprochenes Spiel mit verteilten Rollen zwischen der Generalsekretärin und dem Parteivorsitzenden handelt. Ich weiß jetzt, auf was ich mich einzurichten habe.«[286] Jedenfalls muß Kohl über die Weihnachtsfeiertage Rachegedanken geschmiedet haben, trotz eines – traditionsgemäßen, jedoch frostig verlaufenen – Anrufes von Schäuble bei Kohl am ersten Weihnachtsfeiertag.

In den Wochen vor ihrer öffentlich gemachten Aufforderung zur Loslösung von Kohl hatte Angela Merkel derart viel über das Ausmaß des Spendenskandals und letztlich auch über die direkte oder indirekte Verstrickung Wolfgang Schäubles mitbekommen, daß sie wahrscheinlich instinktiv spürte, dieser Mann war auf Dauer als Parteivorsitzender nicht zu halten. Sie wußte, daß Schäuble eine Schreiber-Spende erhalten hatte und er durch Kohl faktisch erpreßbar war. So antwortete sie der *Süddeutschen Zeitung* auf die Frage, ob Kohl mit seinem Wissen über die 100 000-DM-Spende Schäuble unter Druck gesetzt habe: »Ja, ich denke schon. Kohl hat immer versucht, alles auszureizen, was er an Erpressungspotential gegen andere hatte.« Wenig später zog sie indes ihre Aussage zurück, dieses Zitat gelte »jetzt nicht mehr«.[287] Diese Reaktion bestätigt aber auch, daß Angela Merkel alles getan hat, um den Streit zwischen Schäuble und Kohl zu vertiefen, wenngleich unter dem Anschein höchster Loyalität gegenüber Schäuble.

Es ist zu vermuten, daß sich Angela Merkel damals Gedanken über ihre eigene Zukunft gemacht hat, auch darüber, Schäubles Nachfolgerin zu werden. Denn eines war ihr sonnenklar: Würde es einen neuen Parteivorsitzenden geben, wären vermutlich auch ihre Tage als Generalsekretärin gezählt gewesen. Es gibt nämlich das ungeschriebene Gesetz, daß ein Generalsekretär, obzwar für viele Jahre gewählt, sein Amt einem neuen Vorsitzenden zur Disposition stellen muß – wie beispielsweise zuvor Peter Hintze.

Noch eine weitere Frau spielte im Leben des Wolfgang Schäuble in diesen Monaten eine besondere Rolle: Brigitte Baumeister. Die im Jahr 1946 geborene Diplommathematikerin war Helmut Kohl von Schäuble als Schatzmeisterin der CDU vorgeschlagen worden. Diese Aufgabe nahm sie in den Jahren 1992 bis 1998 wahr. Daneben war sie auf Vorschlag Schäubles auch noch parlamentarische Geschäftsführerin ihrer Fraktion, zuständig für so kaum erfreuliche Fragen wie den zu bewerkstelligenden Umzug der Fraktion von Bonn nach Berlin. Zu ihrem Verantwortungsbereich gehörten auch die Dienstreisen der Fraktion. Sie zeichnete sich weniger als eine strategisch denkende Persönlichkeit aus, blieb im Umgang mit Kollegen eher bescheiden und kooperativ. Vor ihrem Einzug in den Bundestag war sie eine Zeitlang bei IBM tätig gewesen. Brigitte Baumeister hatte sich immer um ein besonders enges, auch privates Verhältnis zu Schäuble bemüht. Ein Lob von ihm baute sie auf, ein Wort der Kritik machte sie nervös, unruhig. Helmut Kohl akzeptierte sie als Schatzmeisterin, weil er Schäuble damit einen Gefallen tun konnte; zudem war ihm gewiß auch der Gedanke nicht fremd, eine Frau könnte potentiellen Spendern gegenüber überzeugender auftreten. Und wahrscheinlich schätzte er ihren politischen Rückhalt und ihre Konfliktfähigkeit richtig ein: Beide waren nicht übermäßig ausgeprägt, um ernsthaft das verdeckte Kontensystem der Partei zu gefährden. Brigitte Baumeister hätte die schwarzen Kassen niemals von sich aus auffliegen lassen. Auch vor diesem Hintergrund bleiben die Ungereimtheiten zwischen Schäuble und ihr bis heute rätselhaft. Am Anfang teilte sie noch die Version Schäubles hinsichtlich des Zeitpunkts, zu dem Schreiber das Geld an ihn übergeben hatte. Später rückte sie von ihrer Aussage ab, weil sie dieser Angelegenheit, wie sie sagte, ursprünglich wenig Bedeutung beigemessen habe. Die Tatsache aber, daß sich der Partei- und Fraktionsvorsitzende und eine Exschatzmeisterin öffentlich beharkten und hinsichtlich des Termins von Schreibers 100000-DM-Spende eidesstattliche Versicherungen abgaben, brachte die

Parteibasis an den Rand der Verzweiflung: Erst hatte der in Kanada lebende, flüchtige Schreiber eine eidesstattliche Erklärung zu Papier gebracht, nun begab sich der Stratege Schäuble auf das gleiche Niveau!

Auch Brigitte Baumeister lieferte eine eidesstattliche Versicherung ab. Die Partei verstand nichts mehr, weil der Zeitpunkt der Geldübergabe nicht so wichtig schien, daß sich deshalb zwei Spitzenpolitiker vor allen Augen bekriegen mußten. Es bleibt rätselhaft, warum sich der Jurist Schäuble so sehr auf diesen Aspekt versteifte. Vielleicht läßt sich Schäubles Verhalten mit einem Bericht Schreibers erklären, der in Kanada einem Besucher aus Deutschland mitgeteilt habe soll, er hätte 1994 zweimal 100 000 DM gezahlt. Schäubles Kommentar dazu: »Wenn das zuträfe, dann wäre das der Stoff für neue Verdächtigungen, die im Zweifel wieder zu meinen Lasten gehen würden.«[288] Wie auch immer, es war gerade der Streit mit seiner eigenen parlamentarischen Geschäftsführerin – er weigerte sich, mit ihr überhaupt noch zu sprechen –, der das Faß zum Überlaufen brachte. Die Fraktionsführung hatte nämlich die Reaktion der Basis, deren entschiedenes Grollen, falsch kalkuliert. Denn die Abgeordneten, die wochenlang in den Wahlkreisen den Unmut hautnah erlebten, fuhren zum Schluß zornerfüllt nach Berlin zurück. Manche unter ihnen waren förmlich verpflichtet worden, den Rücktritt Schäubles zu verlangen.

Nicht zu vergessen Helmut Kohl, der emsig Widerstand organisierte und seine alte Rauflust erneut zu entdecken begann. Seine Angriffe gegen Schäuble in *Welt* und *Welt am Sonntag* taten das ihrige, um die CDU-Basis weiter zu verunsichern. Es fiel auf, daß die immer wieder zu hörenden Drohungen Schreibers aus Kanada, er werde noch weiter auspacken, sich stets gegen Schäuble – übrigens auch gegen die CSU und Stoiber – richteten, nie aber gegen Kohl. Schäuble wußte auch von einem Fax zu berichten, das Kohl ihm im Dezember 1999 gezeigt hatte. Es war von Schreiber und beinhaltete eine kritische Äußerung zu Stoiber.[289] Schäuble hatte sicherlich den Verdacht, daß Kohl und Schreiber gewissermaßen unter einer Decke steckten, um gegen ihn einen gemeinsamen Vernichtungsfeldzug zu unternehmen. Entsprechende Anrufe vermutete er bei Brigitte Baumeister.

Die Annahme, daß Kohl aktiv die Ablösung Schäubles betrieb, wurde zudem durch Äußerungen des früheren Regierungssprechers und Kohl-Vertrauten Friedhelm Ost genährt. Er hatte als erster Bundestagsabgeordneter einen »personellen Neuanfang« gefordert.[290]

Der Zweikampf zwischen Kohl und Schäuble führte schließlich zu Schäubles Zermürbung – und zu einem Aufstand in der Fraktion. Die Ereignisse überschlugen sich nun förmlich: Die Dramatik der Fraktionssitzung vom 15. Februar 2000, deren explosive Stimmung die Führung offensichtlich falsch eingeschätzt hatte, werden die Teilnehmer so rasch nicht vergessen. Es kam spürbar Unmut auf, als durch Glos der einstimmige Beschluß des Vorstands hinsichtlich eines »Abberufungsverfahrens Baumeister« bekanntgegeben wurde. Sodann verkündete Schäuble, der Fraktionsvorstand inklusive des Fraktionsvorsitzenden solle neu gewählt werden. Da Brigitte Baumeister dem Vorstand angehörte, erstaunte diese separate Behandlung. Der Saarländer Peter Altmaier[291] war es, der den Damm brach: Was denn der Sinn einer vorgezogenen Abwahl von Brigitte Baumeister sei, wollte er wissen. Er hatte zudem den Nerv der Fraktion getroffen, als er beklagte, Brigitte Baumeister sei wegen der gegen sie gerichteten Anwürfe nicht einmal in der Fraktion gehört worden. Als dann die beiden Schleswig-Holsteiner Peter Kurt Würzbach und Dietrich Austermann die Neuwahl gleich für die kommende Woche forderten, gab es einen derart donnernden Applaus, daß Schäuble begriff, wie massiv ihm die Basis der Fraktion weggebrochen war. In den darauffolgenden Nachtstunden überdachte er auch seine Rolle als Parteivorsitzender. Am 16. Februar erklärte Schäuble, er wolle das Amt des Partei- wie auch das des Fraktionsvorsitzenden niederlegen. Brigitte Baumeister hatte damit indirekt Wolfgang Schäuble gestürzt.

Schäuble war davon überzeugt, daß manche Ereignisse in diesen Krisenmonaten »nicht allein dem Regisseur Zufall«[292] zugeschrieben werden konnten. Mit seinem Rücktritt verschwand der Druck, seine Verbindung zu Kohl insbesondere in den achtziger Jahren erklären zu müssen. Sein Scheitern, so Schäubles Sichtweise, war in der Tatsache angelegt, »daß ich in einer schweren Krise der Union, die mit der vorübergehenden Selbstzerstörung des Ansehens unserer 16 Jahre Regierungsverantwortung einherging, ungeeignet erschien, die Partei aus dieser Krise zu führen, weil ich viel zu eng mit diesen 16 Jahren verbunden war«[293]. Viel zu eng – denn der Jurist erkennt erst jetzt, daß Kohl »seinem Verständnis von politischen Notwendigkeiten, den Erhalt eigener Macht eingeschlossen, immer den absoluten Vorrang eingeräumt«[294] hatte. Eigentlich kam die Erkenntnis reichlich spät für einen Mann, der so lange an der Seite Kohls ausharrte.

Gelegentlich wurde vermutet, Schäuble sei deshalb gestürzt, weil ihm in jenen Tagen der größte Landesverband der CDU, Nordrhein-Westfalen, das Vertrauen entzogen habe. So wurde schon Jürgen Rüttgers als potentieller Nachfolger Schäubles im Kohl-Lager gehandelt. Immerhin war es Norbert Lammert, der Schäuble die Stimmung in dieser Landesgruppe deutlich zu erkennen gab. Aber praktisch hatte sich in allen Landesverbänden Unmut angestaut, so auch in dem baden-württembergischen: Unter Vorsitz des agilen Abgeordneten Volker Kauder, zugleich Generalsekretär der Landespartei, fand am Vorabend der Schäubleschen Rücktrittserklärung eine kontroverse Landesgruppensitzung statt, bei der Schäuble und Brigitte Baumeister heftig aneinandergerieten. Selbst in der eigenen Landesgruppe war die aktive Unterstützung für Schäuble recht spärlich geworden. Schäuble wurde »gestürzt« – so muß man es sagen –, aber nicht durch die Ranküne einzelner führender Unionspolitiker in jenen Tagen. Auch gab es keine organisierten Fronden einzelner Landesgruppen, sondern es war die Verzweiflung der aus ihren Wahlkreisen zurückgekehrten Bundestagsabgeordneten, die legitim die Chancen ihrer Wiederwahl in den Wahlkreisen analysierten. Sie sahen letztlich keinen anderen Ausweg als den einer personellen Änderung. Auch diese Seite hat der Fall Wolfgang Schäuble.

Schäuble blieb in dieser Situation keine andere Wahl: Er mußte zurücktreten. Letztlich konnte es ihm nur auf diese Weise gelingen, aus dem Schatten Kohls herauszutreten. Zweimal hatte der einst engste Vertraute und Mitverschworene Schäuble versucht, aus der Distanz zu Helmut Kohl Kapital zu schlagen – zunächst am Wahlabend, den er als persönliche Niederlage Helmut Kohls betrachtete, wodurch er sich selbst erhöhte und auf den Thron des Parteivorsitzenden hievte. Bei dem Versuch indes, sich von dem »System Kohl« endgültig und mit Bravour zu befreien, dessen Chefingenieur Schäuble war, ist er dann gescheitert.

In jenen dramatischen Tagen, die zum Rückzug Wolfgang

Schäubles aus seinen beiden Ämtern führte, bezeichnete Thomas Schäuble den Rücktritt seines Bruders als »zwangsläufig«. Eine Erneuerung der Partei, so der baden-württembergische Innenminister weiter, wäre nur möglich gewesen, wenn sich der Exkanzler Kohl zurückgenommen hätte. »Ich verabscheue Kohl. Und ich kann da für die ganze Familie sprechen.«[295]

Helmut Kohl frohlockte mit Sicherheit über den Rückzug Schäubles aus seinen beiden Vorsitzen. Doch in seinem *Tagebuch* weist er diesen Gedanken weit von sich, es sei »kein wahres Wort« daran, daß er »große Genugtuung« über diesen Rücktritt empfände. Auch den Vorwurf, er hätte gegen Schäuble ein intrigantes Spiel in Gang gesetzt, dementierte er: »Ich weiß nicht, wer gegen ihn intrigieren sollte. Weder kann ich eine Intrige feststellen, noch bin ich an einer beteiligt.«[296]

In keinem bekannten Lexikon der Politikwissenschaft existiert das Stichwort »Intrige«, obwohl diese eine wichtige Grundlage des politischen Lebens und vermeintlich des Überlebens darstellt. Bei einem Versuch, den Begriff definieren zu wollen, darf ein Aspekt nicht unberücksichtigt bleiben. Denn eine wirksame Intrige zeigt sich erst darin, daß der Hauptverursacher derart im Nebulösen zurückbleibt, daß dieser Person keine unmittelbare Verantwortung für ihr Agieren zugesprochen werden kann. Wer immer eine Intrige angestiftet hat – auch das gehört zu ihrer Charakterisierung –, wird sie aller Voraussicht nach leugnen.

Die Sphinx Angela Merkel

Noch wenige Wochen vor seinem Rücktritt als Parteivorsitzender erklärte Wolfgang Schäuble: »Ich finde, daß Frau Merkel eine großartige Generalsekretärin ist. Sie hat eine eigenständige Rolle. Wir arbeiten sehr vertrauensvoll zusammen.«[297] Ob Schäuble ihre Selbständigkeit mittlerweile verflucht? Kam ihr sein Sturz nicht ganz gelegen? Hat sie nicht vielleicht sogar ab einem bestimmten Zeitpunkt auf diesen Fall hingearbeitet? Sah sie nicht darin die Chance, endlich die Anerkennung zu bekommen, die ihr die alten Männer der CDU bisher verwehrt hatten? Denn während der für die Partei belastenden Monate eines Machtkampfs zwischen Kohl und Schäuble war sie es, die das Drama des Parteispendenskandals nicht nur als ein läuterndes, gefährlich auflodierndes Feuer interpretierte, sondern es angeheizt hatte. Zu dieser Erkenntnis muß man in einer nüchternen Rückschau kommen. Sie erreichte erstaunlicherweise sogar, daß der Vorwurf des allenthalben in der Partei kritisierten schlechten Krisenmanagements nicht mit ihrer Funktion als Generalsekretärin in Verbindung gebracht wurde. Es war allein Schäuble, der diesen Anschuldigungen ausgesetzt wurde.

Daß ausgerechnet eine ostdeutsche, noch dazu protestantische Frau ohne Hausmacht einmal CDU-Vorsitzende sein würde, hätte noch wenige Monate vor ihrer Wahl niemand zu prognostizieren gewagt. Nach der Ankündigung Schäubles, den Partei- und Fraktionsvorsitz niederzulegen, folgten turbulente Wochen des Übergangs, wobei keineswegs klar war, wer in den CDU-Vorsitz aufrücken würde. Dann wurde Angela Merkel am 11. April 2000 auf dem CDU-Bundesparteitag in Essen zur Nachfolgerin Schäubles gewählt. Die Politikerin erhielt dieses Amt durch besondere Glücksumstände, die sie mit Kalkül zu nutzen wußte. Man kann es auch Zufall nennen. Erinnert man sich, wie zurückhaltend sich ihr gegenüber das CDU-Establishment in den Tagen ihrer Nominierung zur Parteivorsitzenden zeigte, so läßt sich sagen, daß sie einzig und allein durch die orientierungslos gewordene CDU-Basis nach oben getragen wurde. Doch bleibt die Frage, warum die Wahl ausgerechnet auf Angela Merkel fiel. Und wie hatte sie es überhaupt geschafft, dieses Ziel zu erreichen? Es waren vor allem drei Faktoren, die diesen Umstand begünstigten:

Zum einen befand sich die CDU in einer unerwartet verzweifelten Situation. Als der von Helmut Kohl ausgelöste Spendenskandal immer breitere Kreise zog, war die Basis der CDU nahezu fassungslos. Das sorgsam von Kohl gepflegte Image der Solidität war mit einem Male zerstört. Durch die Äußerungen des Lobbyisten Schreiber und die unglückliche Reaktion Schäubles schien letzterer selber mit im Spendensumpf zu stecken. Es gab in jenen Tagen kein funktionierendes Machtzentrum, nachdem sich auch Ehrenvorsitzender und Bundesvorsitzender gegenseitig kampfunfähig gemacht hatten. Die CDU war es aber in den langen Jahren der Kanzlerschaft Kohls gewohnt, Führung durch den Parteivorsitzenden zu erfahren. So verlief die Transformationsphase für die Union ungewohnt anarchisch.

Zum zweiten hatte Angela Merkel das, was man Fortune nennt: In den Wochen nach Schäubles Rücktrittserklärung fanden bundesweit Regionalkonferenzen der Partei statt. Diese ansonsten unüblichen Zusammenkünfte waren von Schäuble angesetzt worden. Sie sollten zur Beruhigung der aufgewühlten CDU-Mitglieder dienen. Eine nicht durch ein Delegiertensystem gefilterte Basis entwickelte sich frühzeitig und verstärkt zu einem Akklamationsorgan für Merkel – noch bevor sich potentielle Mitbewerber überhaupt als solche erklären können. Später wagten sie sich dann auch nicht mehr aus der Reserve.

Und Merkel hatte – drittens – in der kritischen Situation der Partei Mut bewiesen, als sie in ihrem Artikel in der *Frankfurter Allgemeinen Zeitung* erklärte, daß die Zeit Helmut Kohls »unwiederbringlich vorüber« sei, und die jetzt in der CDU Verantwortung Tragenden kämen nicht umhin, »die Zukunft selbst in die Hand zu nehmen«.[298]

Die meisten Führungsmitglieder der Union hielten sich in den Tagen nach der Rücktrittsankündigung von Schäuble mit öffentlichen Festlegungen zurück. Sie wollten abwarten, bis das Schlachtgetümmel abebbte. Wer zu früh – so hat man aus langjährigen politischen Gefechten gelernt – die Nase nach oben reckte, konnte durch die Ereignisse schnell um einen Kopf kürzer gemacht werden. Als einer der ersten sprach sich Christian Wulff beherzt für Angela Merkel aus; manche erwogen, den sächsischen Ministerpräsidenten Kurt Biedenkopf zum (Übergangs-)Parteivorsitzenden zu nominieren. Vielleicht hätte er diese Gelegenheit, obschon wie Kohl zu diesem Zeitpunkt bereits siebzig Jahre alt, auch gerne ergriffen – aber nur auf einem goldenen Tablett serviert, also ohne Kampfkandidatur. Wäre es dazu gekommen, der alte Politrecke hätte seinen Duz- und Jugendfreund Helmut Kohl triumphierend in der CDU-Bundespartei politisch überlebt. Biedenkopf sollte – so war die Überlegung – als ehrlicher Makler – das inhaltliche und personelle Gebäude der Partei derart sanieren, daß nach einer Interimszeit von zwei Jahren eine neue Parteiführung geordnete Verhältnisse hätte übernehmen können. Doch Biedenkopf war nicht mehrheitsfähig.

Aus ähnlichen Erwägungen heraus wurde auch der thüringische Ministerpräsident Bernhard Vogel für den Parteivorsitz ins Gespräch gebracht. Diese Möglichkeit wäre vermutlich die Helmut Kohl genehmste Lösung gewesen. Vogel zeigte ebenfalls sein Einverständnis, mußte aber erkennen, daß auch er nicht durchsetzbar war. Deshalb erklärte er in einem Interview: »Ich rate keinem, als Übergangsvorsitzender anzutreten.«[299] Eine andere, Kohl genehme Lösung wäre die Kandidatur des nordrhein-westfälischen Landesvorsitzenden Jürgen Rüttgers gewesen. Hätte er sich ins Spiel gebracht, womöglich wäre Angela Merkel nicht auf die Idee verfallen, es auf einen Zweikampf mit einem anderen – zumal im Wahlkampf stehenden Politiker – ankommen zu lassen. Rüttgers konnte sich jedoch im Blick auf die bevorstehenden eigenen Landtagswahlen nicht in den innerparteilichen Kampf stürzen. Später mußte er einsehen, daß die Regionalkonferenzen auch in seinem eigenen Landesverband Angela Merkel eine immer unverhohlenere Sympathie bescherten.

Angela Merkel wurde also der Parteivorsitz in einem emotionalen Überschwang quasi plebiszitär übertragen. Die Parteitagsdelegierten folgten dem *Stern*, der frühzeitig ausrief: »Frau General, übernehmen Sie!«[300] In »normalen« CDU-Zeiten hätte eine solche Aufforderung gerade in diesem Magazin innerparteilich eher das Gegenteil bewirkt.

Der Lebenslauf Angela Merkels prädestinierte sie – den üblichen Erwartungen zufolge – fürwahr nicht zu einer CDU-Vorsitzenden, nicht einmal zu einer CDU-Mitgliedschaft. Entgegen dem Trend, möglichst alle, insbesondere die privaten Phasen des Lebens offenzulegen, gab sie bislang nur wenig aus ihrer Biographie preis, zu ihren Erfahrungen, die sie als junges Mädchen in der DDR gesammelt hatte. Der Journalist Wolfgang Stock legte im Herbst 2000 als erster eine politische Biographie Angela Merkels vor, die viele bis dahin unbekannte Fakten aus dem Leben der heutigen Parteivorsitzenden bringt.[301] Doch wird auch darin kaum etwas über das Milieu, in dem die Pfarrerstochter aufwuchs, kaum etwas über das Verhältnis zu ihrem Vater mitgeteilt. Angela Merkel machte immerhin im realen Sozialismus Karriere – bis hin zu einer Anstellung in der Akademie der Wissenschaften, die in der DDR hohes Ansehen genoß. Im Grunde genommen war sie eine Mitläuferin im untergegangenen DDR-System. Sie trat, obgleich Pfarrerstochter, in die FDJ ein, was aber die Voraussetzung für den Besuch einer höheren Schule und vor allem für einen begehrten Studienplatz war. Sie brachte es als Studentin sogar zu einer bislang wenig beleuchteten FDJ-Aktivistenrolle. Über ihre damalige Funktion gibt es widersprüchliche Aussagen. Stock schreibt, sie sei »Kultur-Sekretär« der FDJ im Zentralinstitut für physikalische Chemie in Berlin gewesen.[302] In einer neueren Biographie von Jacqueline Boysen heißt es hingegen: »Während Kollegen von damals sich an Angela Merkel in der Position der FDJ-Sekretärin für Agitation und Propaganda erinnern, beschreibt sie selbst ihre damalige Aufgabe in der staatlichen Jugendorganisation als die einer Kulturfunktionärin.«[303] Bekanntermaßen hatte die FDJ als Jugendorganisation eine Monopolstellung. Wer studieren wollte, mußte in der Massenorganisation der SED Mitglied gewesen sein. Aus den Reihen der PDS wurde immer wieder suggeriert, daß jemand, der für »Agitation und Propaganda« in einer Hochschuleinrichtung zuständig war, schon mehr als reiner Mitläufer gewesen sein müsse. Anwerbeversuchen der Stasi hat Angela Merkel, wie Stock berichtet, widerstanden.[304]

Angela Merkels Leben verlief für DDR-Verhältnisse eher typisch, auch wenn sich die Tatsache, daß sie Pfarrerstochter war, nicht gerade lebenserleichternd auswirken konnte, zumal sie konfirmiert wurde und keine Jugendweihe erhielt. Pfarrerskinder hatten es prinzipiell in der sozialistischen DDR schwerer; bei der jungen Angela waren es vor allem die Lehrer, die sie anders behandelten als die übrigen Kinder.[305] Angelas Vater war mit seiner Familie im Herbst 1954 von Hamburg, wo auch die Tochter zur Welt kam, zunächst ins brandenburgische Quitzow bei Perleberg umgezogen. Dort trat er auch seine erste Pfarrstelle an. 1957 wurde er an das Seminar für kirchlichen Dienst nach Waldhof bei Templin versetzt. Angelas Mutter, Herlind Kasner, arbeitete als Lehrerin. Der als sehr willens- und überzeugungsstark geltende Vater folgte freiwillig einem Ruf der evangelischen Kirche in der DDR, die unter erheblichem Pfarrermangel litt. Stock schreibt, daß Vater Kasner gegen den Einmarsch der Warschauer-Pakt-Staaten in der Tschechoslowakei protestierte. Wegen seiner Mitgliedschaft im »Weißenseer Arbeitskreis« wurde er der »rote Kasner«[306] genannt und war – so Jacqueline Boysen – »prinzipiell dem sozialistischen Gesellschaftsbild zugetan«[307]. Der »Weißenseer Arbeitskreis« zeichnete sich durch in sich differenzierte Positionen aus, wurde jedoch von dem Theologieprofessor Hanfried Müller geleitet, der nach Meinung von Ehrhart Neubert, Experte für DDR-Oppositionsgruppen, »stets der verlängerte Arm der SED in der Synode«[308] war. Den Arbeitskreis selbst schätzt Neubert als »opportunistisch« ein.[309] Was mag manchmal in der Tochter des Pfarrers vorgegangen sein, wenn die Familie Besuch aus dem Westen erhielt? Hat sie nicht ganz zwangsläufig ihrem Vater Vorwürfe machen müssen, daß sie im Westen geboren wurde, aber dorthin nicht einfach zurückkehren konnte? Nach ihrem Abitur im Jahre 1973 in Templin nahm sie ihr Physikstudium in Leipzig auf, 1977 heiratete sie Ulrich Merkel, von dem sie sich nach vier Jahren trennte; 1982 wurde die Ehe kinderlos geschieden. In der Zwischenzeit bekam sie ihr Diplom, arbeitete dann als wissenschaftliche Mitarbeiterin in der Akademie der Wissenschaften am Zentralinstitut für physikalische Chemie in Berlin. Ihre Doktorarbeit hatte den Titel »Die Berechnung von Geschwindigkeitskonstanten am Beispiel einfacher Kohlenwasserstoffe«.

Angela Merkels Weg zur CDU war sicherlich nicht vorbestimmt gewesen. Überhaupt steckte jede individuelle politische Biographie in jenen dramatischen Tagen des Zusammenbruchs der DDR voller Überraschungen. Der Theologe Richard Schröder, einst SPD-Fraktionsvorsitzender in der frei gewählten »Volkskammer«, hätte von seinen politischen Grundpositionen her auch CDU-Mitglied werden können. Frühe Beobachter des widerständigen und eher linksgerichteten Pfarrers Rainer Eppelmann wären nie auf die Idee gekommen, daß dieser eines Tages Präsidiumsmitglied der Bundes-CDU würde. Ähnlich verhält es sich mit dem früheren Bündnis-90-Fraktionsvorsitzenden Günter Nooke, der inzwischen Stellvertretender CDU/CSU-Fraktionsvorsitzender im Bundestag ist.

Wie aber kam Angela Merkel ausgerechnet zur CDU? Einerseits erfuhr sie zwar in einem ethisch gebundenen, christlichen Elternhaus ihre Sozialisation, gleichwohl war sie nicht durch ein »klassisches« christlich-demokratisches Milieu geprägt. Die meisten ihrer Familienangehörigen bekundeten nach der Wende ihre distanzierte Einstellung zur CDU und zeigten sich hinsichtlich der politischen Entwicklung Angela Merkels eher überrascht. Ihr Vater schloß sich während der Wendezeit dem Neuen Forum an, ihre Mutter wurde später in der SPD aktiv. Mit Sicherheit spielte bei ihrer Entscheidung auch der Zufall eine wichtige Rolle. Sie schaute sich nach eigenem Bekunden bei verschiedenen Parteien, auch bei der SPD-Vorläuferorganisation SDP um und bekam dann im Dezember 1989 engen Kontakt zum Demokratischen Aufbruch (DA), einst gegründet von Wolfgang Schnur, der später als Stasi-Agent entlarvt wurde, und Pfarrer Rainer Eppelmann. Angela Merkel trat dem DA zu einem Zeitpunkt bei, als noch nicht klar sein konnte, daß dieser nach einem allerdings sehr kontrovers verlaufenen Prozeß eines Tages gemeinsam mit der Ost-CDU und der Deutschen Sozialen Union (DSU) des Pfarrers Hans-Wilhelm Ebeling mit der CDU-West fusioniert wurde. Sie kam als Stellvertretende Regierungssprecherin unter dem letzten DDR-Minister Lothar de Maizière sehr schnell mit der »großen Politik« in Berührung. De Maizière schätzte sie sehr. Stets sprach er mit warmherziger Stimme von »Angela«. Nicht auszuschließen ist aber, daß bei ihrer späteren Entscheidung, in die CDU einzutreten, auch Kalkül eine große Rolle spielte. Wer wie sie nach der Wende politisch heimatlos wurde, mußte sich – verständlicherweise – einen neuen Ort suchen. Angela Merkel hatte immer betont, daß es die Haltung der CDU – und speziell Helmut Kohls – zur deutschen Einheit war, die sie letztlich bei den Christdemokraten hat ankommen lassen.

Von welchen politischen Visionen wird eigentlich Angela Merkel geleitet? Wußten die Delegierten auf dem Essener Bundesparteitag eigentlich, für wen sie sich da entschieden? Ihre im wesentlichen von ihrem damaligen Planungschef Klaus Preschle formulierte, rhetorisch meisterhafte Rede brachte die Sehnsüchte einer nach Hoffnung dürstenden Partei auf den Punkt. Sie wurde mit fast 96 Prozent (897 Delegierte stimmten mit Ja, es gab nur 38 Gegenstimmen und acht Enthaltungen[310]) als einzige Kandidatin gewählt. Das politische Profil Angela Merkels war den Parteitagsdelegierten weitgehend unbekannt. Sie gewann die Stimmen nicht, weil sie für eine spezifische inhaltliche Position stand. Für Angela Merkel sprach in erster Linie, daß sie in bezug auf Helmut Kohl als eine mutige Kämpferin erschien. Eine in ihren inneren Grundfesten erschütterte Partei wollte eine Politikerin an ihrer Spitze haben, die vom Spendenskandal selber nicht betroffen, also »sauber« war. Ihre Nominierung war insoweit nicht das

Ergebnis eines politischen Richtungskampfs verschiedener Flügel, sie brauchte sich nicht mit einem klaren politischen Standpunkt zu profilieren. Von Helmut Kohl hatte sie zudem gelernt, daß Integrationsfähigkeit voraussetzt, sich, was innerparteilich kontroverse Positionen angeht, nicht zu genau festzulegen. Dies erleichtert in wichtigen Fragen das Moderieren und trägt dazu bei, daß man sich einen Überblick über die Mehrheiten innerhalb der Partei bzw. der Koalition verschaffen kann. Angela Merkel ist also in einer sehr spezifischen Situation, in einer Art Ausnahmezustand Vorsitzende geworden. Es ist leichter, Profil in einer außergewöhnlichen Lage zu entwickeln, als in der Normalität des politischen Alltags.

In ihren Reden stellt Angela Merkel immer wieder fest, die CDU benötige einen »inneren Kompaß«. Doch welcher »innere Kompaß« leitet eigentlich die neue Vorsitzende bei fundamentalen politischen Fragen? Und wie stark wird auch in Zukunft ihre Integrationskraft sein?

Helmut Kohl, an dem seine Nachfolger noch lange Zeit gemessen werden, hatte es nämlich immer verstanden, den Eindruck zu vermitteln, er habe einen solchen inneren Kompaß. Er wurde nie müde zu betonen, die Union vereinige in sich die soziale, die liberale und die konservative Tendenz – und dies vor dem Hintergrund eines christlich geprägten Weltverständnisses. Kohl war zwar oftmals dem Vorwurf der »Schwammigkeit« ausgesetzt gewesen, weil er sich bei politischen Entscheidungen selten frühzeitig festlegen wollte, doch wurde ihm selbst von seinen Gegnern ein Welt- und Menschenbild zuerkannt, das Vertrauen in seine politischen Grundintentionen einflößte.

Befaßt man sich mit den Reden, Statements und strategischen Beschlüssen von Angela Merkel, kann man sich nicht des Eindrucks einer Sphinxhaftigkeit erwehren. Sie bleibt in vielen Bereichen eine Unbekannte. Wer sie über sich selbst reden hört, spürt die Grenzen ihrer Mitteilungsbereitschaft. Welche politische Philosophie vertritt eigentlich die CDU-Bundesvorsitzende? Es fällt schwer, darauf eine Antwort zu finden – und vielleicht ist für sie charakteristisch, was sie in einem Interview zum »Kohl-Drama« äußerte: »Ich gehöre zu dem Typ Mensch, der schon im Sport die gesamte Unterrichtsstunde auf dem Dreimeterbrett gestanden hat und erst in der 45. Minute gesprungen ist. Das heißt, ich habe mir sorgfältig überlegt, was ich tue.« Und fügte hinzu: »Ich bin ein Mensch, der auf Sicht arbeitet.«[311]

Es fallen gleichwohl zwei Parameter ihres Denkens auf: Zum einen ist sie liberal eingestellt, weil sie die Begrenzung der Freiheit selber fundamental in der DDR erlebt hat und von daher allzu einengenden Regelungen prinzipiell kritisch gegenübersteht. Ein Beispiel hierfür ist ihre offene Einstellung zur Frage von Lebensgemeinschaften Gleichgeschlechtlicher. »Im Zweifel für die Freiheit« könnte ihr Motto lauten. Neue gesellschaftliche Entwicklungen sind für sie Ausdruck einer freiheitlichen Gesinnung. Allerdings sprach sie sich zugleich dezidiert gegen eine rechtliche, alle Dimensionen einbeziehende Gleichstellung mit der traditionellen Ehe aus. Auch in Fragen der Familienpolitik dürfte sie »reformfreudiger« sein als die Mehrheit ihrer eigenen Partei. In bezug auf die Einwanderungspolitik gehörte sie zu den ersten, die von dem Dogma abrückten, Deutschland sei kein Einwanderungsland.

Die zweite Konstante liegt in ihrem naturwissenschaftlichen Weltverständnis begründet. Sie hinterfragt politische Strukturen nach ihren logischen Zusammenhängen, ohne zunächst ideologische Prädispositionen zum Maßstab ihrer Überlegungen zu machen. Die Politik funktioniert jedoch vielfach gar nicht nach den Gesetzen der Logik, so daß mit diesem Denken »unpolitische« Entscheidungen vorprogrammiert sind. Angela Merkel ist in naturwissenschaftlichen Fragen wie der Kernenergie argumentativ viel sicherer als in allgemeinen Themen und kann mit hoher Überzeugungskraft gegen politische Strömungen innerhalb antreten, wie ihre Auseinandersetzung mit den Grünen im Zusammenhang mit den »Castor«-Transporten zeigte.

Was aber auch auffällt, ist ihr Umgang mit christlichen Kirchen. Weder im Berliner Konrad-Adenauer-Haus noch in Versammlungsräumen findet sich ein Kreuz. Dies ist für eine christlich-demokratische Partei überraschend. Vielleicht hängt dies auch damit zusammen, daß für Angela Merkel Religiosität im öffentlichen Raum nichts mehr zu suchen hat. So hatte denn auch in Kreisen der katholischen Kirche ihre Aussage, sie würde am Sonntagmorgen auch gerne ausschlafen[312], wenig Erbauung ausgelöst. Die Frage nach dem »C« ist für die CDU allerdings nicht nur eine taktische Frage hinsichtlich der zusammenschmelzenden katholischen Stammwählerschaft, sondern nach wie vor eine wichtige Frage ihrer Identitätsstiftung.

Das Profil, das sich Angela Merkel während ihrer Konfrontation mit Helmut Kohl zulegen konnte, schmilzt inzwischen wie Eis in der Sonne dahin. Der besondere Charme des Neuanfangs ist verflogen. Sie hat schnell gelernt, die nach wie vor zahlreichen Anhänger Kohls möglichst wenig zu verprellen. Angela Merkel, die gefordert hatte, die CDU müsse endlich ohne Helmut Kohl laufen lernen, gibt sich jetzt selber schwer mit ihrem einstigen Förderer und seinen Getreuen im Hintergrund. Nur allzu spürbar ist ihr vorsichtiges Agieren. Kann Angela Merkel tatsächlich dem Schatten Kohls entrinnen? Die neue Parteivorsitzende versucht einen Spagat, denn letztlich ist für ihr politisches Überleben die Integration von Kohl bei gleichzeitiger Distanz und Emanzipation ausschlaggebend. Helmut Kohl ist gegenüber Angela Merkel voll des Lobes. Sie habe sich, so der Ziehvater, »schnell als lernfähige, entscheidungsstarke und auf internationalem Parkett sehr erfolgreiche Persönlichkeit erwiesen.[313] Trotz dieser freundlichen Worte wird sie aber vor ihrem Vor-Vorgänger auf der Hut sein müssen, weil sie mindestens ebenso stark eine Wiederkehr von Kohl in das aktive Parteigeschehen fürchten dürfte, wie das Schäuble tat. Sie weiß, welche Kraft Helmut Kohl noch zu entfalten vermag – und er wird mit Sicherheit nicht vergessen, daß sie es war, die durch ihren Artikel in der *Frankfurter Allgemeinen Zeitung* einen absoluten Kollisionskurs gegen ihn festlegte. Solange Kohls Reintegration in die Partei noch nicht völlig abgeschlossen ist, braucht Kohl eine Angela Merkel. Aber wer weiß, wie lange noch?

Angela Merkels ausgeprägter Wille zur Macht sollte indes nicht unterschätzt werden. Sie hat es verstanden, sich überall durchzuboxen: Sie bekam die Posten ihrer jeweiligen Förderer, die allesamt zurücktreten mußten. Der erste war Lothar de Maizière. Der feinnervige Bratschenspieler und stellvertretende Bundesvorsitzende der CDU trat vom Politikbetrieb zurück, nachdem ihm vorgeworfen wurde, unter dem Decknamen »Czerny« für die DDR-Staatssicherheit gearbeitet zu haben. Angela Merkel löste de Maizière auf dem Dresdner Parteitag 1991 als stellvertretende Bundesvorsitzende ab. Sodann wurde sie am 20. Juli 1993 Nachfolgerin von Günther Krause als Landesvorsitzende der CDU in Mecklenburg-

Vorpommern. Krause mußte deshalb zurücktreten, weil er eine Langzeitarbeitslose als Zugehfrau angestellt hatte und die dafür rechtlich vorgesehenen Lohnkostenzuschüsse erhielt. Die *Bild*-Zeitung machte daraus eine gewaltige »Putzfrauen-Affäre«. Die Gerüchte, die Kampagne sei aus dem Kanzleramt angeregt worden, sind nie gänzlich verstummt, denn Krauses verkehrspolitische Vorstellungen wurden vom damaligen Bundeskanzler Kohl als recht eigenwillig bewertet.[314] Angela Merkel sah schweigend zu, wie ihr Freund und Förderer mit falschen Vorwürfen gestürzt wurde. Schließlich erledigte Angela Merkel ihre weiteren Ziehväter Kohl und Schäuble nahezu in einem Doppelschlag. Ihre Sammlung von Skalps kann sich sehen lassen.

Sosehr sich Angela Merkel in ihrer politischen Sozialisation von Kohl unterscheidet, er war ihr Lehrmeister. Es ist deshalb angebracht, einen Vergleich ihrer beiden Politikstile vorzunehmen, denn sie ähneln sich manchmal in frappierender Weise. Kohl und Angela Merkel legen beide beispielsweise keinen großen Wert auf eine tiefgründig ausgefeilte *Sprache*: Kohl liebt es wolkig-verklärt, Merkel bevorzugt scheinbar klare Formulierungen. Beiden ist jedoch eigen, daß sie sich hinter ihrer jeweiligen Redeweise verbergen. Wenn Angela Merkel von Grundwerten spricht, dann in einer so charakteristischen Weise, daß niemand wagt nachzufragen, wie diese in die politische Realität umzusetzen seien. Oder sie fordert einen »Kompaß« in der Politik, macht sich aber dadurch in einem gewissen Sinne unangreifbar hinsichtlich ihres eigenen Kompasses! Ihr jeweiliger *Machtwille* ist ebenfalls vergleichbar. Diesem ordnet auch Angela Merkel vieles, wenn nicht gar alles unter. Gleichzeitig ist sie extrem mißtrauisch, was dazu führt, daß sie – ähnlich wie Kohl – nur ganz wenig Vertraute hat. Umgab sich Kohl in seiner letzten Amtszeit nur noch mit Juliane Weber, Friedrich Bohl und Anton Pfeifer, beschränkt sich Angela Merkel auf ihre getreue Beate Baumann und Willi Hausmann. Eine weitere Ähnlichkeit besteht im *Übergehen der Parteigremien* bezüglich der Nominierung des Kanzlerkandidaten. Kohl fehlte sogar die Dreistigkeit, die Angela Merkel an den Tag legte, als sie – unter Brüskierung des CDU/CSU-Fraktionsvorsitzenden Merz – erklärte, allein Stoiber und sie würden bestimmen, wer als Kanzlerkandidat im Jahre 2002 vorgeschlagen werde. Vergleichbar mit Kohl ist auch ihr *Umgang mit Journalisten*.

Wer sich kritisch mit ihrer Partei auseinandersetzt, den läßt sie dies spüren.

Angela Merkel hat jedoch nur den »späten«, den vereinsamten Kohl unmittelbar erlebt. Der »frühe« Kohl verstand es sehr viel besser, einen ihn unterstützenden politischen Freundeskreis aufzubauen, der für ihn auch in manchen schwierigen Stunden durch dick und dünn ging. Angela Merkel ist letztlich eine Einzelkämpferin. Sie ist nicht in der Lage, in der Bundestagsfraktion einen aktiven Unterstützerkreis um sich zu versammeln. Es gibt auch noch andere Aspekte, die sie von Kohl unterscheiden. Der Altkanzler hatte es gerade in seiner Anfangszeit verstanden, systematisch Kontakte zu einflußreichen Gruppierungen und Institutionen außerhalb der organisierten Parteipolitik herzustellen und dabei starke Bindungen aufzubauen. Angela Merkel versucht, ihm darin zu folgen. Sie ist ausgesprochen fleißig und nimmt ungemein viele Außentermine wahr, doch ihre Möglichkeiten sind augenscheinlich begrenzt. Sie stößt auf eine große Neugier, kommt gut an in ihren Reden, zeugt auch von einer persönlichen Glaubwürdigkeit – und dennoch entwickelt sich bei ihr kein »Wir-Gefühl«, das mit dem von ihrem Lehrmeister Kohl ausgelösten vergleichbar wäre.

Manchmal, so scheint es, gelingt es ihr weitaus weniger, daß Menschen ihr die gleiche Herzenswärme entgegenbringen, wie das Kohl vielfach zustande brachte. Darüber hinaus: Kohl verfügte von Anfang an über eine klare Koalitionsstrategie. Die gelegentlichen Gedankenexperimente Angela Merkels hinsichtlich schwarz-grüner Bündnisse hingegen mögen zwar die FDP nervös machen, letztlich sind sie aber das Futter für wechselbereite Kräfte in der liberalen Partei.

Von Kohl lernte Angela Merkel den klaren Willen zur Macht. Wann immer sie ihr Amt neu antrat, setzte sie sofort Zeichen. Nur sie, das war das wichtigste, hat von jetzt an das Sagen. Als sie beispielsweise Jugendministerin wurde, entließ sie den für Grundsatzfragen zuständigen Abteilungsleiter Warnfried Dettling, einer der interessanten Querdenker mit CDU-Parteibuch. Der Politikwissenschaftler war früher im Konrad-Adenauer-Haus ein enger Mitarbeiter von Heiner Geißler. Ein weiteres Beispiel: Als sie das Amt der Umweltministerin erhielt, versetzte sie sofort den Staatssekretär Clemens Stroetmann in den einstweiligen Ruhestand. Dieses rabiate Vorgehen brachte ihr zwar wenig Freunde ein, verschaffte ihr allerdings vor allem in ihrem Ministerium schnell einigen Respekt und erzeugte nicht zuletzt Furcht.

Wie bei jedem Politiker ist auch bei Angela Merkel interessant, wen sie sich als Mitarbeiter aussucht. Als sie beispielsweise Ruprecht Polenz für das Amt des Generalsekretärs nominierte, war das Erstaunen groß. Viele kannten den 1946 geborenen Offizierssohn nicht, weil er seit seiner Mitgliedschaft im Bundestag relativ wenig Aufhebens um seine Person machte, sondern lediglich durch sehr fundierte Analysen in seinen Schwerpunktthemen – hier handelte es sich vor allem um die deutsch-amerikanischen Beziehungen und um die Verteidigungspolitik – auf sich aufmerksam machte.

Der Jurist Polenz tat sich mit dem neuen Amt schwer, man merkte es ihm an. Er bekam zu spüren, daß die Entscheidungsfreiheiten eines Generalsekretärs dann begrenzt sind, wenn die Parteivorsitzende hauptamtlich ihrer Aufgabe nachgeht, also nicht gleichzeitig Fraktionsvorsitzende oder gar Bundeskanzlerin ist. Angela Merkel weiß aber um die prinzipiell starke Stellung, die die CDU-Satzung dem Generalsekretär verleiht. Als sie diese Position unter Schäuble innehatte, achtete dieser darauf, daß seine Generalsekretärin auch ihre Kompetenzen wahrnehmen konnte; doch Schäuble war zugleich auch Fraktionsvorsitzender. Der in Grundsätzen denkende, bescheiden auftretende Polenz aber liebte nicht den Wirbel um seine Person. Polenz hatte mit seinem zurückhaltenden Stil in dem eigenen Wahlkreis Münster Erfolg. Von allen Unionsdirektkandidaten erzielte er bei den Bundestagswahlen das beste Erststimmenergebnis im Verhältnis zu den Zweitstimmen seiner Partei. Die Erwartungshaltung der CDU/CSU an ihren General war jedoch, daß täglich Erklärungen und Aktionen »mit Biß« produziert werden sollten.

Der Entscheidungsspielraum von Polenz wurde zusätzlich noch dadurch eingeschränkt, daß ein alter Vertrauter von Angela Merkel, der promovierte Jurist Willi Hausmann, Bundesgeschäftsführer der CDU war. Hausmann, ein eher unauffällig wirkender Beamtentyp, war bereits ihr Staatssekretär im Bundesministerium für Frauen und Jugend. Er hatte sich im Zusammenhang mit der Aufarbeitung der Spendenaffäre ein großes Ansehen in der Partei erworben. Die wichtigen internen Entscheidungen wurden folglich ohne Einschaltung von Polenz direkt von Angela Merkel an Hausmann in die Bundesgeschäftsstelle gegeben. Somit befand sich Polenz in einer Art »Sandwich«-Situation.

Polenz schien geradezu erleichtert, als sich Merkel im Oktober 2000 von ihm trennte. Dabei bestellte sie den Juristen kurzerhand zu sich und teilte ihm ihren Entschluß mit. Der loyale Polenz fügte sich in die »Bitte« seiner Vorsitzenden, obwohl er für vier Jahre gewählt worden war. Nicht gerade stilvoll war dann der weitere Umgang mit dem Mann, »der durch Integrität und Bescheidenheit beeindruckt«.[315] Polenz hatte große Mühe, wieder in den Auswärtigen Ausschuß zurückkehren zu können. Friedrich Bohl machte ihm kollegialerweise Platz. Und stillos war auch, daß Polenz sofort seinen designierten Nachfolger im Hause agieren sah, obwohl dieser erst einige Wochen später für dieses Amt gewählt wurde.

Angela Merkel und der Polenz-Nachfolger Laurenz Meyer kannten sich schon seit geraumer Zeit. Meyer machte Karriere als Energiemanager bei VEW. Politisch dürfte er eher als ein Wirtschaftsliberaler einzuordnen sein, wenngleich auch bei ihm die Frage nach seiner politischen Verortung schwer zu beantworten ist. Er agierte in seiner kurzen Amtszeit als CDU-Fraktionsvorsitzender in Nordrhein-Westfalen durchaus mit Erfolg. Warum fiel die Wahl auf Meyer? Angela Merkel mußte Meyers burschikose Art gefallen haben. So suchte sie sich mit ihm einen Politiker aus, von dem sie sich erhoffte, daß er durch sein Auftreten der Union in kürzester Zeit neue, allerdings vorwiegend positive Schlagzeilen einbringen würde. Vermutlich war Angela Merkel anfänglich von der Furcht geplagt, es könnte jemand Generalsekretär werden, der sie politisch wie intellektuell in den Schatten stellen könnte. Meyer ist zweifellos ein Meister des schnellen Wortes. Die erste von Meyer zu verantwortende Headline offenbarte aber auch schon ein besonderes Problem. Er erklärte nämlich auf der Pressekonferenz, bei der er vorgestellt wurde, einen zweiten »Mißgriff« könnte sich Angela Merkel nicht erlauben, deshalb sei er ja sicherer im Amt als sein Vorgänger. Diese Bemerkung hat allerdings einen wahren Kern: Denn wer als Politiker oder Politikerin zu schnell engste Mitarbeiter auswechselt, der lädiert nur allzu leicht den eigenen Ruf. Dann ist es auch nicht mehr weit, bis die Forderung zu hören ist, man möge doch selber zurücktreten. Insofern könnte sich die Abberufung von Polenz noch eines Tages als ein Fehler herausstellen.

Im Unterschied zu dem seriösen, stillen Ruprecht Polenz ist es Laurenz Meyer gelungen, binnen weniger Wochen einen großen Bekanntheitsgrad zu erhalten. Er griff an, wo er nur konnte. Er überraschte auch, als er eine mittelfristige Koalitionspräferenz mit den Grünen erkennen ließ. Diese Überlegungen kamen allerdings aus seinem Mund, bevor Joschka Fischers Straßenkämpferrolle in den siebziger Jahren breit diskutiert wurde. So mußte Meyer umsteuern und fortan heftige Attacken gegen Fischer verkünden. Die in weiten Teilen seiner Partei mit Empörung aufgenommene Pressemeldung, er habe für ein entspannteres Verhältnis mit der PDS plädiert, wies er als Fehlmeldung zurück. Besonders ins Rampenlicht kam er, als ein »Fahndungsplakat« im Stil amerikanischer Polizeifotos veröffentlicht wurde, auf dem Bundeskanzler Schröder abgebildet war. Deutlicher hätte er den Kontrast zwischen sich und Polenz nicht machen können.

Es fällt auf, daß es Angela Merkel nicht gelungen ist, das Parteipräsidium in der Öffentlichkeit wie ein Team erscheinen zu lassen. Wenn es politisch brenzlig wird, tauchen die Granden der CDU vielfach unter. Wer in der Bevölkerung weiß, daß Annette Schavan, Jürgen Rüttgers, Christian Wulff und Volker Rühe ihre Stellvertreter sind? Die kluge Annette Schavan ist auf Bundesebene bisher nur hin und wieder als sachkundige Bildungspolitikerin in Erscheinung getreten. Jürgen Rüttgers ist bundespolitisch deutlich aktiver, auch mit mahnenden Hinweisen zur politischen Strategie der Partei, die aber selten zur Erbauung von Angela Merkel führen dürften. Auch um den niedersächsischen CDU-Vorsitzenden Christian Wulff wurde es immer stiller. Er hatte in Fragen der Spendenkrise und der Nachfolge Schäubles klare Positionen bezogen und wurde zu einer wichtigen Stütze von Angela Merkel. Bald konnte er aber seine Enttäuschung über ihren Führungsstil kaum mehr verbergen. Wulff fühlte sich bei den Entscheidungsprozessen der Partei zuwenig beteiligt. Und Volker Rühe meldete sich ebenfalls kaum zu Wort – er hatte sich wie Rüttgers mehr Hoffnungen auf einen Posten als Ministerpräsident gemacht. Wieso ist es Angela Merkel so wenig gelungen, eine wirkliche Unterstützung hinzubekommen? Eine Ausnahme ist vielleicht die JU-Bundesvorsitzende Hildegard Müller. Einer der Präsidiumsmitglieder ist auch Wolfgang Schäuble, der aber mit dem Ingrimm des Opfers am Tisch sitzt.

Nicht nur das »Fahndungsplakat« löste ein große Welle inner- und außerparteilicher Empörung aus. Auch der Umgang mit der »Kiep-Million« zeigte wenige Wochen später, daß ein instinktiv funktionierendes Frühwarnsystem in der CDU-Parteizentrale kaum entwickelt war – hierfür mußte Willi Hausmann öffentlich seine Verantwortung bekennen. Er hatte sogar seinen Rücktritt angeboten. Was aber war passiert? Am 22. März 2001 traf ein Schreiben von Walther Leisler Kiep bei Hausmann ein, in dem der Ex-Schatzmeister bekannte, es würden sich »Vermutungen, daß über meine Konten Gelder geflossen sein könnten, die nicht mir, sondern wahrscheinlich der CDU zustehen«, verdichten.[316] Dieses Politikum wurde offensichtlich von Angela Merkel unterschätzt. Denn alleine die Möglichkeit, daß es sich bei dem am 23. März auf dem CDU-Konto eingetroffenen Geld um Beträge handeln könnte, deren Herkunft nicht eindeutig nachweisbar ist, hätte zu der Handlung führen müssen, das Geld allenfalls auf ein Treuhänderkonto überweisen zu lassen – bis zur Aufklärung der eigentlichen Quelle der Million.

Von einer Reue in Kieps Schreiben an die CDU war nichts zu vernehmen. Seine einzige Begründung, warum er diese Gelder überweise, bestand darin, daß er auf Anraten seines Rechtsanwalts handeln würde, da diese Million nicht ihm gehören würde. Möglicherweise wollte Kiep berechtigten Schadensersatzansprüchen der CDU zuvorkommen. Nun hätten eigentlich alle Alarmglocken schrillen müssen. Doch nichts dergleichen geschah. Der CDU-Bundesvorstand erhielt eher beiläufig eine Mitteilung über die Kiep-Million. Auf einer Pressekonferenz des Generalsekretärs Laurenz Meyer am 20. März wurde dieses Thema immer noch verschwiegen; erst die *Lausitzer Rundschau* berichtete am nächsten Tag von der Überweisung. Es folgte ein Dementi. Willi Hausmann übernahm dann später für diesen Vorgang die Verantwortung und erklärte, er hätte Merkel und Meyer leider nur »verkürzt« über die Kiep-Million aufgeklärt, nicht über deren Konsequenzen. Angela Merkel bekam dann folglich auch innerparteilich heftige Kritik zu spüren. Erst jetzt entschloß sie sich zur Einrichtung eines Sonderkontos – hier »ruht« nun das Geld, bis dessen Herkunft geklärt ist.

Die Schwarzgelder waren Angela Merkel so lange für eine radikale Haltung gut, wie sie zur scharfen und endgültigen Trennung von Kohl – und später auch von Schäuble – gebraucht wurden. Nachdem beide Ziele erreicht waren, änderte sich ihr Umgang mit diesem Problem. Sie wollte mit Sicherheit nicht die Öffentlichkeit hinters Licht führen, aber eine nötige Sensibilität fehlte in dieser Hinsicht auch ihr. Gerade weil sie mit Hilfe der Spendenaffäre ans Ruder kam, hätte sie die Bedeutung der Kiep-Million rechtzeitig erkennen müssen. Entsprechend wäre ihr eine umfassende Rückendeckung der Partei gewiß gewesen.

Die beiden Vorfälle – »Fahndungsplakat« und »Kiep-Million« – hatten aber noch eine weitere Konsequenz: Wegen dieser beiden Pannen herrschte in der CDU-Bundesgeschäftsstelle besondere Nervosität vor, die ganz zwangsläufig dazu führte, daß die einstige und manchmal durchaus erfrischende Angriffslust von Laurenz Meyer einem vorsichtigen Taktieren wich. Eine klare politische Strategie konnte sich in den Folgemonaten nicht herausbilden, was einem positiv aufzubauenden Öffentlichkeitsbild nicht gerade förderlich ist.

Angela Merkel ist eine Frau, die aufgrund ihrer Vita eher politisch ungebundene Wähler anspricht. Das könnte ihr strategischer Vorteil sein, sollte sie als Herausforderin Schröders antreten, dem eher das Image eines traditionellen Parteipolitikers anhaftet. Eine Kanzlerkandidatur von Angela Merkel bei den Bundestagswahlen im Jahr 2002 muß selbst im Fall völliger Aussichtslosigkeit in ihrem Interesse liegen. Mit der Kandidatur stellt sich dennoch die Frage nach ihrem politischen Dasein. Es sind verschiedene Szenarien denkbar: Gewinnt sie die Wahl, ist sie die erste Bundeskanzlerin der Bundesrepublik. Verliert sie die Wahl mit einem knappen Ergebnis, dann wird sie nach dem Fraktionsvorsitz greifen wollen. Die dritte Möglichkeit: Sie erhält ein achtbares Ergebnis und verbleibt einzig in ihrem Amt als Parteivorsitzende. So manche Abgeordneten möchten sich aber ihre Position im Hinblick auf eine Kandidatur offenhalten, um zum Beispiel dem hessischen Ministerpräsidenten Roland Koch die Chance nach dem Griff zur Kanzlermacht zu ermöglichen. Denn im Falle seiner Wiederwahl in Hessen wäre nach Auffassung vieler die besondere hessische Spendenproblematik als abgehakt zu betrachten. Letztes Szenario: Es entsteht ein völliges Debakel nach der Bundestagswahl, die Suche nach dem Schuldigen läßt nicht lange auf sich warten. Dann wäre der Kopf der Parteivorsitzenden äußerst gefährdet. Doch zumindest wäre sie der Macht greifbar nah gewesen.

Es wird für sie allerdings schwierig, sollte Stoiber als Kanzlerkandidat antreten. Doch hat Angela Merkel mit ihrer Äußerung, nur Stoiber und sie würden über die Nominierung abstimmen, dieser Situation vorgebaut.[317] Diese Aussage führte nicht nur zur Verwunderung bei Mitgliedern des CDU-Bundesvorstands, sondern auch in der Fraktion, zumal Angela Merkel den Vorsitzenden Friedrich Merz nicht erwähnte. Wenn die Fraktion, so Angela Merkels Begründung, entscheiden würde, dann gäbe es jeden Tag in den Medien neue Spekulationen. Das Endergebnis wäre eine gespaltene Meinung.[318] Ihre Position kann als offene Verweigerungshaltung gegenüber dem Mitspracherecht der Bundestagsfraktion und der Parteigremien angesehen werden. Helmut Kohl hatte zwar auch keine Vorliebe für diese demokratischen Entscheidungsgremien – er hätte dies aber nie kundgetan.

Friedrich Merz als Leitfigur

Friedrich Merz, Sohn eines Amtsrichters aus dem westfälischen Brilon, ist mit seinen 46 Jahren ein Jahr jünger als die Parteivorsitzende Angela Merkel. Beide haben ihre atemberaubende Karriere einer Ausnahmesituation zu verdanken, der CDU-Krise im Frühjahr 2000. Der Sauerländer Merz ist in gewisser Weise ein Gegenbild zu der norddeutsch-protestantischen, liberalen, aber doch eher spröden Angela Merkel. Doch paßt er auch nicht in ein eindimensionales Schema von »konservativ« oder »katholisch«. Schon früh hat er sich politisch engagiert. Seine Karriere verlief kontinuierlich aufsteigend, ohne die Brüche mancher Angehöriger der Fischer-Generation. Bei aller Offenheit, häufig gepaart mit Fröhlichkeit, dürfte sein Wertesystem dem deutschen Bildungsbürgertum entlehnt sein, sein Weltbild weist gesellschaftlich eher traditionelle Züge auf, ist zentriert auf die Familie. Merz ist mit einer Richterin verheiratet und Vater von drei Kindern. Er gehört zu den wenigen in der Union, die hinsichtlich der sozialen Marktwirtschaft eine »Ordnungspolitik« repräsentieren. Er ist schnell im Argumentieren, gelegentlich ein sehr guter Debattierer. Seine vielleicht manchmal etwas jungenhafte Lust am Provozieren ist ausgesprochen groß.

Nach dem Studium war Friedrich Merz Richter am Amtsgericht Saarbrücken, arbeitete dann als Rechtsanwalt und war bis 1989 Referent beim Verband der Chemischen Industrie in Bonn. Anschließend wurde er in das Europäische Parlament gewählt, dem er fünf Jahre angehörte. Von dieser Position aus wagte er den Sprung in eine innerparteilich strittige Bundestagskandidatur, die er knapp gewann. Offensichtlich zog er eine Aufgabe auf der bundesrepublikanischen Politik-Bühne der sicheren, aber unauffälligeren Karriere in Brüssel und Straßburg vor – auch um den Preis des Risikos.

Mitglied des Bundestags wurde Merz schließlich im Jahr 1994, als er im Hochsauerlandkreis mit deutlicher Mehrheit das Direktmandat gewann. Im Bundestag machte er durch seine inhaltlichen Kontroversen mit Oskar Lafontaine von sich reden. Merz besetzte als dessen Gegenspieler brillant das Feld der Finanz- und Wirtschaftspolitik. Unter Schäuble stieg er zum stellvertretenden Vorsitzenden auf. Als er im Februar 2000 die Führung der Fraktion übernahm, war er einer breiteren Öffentlichkeit allerdings noch kaum bekannt.

Als Fraktionsvorsitzender ist Merz ein natürlicher Widerpart zu jedem, der in der Union weitergehende Ambitionen hat, verfügt er doch mit dem Apparat der Fraktion über 315 Mitarbeiter. Diese arbeiten ihm zwar nicht alle persönlich zu, sondern in der Regel den einzelnen Fraktions-Arbeitseinheiten, dennoch ist durch sie unbestreitbar ein enormes Know-how in der Fraktion verankert. Da die CDU/CSU-Bundestagsfraktion wie auch alle anderen aus Steuergeldern finanziert wird, mußte sie nach der verlorenen Bundestagswahl von 1998 nicht die gleichen personellen Einbußen hinnehmen wie die Parteigeschäftsstelle, die aufgrund ihrer finanziell »klammen« Situation gravierende Personaleinsparungen verkraften mußte. Deshalb ist es Angela Merkel sicher nicht zu verdenken, wenn sie gelegentlich neidvoll auf die inhaltliche Zuarbeit der Fraktion blickt. Kein Wunder, daß sie daran interessiert ist, die beiden organisatorischen Einheiten von Fraktion und Partei unter einer Oberleitung zu wissen.

Merz, Wunschkandidat seines Vorgängers Schäuble, konnte bei seiner Wahl zum Fraktionsvorsitzenden 217 von 226 Stimmen erzielen. Wer sind seine Stellvertreter? Mit Ausnahme des CSU-Teils der Fraktion wurden die übrigen Führungspositionen neu besetzt. Mit dabei ist Volker Rühe, der einer seiner Stellvertreter wurde, gleichwohl aber nur ein enttäuschendes Ergebnis erzielte (Rühe ist zuständig für die Außen- und Sicherheitspolitik).[319] Ein schlechteres Ergebnis erhielt nur noch der Mittelstandspolitiker Peter Rauen (Wirtschaftspolitik). Ein interessantes neues Gesicht ist der nordrhein-westfälische Anwalt Wolfgang Bosbach, zuständig für die Innenpolitik und die Justiz. Weitere stellvertretende Vorsitzende sind Maria Böhmer (Familie und Bildung) und Klaus Lippold (Verkehr, Raumordnung und Bauwesen), sowie überraschenderweise als Vertreter der ostdeutschen Abgeordneten der ehemalige Bürgerrechtler Günter Nooke, der gegen den inhaltlich sehr profilierten sächsischen Ex-Bürgerrechtler Arnold Vaatz gewann. Michael Glos (Erster Stellvertretender Vorsitzender) und Horst Seehofer (Stellvertretender Fraktionsvorsitzender) brauchten ebenso wie der parlamentarische Geschäftsführer Peter Ramsauer nicht eigens gewählt werden, weil die CSU-Repräsentanten nach der gemeinsamen Fraktionsordnung für vier Jahre im Amt sind.[320]

Der wichtigste Mitarbeiter von Merz ist zweifellos sein Erster Parlamentarischer Geschäftsführer, der erfahrene und einflußreiche Konstanzer Abgeordnete Hans-Peter Repnik. Er gilt als einer der engsten Vertrauten von Schäuble – und wurde dennoch von Merz übernommen. Die effiziente Hamburgerin Birgit Schnieber-Jastram und der niedersächsische Abgeordnete Eckhard von Klaeden, der sich als kluger Jurist und Vertreter der jungen Abgeordneten einen Namen gemacht hatte, wurden als parlamentarische Geschäftsführer neu gewählt.

Merz durfte feststellen, wie schwierig es ist, die Nachfolge des höchst erfahrenen Wolfgang Schäuble anzutreten. Da Merz – um einen neuen Stil zu dokumentieren – die Fraktion in den ersten Monaten nicht straff führte, sondern der allgemeinen Diskussionslust Raum ließ, kam zunächst der Eindruck auf, er selber präge nicht entscheidend die Richtung der Oppositionsarbeit.

Merz mußte nicht nur gegen Angela Merkel, die als Parteivorsitzende auch in der Fraktion Gewicht hat, seine Autorität durchsetzen, sondern auch beispielsweise gegen den stellvertretenden Vorsitzenden Horst Seehofer. Dieser nutzte vorübergehend eine allgemeine Unzufriedenheit mit Merz aus, um sich als dessen Nachfolger ins Gespräch zu bringen. Zeitweilig wurde gefordert, die erfahrenen Alt-Minister, die ja über einen hohen Bekanntheitsgrad verfügen, wieder stärker in die Außendarstellung der Oppositionsfraktion einzubeziehen; manche von ihnen waren nämlich wenig erfreut über die Tatsache, daß die »neuen Kräfte« in der Fraktion auf sie nicht mehr zurückgriffen. Manche erschienen überhaupt nicht mehr auf der Bildfläche, so der frühere Minister Matthias Wissmann oder der einstige Landwirtschaftsminister Jochen Borchert. Einzig Norbert Blüm zeigte weiterhin eine rege Medienpräsenz, hauptsächlich bei (nicht immer politischen) Talk-Shows oder bei Büttenreden im Karneval. Unabhängig davon fällt auf, daß nur wenige Fraktionsmitglieder – Merz einmal ausgeschlossen – öffentliche Wirkung entfalten. So gibt es noch niemanden – auch nicht auf der Ebene der Partei –, der die einstige Rolle Blüms als »soziales Gewissen« der Union einnehmen könnte. Vielleicht fällt einmal dem sozialpolitischen Sprecher und gelernten Maschinenschlosser Karl-Josef Laumann dieser Part zu. Auch existiert noch kein zweiter Manfred Wörner, der einst als Starfighter-Pilot Schlagzeilen machte und als Sicherheitspolitiker große Kompetenz erwarb.

Was für die Partei gilt, trifft auch für die Fraktion zu: Ein klares Schwerpunktprogramm, ein strategisches Konzept ist bislang nicht zu erkennen. Gleichwohl ist es auch nicht ihre dringlichste Aufgabe als Fraktion, über die langfristig wichtigen Fragen zu entscheiden – dies ist die Funktion der Partei. Die Fraktion muß in erster Linie der schnell reagierende Widerpart zur Regierung sein. In schwierige Fahrwasser geriet dann Merz auch mit seinem Schlagwort von der »deutschen Leitkultur«: Im Oktober 2000 hatte er im Bundestag eher beiläufig erklärt, eine Begrenzung der Zuwanderung von Ausländern sei »überfällig«, weshalb er, wie auch der CSU-Landesgruppenchef Michael Glos, die Regierung aufforderte, noch vor 2002 ein Zuwanderungsgesetz vorzulegen. Merz postulierte zudem ein Integrationskonzept, das eine Orientierung der Ausländer an der »deutschen Leitkultur« vorsehen müsse.[321] Die Folge ist bekannt: Eine stark emotional gefärbte Diskussion erfaßte sämtliche Medien. Der von Merz verwendete Begriff der »deutschen Leitkultur« war sicherlich als eine Provokation gedacht – doch die massiven Reaktionen, die diese auslöste, kamen eher unerwartet. Übrigens war Merz keinesfalls der erste Unionspolitiker, der diese Forderung erhob. Schon vor ihm hatte Stoiber beim CSU-Aschermittwoch am 17. Februar 1999 in Passau von einer »Leitkultur« gesprochen: »Wir sind letztlich ein Land, das geprägt ist von der abendländisch-christlichen Kultur. Diese Kultur ist sozusagen die Leitkultur in unserem Lande. Sie soll letzten Endes auch die Leitkultur bleiben und nicht aufgehen in einem Mischmasch. Darum geht es!«[322] Was Stoiber am größten Stammtisch Deutschlands ohne auffälligen Widerspruch sagen konnte, wurde bei Merz nicht akzeptiert. Allerdings war der Begriff der »deutschen Leitkultur« auch innerhalb der Union höchst umstritten. Der saarländische Ministerpräsident Peter Müller, der eine Zuwanderungskommission der Partei leitete, erklärte, er werde ihn in der Deutung von Merz nicht verwenden. In einem Papier seiner Zuwanderungskommission hieß es dann auch: »Unser Ziel muß eine Kultur der Toleranz und des Miteinander sein – auf dem Boden unserer Verfassungswerte und im Bewußtsein der eigenen Identität. In diesem Sinne ist es zu verstehen, wenn die Beachtung dieser Werte als Leitkultur in Deutschland bezeichnet wird.«[323] Es wäre falsch, Friedrich Merz generell Ausländerfeindlichkeit zu unterstellen. Und hätte er sein Anliegen prinzipiell erläutert oder auch das Wort »deutsch« gegen ein »europäisch« ausgetauscht, dann wäre der Diskurs sicherlich weniger kontrovers und emotional geführt worden. Deutlich sichtbar war aber auch, daß Angela Merkel über diesen inhaltlichen Vorstoß von Merz mehr als überrascht war. Es schien zunächst so, als wollte sie durch ihr anfängliches Schweigen eine Distanzierung zum Ausdruck bringen, ihn nicht in seinem wertebezogenen Gedankengang unterstützen. Dies führte aber erst recht dazu, daß die Stimmung innerhalb der CDU/CSU-Fraktion zugunsten von Merz umschlug. Mit ihrem abwartenden Verhalten unterlief Angela Merkel ein entscheidender Fehler. Statt ihrerseits den Begriff der »Leitkultur« inhaltlich zu besetzen, also die Definitionsmacht einer Parteivorsitzenden in Anspruch zu nehmen, sah sie zu, wie sich die Stimmungslage in der Fraktion entwickelte, um dann schließlich zu erkennen, daß sie in der Fraktion für ihre Position keine Mehrheit finden konnte. Da in einer prinzipiellen und wichtigen Frage jeder Parteivorsitzende eine Abstimmungsniederlage in der Fraktion aus dem Wege geht, hat sie dann in letzter Minute die Merz-Position angenommen. Später präzisierte Merz seine Auffassung von der »deutschen Leitkultur«, deren Definition er nun von den in der Verfassung gesetzten Normen herzuleiten wußte: »Diese Verfassung hat sich als ungemein tauglich erwiesen, sie hat sich im überstürzenden Wandel politische Stabilität, Rechtlichkeit und individuelle Freiheit gesichert. Sie legitimiert sich durch sich selbst, braucht nicht den Zufluß aus vorpolitischen Identitätskonserven. Das ist der Weg, den die Deutschen nach ihrer Katastrophe zurückgelegt haben. Das Grundgesetz garantiert die Freiheit der persönlichen Lebensführung und setzt ihr Grenzen. In diesem Rahmen muß das bunter werdende deutsche Volk eine Menge Differenz und Fremdheit aushalten. In diesem Rahmen allerdings müssen sich auch Einwanderer einfügen.«[324] Angela Merkel erklärte daraufhin, daß die Frage nach der »Leitkultur« für sie in eine Debatte über das Verständnis von Nation münden müßte. Ihr gefiele das französische Verständnis von Nation; übertragen auf hiesige Verhältnisse käme man dann zu folgendem Gedanken: »Eine Nation ist, was eine Nation sein will. In einer solchen Nation können sich auch Deutsche ausländischer Herkunft wiederfinden.«[325] Mit diesem französischen Konzept dürften sich jedoch große Teile der Unionsanhänger schwergetan haben.

Während Angela Merkel moderiert, provoziert Merz. Noch haftet ihm zu sehr das Image eines Finanzexperten an, aber gleichzeitig repräsentiert er – darin Angela Merkel ähnlich – den Neuanfang und den Generationenwechsel innerhalb der Fraktion. Seinen Führungswillen zu unterschätzen wäre falsch. Nicht umsonst gab er zu verstehen, daß der Fraktionsvorsitzende prinzipiell auch ein Kanzlerkandidat sei. Das war seinerseits sicher als eine gezielte Provokation gegen Angela Merkel gedacht. Merz hatte damit zwar eine Kanzlerkandidatur nicht angekündigt, nach den Gesetzen der Medienwelt wurde ein solcher Hinweis von ihm aber so gewertet. Aber selbst sein später vorgebrachtes Argument, daß die Fraktion ein »Kompetenzzentrum« sei, ein »Motor für die ganze Partei«, konnte nur als Abgrenzung zu Angela Merkel verstanden werden: »Die Partei«, so das Verständnis von Merz, »muß sich mehr auf die langfristigen Konzeptionen konzentrieren. Mit der Fraktion hingegen findet die tagespolitische Auseinandersetzung statt.«[326] In der Tat bewegte sich insbesondere zum Jahresanfang 2001 das Verhältnis Merz–Merkel nahe dem Nullpunkt zu. Merz hatte feststellen müssen, daß ausschließlich er für die Niederlage der Union in Fragen der Steuerreform verantwortlich gemacht wurde. Angela Merkel gab ihm zudem zu verstehen, daß sie Merz lediglich eine untergeordnete Rolle in der künftigen Personalpolitik der Union beimessen wolle. Der Konflikt blieb nicht im verborgenen.

Als aber die positiven Ergebnisse der baden-württembergischen Landtagswahl eine Stabilisierung der CDU in der Wählerschaft signalisierten, wurden die Überlegungen im Merkel-Camp, Merz frühzeitig vom Amt des Fraktionsvorsitzenden abzulösen, Makulatur. Ein schlechtes Abschneiden in diesem CDU-Stammland hätte ein »Bauernopfer« verlangt, das nach der damaligen parteiinternen Stimmung der Fraktionsvorsitzende gewesen wäre. Nachdem dann Merz zum Ausdruck gebracht hatte, daß er eine Kanzlerkandidatur im Jahre 2002 nicht anstrebe, führte dieser kluge Schachzug dazu, daß sich die Medien fortan nicht mehr mit seinen Qualifikationen befaßten. Deren personalpolitisches Interesse fokussierte sich jetzt auf die Auseinandersetzung Stoiber-Merkel. Seitdem ist die Resonanz in der Fraktion wie auch in der Partei weitaus positiver für Merz, er selber wirkt gelöster. Schon wird er wieder als ein möglicher Kanzlerkandidat nach einer gescheiterten Wahl im Jahre 2002 gehandelt. Seine Chance liegt also im Jahr 2006, wenn er bis dahin an Erfahrung und natürlicher Autorität gewonnen und das Kampfgewicht eines Kanzlerkandidaten erreicht hat. Die starke Sympathie, die Merz in der Fraktion besitzt, dürfte ihm grundlegenden Rückhalt geben. Angela Merkel wird im Falle ihrer Spitzenkandidatur bei den nächsten Bundestagswahl bestrebt sein müssen, zu ihrem Machterhalt auch den Fraktionsvorsitz zu übernehmen. Auch darin dürfte sie eine gelehrige Schülerin Helmut Kohls sein. Merz weiß das.

Der Joker Edmund Stoiber

Die Christlich-Soziale Union ist eine wirkliche Besonderheit in unserer Parteienlandschaft, weil sie zwar eine Regionalpartei ist, dennoch aber einen bundespolitischen Anspruch – durch die Fraktionsgemeinschaft mit der CDU – erheben kann. Edmund Stoiber, der sechste CSU-Parteivorsitzende spielt zudem für die gesamte Union eine bedeutende Rolle. Von ihm hängt es letztlich ab, wer 2002 Kanzlerkandidat der Union wird. Der 1941 in Oberaudorf im Kreis Rosenheim Geborene machte schnell Karriere in der CSU, deren Generalsekretär er von 1978 bis 1983 wurde. Stoiber war der engste Mitarbeiter von Franz Josef Strauß, dessen Ruf ins bayerische Kabinett er schließlich im Jahre 1982 folgte, wo er zunächst als Chef der Staatskanzlei und dann als Innenminister wirkte. In einem dramatischen – allerdings hinter den Kulissen geführten – Zweikampf mit Theo Waigel wurde er 1993 Ministerpräsident des Freistaats und damit Nachfolger des zurückgetretenen Max Streibl, der dieses Amt seit dem Tod des legendären Strauß eingenommen hatte. Stoiber hatte sich die Mehrheit der CSU-Landtagsabgeordneten bereits im Vorfeld der Entscheidung gesichert. Aber erst seit dem Münchner Parteitag der CSU im Januar 1999 übernahm er auch das Amt des CSU-Vorsitzenden. Seinem Rivalen Theo Waigel warf er oft dessen Nähe zu Helmut Kohl vor. Noch heute sind in der CSU Trennlinien zwischen den ehemaligen »Waigelianern« und denjenigen, die schon von Anfang an hinter Stoiber standen, auszumachen.

Die CSU hat von allen im Bundestag vertretenen Parteien am stärksten den Charakter einer Volkspartei; sie ist in der bayerischen Bevölkerung tief verankert. Ihre Sonderentwicklung ist historisch bedingt: Denn unmittelbar nach dem Zweiten Weltkrieg gegründet, widersetzte sich die CSU den Überlegungen, lediglich ein Landesverband der sich mehr und mehr formierenden CDU zu werden.[327] Sie erlitt einen herben Rückschlag, als zwischen 1954 und 1957 eine Koalition aus SPD, FDP, der Vertriebenenpartei BHE und der Bayernpartei zustande kam – letztere war eine Abspaltung aus der CSU. Erst nach dem CDU-Sieg bei der Bundestagswahl 1957 gelang es Hanns Seidel, wieder eine Mehrheit der CSU im Münchner Maximilianeum herbeizuführen. Seitdem ist die CSU in Bayern ohne Unterbrechung an der Regierung.[328] Nach dem Tode von Hanns Seidel im Jahre 1961 wurde der damalige Bundesverteidigungsminister und spätere bayerische Ministerpräsident Franz Josef Strauß zum Parteivorsitzenden gewählt. In diesen Ämtern blieb er bis zu seinem Tod im Jahre 1988. Danach kam es zu einer über zehnjährigen Ämtertrennung: Theo Waigel wurde sein Nachfolger als Parteivorsitzender, Max Streibl hingegen Ministerpräsident. Streibl mußte aber 1993 wegen der sogenannten Amigo-Affäre zurücktreten. Stoiber – und nicht Waigel – übernahm sein Amt.

Es war Franz Josef Strauß, der der CSU wie kein anderer seinen Stempel aufdrückte. An ihm schieden sich die Geister in Deutschland – auch im Zusammenhang mit seinem erzwungenen Rücktritt als Verteidigungsminister. Als CSU-Vorsitzender wurde er stets mit hohem Stimmenanteil wiedergewählt – mit einer Ausnahme: Auf dem Parteitag im Juni 1983 erhielt er von 859 Stimmen nur 662. Dieses Ergebnis dokumentierte das Mißbehagen in der CSU-Basis über den von Strauß eingefädelten Milliardenkredit an die DDR. Strauß, der sich gerne mit dem Image eines Antikommunisten versah, hatte in der Deutschlandpolitik zunehmend einen Pragmatismus entdeckt und zudem das Blitzlichtgewitter der Fotografen bei seinen mehrfachen Gesprächen mit Erich Honecker genossen. Überhaupt liebte es Strauß, mit Staatsmännern und Diktatoren aus aller Welt zusammenzutreffen. Seine »Nebenaußenpolitik«, insbesondere in Afrika, war dem Auswärtigen Amt ein Ärgernis. Wo Potentaten Franz Josef Strauß ihre Aufwartung machten, konnten sie sich seiner Sympathie sicher sein.

Im gewissen Sinne war Strauß ein temperamentvolles politisches Urgestein, das rechtspopulistisch orientierte Wähler an sich zu binden wußte. Politisch provozierte er besonders durch seine markanten Reden. Geradezu legendär ist seine »Sonthofen«-Rede. Auf einer CSU-Klausurtagung in Sonthofen im Jahr 1974 meinte er, die Bundesrepublik müßte von der damaligen sozialliberalen Koalition dergestalt heruntergewirtschaftet werden, bis die Bevölkerung zu der Einsicht komme, daß die Sozialdemokraten nicht mehr regierungsfähig seien. Von seinen politischen Gegnern wurde Strauß dann so verstanden, als wolle er Deutschland aktiv heruntergewirtschaftet sehen; flugs wurde daraus eine

»Sonthofen-Strategie«. Großen Nachhall hatte auch seine »Wienerwald-Rede« im Jahr 1976 vor dem Landesausschuß der Jungen Union. Sie brachte zum Ausdruck, was er wirklich über Helmut Kohl dachte: »Ich halte Herrn Kohl, den ich trotz meines Wissens um seine Unzulänglichkeit um des lieben Friedens willen als Kanzlerkandidat unterstützt habe, für total unfähig, ihm fehlen die charakterlichen und geistigen Voraussetzungen. Ihm fehlt alles dafür.« Kohl rächte sich, indem er viele wichtige Strauß-Initiativen ins Leere laufen ließ. Trotz der von Kohl und Strauß bei gelegentlichen Wanderungen bekundeten »Männerfreundschaft« war Strauß letztlich nie bereit, sich dem Machtanspruch Kohls zu unterwerfen.

Kohl hat Strauß das seinerzeitige »Kreuth«-Debakel nie verziehen. Überraschend hatten nämlich auf Drängen von Strauß 30 der anwesenden 53 CSU-Abgeordneten bei einem Zusammentreffen im Wildbad Kreuth am 19. November 1976 den Beschluß herbeigeführt, die seit 1949 bestehende Fraktionsgemeinschaft im Bundestag aufzukündigen; die Gefahr, daß die CSU als »vierte Partei« im gesamten Bundesgebiet auftreten könnte, schien wochenlang eine reale zu sein. Es ist nie ganz klargeworden, ob Strauß wirklich eine Trennung anstrebte oder ob er diese Entscheidung nur nutzen wollte, um seinem aufgestauten Unmut gegenüber Kohl Ausdruck zu verleihen, den er als Oppositionsführer in Bonn für ungeeignet hielt. Der sich als so führungsstark gebende Strauß hatte jedoch noch nicht einmal den Mut, diesen Beschluß Kohl nachträglich zu erläutern, er schob den damaligen CSU-Landesgruppenchef Fritz Zimmermann vor. Schließlich wurden der CSU Zugeständnisse gemacht, so daß die Fraktionsgemeinschaft doch fortgesetzt werden konnte.[329]

Das besondere Markenzeichen von Strauß war sein Image, und zwar das eines kraftvollen, entscheidungsfreudigen Politikers. Doch im Kern seines Wesens war er ein Zauderer. Sein langjähriger Mitstreiter Friedrich Zimmermann charakterisierte ihn denn auch wie folgt: »Bei Caesar wußte Marcus Antonius wenigstens, daß er wollte. Bei Strauß mußte man immer damit rechnen, daß er zurückzuckte – und nachher seine Freunden Vorwürfe machte, warum sie seine Sache nicht energischer besorgt hätten.«[330] Und Zimmermann kannte Strauß wirklich gut: »Und wenn es jemals einen Bayern gab, der die Neigung zum spontanen Schwierigsein seiner Landsleute schlechthin archetypisch verkörperte, dann war es Franz Josef Strauß.«[331] Der gelegentlich spontaneistisch agierende Strauß mußte einsehen, daß der Kreuther Beschluß ein Fehler war. Die Identität der CSU als spezifisch bayerische Partei – ihr Erfolgsgeheimnis! – wäre durch eine bundesweite Ausdehnung verlorengegangen. Außerhalb Bayerns hätten sich zudem Kräfte am rechten Rand der Gesellschaft bemüht, die CSU zu übernehmen. Der Prozeß einer raschen Parteibildung auf Bundesebene wäre für die Münchner CSU-Zentrale nicht kontrollierbar gewesen. Außerdem hätte eine bundesweite CSU-Ausdehnung auch den Einmarsch der CDU in Bayern zur Folge gehabt – zahlreiche CSU-Mitglieder standen schon zum Aufbau von CDU-Kreisverbänden bereit. Eine Präsenz der CDU im Freistaat hätte der bayerischen Schwesterpartei ihre Monopolstellung gekostet; sie wäre ihrer Aura einer allein regierenden »Staats«-Partei verlustig gegangen.

Helmut Kohl war damals argumentativ in seinem Element, konnte er doch auf seine schmale Doktorarbeit mit dem Titel »Die politische Entwicklung in der Pfalz und das Wiedererstehen der Parteien nach 1945« zurückgreifen: Während der Weimarer Republik, so ist darin nachzulesen, hatte es in der Pfalz, die damals zu Bayern gehörte, zwei politisch verwandte Parteien gegeben, das »Zentrum« und eine Abspaltung dieser Partei, die »Bayerische Volkspartei«, an deren Traditionen die CSU bei ihrer Neugründung teilweise anknüpfte. Kohl konnte überzeugend nachweisen, daß der Kampf zweier »C«-Parteien um das identische Wählerpotential letztlich erbitterter, feindseliger verlaufen werde als zwischen Parteien, die weltanschaulich auseinander liegen.[332] Nach der Überwindung von »Kreuth« kam es nie mehr zu einer prinzipiellen Infragestellung der Fraktionsgemeinschaft.

Unter dem Parteivorsitzenden Theo Waigel, den Kohl menschlich mochte, gehörten die Schärfen, wie sie zwischen Kohl und Strauß gang und gäbe waren, der Vergangenheit an. Als Theo Waigel im Januar 1999 auf dem 63. Parteitag der CSU in München vor der Übergabe seines Amtes an Edmund Stoiber Bilanz zog, wies der ehemalige Bundesfinanzminister darauf hin, die CSU sei auch in der Zeit nach Strauß »die erfolgreichste Partei der westlichen Demokratie« geblieben, sie sei weder eine bayerische Provinzpartei noch irgendein Landesverband der CDU. Er betonte weiterhin, er verzichte nach zehn Jahren Parteivorsitz auf eine erneute Kandidatur »ohne von irgend jemanden gedrängt zu werden«. Ob ihm die Delegierten diesen Satz auch wirklich glaubten? Er wünschte nicht nur Edmund Stoiber »eine glückliche Hand und Gottes Segen, damit Du die künftige Doppelbelastung auch durchstehst« und fügte dann süffisant hinzu: »Leichter hast Du es, weil Du über einen direkten Draht zum Ministerpräsidenten verfügst und er immer hinter Dir steht.«[333] Waigel dürfte bei diesen Worten an die zahlreichen Querschüsse der bayerischen Landesregierung gedacht haben. So war für Waigel der Kampf Stoibers gegen den Euro zermürbend. Kohls proeuropäische Politik wurde von Waigel mitgetragen, von Stoiber hingegen immer wieder kritisiert. Ihr beiderseitiges Verhältnis blieb gespannt, zumal Politiker ein gutes Gedächtnis haben bezüglich etwaiger Rivalen. Und Stoiber wußte, daß Waigel 1993 ursprünglich selber Ministerpräsident werden wollte.

»Bayernland ist Stoiberland«, so mag es in den Medien heißen, jedenfalls ist es dem Ministerpräsidenten Stoiber gelungen, sich Bayern untertan gemacht zu haben. Gegenüber der CSU-Landesspitze gibt es höchstens in der CSU-Landesgruppe des Bundestags so etwas wie einen fein dosierten Widerspruch. Stoiber ist bei seinen Mitarbeitern wegen seiner rastlosen Arbeitswut gefürchtet, ihm wird ein untrüglicher Machtinstinkt nachgesagt, ein sicheres Gespür für populäre Themen. Als er das Amt von Max Streibl übernahm, der im Zuge der »Amigo-Affäre« aufgrund von Freiflügen und Gratisreisen zurücktreten mußte, versuchte Stoiber mit harter Hand aufzuräumen und sich das Image eines Saubermannes zu geben. Dies gelang ihm sehr rasch, auch angesichts einer schwachen Opposition im bayerischen Landtag. Doch Stoiber, der gegenüber der CDU immer wieder belehrend Bayerns Modellhaftigkeit unterstrich, mußte während seiner Regierungszeit ebenfalls zwei fundamentale Krisen überstehen, die an seinem Image kratzten. Zum einen handelte es sich hier um die riesigen Millionenverluste der Landeswohnungs- und Städtebaugesellschaft (LWS). Die LWS wollte mit kombinierten Wohn- und Gewerbeobjekten in den neuen Bundesländern Geld verdienen; offensichtlich wurden statt dessen aufgrund von Fehlentscheidungen mehr als 550 Millionen DM Verluste eingefahren. Der damalige Innenminister Edmund

Stoiber hatte diese Aktivitäten trotz Warnungen aus dem Finanzministerium abgesegnet – LWS-Aufsichtsratsvorsitzender war zu diesem Zeitpunkt sein Innenstaatssekretär Alfred Sauter. Sauter, später Justizminister, war innerhalb der CSU nicht gerade beliebt, zu sehr war er ein immer hundertprozentiger Gefolgsmann, zunächst von Franz Josef Strauß, und dann später von Edmund Stoiber. Auch sein knarzender Ton beim Politisieren ging vielen auf die Nerven. Gerade weil er nicht sonderlich sympathisch wirkte, war er ein geeignetes Opfer: Stoiber teilte Sauter am 4. September 1999 in einem Telefongespräch die Entlassung aus dem Kabinett mit, da das notwendige Vertrauensverhältnis nicht mehr gegeben sei. Da aber Sauter nach der Verfassung auch ohne Geschäftsbereich so lange Staatsminister blieb, bis der Landtag seiner Entlassung zugestimmt hatte, nutzte Sauter die nachfolgenden Tage, seine menschliche Enttäuschung über den Hinauswurf zu demonstrieren und die Alleinverantwortung für die LWS-Verluste von sich zu weisen. Wie auch immer die Schuldfrage zu beantworten ist, Stoibers Ruf als Krisenmanager war geschädigt. Er, dem, ähnlich wie Kohl, nachgesagt wird, daß er sich auch um die kleinsten Details kümmert, ignorierte offensichtlich deutliche Alarmsignale.[334]

Das mißliche Agieren Stoibers in der LWS-Affäre hatte sein Standing, stärkster und kompetentester Unionspolitiker zu sein, nicht grundlegend zerstört. Doch durch die BSE-Krise entstand ein noch gravierenderes Problem für Stoiber. Sie mußte ihm auch deshalb höchst ungelegen kommen, da er immer wieder in den Medien als potentieller Kanzlerkandidat der Union genannt und vom Landesgruppenchef Michael Glos öffentlich zur Kanzlerkandidatur aufgefordert wurde. Beim Umgang mit dem Problem des Rinderwahnsinns offenbarte Stoiber Führungsschwäche. Es geschah etwas, womit in Bayern bislang niemand gerechnet hatte: Ein Knacks im bislang unverbrüchlich erschienenen Vertrauensverhältnis zwischen den Bauern und der CSU-Regierung trat zutage. Die ersten BSE-Fälle in Deutschland tauchten nämlich ausgerechnet in Bayern auf; die mächtige Bauernlobby war zutiefst verunsichert, was sich auf Politikverständnis auswirkte. Der Landesregierung wurde vorgeworfen, nicht rechtzeitig gehandelt zu haben. Im Januar 2001 mußte während der traditionellen Versammlung der bayerischen CSU-Bundestagsabgeordneten in Wildbad Kreuth zudem eingestanden werden, auf Druck des Bauernverbands schärfere Maßnahmen gegen die BSE-Seuche verhindert zu haben. Als dann noch bekannt wurde, daß in Bayern eine illegale Verwendung von Tierarzneimitteln in der Schweinemast vorgenommen wurde und die damalige Gesundheitsministerin Barbara Stamm angeblich schon länger zurückliegende Hinweise der Tierärztekammer nicht beachtet hatte, steigerte sich der Unmut in der ganzen Bevölkerung. Es sollte sich aber rächen, daß Stoiber nicht rechtzeitig Konsequenzen zog. Statt dessen schuf er – im Zeichen der BSE-Krise ganz Populist – zusätzlich zu den vorhandenen Ministerien ein sogenanntes Verbraucherministerium, das wesentliche Kompetenzen aus dem bisherigen Stamm-Ministerium übernahm. Eine Neuordnung der Zuständigkeitsbereiche hätte es auch getan. Zudem wollte Stoiber bei seinem Verbraucherschutz mit einer anerkannten wissenschaftlichen Kapazität brillieren. Doch der dafür vorgesehene Minister, ein Hochschulpräsident, konnte dann sein Amt wegen möglicher Steuer-Probleme gar nicht erst antreten. So kam der fränkisch-protestantische Landtagsabgeordnete und Staatssekretär Eberhard Sinner zu den Würden eines Verbraucherschutz-Ministers. Der »Mythos Stoiber ist entzaubert«[335] schrieb das *Handelsblatt* zu diesem Vorgang.

Zweifellos ist Stoiber einer der profiliertesten Politiker der Bundesrepublik Deutschland. Er versucht einen nicht einfachen Spagat zwischen zukunftsfreudiger Innovation einerseits und einem konservativen Populismus andererseits. Letzterem frönt er bei so allseits beliebten Veranstaltungen wie der zum politischen Aschermittwoch in Passau. Unermüdlich weist er dann darauf hin, daß die CSU stets für die »kleinen Leute« da sei: »Aber das Entscheidende ist, das Erfolgsrezept der CSU ist – und solange ich die Verantwortung trage, werde ich immer wieder dafür eintreten –, die Befindlichkeit von Herrn und Frau Jedermann und Herrn und Frau Normalverbraucher wahrzunehmen. Das ist das, was uns interessierten muß – nicht das, was elitäre Gruppen glauben, von sich geben zu müssen. Die einfachen Menschen, die kleinen Leute, die will ich ganz besonders als Ministerpräsident ansprechen, für die will ich mich einsetzen und kämpfen.«[336] Der sozialdemokratische Bundeskanzler Schröder hingegen, fuhr Stoiber bei einer derartigen Veranstaltung fort, habe sich von der Arbeiterbasis entfernt: »Da kämpft Gerhard Schröder mit der

Champagner-Etage und mit der Kaviar-Etage gegen die Leberkäse-Etage. Aber die Leberkäse-Etage ist stärker. Wir sind stärker!«[337] Sie ist unschwer zu erkennen, die populistische Seite in der bayerischen Politik.

Der Ministerpräsident versucht aber auch, den Freistaat zu einem modernen Musterland auszubauen. Entsprechend hatte er – gemeinsam mit Sachsen – eine »Zukunftskommission« eingesetzt und viele High-Tech-Firmen nach Bayern geholt. Spöttisch muß er sich die Bemerkung gefallen lassen, sein Land bewege sich »zwischen Laptop und Lederhose«. Stoiber möchte den Freistaat an die Spitze des technologischen Fortschritts hieven. Dahinter verbirgt sich die Einsicht in die Notwendigkeiten eines globalen Wettbewerbs und in die der eigenen Überlebensfähigkeit.

Stoiber ist ein Bayer mit Herz und Verstand: Er eröffnet vielen Gesprächspartnern schon zu Beginn, Bayern sei seit Jahrhunderten ein selbständiger Staat, der sich seine eigene Souveränität nicht von der Bundesrepublik Deutschland leihen müsse. So kämpft er für die Rechte des Freistaats und ist Vertreter der Version, daß langfristig gesehen die Nationalstaaten untergehen, die Regionen und im deutschen Fall die Bundesländer hingegen aber die eigentlichen Profiteure der europäischen Integration sein werden. Diese seien – in Stoibers Vorstellungswelt – der eigentliche Widerpart zur europäischen Ebene, nicht mehr die Nationalstaaten.

Eine Ähnlichkeit mit seinem großen Mentor Franz Josef Strauß ist Stoiber nicht abzusprechen. Mit vergleichbar harschen Worten verdammt Stoiber anfangs bestimmte Entwicklungen, pflichtet ihnen aber im Endeffekt bei. So hat sich die bayerische Landesregierung dann letztlich doch nicht der Zustimmung für den Euro im Bundesrat entzogen. Zum Zeitpunkt der Entscheidung über eine Einführung des Euro hatte Stoiber mit seiner wiederholten Forderung, den Euro notfalls zu verschieben, für Verstimmung zwischen Bonn und München gesorgt. Er forderte – was ist dagegen einzuwenden? – eine breitere Diskussion mit der Bevölkerung zu diesem Thema.[338] Stoiber hat auf die direkte Nachfrage, ob eine Volksabstimmung das letztendliche Mittel sei, um die Bürger stärker zu beteiligen, dann doch recht defensiv geantwortet: »Für mich ist diese Frage nicht entscheidend. Wichtig ist, die Menschen zu überzeugen, daß die europäische Integration von Mittel- und Osteuropa eine absolute Notwendigkeit ist, weil man sich damit auch mittel- und langfristig politische Stabilität sichern kann.«[339] Eigentlich hätte man von einem Unionspolitiker eine vehemente Verteidigung des parlamentarisch-repräsentativen Prinzips erwartet. Doch der Populismus läßt grüßen. Auch in Sachen Sozialpolitik ist die Forderung von Stoiber nach Einführung eines Familiengelds von 1000 DM pro Kind in den ersten drei Jahren finanziell kaum zu verwirklichen; sie soll aber das familienpolitische Profil der Unionsparteien schärfen helfen. Mit seiner geradezu euphorischen Bewertung des im Dezember 2000 beschlossenen »Vertrags von Nizza« fiel Stoiber der eigenen Bundestagsfraktion in den Rücken, die das magere Gesamtergebnis zu Fragen der Europapolitik zu Recht heftig kritisiert hatte. Stoiber wurde – wie auch andere Ministerpräsidenten – vom Mitentscheider von Nizza, Bundeskanzler Schröder, mit der Zusage geködert, daß bei den nächsten Verhandlungen auf europäischer Ebene endlich dafür gesorgt werde, eine klare Kompetenzabgrenzung zwischen der europäischen, der nationalen und der Landesebene herbeizuführen.

Als kurz vor der traditionellen CSU-Klausurtagung im Januar 2001 in Wildbad Kreuth der CSU-Landesgruppenchef Michael Glos Stoiber als Kanzlerkandidat ins Gespräch brachte, wurde vermutet, daß diese Aussage in Absprache mit Stoiber getroffen wurde. Der Ministerpräsident hatte aber zu diesem Zeitpunkt nicht das Interesse, über die Frage einer Kanzlerkandidatur, die er bis dahin expressiv verbis verneint hatte, neue Spekulationen aufkommen zu lassen. Glos hingegen verfolgte mit seiner Erklärung vor allem das Ziel, auf diese Weise das Mitspracherecht der CSU und der Landesgruppe im Bundestag anzumahnen.

Was spricht für, was gegen eine Kandidatur Stoibers? Zunächst das Contra: Die Lebensplanung des 60jährigen Bayern könnte der Einsicht folgen, daß er wenig Lust dazu hätte – ähnlich wie dies 1980 bei Franz Josef Strauß zum Ausdruck kam –, sich als Kanzlerkandidat »verheizen« zu lassen. Stoiber konnte die Machtintrige um Strauß herum als Generalsekretär der CSU aus nächster Nähe beobachten. Kohl handelte damals in der Erkenntnis, daß er in der Bundestagsfraktion nur eine ungenügende Unterstützung für eine eigene Kandidatur finden konnte. So ebnete er Strauß den Weg, nachdem der Vollblutbayer den vom CDU-Bundesvorstand vorgeschlagenen niedersächsischen Ministerpräsidenten Ernst Albrecht in einer Kampfkandidatur besiegt hatte. Die Wahlen von 1980 endeten dann für die Unionsparteien desaströs; die katastrophale Niederlage von Strauß öffnete dann aber Helmut Kohl, der weiterhin den Fraktionsvorsitz behielt, die Möglichkeit, Spitzenmann der Union zu bleiben. Strauß mußte sich wieder als Ministerpräsident in den Freistaat zurückziehen. Stoiber könnte im Jahr 2002 ähnliches für sich selbst befürchten. Er muß zudem bedenken, welche Wirkung eine möglicherweise mißlungene Kandidatur auf seine eigene Wiederwahl als bayerischer Ministerpräsident haben könnte.[340] Auch sei dahingestellt, ob Stoiber an einer erbarmungslosen Durchleuchtung durch die Medien, die mit jeder Spitzenkandidatur einhergeht, interessiert ist. Übrigens muß ein Unterschied zwischen ihm und Franz Josef Strauß bedacht werden. Stoiber agierte in seinem ganzen politischen Leben nie auf Bundesebene, außer als Mitwirkender im Bundesrat. Franz Josef Strauß hingegen kannte als Verteidigungsminister unter Adenauer und als Finanzminister innerhalb der großen Koalition die Interessen der Bundespolitik. Stoiber interpretiert diese jedoch in erster Linie aus seiner spezifisch bayerischen Sichtweise heraus. Bislang hat er seine politische Vita der Landespolitik gewidmet.

Das Pro einer Kanzlerkandidatur: Wer es einmal soweit gebracht hat, den Freistaat Bayern zu regieren, wird sich auch das Amt eines Kanzlers zutrauen. Das für einen politisch ausgerichteten Machtmenschen – und Stoiber ist einer – interessanteste Ziel ist der Einzug ins Bundeskanzleramt. Ist es vorstellbar, daß Stoiber den letzten Schritt nicht wagt – nämlich gerade dann, wenn er sich einem solchen Ziel derart nahe sieht? Später wird er aufgrund seines Alters nie mehr die Möglichkeit einer Kanzlerkandidatur erhalten. Zudem drängen ihn nicht nur Politiker aus Kreisen der CSU zur Kandidatur. Möglicherweise werden Stoibers Neigungen zur Macht durch die Umfrageergebnisse 2002 beeinflußt. Vielleicht sieht er sich als Joker? Wollte Stoiber wirklich Kanzlerkandidat werden, hätte er machtpolitisch innerhalb der Union sicherlich die größten Chancen.

Die richtige Oppositionsstrategie

Eine alte Erfahrung lautet, eine Regierung wird nicht durch die Opposition gestürzt, sondern sie stürzt sich selbst. Zweifelsohne hat eine Opposition vielfältige institutionelle Nachteile: Die Regierung ist immer die Handelnde, die Opposition in den meisten Fällen die Reaktive. Die Regierungsmehrheit entscheidet weiterhin über die politische Agenda. Es kommt auch äußerst selten vor, daß ein Antrag der Opposition im Bundestag angenommen wird, sei er auch noch so vernünftig; er wird in aller Regel durch neue Eingaben der parlamentarischen Mehrheit konterkariert. Die Opposition ist weitgehend machtlos.[341] Die Regierung kann sich permanent darstellen, sie liefert die Bilder für ein stark fernsehorientiertes Publikum. Staatsbesuche von Potentaten aus fremden oder weniger fremden Ländern, internationale Gipfeltreffen geben der Regierung vielfältige Darstellungsmöglichkeiten. Selbst in Krisensituationen ist es die Mehrheit, die kraftvolles Handeln demonstrieren kann; die Opposition verbleibt auf der Zuschauerbank.

Zudem verfügen die Regierungsparteien über einen besseren Zugang zu Ressourcen, seien es Informationen oder Gelder. Die CDU-Bundesgeschäftsstelle ist durch den Spendenskandal immens geschwächt, finanziell wie personell. Das Damoklesschwert finanzieller Nachforderungen aufgrund einer Entscheidung des Bundestagspräsidenten erschwert eine langfristige Finanzplanung. Die Folge ist, daß die früher starke Stellung der CDU-Bundesgeschäftsstelle auch gegenüber den Landesparteien schwächer geworden ist. Die Zusammenarbeit der Bundespartei mit den wenigen CDU-geführten Landesregierungen, die vielfältige eigene Interessen haben, kann den Informationsvorsprung der Regierungsparteien in keiner Weise wettmachen. Sodann gibt es die Bundestagsfraktion, deren wissenschaftliche Mitarbeiter sich aber in den Dienst des Vorsitzenden stellen. Aufgrund der Dissonanzen zwischen Partei und Fraktion kann nicht von einer »Hand-in-Hand«-Kooperation ausgegangen werden, eher mangelt es an Absprachen.

Ein klares Oppositionsprofil wird auch dadurch verhindert, daß Schröder eine Taktik eingesetzt hat, die der Opposition wichtige

Personen durch die Vergabe von reizvollen Posten »wegkauft«, indem er sie beispielsweise als »Sonderbeauftragte« in den Dienst nimmt. Damit hat Schröder die Opposition auch ein Stück weit sprachlos gemacht. Ein erstes Beispiel für dieses Bemühen des Kanzlers war die »Abwerbung« von Walther Leisler Kiep, der als Sonderbeauftragter für Fragen bezüglich der Türkei so lange agierte, bis ihn die Spendenaffäre einholte. Daß er Rita Süssmuth als Vorsitzende einer Einwanderungskommission gewinnen konnte, war ein weiterer interessanter Schachzug, weil Schröder auf die Weise gerade bei einem emotional besonders wichtigen Thema die Oppositionspartei mit einbinden wollte. Fraktionsintern wurde großer Mißmut laut, als Rita Süssmuth dieser Verlockung nicht widerstand. Doch weitere Politiker sollten folgen. Hierzu gehört der frühere baden-württembergische Ministerpräsident und heutige Jenoptik-Chef Lothar Späth. Dieser wurde Mitglied des »Nationalen Ethik-Rats«. Auf dem Höhepunkt der BSE-Krise nominierte Schröder die frühere CDU-Bundestagsabgeordnete und heutige Präsidentin des Bundesrechnungshofes Hedda von Wedel, um durch sie Verbesserungsvorschläge im Bereich der Agrarpolitik, der Verbraucherpolitik und des Gesundheitsschutzes zu bekommen. Auch in der Oppositionspartei FDP betätigte sich Schröder beim »Einkauf«: Den Anfang machte er mit Otto Graf Lambsdorff, der als Unterhändler zu Fragen der Entschädigung für Zwangsarbeiter in Deutschland während des Zweiten Weltkrieges eingesetzt worden war. Besonders delikat war, daß er den prominenten früheren FDP-Politiker Burkhard Hirsch als Untersuchungsführer in Sachen verschwundener Akten aus dem Kohlschen Kanzleramt einsetzte.

Oppositionsbrot ist schon ein hartes Brot. Die CDU verlor jedoch bei der Entwicklung einer Oppositionsstrategie mehr als zwei Jahre. Das erste Oppositionsjahr unter dem Gespann Schäuble/Merkel war durch die zahlreichen gewonnenen Landtags- und durch die Europawahlen zumindest auf dieser Ebene erfolgreich. Die Folge war aber, daß ein Hineinfinden in die Oppositionsrolle unterblieb, sie wurde letztlich gar nicht angenommen. Bei aller Machtlosigkeit sah man sich mental doch noch als eine Regierung im Wartezustand an. Die schwarzen Kassen prägten das zweite Oppositionsjahr und führten derart zu einer Selbstbeschäftigung, daß die Regierung munter agieren konnte,

ohne allzu sehr durch die von einer Glaubwürdigkeitskrise ge-
schüttelte CDU-Opposition gestört zu werden. Im dritten Oppositionsjahr wurden viele Bürger der Auseinandersetzung mit
dem Spendenskandal überdrüssig; sie wollten wieder eine »normale« Oppositionspartei sehen, und zwar in Aktion. Doch auch
das Jahr 2001 hat eine Serie von Pannen und Problemen, die kein
gutes Licht auf die Union werfen. Drei – teilweise schon erörter-
te – Beispiele seien hierfür genannt: das »Fahndungsplakat«, die
Behandlung der »Kiep-Million« und die Diskussion über die
»Doppelspitze«.

Mißglückte Plakataktion: Angela Merkel und ihr Generalsekretär Laurenz Meyer hatten das Plakat, das Schröder als ge-
suchten Verbrecher zeigte, selber ausgesucht und für gut befun-
den, mußten dieses aber schon am Tag nach seiner Aushängung
– auch wegen der bevorstehenden Landtagswahlen in Baden-
Württemberg und Rheinland-Pfalz – einstampfen lassen. Interessanterweise kam die erste kritische Wortmeldung aus dem
SPD-Lager von Schröders Ehefrau Doris Schröder-Köpf – vermutlich war sie zu diesem Zweck vorgeschickt worden. Obwohl
Merkel und Meyer gegenüber der SPD und Gerhard Schröder
Entschuldigungsgesten zeigten, ging die Diskussion um dieses
Poster innerparteilich noch wochenlang weiter. Die heftige Reaktion zeigte die tiefe Verunsicherung der eigenen Parteibasis.
Diese wiederum wirkte sich auf die Führung insoweit aus, als sie
in den folgenden Monaten aus Furcht vor einem neuen Flop jeden provozierenden Medieneinsatz unterließ und selbst Meyer
zeitweilig fast zu verstummen schien.

Die Kiep-Million: Zurückgeworfen wurde die Union auch
durch die groteske Tatsache, daß Kiep der Partei Ende April 2001
mitgeteilt hatte, er habe noch eine Million DM auf seinen Konten
entdeckt, die möglicherweise der CDU zustünde. An den deutschen Stammtischen wurde daraufhin gespöttelt: »Hast du mal
'ne Million?« Der eigentliche Spendenskandal schien damals
schon fast überwunden. Innerparteilich wurde kritisiert, daß seitens der Parteiführung die Bedeutung dieser Frage offensichtlich
unterschätzt worden sei, diesbezüglich keine Sensibilität aufkam,
zumal der eigene Parteivorstand über einige Wochen hin uninfor-
miert gehalten wurde.

Die Diskussion um die Doppelspitze: Im Frühjahr 2001, zwischen der Plakataktion und der Kiep-Million, gab es eine heftig geführte Debatte über die Funktionsfähigkeit einer Doppelspitze. Diese Diskussion ist zwar prinzipiell berechtigt, sie kam nur zum falschen Zeitpunkt. Sie nutzte weder Angela Merkel noch Friedrich Merz. Wer auch immer diese Frage kampagnenhaft in den Medien vorantrieb, der übersah die Grundprämissen einer solchen Führungsstruktur. Interessanterweise wurde von keinem führenden Unionspolitiker, erst recht nicht aus den Reihen der CSU, der Vorschlag gemacht, der damals auf dem Weg zur Parteivorsitzenden befindlichen Angela Merkel gleichzeitig auch den Fraktionsvorsitz anzutragen. Jeder Unionspolitiker weiß, daß diese Doppelspitze besonders kompliziert und konfliktträchtig ist. Forderungen nach ihrer Abschaffung berücksichtigten aber nicht die Tatsache, daß die Interessen einer stark föderal ausgerichteten Bundespartei nicht identisch sind mit dem starken Behauptungswillen der CSU, die sich ihre Einflußmöglichkeiten auf die Bestimmung des Kanzlerkandidaten der Union nicht nehmen lassen will. Eine Entscheidung in Richtung einer einheitlichen Spitze hätte also die CSU ihrer Mitwirkungsrechte berauben können – unbeschadet der Sachlage, ob der bayerische Ministerpräsident das ihm häufig nachgesagte, von ihm aber immer intensiv dementierte Interesse an einer Spitzenkandidatur auch tatsächlich haben sollte. Merkel wie Merz sind hinsichtlich ihrer weiteren Pläne letztlich von der CSU abhängig, die auf ihre schmerzhafte Erinnerung hinweisen kann, wie einst Helmut Kohl durch den damaligen CDU-Generalsekretär Biedenkopf zum Kanzlerkandidaten ausgerufen wurde, ohne daß die Schwesterpartei angemessen beteiligt war.

Eine Doppelspitze signalisiert, daß über die Frage der Kanzlerkandidatur nicht ohne Diskussionen entschieden werden kann. Zudem machen sie eine Partei erst interessant – dies hat die SPD im Vorfeld der Bundestagswahlen von 1998 vorgeführt, als die Auseinandersetzungen zwischen Lafontaine und Schröder, zeitweilig noch intensiviert durch den damaligen SPD-Fraktionsvorsitzenden Scharping, die Gemüter erregte. Dadurch wirkte diese Partei nie langweilig. Eine Partei, die in Harmonie versinkt, erregt keine Aufmerksamkeit. Helmut Kohl hatte Wahlen und damit Profil gewonnen, obwohl es immer wieder zwischen ihm und Strauß heftigste, zum Teil in aller Öffentlichkeit ausgetragene

Dispute gab. Gerhard Schröder wurde sogar Bundeskanzler, obwohl er in seiner eigenen Partei höchst umstritten war. Die Streitgespräche zwischen Personen, der Wettbewerb untereinander, halten eine Partei lebendig – und lassen die Wähler mitreden. Es ist deshalb richtig, gerade aus den Erfahrungen der SPD zu lernen, die durch die parteiinterne Debatte über die Spitzenkandidatur über einen langen Zeitraum hinweg größte Anteilnahme erfuhr. Außerordentlich vorteilhaft war auch Schröders kurzfristige Nominierung vor den Bundestagswahlen: Je länger nämlich eine einzelne Person die Last der oppositionellen Spitzenkandidatur trägt, um so größer sind die Chancen für einen eingespielten Regierungsapparat, diesen Menschen zu demontieren. Wäre Schröder anderthalb Jahre lang Kanzlerkandidat gewesen, wäre es der Union leichter gefallen, ihn inhaltlich anzugreifen.

Der Vorteil einer Doppelspitze – so sie denn funktioniert – sollte aber nicht unterschätzt werden: Eine Partei, die keinen Bundeskanzler und keine Bundesminister stellt, bekommt durch eine Doppelspitze eine neue Perspektive und kann dadurch in der heutigen, stark massenmedial orientierten Welt gleich mehrere interessante Persönlichkeiten »im Angebot« haben, die mit ihren sehr unterschiedlichen Erfahrungen und Begabungen eine größere Bandbreite in die Politik einbringen können. Zugleich wird die Konkurrenz zwischen den im Rampenlicht stehenden Personen institutionalisiert, sie kann der Profilbildung zugute kommen. Wer davon ausgeht, in einer Medienkultur würden nur ausgefeilte inhaltliche Konzepte einen Wahldurchbruch erzielen können, der unterschätzt die Einsicht und Erfahrung, daß gerade die Rivalität zwischen Politikern der Stoff ist, der eine Partei spannend und – wichtiger noch – wählbar erscheinen läßt.

Die SPD lebte viele Jahre – vor allem während ihrer Regierungszeit – relativ gut mit einer Art Triumvirat, einer Troika aus so eigenwilligen Persönlichkeiten wie Willy Brandt, Helmut Schmidt und Herbert Wehner. Als sich aber zum Schluß die Mitglieder dieser Troika nichts mehr zu sagen hatten, sich die gegenseitige Abneigung nicht mehr verbergen ließ, führte dies allerdings auch zum Sturz des damaligen Bundeskanzlers Schmidt – und damit auch zu einer Wende der FDP hin zu Helmut Kohl. Später bildete Hans-Jochen Vogel als Partei- und Fraktionsvorsitzender zusammen mit dem Ministerpräsidenten

Johannes Rau und Oskar Lafontaine ein Dreiergespann. Diesem folgte dann 1994 das Zwischenspiel mit Rudolf Scharping als Partei- und Fraktionsvorsitzenden und den Ministerpräsidenten Oskar Lafontaine und Gerhard Schröder. Lafontaine fühlte sich seinen beiden Mitstreitern jedoch intellektuell wie auch politisch weit überlegen. Gleichwohl waren die Nachfolgetroikas der SPD dadurch gekennzeichnet, daß sowohl Vogel als auch Scharping das Amt des Partei- und Fraktionsvorsitzenden innehatten. Eine solche Vereinigung beider Positionen muß aber nicht zwangsläufig vorteilhaft erscheinen. Das Tandem Lafontaine/Schröder – Scharping spielte in dieser Zeit keine große Rolle mehr – funktionierte aber vor der Wahl 1998 immer noch und führte zu dem notwendigen Erfolg. Die Troikas waren allerdings nur so lange aussichtsreich, wie ihre unterschiedlichen politischen Betrachtungsweisen, Schwerpunkte und Methoden synergetisch zusammenflossen.

Den Vorteilen einer Doppelspitze stehen aber auch gewaltige Nachteile gegenüber: Mehrere gleichrangige Personen auf dem Toplevel einer Partei erschweren ein klares Profil – wie es bei Angela Merkel und Merz zu beobachten ist. Es wurde immer deutlicher, daß eine Harmonie zwischen den beiden nicht mehr herbeiführbar war. Der darüber entstandene Unmut richtete sich folglich gegen beide Politiker. Die Grünen fingen an zu spotten, daß die CDU jetzt ihre Fehler machen würde. Die Unzufriedenheit mit der Doppelspitze führte sogar ein Jahr nach dem Rücktritt von Schäuble zu der Überlegung, die Erfahrungen des Freiburger Juristen wieder für Partei und Fraktion intensiver nutzbar zu machen. Auch Merz betonte, Schäuble sollte wieder eine wichtigere Rolle spielen. Es war aber vor allem die CSU, die – obwohl bis zuletzt treu zu Schäuble gestanden – kritisch auf diese Überlegungen reagierte. So erklärte der parlamentarische Geschäftsführer der CSU-Landesgruppe, Peter Ramsauer, eine »Schäuble-Nostalgie« könne keine Lösung sein.[342] Der CSU-Fraktionsvorsitzende im bayerischen Landtag, Alois Glück, meinte sogar, die Diskussion über Schäuble sei eine »sinnlose Form der Selbstbeschäftigung«.[343]

Für Merkel wie Merz war das zähe Brot der Opposition ziemlich unbefriedigend, denn die jeweiligen Schuldzuweisungen, ob nun die Partei oder die Fraktion für eine negative Bilanz verantwortlich sei, hat letztendlich beiden Führungspersonen geschadet.

Einige Beispiele sind zu nennen, die die Schwierigkeiten einer Oppositionsarbeit charakterisieren:

Steuerreform: Den Unionsparteien machte insbesondere ihre mißlungene Strategie auf dem Gebiet der Steuerreform zu schaffen. Denn Gerhard Schröder und Hans Eichel verpaßten der Union hierbei eine heftige Niederlage, die in erster Linie der Fraktionsvorsitzende auszubaden hatte. Inhaltlich bestimmt wurde die offizielle Unionsposition vor allem durch den bayerischen Ministerpräsidenten Stoiber. Die im Bundesrat verabschiedete Steuerreform – in dem Wochenblatt *Die Zeit* als »eine Schmierenkomödie des Föderalismus« bezeichnet[344] – kam in dieser Form nur deshalb zustande, weil die meisten den finanziellen Verlockungen, also den Pressionen des Bundes, erlagen. Sogar einige der SPD-geführten Bundesländer brachten starke Bedenken zu dieser Reform zum Ausdruck. Insbesondere Finanzminister Eichel mußte sich den Vorwurf des »Länderkaufs« gefallen lassen. Er bekam seine notwendigen Zustimmungen, weil es ihm durch jeweils spezifische Zusagen gelang, gerade solche Länder aus der Ablehnungsfront umzustimmen, in denen die CDU als Juniorpartner an der Regierung beteiligt ist: Während das besonders krisengeschüttelte und vom Bund abhängige Land Bremen schon frühzeitig seine Zustimmung signalisierte, kam das grüne Licht der anderen CDU-Partner in den großen Koalitionen (Berlin und Brandenburg) erst in allerletzter Sekunde.[345] Mit Interesse wurde der schnelle Zuspruch der Bremer CDU zur Kenntnis genommen. Doch gab es dafür Gründe: Sie hatte sich über das Verhalten der unionsgeführten Länder Bayern, Baden-Württemberg und Hessen in Fragen des Länderfinanzausgleichs geärgert. Hinzu kam, daß die Bremer CDU-Führung den wenig freundlichen Umgangsstil der Bundespartei mit Helmut Kohl ablehnte. Typisch für die parteiinterne Stimmung war die gelegentlich geäußerte Vermutung, die Unterstützung der Steuerreform durch Bremen sei von Helmut Kohl beeinflußt worden, um die neue Parteiführung zu schwächen.

Durch die Tatsache, daß bis zuletzt nicht deutlich war, wie sich Berlin und Brandenburg entscheiden würden, haben die beiden Länder die »Preise« für ihre Umstimmung hochtreiben können. Ebenso kurzfristig wurde bekannt, daß Eichel auch die Unterstützung von Mecklenburg-Vorpommern erhalten würde. Schröder hatte zu diesem Zweck sogar eigens den stellvertretenden Ministerpräsidenten von Mecklenburg-Vorpommern, Helmut Holter (PDS), zu einem Gespräch empfangen. Und obwohl auch die FDP auf Bundesebene gegen die Steuerreform war, gelang es, die Mainzer Landesregierung aus SPD und FDP zu gewinnen. Den Ausschlag für die Mehrheit gab dann schließlich die Entscheidung des einstigen Bürgermeisters von Berlin, Eberhard Diepgen, der erhebliche Zusagen vom Bund, insbesondere für die Kulturpolitik, einholte und seine große Koalition nicht gefährdet sehen wollte. Der stellvertretende Ministerpräsident von Brandenburg, Jörg Schönbohm, stimmte dann im Gefolge der Diepgen-Entscheidung ebenfalls zu.

Eine Ablehnung der Steuerreform im Bundesrat hätte für die Union einen Punktsieg im Verhältnis zur Regierung bedeutet. Sie wäre in der Folge als ein wichtiger politischer Faktor wahrgenommen worden. Die uneinheitliche Abstimmung der Union nahm die Öffentlichkeit aber negativer auf als die fragwürdige Praxis eines »Stimmenkaufs«. Insbesondere Eberhard Diepgen mußte Federn lassen. Diese nicht gerade schnäppchenhafte Form des Stimmenerwerbs war mit Sicherheit ein enormer parteipolitischer Sieg der Regierung – gleichzeitig verwies er aber auf eine deutliche Schwächung der Institution Bundesrat: Wenn einzelne Länder »herausgekauft« werden können, führt dies zu einer Verletzung des Gebots, die politischen Entscheidungen nach sachlicher Angemessenheit zu treffen und nicht nach parteipolitischen Zweckmäßigkeiten oder territorialen Besonderheiten. Dennoch hätte aber die Unionsführung aus CDU und CSU wissen müssen, daß die CDU-Ministerpräsidenten (und die stellvertretenden Ministerpräsidenten in den großen Koalitionen) bei aller Anerkenntnis einer bundespolitischen Parteistrategie ihre eigenen, landespolitischen Notwendigkeiten im Auge haben und nicht ohne weiteres per Beschluß des CDU-Präsidiums »ferngesteuert« werden können. Insbesondere Peter Müller, Ministerpräsident des strukturschwachen Saarlandes, der sich an die Parteibeschlüsse hielt, sich also nicht abwerben ließ und von daher auch keine spezifischen Zusagen durch die Regierung erhielt, war über die Tatsache des Herauskaufens anderer Bundesländer aus der anfangs gemeinsamen Ablehnungsfront erbost.

Den Unionsparteien war es nicht gelungen, der Öffentlichkeit ihre Gründe für die Ablehnung der Steuerreform plausibel zu machen, zumal die Großindustrie die Steuererleichterungen euphorisch begrüßte. An diesem Thema offenbarte sich auch das prinzipielle Dilemma einer Oppositionspartei: Gelingt ein wichtiges Reformwerk, wird diese Tatsache immer der Regierung zugute gehalten – unabhängig davon, wie der Konsens herbeigeführt wurde. Im nachhinein wurde der Union sogar vorgeworfen, sie verfolge eine Verhinderungsstrategie, eine »Blockadepolitik«. In einem so hochkomplexen Bereich wie der Steuergesetzgebung sind zwar inhaltliche Vergleiche problematisch, dennoch ähnelt das von Eichel vorgelegte Konzept in seinen Grundzügen den Reformplänen Waigels aus den Jahren 1995 und 1997. Auch unter diesem Aspekt war es der Öffentlichkeit nicht vermittelbar, daß es in der Steuerreform um tiefgreifendere Differenzen zwischen Koalition und Oppositionen ging.

Damit ging auch eine Schädigung des persönlichen Ansehens von Friedrich Merz einher. Er, der für die Steuerreform schon unter Schäuble zuständig war, machte dieses Thema dann nach Übernahme des Fraktionsvorsitzes zur »Chefsache«. Auch übernahm er den Job des Verhandlungsführers im Vermittlungsausschuß. Dies entsprach auch dem Wunsch der CSU. Dadurch entstand der Eindruck, das Ergebnis des Reformwerks sei als (negatives) Zeugnis der Führungsqualitäten des neuen Fraktionsvorsitzenden zu werten. Falsch wäre es aber, nur Merz mit der Niederlage in Verbindung zu bringen, denn die Probleme liegen tiefer: Es war vor allem Stoiber, der auf die Ablehnung hinarbeitete. Angela Merkel hingegen schien eher einer Kooperationsstrategie mit der Regierung zugeneigt gewesen zu sein, das zumindest sickerte im Anschluß an das Debakel durch. Es ist für eine Parteivorsitzende anscheinend schwierig, sich einem starken Drängen aus Bayern zu widersetzen, zumal auch die Fraktion für eine Verhinderungsstrategie war.

Es ist bekannt, daß Schröder und Eichel in den Tagen vor der wichtigen Bundesratsentscheidung alle ihre Termine der Steuerreform unterordneten. Innerparteilich wurde moniert, daß die CDU-Parteivorsitzende in dieser Zeit die Dinge habe treibenlassen. Allerdings konnte sie operativ selber wenig machen: Die praktische politische Umsetzung lag beim Fraktionsvorsitzenden, die inhaltliche in Bayern. Die drei Kraftzentren der Union (die

CDU-Parteivorsitzende, der CDU/CSU-Fraktionsvorsitzende und der CSU-Ministerpräsident) waren dann auch nicht mehr in der Lage, kurzfristig umzuschwenken, nachdem die angeblich sich unerwartet anbahnende Kooperation einiger Bundesländer sichtbar wurde. Hätte es aber in der brisanten Bundesratssitzung, auf der ja weder Merkel noch Merz selber agieren konnten, zumindest eine klare Führung gegeben, wäre nachhaltig kein so verheerender Eindruck entstanden. Beispielsweise hätte durch den Antrag einer Sitzungsunterbrechung eine Flexibilisierung der Unionsstrategie besprochen werden können. Die unionsregierten Länder waren kaum in der Lage, darauf hinzuweisen, daß eine Reihe von Verbesserungen des Steuerreformpakets ausschließlich auf die Werbeaktionen der Regierung um Unionsstimmen zurückzuführen waren. Die Unionsparteien brauchten wieder Monate, um sich von diesem schwerwiegenden Desaster zu erholen.

Rentenpolitik: Gerade in Fragen der Altersvorsorge gibt es in der Bevölkerung einen starken Wunsch nach konsensuarischem Verhalten der politischen Parteien. Deswegen war die Rentenpolitik für die Union ein besonders heißes Eisen. Nach heftigen Debatten in der Parteiführung und in der Fraktion entschied man sich zu einer ablehnenden Haltung gegenüber dem Altersvorsorgemodell der Regierung. Wieder einmal mußte grundsätzlich überdacht werden, inwieweit eine Oppositionspartei positiv gestalterisch an einem Entscheidungsprozeß teilnehmen soll – dann wird sie aber auch für mögliche negative Folgen zur Verantwortung gezogen – oder ob sie sich inhaltlich verweigern soll. Jedenfalls war es bemerkenswert, daß Horst Seehofer im Bundestag (und im Vermittlungsausschuß aus Bundestag und Bundesrat) ein klares Nein zur Rentenpolitik formulierte.

Wirtschaftspolitik: Die Parteivorsitzende Angela Merkel müht sich, mit der Formulierung einer »Neuen sozialen Marktwirtschaft« ein stärker ordnungspolitisches Konzept bezogen auf die Wirtschaftspolitik zu vermitteln.[346] Auch Friedrich Merz betont die Notwendigkeit eines klaren Profils in Fragen der Wirtschaftspolitik. Daß die Unionspositionen aber in der Bevölkerung so wenig greifen, hängt auch mit dem Fehlen bedeutender Wirtschafts- und Unternehmerpersönlichkeiten zusammen. Große und unabhängige Unternehmer mit der Ausstrahlung eines Hans Dichgans, Philipp von Bismarcks oder eines Elmar Pieroths fehlen heute der Fraktion. Dies ist deshalb um so tragischer, als bei allen Aufregungen, die auch andere Themenbereiche auslösen, die Wirtschaftspolitik der zentrale Faktor ist, der letztendlich Wahlen entscheidet. Der relativ unbekannte Wirtschaftspolitiker der Union, Peter Rauen, hat den Balanceakt zwischen »New Economy« und »Old Economy« noch nicht in den Griff bekommen. Die Schwierigkeiten der Unionsparteien zeigten sich auch in ihrer halbherzigen Reaktion auf die Vorschläge der Regierung zum Betriebsverfassungsgesetz, die zwischen den beiden Ministern Walter Riester (SPD) und Werner Müller (parteilos) umstritten waren. Obwohl der Gesetzentwurf die Einflußmöglichkeiten der im Deutschen Gewerkschaftsbund zusammengeschlossenen Einzelgewerkschaften deutlich verstärkte und erhebliche Mehrkosten für viele Betriebe bedeutete, taten sich die Unionsparteien mit einem frontalen Angriff auf das neue Gesetz einigermaßen schwer. Sie wollten in der Öffentlichkeit nicht als grundlegend gewerkschaftsfeindlich angesehen werden. Und nachdem die Großindustrie sich in bezug auf die Steuerreform demonstrativ von den Meinungen der Unionsparteien abgesetzt hatte, wollten sie sich nun auch nicht als zu arbeitgeberfreundlich darstellen.

Nur: Welches Profil haben eigentlich die Unionsparteien in wichtigen wirtschaftspolitischen Grundfragen? Und inwieweit nehmen die Unionsparteien auch die Veränderungen in der Arbeitswelt wahr? Die Gesetzmäßigkeiten der neuen Ökonomie bringen Veränderungen mit sich, die keinesfalls allein nach den Maßstäben althergebrachter Mittelstandspolitik zu lösen sind. Die Union läßt sich dabei viel zu sehr die wirtschaftspolitischen Themen von dem für diese Fragen zuständigen Bundesminister schlichtweg »klauen«. Ist es überhaupt sinnvoll, von einer »Neuen sozialen Marktwirtschaft« zu sprechen? Koppelt sich die Union damit nicht semantisch von dem »Vater der sozialen Marktwirtschaft«, Ludwig Erhard, ab? Soziale Marktwirtschaft im Sinne Ludwig Erhards bedeutet eigentlich, daß eine solche Konzeption per se dynamischen Prozessen ausgesetzt sein muß, die das Wort »neu« überflüssig machen. Wo also bleibt in dem wahlentscheidenden Thema der Wirtschafts- und sozialen Ordnungspolitik die Stimme der Union?

Einwanderungspolitik: Hier handelt es sich um eine besonders sensibel zu behandelnde Problematik, zumal die Bevölkerung in dieser Angelegenheit weit konservativer eingestellt ist als die Unionsparteien, wenigstens in ihrer offiziellen Verlautbarung. Die Union hat durch ihre Unterschriftenaktion aus Anlaß der hessischen Landtagswahlen im Frühjahr 1999 gegen die doppelte Staatsbürgerschaft vermutlich sogar den entscheidenden Push für die überraschende Mehrheit der CDU-FDP-Koalition erhalten und Roland Koch zum Wahlsieg verholfen. Gleichwohl hat die nordrhein-westfälische Unionsposition mit ihrer Parole »Kinder statt Inder«, mit der auf die Notwendigkeit einer zu verbessernden Bildungspolitik hingewiesen werden sollte, selbst bei den eigenen Mitstreitern wenig Begeisterung hervorgerufen. In der Bevölkerung gibt es mehrheitlich eine deutliche Furcht vor einem ungebremsten Ausländerzustrom – der Regierung wird in dieser Frage wenig Kompetenz zugetraut, auch wenn Bundesinnenminister Otto Schily einstens erklärte: »Die Grenze der Belastbarkeit Deutschlands durch Zuwanderung ist überschritten.«[347] Unterstützung erhielt er von Gerhard Schröder, der noch im November 1998 ein Einwanderungsgesetz deshalb ablehnte, »weil wir den Menschen die Angst vor zuviel Zuwanderung nehmen wollen«.[348] Dennoch ist die Tatsache einer demographischen Problematik zu beachten. Das aufrechtzuerhaltende Netz der sozialen Sicherung macht den Zuzug gerade jüngerer, gut ausgebildeter Menschen nach Deutschland notwendig. Schon jetzt zeigt sich, daß in einer ganzen Reihe von Berufsfeldern – nicht nur in der Informationstechnologie, für die das System einer »Blue Card« eingerichtet wurde – nicht mehr genügend qualifizierter Nachwuchs vorhanden ist.

Es sind vor allem die Unionsparteien, die die Furcht vor jenem ungesteuerten Zuzug von Ausländern nach Deutschland im Bundestag thematisieren. Die von Friedrich Merz angestoßene Debatte hinsichtlich einer »Leitkultur« in Deutschland zeigt, welch emotionales Potential diese Frage besitzt. Die Unionsparteien sind gerade wegen des »Cs« in ihrem Namen in besonderer Weise verpflichtet, alles zu unterlassen, was zu menschenverachtenden Animositäten gegenüber Ausländern führen könnte. Kaum eine andere Partei wäre besser geeignet, manchen in der Bevölkerung aufgestauten Unmut hinsichtlich dieser Fragestellung auf eine demokratische Weise zu kanalisieren. Die CDU muß in dieser Problematik zudem einen Spagat machen, da gerade große Teile ihrer jüngeren Wähler ein ganz anderes Verhältnis zu Fragen der Einwanderung haben als die ältere Generation.

Europapolitik: Auch die Europapolitik ist ein Feld, wo sich die Unionsparteien manchmal recht schwertun. Dabei nimmt ihre Bedeutung immer mehr zu. Dennoch ist die CDU die »klassische« Europapartei. Sie hatte schon unter Konrad Adenauer die Westintegration der Bundesrepublik Deutschland gegen den erbitterten Widerstand der sehr viel stärker national ausgerichteten SPD Kurt Schumachers durchgesetzt. Helmut Kohl setzte sich selbst insbesondere mit der Einführung des Euro ein europapolitisches Denkmal. Ohne sein Beharrungsvermögen wären die Pläne einer europäischen Währungsunion nicht in dieser Form zustande gekommen. Dagegen versucht Stoiber mit Hilfe der CDU/CSU-Bundestagsfraktion, eine restriktivere Europapolitik durchzusetzen. Während große Teile der Fraktion mit dem Verhandlungsergebnis des im Dezember 2000 von den EU-Staats- und Regierungschefs verabschiedeten »Vertrags von Nizza« nicht einverstanden waren – weil mit ihm ein zu geringer Integrationsfortschritt erzielt wurde – lobte Stoiber diesen über alle Maßen. Schröder ist gerade dabei, die Profilierungsmöglichkeiten, die sich auf diesem Gebiet ergeben, zu entdecken. Einst hatte er von dem Euro als einer »kränkelnden Frühgeburt« gesprochen; doch schon Wochen nach der Übernahme der Kanzlerschaft warf er Helmut Kohl vor, Geld für die europäische Integration »verbraten« zu haben.[349] Inzwischen versucht Schröder mit eigenen Reformvorstellungen die Europapolitik zu bestimmen und zugleich die Bedeutung der Union auf diesem Feld zu schwächen.

Parlamentarisch-repräsentatives Prinzip: In den Unionsparteien gibt es Stimmen – man denke nur an den nordrhein-westfälischen Landes- und Fraktionsvorsitzenden Rüttgers oder an den saarländischen Ministerpräsidenten Müller –, die sich verstärkt für plebiszitäre Elemente in der Politik einsetzen. Bislang hat sich Angela Merkel gegen eine prinzipielle Änderung des Grundgesetzes in diese Richtung verwehrt. Angesichts der CDU-Spendenaffäre jedoch gab es viele Vorbehalte gegen den »Moloch Parteienstaat«; zahlreiche Vorschläge zur Veränderung wurden in der Folge debattiert.[350] Im Rahmen der parlamentarischen Diskussion müssen die Unionsparteien auch in dieser Problematik

Farbe bekennen. Denn es handelt sich dabei für die CDU, die alle wesentlichen konstitutionellen Entscheidungen der Republik geprägt hat, um eine prinzipielle Frage ihres Demokratie- und Politikverständnisses. Die CDU gehörte bislang zu den leidenschaftlichen Verteidigern des parlamentarisch-repräsentativen Prinzips. Sie wies immer darauf hin, daß die Komplexität der verschiedenen Themen in einer modernen Demokratie zu groß ist, als daß – wie das bei Volksabstimmungen häufig der Fall ist – eine wichtige Frage mit einem schlichten »Ja« oder »Nein« beantwortet werden kann. Die Entscheidungskompetenz einer Demokratie würde nach diesem Verständnis durch Volksabstimmungen kaum gefördert werden. Gerade der von Helmut Kohl verursachte Skandal gab aber denjenigen Auftrieb, die am parlamentarisch-repräsentativen Prinzip rütteln wollten. Es entspricht dem partizipatorischen Trend der Zeit, für »mehr Mitbestimmung« in einer Bürgergesellschaft zu sein. Bei Überlegungen zu Online-Wahlen schlägt sich die Wichtigkeit einer solchen Frage beispielsweise nieder. In der CSU gibt es Kräfte, die einen Sturz der rot-grünen Koalition durch Volksabstimmungen (z. B. bei so populären Themen wie der Einwanderungspolitik) für möglich erachten. Mit Interesse wird zu verfolgen sein, wie sich die weitere politische Diskussion zu diesem kritischen Punkt entwickeln wird. Die Plebiszit-Frage ist auch ein Hinweis darauf, inwieweit die CDU mit Selbstbewußtsein im besten Sinn des Wortes »konservativ« ist und damit an den Grundzügen des Grundgesetzes von 1949 festhalten will, oder ob sie dem Zeitgeist nach mehr Partizipation folgen wird.

Der Bevölkerung erscheint das einst unverwechselbare christdemokratische Profil heute immer weniger konturiert. Dies trifft besonders für die jüngere Generation zu, die sehr viel pragmatischer orientiert und weniger in die Traditionen der großen politischen Strömungen eingebunden ist. Daß zumindest die beiden großen Volksparteien inhaltlich vielen Wählern als austauschbar erscheinen, ist die größte Gefahr, die der Union droht. Im Zweifelsfall werden dann eher die agilen Macher gewählt, die schon an der Regierung sind, als eine Oppositionspartei, deren politische Philosophie weithin unbekannt bleibt. Was aber heißt heute – in einer Zeit der Säkularisierung – »christliche Demokratie«? Hat die Union überhaupt noch ein christlich definiertes Menschenbild? Und mit welchem humanistischen Grundverständnis kann sie auch jene Wähler integrieren, die keine Christen sind? Es ist erstaunlich, wie wenig darüber in den Unionsparteien diskutiert wird – und überzeugende Botschaften werden diesbezüglich auch kaum delegiert. Die Union hat sich weitgehend das Thema einer »neuen Mitte« von der SPD nehmen lassen (siehe das Blair-Schröder-Papier).[351] Hinzu kommt, daß sich die traditionellen Recht-links-Schemata immer mehr in Auflösung befinden. Es ist der neuen Parteiführung trotz zahlreicher Reden und Programme nicht gelungen, der breiteren Bevölkerung klipp und klar zu erklären, *wofür* die CDU steht, welche positiven Ziele sie vertritt. Dies hängt nicht nur mit der Selbstbeschäftigung infolge der Aufarbeitung der jüngsten Ereignisse in der CDU zusammen, sondern ist auch darauf zurückzuführen, daß die Unionsparteien sich schwertaten, die Oppositionsrolle anzunehmen. Zudem fühlten sie sich verpflichtet, sich in allen Themenbereichen gleichermaßen zu profilieren, statt sich auf einige politische Felder zu konzentrieren. Das parlamentarische Gewerbe bringt es zwar mit sich, sich zu allem, und sei es als Reaktion auf Initiativen der Regierung, äußern zu müssen; eine Politik kann jedoch nur wirkliches Profil gewinnen, wenn eine Vertiefung einiger weniger Fragen erfolgt, für die nicht nur die Parteivorsitzende oder der Fraktionsvorsitzende öffentlich eintreten, sondern auch bekannte und profilstarke Unionspersönlichkeiten. Bislang, und das ist auffällig, erhielten die Mitglieder des CDU-Präsidiums keine wirkliche Rolle zugewiesen. In der Politik, zumal der heutigen, geht es aber nicht nur um Inhalte, sondern auch um Persönlichkeiten, die mit wichtigen Themen identifiziert werden können. Hier wäre viel vom frühen Kohl zu lernen, der es verstanden hatte, einzelnen Politikern herausragende Funktionen zuzuweisen. Es läßt sich also sagen, daß die Unionsparteien zumindest in den ersten drei Jahren nach dem Verlust der Macht keine kohärente Strategie zu ihrer Rückeroberung entwickelt haben.

IV.
Ausblick: Die Macht der Zukunft

Zerfall oder Aufstieg der Union?

Die Stärke der CDU lag darin, daß sie die Marktwirtschaft mit dem Ziel der sozialen Sicherung versöhnt hat und dadurch ihren Charakter als Volkspartei entwickeln konnte. Wenn sie sich in die Modernitätsfalle begibt, ihr bisher verläßliches Koordinatensystem aufgibt, droht ihr weniger eine Sozialdemokratisierung als eine »FDPisierung«. Sosehr die CDU sich der Moderne auch in Fragen der Ökonomie stellen muß: Mehrheitsfähig kann sie auf Bundesebene nur dann wieder werden, wenn sie bei aller Notwendigkeit einer stärkeren Leistungsbezogenheit nicht den einfachen, ja normalen Menschen vergißt. In einer Gesellschaft, in der neunzig Prozent der Bevölkerung von den Systemen sozialer Sicherung abhängig sind, muß die CDU die Synthese aus engagierter Verantwortung und marktwirtschaftlicher Notwendigkeit überzeugend gestalten, wenn sie attraktiv bleiben will.

Es geht dabei um ihre Glaubwürdigkeit als Volkspartei: Würde sie sich lediglich als »konservativ« verstehen, wäre sie genausowenig mehrheitsfähig, als wenn sie auf die Attribute »sozial« und »liberal« verzichtete.

Die CDU hat alle Chancen, die Phase ihrer Rekonvaleszenz erfolgreich zu beenden, zumal die Zahl ihrer Wähler insgesamt noch recht stabil ist. Es gibt nach wie vor ein starkes »bürgerliches Lager«, ihr eigentliches Rückgrat. Die Landtagswahlen in Baden-Württemberg im März 2001 zeigten, daß die Unionsparteien etwa ein Jahr nach dem Höhepunkt des Spendenskandals wieder Tritt fassen konnten. Dies bestätigten kurz zuvor auch die hessischen Kommunalwahlen am 18. März 2001, wo die CDU ihre Position deutlich verbessern konnte.[352] Das Ergebnis in Baden-Württemberg ist deshalb bemerkenswert, weil die Umfrageinstitute der CDU Erwin Teufels einen herben Rückschlag vorhersagten. Die CDU konnte sogar ihren prozentualen Anteil – bei einer um fünf Prozent gesunkenen Wahlbeteiligung (62,6 Prozent) – von 41,3 auf 44,8 Prozent steigern. Sicherlich dürfte der Erfolg auch auf den drastischen Stimmenrückgang für die Republikaner zurückzuführen sein, die von 9,1 Prozent auf 4,4 Prozent absackten. Auch die SPD konnte in Baden-Württemberg kräftig zulegen. Da sie bei den vorherigen Landtagswahlen jedoch nur 25 Prozent erhielt, bedeutet der Stimmgewinn so etwas wie eine »Normalisierung«.[353] In Baden-Württemberg wurde ein Ministerpräsident bestätigt, der als besonders rechtschaffen, fleißig und glaubwürdig gilt, wenn es ihm auch an der Medienwirksamkeit mangelte, die die SPD in geschickter Form für eine relativ junge Kandidatin aufbauen konnte. Doch die Badener und Württemberger wählten im Zweifel die politische Sicherheit, stimmten gegen den Wechsel. Die für die CDU ungünstigen Meinungsumfragen hatten sicherlich noch ihren Beitrag zur Stimmenmobilisierung im »bürgerlichen Lager« geleistet.

In Rheinland-Pfalz wählte man ebenfalls einen Ministerpräsidenten, dessen Präsenz im Land honoriert wurde – zumal er so etwas wie die bacchantische Sinnesfrohheit seines Weinlands repräsentierte und damit ein Gegenbild zu dem feinnervigen Philosophen Christoph Böhr darstellte. Doch die hiesigen Landtagswahlen – sie fanden ebenfalls im März 2000 statt – konnte man allerdings nicht als Erfolgsstory der CDU verbuchen. Rheinland-Pfalz ist ein CDU-Stammland, das bei derartigen Wahlen viermal hintereinander (1971 bis 1983) die absolute Mehrheit erzielte, nun aber gab es hier das schlechteste CDU-Ergebnis aller Zeiten.[354]

Zugleich ist ein Trend abzulesen, daß die kleineren Parteien zwischen den beiden großen Volksparteien zerrieben werden. Noch ist nicht klar, wer 2002 auf Bundesebene die »dritte Kraft« darstellen wird, die Grünen oder die FDP? Die letzten Wahlergebnisse zeigen aber auch, daß für keine der großen Parteien bereits Entwarnung gegeben werden kann, zumal sich Verbindungen schnell wieder ändern können: Im Januar 2001 rückten die beiden Koalitionsparteien SPD und Grüne im Gefolge des Rücktritts der beiden Minister Karl-Heinz Funke (SPD, Landwirtschaft) und

Andrea Fischer (Grüne, Gesundheit) näher zusammen. Der BSE-Skandal hatte beide Parteien gleichermaßen getroffen. Die Folge war das Versprechen, schon zu einem relativ frühen Zeitpunkt, die Koalition fortzusetzen. Dies dürfte auch darauf zurückzuführen sein, daß sich die Grünen für Schröder zu einer außerordentlich pflegeleichten Partei entwickelt haben. Aber wie lange noch?

Zu Beginn der Schröder-Ära stand die Vorstellung, daß die Sozialdemokraten und die Sozialisten sich zu einer führenden Kraft entwickeln werden, man sprach sogar von einem sozialdemokratischen Jahrhundert. Gegenwärtig regieren im EU-Europa überwiegend sozialdemokratische Parteien, denn etwa zwei Drittel der 15 Regierungschefs werden derzeit von Sozialdemokraten und Sozialisten gestellt. Binnen weniger Jahre – sieht man von Spanien und jetzt auch von Italien ab – wurde eine christdemokratisch beziehungsweise konservativ geführte Regierung nach der anderen abgelöst. Neun der 20 EU-Kommissare gehören einer sozialdemokratischen oder sozialistischen Partei an. Entsprechend veränderte sich die politische Landschaft im EU-Europa. Der Soziologe Ralf Dahrendorf hatte noch 1983 seine berühmte These vom »Ende des Sozialdemokratischen Jahrhunderts« verkündet.[355] Damals regierte Margaret Thatcher seit 1979 in Großbritannien, Ronald Reagan seit 1981 in den Vereinigten Staaten von Amerika, und Helmut Kohl war 1982 gerade Bundeskanzler geworden. Den Sozialdemokraten schienen viele Jahre die Wähler wegzulaufen. Sie reagierten wie gelähmt auf die soziologischen Veränderungen in der Wählerschaft. Denn wie in allen modernen Industriegesellschaften, in denen sich der Dienstleistungsanteil enorm verstärkte, schlug sich der zahlenmäßige Rückgang der klassischen Arbeiterschaft auf die Wahlergebnisse nieder. Der spektakuläre Niedergang der jahrzehntelang regierenden italienischen Christdemokraten wurde dann von manchen als ein Signal für weitere Niederlagen der Christdemokraten und Konservativen interpretiert. 1997 erlebte die von Tony Blair modernisierte Labour Party einen grandiosen Wahlsieg, den größten seit dem legendären Erfolg von Earl Clement Richard Attlee im Jahr 1945. Zwar errang die »New Labour«-Partei lediglich 43 Prozent der Stimmen, doch machte das britische Wahlrecht eine komfortable Mehrheit möglich. Die psychologische Wirkung dieses Labour-Durchbruchs auf die damals wenig erfolgsverwöhnte deutsche Sozialdemokratie sollte nicht unterschätzt werden. Auch in Frankreich kam die sozialistische Partei unter Lionel Jospin durch die überraschend vom neogaullistischen Präsidenten Jaques Chirac ausgeschriebenen Neuwahlen an die Macht. Der politische Erdrutsch am 27. September 1998 in Deutschland schien dann den allgemeinen Machtverlust der Christdemokratie erneut zu bestätigen. Selbst in Lateinamerika, wo die christdemokratischen Parteien traditionell stark vertreten waren, büßten sie – trotz umfangreicher finanzieller Hilfen durch die Konrad-Adenauer-Stiftung – an Einfluß ein.

François Mitterrand hatte noch 1977 als damaliger Generalsekretär der französischen Sozialisten gefordert, Europa müsse sozialistisch sein, oder es könne gar nicht erst zustande kommen.[356] Ähnlich formulierte es seinerzeit auch Willy Brandt. Wird diese Vision – die bedeutet, daß »Sozialismus« und »Europa« als identisch angesehen werden – jetzt Wirklichkeit?

Für die deutschen Unionsparteien ist die Tatsache, daß kaum noch Regierungschefs aus der eigenen politischen »Familie« die Fahne der europäischen Demokratie hochhalten, psychologisch zweifelsohne belastend. Andererseits gelten für jedes Land unterschiedliche Faktoren. Die Union war in ihrer bisherigen Oppositionsrolle weitgehend reaktiv. Lediglich in der Frage einer deutschen »Leitkultur« zeigte sich die CDU angriffslustig, wenngleich eher ungeplant und auch innerparteilich so umstritten, daß sich hieraus keine wirkliche Offensive entfalten konnte. Die wenigen Male, bei denen sich die Union im politischen Vorstoß befand, war dies nur durch massive Fehler der Regierung möglich. Die übereilt durchgezogenen Gesetzesmaßnahmen der neuen Regierung zur doppelten Staatsbürgerschaft ermöglichten erst der hessischen CDU vor den Landtagswahlen eine Kampfansage mit Hilfe einer (auch innerparteilich umstrittenen) Unterschriftenaktion. Ein ähnliches Vorgehen bot das »630-Mark-Gesetz«, das zwar die SPD-nahen Gewerkschaften befriedigte, nicht aber jobbende Hausfrauen oder Studenten. Die CDU kann jedoch nicht auf weitere gravierende Anfangsfehler hoffen, da die zunehmende Regierungserfahrung des SPD-Kanzlers dafür sorgen wird, daß sich diese nicht wiederholen.

Hier nun einige theoretische Überlegungen zur Zukunft des Parteiensystems in Deutschland: Wenn wir uns der Zukunft der Parteien in Deutschland und speziell der CDU zuwenden, müssen wir drei Schlüsselbegriffe beleuchten, die da heißen Sozialstruktur, Milieu und Interessen. Auf diesen drei Begriffen bauen unterschiedliche Theorien auf, um die Funktion und Verankerung von Parteien in der Gesellschaft zu erklären:

Sozialstrukturelle Theorien: Nach den Thesen der Sozialwissenschaftler Seymor M. Lipset und Stein Rokkan entstehen Parteien entlang gesellschaftlicher Konfliktlinien, »Cleavages« genannt.[357] Dazu gehören der klassische Konflikt von Kapital und Arbeit, aber auch Stadt-Land-Gegensätze oder die Gegenüberstellung von religiösen und säkularen Strömungen in der Gesellschaft. Alle diese Konfrontationen existieren in unterschiedlichen Milieus. Entgegen manchen Vermutungen bestehen in Deutschland die Bruchlinien zwischen Arbeit versus Kapital sowie religiös versus säkular auch heute noch und finden letztlich ihren Ausdruck in den Positionen von SPD versus CDU/CSU und FDP in dem ersteren und von CDU/CSU versus SPD und FDP im zweiten Fall. Diese Beobachtung mag manchem sehr verkürzt erscheinen, doch haben nach wie vor konfessionelle Traditionen in der Vita eines Menschen eine hohe Bedeutung für die individuelle Wahlentscheidung. Insgesamt verringerte sich aber die Bedeutung der kirchlichen Bindungen. Auch der Anteil der Arbeiter und Bauern an der Erwerbsbevölkerung ging stark zurück. Entsprechend reduzierten sich einige der angestammten Gegensätze zwischen den beiden großen Volksparteien. Diese Tendenz der Annäherung setzt sich bis zum heutigen Tag fort, zumal sowohl die CDU/CSU als auch die SPD um die »Mitte« kämpfen, wo diese auch immer liegen mag.

Die Antithese von Stadt und Land hat sich zwar durch die zunehmende Verstädterung und die Mobilitätssteigerung in der Nachkriegszeit deutlich abgeschwächt, doch findet sich eher in den Städten – insbesondere in denen mit einer Universität – ein großer Teil der Anhängerschaft der Grünen, so daß hier zumindest partiell von einem Stadt-Land-Gefälle ausgegangen werden kann. Die Entstehung einer neuen Spaltung in den achtziger Jahren zwischen »materialistischen« und »postmaterialistischen« Werten führte weiterhin zu einer starken Veränderung der parteipolitischen Landschaft und damit zu einer Etablierung der Grünen als politischer Kraft. Gleichwohl verlor diese Konfliktlinie in den neunziger Jahren deshalb an Brisanz, weil alle Parteien in ihre Programme ökologische Ziele aufnahmen. Auch heute gibt es noch Gegensatzpaare, die fortwirken, wie die Parameter »links-progressiv« oder »rechts-konservativ«. Ähnliche Wertepaare könnten lauten »sozial-libertär« versus »autoritär-neoliberal«. Und die große sozialstrukturelle Bedeutung der Arbeiterschaft in den neuen Bundesländern bietet zumindest einen Erklärungsansatz für die nach wie vor guten Wahlergebnisse der PDS.

Milieutheorien: Diese entstanden in den sechziger Jahren und boten Erklärungsmuster für die Entwicklung der Parteienlandschaft, allerdings nur bis zum Ende der Weimarer Republik.[358] Den Theorien zufolge konnten vier Sozialmilieus ausgemacht werden, das katholische, das konservativ-protestantische, das protestantisch-bürgerliche und schließlich das sozialdemokratische, die jeweils eine entsprechende Parteizugehörigkeit mit sich brachten. Die Einteilungen erwiesen sich jedoch für die Nachkriegszeit als immer weniger haltbar, da durch eine horizontale und vertikale Mobilität, bedingt durch verbesserte Ausbildungschancen und veränderte Gesellschaftsstrukturen, eine eindeutige Zuordnung von sozialem Umfeld und Parteipräferenzen nicht mehr gegeben war. Der ökonomische und technologische Wandel verstärkte diesen Prozeß.

In früheren Zeiten fand sich das Individuum in einem spezifischen Milieu eingebettet – etwa im ländlichen, urbanen, bürgerlichen oder proletarischen. Der außerordentliche gesellschaftliche Modernitätsschub der letzten Jahrzehnte hat die Menschen aus ihren traditionellen Milieus einerseits freigesetzt, zum anderen aber auch in eine Orientierungslosigkeit gestürzt. Als Ersatz für entsprechende Milieus entwickelten sich Alternativkulturen, die Herausbildung einer grünen Bewegung spielte dabei eine besondere Rolle. 1984 identifizierte die Forschungsgruppe »Sinus« acht soziale Milieus für die Bundesrepublik: das konservativ-gehobene, das kleinbürgerliche, das traditionelle Arbeitermilieu, das traditionslose Arbeitermilieu, das aufstiegsorientierte, das technokratisch-liberale, das hedonistische und schließlich das alternativ-linke. Allerdings ist an dieser Einteilung die Vermischung politischer, soziodemographischer und moralischer Kategorien problematisch. Die Studie kam zu dem Ergebnis, daß sich insbesondere die Anhängerschaft der SPD aus unterschiedlichen Milieus konstituiert – vom konservativen Ruhrgebietsarbeiter bis

hin zum hedonistischen Intellektuellen –, während die CDU/
CSU, die FDP und auch die Grünen eine eher einheitliche Wählerschaft bedienen. Die Konrad-Adenauer-Stiftung schließlich erstellte eine Lebensstiltypologie, die auf Individualdaten zu viel-
fältigen Einstellungen und Haltungen der Befragten basiert. Die
Untersuchungen ergaben neun Gruppierungen, deren Zuordnung nach einem bestimmten Lifestyle-Schema vorgenommen
wurde: Da gibt es die aufstiegsorientierten, jüngeren Menschen;
die postmaterialistisch-linksalternativ eingestellten jüngeren
Menschen; die linksliberal integrierten Postmaterialisten; die un-
auffälligen, eher passiven Arbeitnehmer; die pflichtorientierten,
konventionsbestimmten Arbeitnehmer; die aufgeschlossenen
und anpassungsfähigen Normalbürger; die gehobenen Konservativen; die integrierten älteren Menschen und die isolierten Alten.
Einzelne Wählergruppen, so läßt sich sagen, sind mit einer zeit-
gemäßen Milieutheorie plausibel zu fassen, jedoch sollte ihre Bedeutung für die Entwicklung moderner Parteistrategien nicht
überschätzt werden.

Interessentheorien: Aus der Einsicht heraus, daß sich Parteien
in modernen Gesellschaften immer mehr entideologisieren, weil
auch das Zeitalter der Ideologien nach diesen Theorien zu einem
Ende gekommen ist, werden die Parteien als Organisationen beschrieben, deren Interesse es ist, ihre Stimmenanzahl zu maximieren. Die Demokratie ist demzufolge ein System, in dem sowohl die Parteien als auch die Wähler versuchen, den eigenen
»Nutzwert« zu maximieren: Erstere durch einen möglichst langfristigen Machterhalt, letztere durch eine pragmatische Stimm-
abgabe für eine ihren Interessen gewogene Partei. In der Folge
konstatieren diese interessengeleiteten Erklärungsansätze eine
Tendenz zur Ausbildung eines Zwei-Parteien-Systems, da die
Vertretung von Minderheitsinteressen über einen längeren Zeitraum gesehen wenig Wahlerfolg einbringen wird und nur die
Volksparteien mit ihrem breiten Wählerspektrum das Ziel der
Machterhaltung erfüllen können. Das deutsche Parteiensystem
findet in diesen Theorien eine plausible Deutung, präferieren die
hiesigen Wähler doch bislang, eher den beiden großen Parteien
ihre Stimme zu geben – wenngleich es auch manche Wähler gibt,
die – vielfach aus taktischen Gründen – für die Grünen oder die
FDP votieren.

Die drei genannten Theorien können jeweils spezifische Aspekte der Wahlkampfarena in der Bundesrepublik erklären. Gleichwohl scheint es, daß der zuletzt genannte Ansatz zunehmend an Boden gewinnt. Immer mehr haben wir es mit dem Typus des ungebundenen, flexiblen Wählers zu tun. Die Gruppe der Wechselwähler kann inzwischen auf 40 bis 50 Prozent geschätzt werden. Das erklärt auch, warum sich die parteipolitischen Stimmungen in der Bevölkerung – auch die Sympathiewerte für einzelne Spitzenpolitiker – binnen weniger Monate drastisch verändern können. Folglich bleiben die Wahlen auch künftig spannend.

Wahlprognosen werden trotz aller verfeinerten Umfragetechniken immer schwieriger. Denn es beginnt sich verstärkt die pragmatische Entscheidung durchzusetzen, die die eigene Interessenlage in den Vordergrund stellt. Diese Tendenz wird vor allem dadurch begünstigt, daß sich die traditionellen Parteien vermehrt als inhaltlich austauschbare Wahlkampfmaschinen darzustellen scheinen. Insofern ist der »Kampf um die Mitte« auch mit der Gefahr einer Profillosigkeit der Parteien verbunden. Das kann zu einer zunehmenden Erosion der Anhängerschaft führen, auch zu einer Demotivation von Stammwählern. Die eigentliche Kunst besteht darin, im Wahlkampf sowohl in optimaler Weise die Stammwähler zu mobilisieren als auch potentielle und neue Wähler zu integrieren. Dieser Spagat ist gerade für Volksparteien schwierig, die in sich selbst schon die unterschiedlichsten Strömungen repräsentieren. Der dann verbliebene »kleinste gemeinsame Nenner« fördert nicht gerade ein starkes Parteiprofil. In der Rentenpolitik beispielsweise geht es nicht nur um eine sozial möglichst ausgewogene Politik für die ältere Generation, sondern auch den Jüngeren gegenüber muß eine glaubwürdige Politik angeboten werden, die aufgrund der demographischen Entwicklung und der ökonomischen Situation heute nicht mehr von einer »sicheren Rente« ausgehen können. Die Konfliktlinien und Interessen sind also nicht nur »klassenspezifischer«, milieugebundener Art, sondern auch zunehmend von Generationsproblemen geprägt.

Es muß bei diesen Erklärungsversuchen auch noch für längere Zeit zwischen West- und Ostdeutschland unterschieden werden. Langfristige Beziehungsmuster zwischen Parteien und Wählern, wie sie sich in Westdeutschland – wenn auch schwächer werdend – herausgebildet haben, müssen in Ostdeutschland erst noch entstehen. Die Wähler im Osten entscheiden eher kurzfristig, abhängig von Faktoren wie Kompetenzerwartung oder Erscheinungsbild der Kandidaten. Westdeutschland ist vor allem auch dadurch charakterisiert, daß die jeweiligen Hochburgen »geschleift« werden. Wahlergebnisse einer einzigen Partei mit weit über 50 Prozent, die in Teilen des Ruhrgebiets, in Bayern oder in Baden-Württemberg für die SPD beziehungsweise für die CDU/CSU möglich waren, gehören immer mehr der Vergangenheit an. Die Kommunalwahlen 1999 in Nordrhein-Westfalen dokumentieren dies am besten, wo traditionelle SPD-Städte wie Gelsenkirchen, Oberhausen oder auch Köln nunmehr von CDU-Oberbürgermeistern regiert werden.

Probleme der Volksparteien

Zweifellos hat die Parteienlandschaft in Deutschland in den letzten Jahren entscheidende Änderungen erfahren, die aber bisher – trotz der Auflösung traditioneller Milieus – nicht das Primat der beiden großen Volksparteien von SPD und CDU haben in Frage stellen können. Zwar ist das generelle Image von Parteien in der Bevölkerung wenig attraktiv, dennoch spricht nichts dafür, daß sich die grundlegende Rolle der Mega-Parteien mittelfristig ändern wird, zumal ihre Existenz zu den herausragenden demokratischen Leistungen der zweiten Republik gehört: Durch sie wurde das Vielparteiensystem mit seinen ideologischen Fragmentierungen und den spezifischen Milieuverwurzelungen weitgehend überwunden. Wie kein anderer Parteitypus sind die Volksparteien in der Lage, unterschiedliche Interessen, Schichten und Konfessionen übergreifend zu integrieren, Kompromisse auf breiter Basis zu erarbeiten und damit Führungsfähigkeit, Regierungsstabilität und demokratische Verantwortung zu sichern.[359] Vor allem die Volksparteien können verhindern, daß der Interessen-, Ideen- und Konfliktpluralismus ungehemmt in Parlamente und andere staatliche Institutionen einziehen kann.

Das Modell der Volksparteien hat sich gerade deshalb als überlebensfähig und modern erwiesen, weil das System des Interessenausgleichs innerhalb solcher Parteien eher den Konsens- und Harmonievorstellungen in der Bevölkerung entspricht als der klientelistische Charakter kleinerer Parteien, die sich häufig nur mit einzelnen Zielen profilieren.

Im Westen Deutschlands haben es die Grünen noch am ehesten geschafft, sich als eine Milieupartei zu verankern, wenngleich der prägende Einfluß ihres Umfelds gesamtgesellschaftlich nachzulassen beginnt. In dem Moment, in dem nämlich die Wichtigkeit einzelner Ziele nachläßt, verlieren klientelistische Parteien an Profil und damit an Bedeutung. Sich verändernde Einstellungen innerhalb der Bevölkerung schlagen sich sofort auf die Einflußmöglichkeiten einer »Single Issue«-Partei nieder. Die Tatsache, daß sich die anderen Parteien ebenfalls auf ein Thema wie Umweltschutz konzentriert haben, führte zum Bedeutungsverlust der weitgehend auf damit verbundene Probleme fixierten Partei. Je mehr sich die Grünen zusätzlich mit der »Regierungsfalle« konfrontiert sahen, verloren sie gleichfalls an Kontur. Ihre Mitverantwortung in der Regierung hat zur Folge, daß sie zur gesamten Bandbreite wichtiger politischer Fragen (von der Rentenpolitik über eine Sozialpolitik bis hin zu einer Wirtschafts- oder Außenpolitik) Stellung nehmen und aus Gründen des politischen Überlebens (siehe die Entscheidung des Umweltministers Jürgen Trittin zu den »Castor«-Transporten) Kompromisse mit dem Regierungspartner schließen müssen. Je besser die SPD dasteht, um so schlechter schneiden die Grünen ab. Und in den neuen Bundesländern sind sie noch immer kaum vertreten.

Mit Spannung ist zu verfolgen, wer die »dritte« Kraft wird. Für den Fall, daß die SPD die stärkste Partei bleibt, würde Schröder eine wiedererstarkte FDP möglicherweise sofort als Anlaß nehmen, Koalitionsversprechen mit den Grünen aufzulösen. Die Chancen der FDP, die Grünen stimmenmäßig zu überrunden, stehen ausweislich von Meinungsumfragen vom Mai 2001 nicht schlecht. Die alles entscheidende Koalitionsfrage bringt die FDP auch deshalb in ein Dilemma, weil etwa die Hälfte der Bundesbürger der Ansicht sind, daß sie sich zu einem Koalitionspartner bekennen sollte, eine klare Mehrheit der FDP-Anhänger jedoch gegen eine allzu starre Festlegung auf einen potentiellen Koali tionspartner ist. Allerdings wird die sozialliberale Variante nach Analysen von »infratest dimap« vom Mai 2001 nur von einem knappen Drittel befürwortet, während 54 Prozent der FDP-Anhänger mit der CDU koalieren wollen. Diese Zahlen sind jedoch nicht so eindeutig, daß nicht der neue FDP-Vorsitzende Guido Westerwelle mühelos auch eine Koalition mit der SPD eingehen könnte.

Die Grünen, die bei sämtlichen Wahlen seit 1998 Verluste hinnehmen mußten, kämpfen mit Image-Problemen: Ihre Regierungsarbeit wird trotz der Beliebtheit Joschka Fischers eher negativ beurteilt. Ihnen ist es auch nicht gelungen, in ökonomischen Fragen als kompetent wahrgenommen zu werden, was eine im Auftrag des Bundesvorstands der Grünen erstellte Analyse der Forschungsgruppe »Wahlen« bestätigt.[360] Gerade einmal ein Prozent der Wähler und sieben Prozent der eigenen Wählerschaft trauen demnach den Grünen wirtschaftspolitischen Sachverstand zu. Den Grünen wird derzeit lediglich eine Kernwählerschaft von 3,5 Prozent zugesprochen.[361]

Trotz der verzweifelten Profilierungsversuche mit Hilfe einer »18-Prozent-Kampagne« des nordrhein-westfälischen Landesvorsitzenden Jürgen Möllemann wird die Vermutung, die FDP könne auf Dauer von der CDU-Krise profitieren, durch die Realität in Frage gestellt: Bei den Landtagswahlen von Baden-Württemberg im März 2001 verlor sie – obwohl gemeinsam mit der CDU Regierungspartei – 1,5 Prozent und landete in ihrem »Stammland« damit bei 8,1 Prozent. Bei den Wahlen in Rheinland-Pfalz, die gleichzeitig stattfanden – hier befindet sie sich mit der SPD in einer Koalition –, büßte sie 1,1 Prozent ein und kam auf 7,8 Prozent. Mit diesem Ergebnis wurde sie erneut die »dritte Kraft«, während die Grünen mit 5,2 Prozent nur knapp die Fünf-Prozent-Hürde übersprangen. Einen für die FDP positiven »Guido-Westerwelle-Effekt« – Westerwelle war erst wenige Wochen nach diesen Wahlen zum neuen FDP-Vorsitzenden gewählt worden –, gab es damals jedenfalls nicht. Die »18-Prozent-Kampagne« wurde selbst innerhalb der FDP als nicht besonders realistisch angesehen, auch wenn sie offizielle Politik von Westerwelle wurde. Die Forderung Möllemanns nach einem eigenen Kanzlerkandidaten lehnte Westerwelle aber ab. Bislang ist es jedenfalls der FDP nicht gelungen, den Wählern ein unverwechselbares liberales Profil zu vermitteln und etwa an den innerparteilich vieldiskutierten Erfolgen der niederländischen Schwesterpartei anzuknüpfen.

Wegen ihrer regionalen Stärke ist die PDS ein besonderer Fall. Solange sie sich als eine Interessenorganisation der durch den Wiedervereinigungsprozeß benachteiligten ostdeutschen Bürger profiliert, wird sie ihr Ghettodasein nie überwinden und gesamtdeutsch nie an Attraktivität gewinnen. Verliert sie aber ihren besonderen Bezugspunkt als Klientelpartei der Ostdeutschen, verliert sie ihr politisches Profil. Schon jetzt entwickelt sie sich inhaltlich immer mehr in Richtung einer »linken sozialdemokratischen« Partei, was durch die »Entschuldigung« der neuen PDS-Vorsitzenden Gabi Zimmer bei der SPD wegen der früheren Zwangsvereinigung von KPD und SPD zur SED sichtbar wurde. Die PDS versteht es zwar, an die besonderen regionalen Empfindsamkeiten zu appellieren, doch ist das Territorium der einstigen DDR keineswegs so homogen wie beispielsweise in Bayern. Zwischen Sachsen und Mecklenburg-Vorpommern liegen Welten, auch wenn in Ostdeutschland noch lange der Versuch unternommen werden mag, in nostalgischer Absicht politische Minderwertigkeitsgefühle gegenüber den Westdeutschen zu kultivieren. Die besondere Rolle der PDS läßt sich auch am Beispiel der Hauptstadt Berlin erkennen. Während die PDS im Westen Berlins absolut einflußlos bleibt, verzeichnet sie im Ostteil Ergebnisse von teilweise bis zu 40 Prozent. Aber noch ist nicht ausgemacht, ob die regionale Stärke der PDS bestehenbleibt. Es ist eher wahrscheinlich, daß sie langfristig zwischen den beiden großen Volksparteien zerrieben wird, aber auch hier ist eine sichere Prognose nicht möglich.

Die SPD geht aus folgenden Gründen ein riskantes Spiel ein: Je mehr sie durch Koalitionen und andere Kooperationsformen die PDS – entgegen früher ablehnenden Bekundungen – wie eine »normale« Partei behandelt, holt sie die umgewandelte SED aus ihrer »Schmuddelecke« hervor, macht sie politisch »salonfähig«. Eine Koalition mit der PDS erweitert zwar die Optionen der SPD, bringt aber gleich in zweierlei Weise Verwerfungen mit sich: Zum einen gibt es viele traditionsgebundene Wähler der SPD, die eine Zusammenarbeit mit den Postkommunisten radikal ablehnen; zum anderen kann die PDS mit Hilfe eines »demokratischen Ritterschlags« durch die SPD ein derart seriöses Image entwickeln, daß sie nicht nur in Ostdeutschland dauerhaft verankert bleibt, sondern bessere Stimmenergebnisse als bisher auch im Westen erzielt und damit gesamtdeutsch die Fünf-Prozent-Hürde übersteigt. Der Umarmungsversuch durch die SPD kann sich möglicherweise als für sie selbst schädlich erweisen.

Die parlamentarische Stützung einer SPD-Minderheitsregierung in Sachsen-Anhalt und die SPD-PDS-Koalition in Mecklenburg-Vorpommern wurden zwar von den meisten Westdeutschen (und vielen Ostdeutschen, weniger von den ehemaligen Bürgerrechtlern) hingenommen, gleichwohl erzielten die Ereignisse in der Hauptstadt Berlin einen sehr viel höheren Aufmerksamkeitsgrad: Die Absprachen zwischen der SPD, den Grünen und der PDS hinsichtlich der Abwahl des Regierenden Bürgermeisters Eberhard Diepgen und der Senats-Wahl seines SPD-Nachfolgers Klaus Wowereit haben einen hohen symbolischen Stellenwert, der durch die Bürgermeister-Kandidatur des früheren PDS-Fraktionsvorsitzenden Gysi noch unterstrichen wurde. Die PDS hofft, durch eine Kooperation mit der SPD ihre bundesweite Ausdehnung zu erleichtern. Sie will sich nicht darauf verlassen, drei Direktmandate zu erhalten – was eine Möglichkeit darstellt, auch mit weniger als fünf Prozent in den Bundestag einzuziehen. Jedenfalls – dafür stehen auch die Berliner Vorgänge – wird die Koalitionsfrage mit der PDS innenpolitisch ein Hauptthema des Bundestagswahlkampfs sein: Ein schwer zu kalkulierendes Risiko für die SPD liegt hier vor.

Die Parteien sitzen in Deutschland wie eh und je an den Schalthebeln der Macht, doch sie wirken merkwürdig kraftlos und inhaltlich ausgebrannt. Von ihnen gehen kaum noch inspirierende Botschaften an die Bevölkerung aus. Sosehr der Pragmatismus der Parteien als eine Überwindung der ideologisch geführten Kämpfe gefeiert werden mag, so wenig sind sie noch in der Lage, Orientierung anzubieten. Das ist übrigens auch einer der Gründe dafür, warum auf einmal Debatten über eine deutsche »Leitkultur« oder über Patriotismus eine schnelle Konjunktur erfahren. Letztlich entsprechen sie einer Art Sehnsucht nach einer grundsätzlichen Politikdiskussion. Auch können radikale Bewegungen von der Tatsache der inhaltlichen Austauschbarkeit der großen Parteien profitieren. Dem wird entgegengehalten, daß die Parteien programmatisch viel Arbeit geleistet haben. In der Tat besitzen alle im Bundestag vertretenen Parteien ausgefeilte Programme, in denen praktisch sämtliche Aspekte der Politik angerissen und wichtige Zielgruppen der Politik benannt werden – und dennoch wirken sie merkwürdig farblos. Wie gern erinnert man sich inzwischen der Grundsatzdiskussionen in den Siebzigern! Die Stellungnahmen eines Erhard Eppler (SPD), Kurt Biedenkopf (CDU), Richard von Weizsäcker oder Karl-Hermann Flach (FDP) sind heute noch höchst aktuell. Doch wo sind heute deren Nachfolger?

Die programmatische Unschärfe der Parteien hat viele Ursachen, stellt aber zugleich auch die größte Gefahr für die Stabilität des Parteiensystems dar. Denn je mehr die Parteien inhaltlich austauschbar werden, desto überflüssiger erscheinen sie, um so geringer wird die Wahlbeteiligung. Die Parteien sehen sich zu einem Balanceakt gedrängt: Zum einen werden die an sie gerichteten Forderungen immer umfassender. Das kommt den Parteien entgegen, vergrößert vermeintlich ihren Einfluß. Auf Macht ausgerichtete Organisationen sind in der Regel zur Selbstbeschränkung nicht in der Lage. Zum anderen begreifen sich die Parteien immer weniger als Sinnproduzenten, sondern erscheinen mehr und mehr als Machterhaltungs- bzw. Machtgewinnungsinstrumente.

Folglich erhalten Organisationen wie Greenpeace, Welthungerhilfe oder Amnesty International den Charakter moralischer Instanzen. Die Artikulation politischer Probleme wird inzwischen – und das weltweit, auch bedingt durch die Internet-Vernetzung – verstärkt von Nicht-Regierungs-Organisationen vorgenommen, die keine Regierungsverantwortung treibt. Die Artikulationsmacht der Parteien wird damit zurückgedrängt. An die Stelle traditioneller wertebezogener Institutionen treten somit Bewegungen und Organisationen, die sich mit – wenngleich häufig sehr wichtigen – Einzelaspekten befassen. So können Amnesty International oder Greenpeace in kürzester Zeit international beachtete Protestaktionen zustande bringen und wegen ihrer »Überparteilichkeit« große Sympathien mobilisieren. Auch auf lokaler Ebene gibt es zahlreiche Bürgerinitiativen, die den örtlichen Parteien die Initiative aus der Hand nehmen. Dennoch stellen sich – ähnlich wie bei politischen Parteien – auch bei derartigen Organisationen die Fragen nach ihrer Transparenz und Legitimität.

Die Parteien der Gegenwart unterliegen einem kräftigen Wandel, denn sie haben zu einem erheblichen Teil die Schwerpunktsetzung innerhalb der politischen Tagesordnung – das »Agenda Setting« – an die Medien abgegeben. Insbesondere die elektronischen Medien bestimmen zunehmend die öffentliche Diskussion. Als beispielsweise im Frühjahr 2001 die Rolle des heutigen Außenministers Joschka Fischer während der siebziger Jahre wochenlang und in allen Medien diskutiert wurde, verbarg sich dahinter nicht eine Strategie der Opposition. Es waren die Medien, die einen ihrer Lieblingshelden zum stundenlangen Gegenstand einer Talk-Show-Demokratie machten.

Das Profil einer neuen Union

Die weltanschaulichen Bindungen weiter Teile der Wählerschaft haben drastisch nachgelassen, damit auch die Bedeutung von Milieus. Sozialwissenschaftliche Analysen zeigen, daß bei allen Parteien der Grad der Identifikation deutlich abnimmt. Speziell für die CDU ist ein wichtiger Faktor, den man als Integrationsmoment nicht unterschätzen sollte, weggefallen: der Ost-West-Konflikt. Dieser stellte über viele Jahrzehnte ein vereinigendes Moment dar, weil die Gegnerschaft der Unionsparteien gegenüber einem kommunistischen Imperialismus die ansonsten gesellschaftlich breitgefächerten Anhänger einte und die CDU in der Auseinandersetzung mit dem Kommunismus als »härter« und »zuverlässiger« galt. Die Waffe des »Antisozialismus«, mit dem sich die SPD leicht treffen ließ, ist stumpfer geworden.

Ein weiteres Problem ist, daß die SPD/Grünen-Regierung in den Grundfragen der Politik den Unionsparteien sehr nahe scheint. Sie haben es vor diesem Hintergrund schwer, sich als die glaubwürdigere Alternative darzustellen. Zum Teil wurden ihnen klassische CDU-Themen – siehe das Blair-Schröder-Papier – »geklaut«.[362]

Das Dilemma der Union besteht darin, daß sie als stark föderal organisierte Partei nie reine Oppositionspartei sein kann. Sie ist indirekt an der Regierung beteiligt – über den Bundesrat, wo sie zwar nicht die Mehrheit, aber zumindest potentielle Verhinderungsmacht hat, wenn auch keine echte Gestaltungskraft. Die CDU kann sich also nicht zu einer prinzipiellen Fundamentalopposition berufen fühlen. Hinzu kommt, daß der CDU als früherer Regierungspartei immer noch bei gewichtigen politischen Problemstellungen frühere Entscheidungen vorgeworfen werden können.

Oppositionsparteien haben es immer schwerer, »geschlossen« zu erscheinen und ihre Alternativen sichtbar zu machen. Doch je häufiger sich Oppositionsstrategen mit präzisen Aussagen zu Wort melden – hier zeigt sich ein weiteres Dilemma –, um so zwangsläufiger werden sie sich mit politischen Wählergruppen oder Interessenvertretungen anlegen. Die Regierung kann sich dann sehr leicht auf die Opposition »einschießen« und von ihrer eigenen Verantwortung ablenken.

Wenn also die Macht wiedererlangt werden soll, dann sind für die CDU drei Konsequenzen zu ziehen: Es kommt bei der Oppositionsstrategie darauf an, sich erstens auf einige wichtige inhaltliche Aspekte zu konzentrieren und diese mit glaubhaft-konsensfähigen Positionen zu füllen, zweitens eine konzise Medienstrategie zu entwickeln und drittens durch geeignete Persönlichkeiten ein klar konturiertes Profil zu vertreten.

Es ist der CDU anzuraten, sich auf einige Themen zu konzentrieren, die ihr als »Gründungs- und Staatspartei« der Bundesrepublik Deutschland in besonderer Weise auf den Leib geschrieben sind. Sie ist zu einer Doppelstrategie zwischen inhaltlichem Profil auf der einen und zu konsensuarischer Unschärfe auf der anderen Seite gezwungen. Sie benötigt einerseits einen unverwechselbaren politischen Charakter, andererseits muß sie »Volkspartei der Mitte« bleiben.

Der gelegentlich erhobene Vorwurf der »Sozialdemokratisierung« der CDU – zwar gekontert mit dem Argument einer »Christdemokratisierung der SPD« – bestätigt nur das unscharfe Profil der Volkspartei CDU. Neuerdings gibt es gleichwohl die Befürchtung Norbert Blüms, die CDU würde sich zu stark neoliberalen Positionen hingeben. Der verwirrte Wähler fragt zu Recht: Was heißt eigentlich »christlich-demokratisch«?

Wahlen werden nur in der »Mitte« gewonnen, die Wähler wollen in der Regel keine starken Polarisierungen. Sie entscheiden sich am liebsten für den Konsens – verbunden mit dem Wunsch nach äußerer und innerer Gewißheit sowie ökonomischer Sicherheit.[363] Wenn die CDU nicht als eine »schlechtere SPD« dastehen will, benötigt sie eine eigenständige Kontur. Nur dann können langfristig wirkende Überzeugungen für Wahlen herangebildet werden.

Ein Setzen der CDU allein auf die imagebildende Kraft einzelner Personen ließe sie genauso scheitern, wie wenn sie zu allen Detailfragen der Politik umfängliche Konzepte liefern würde. Die Opposition landet häufig genug in einer Detailfalle. Die CDU steckt aufgrund ihrer langjährigen Regierungserfahrung sowieso in der Gefahr, sich zu allen politischen Positionen gleichermaßen äußern zu wollen, so daß ihr Profil noch mehr verschwimmt. Politik ist insofern sehr viel schwerer vermittelbar geworden, als es sich hier um zunehmend komplexe Prozesse handelt, die vielfach selbst von Fachleuten nur nach intensiver Auseinandersetzung zu durchschauen sind. Wer hat tatsächlich einen Überblick über die Vor- und Nachteile der jeweiligen Rentenkonzeption? Wer kann aus eigenem Vermögen über die Auswirkungen einer Steuerreform verständlich Auskunft geben? Welcher Wähler kann sich ein eigenständiges Urteil beispielsweise zur Stammzellen-Forschung bilden?

Was könnten nun die Themen sein, auf die sich die Unionsparteien konzentrieren müssen, wo sie ihr Kompetenzprofil ausspielen könnten?

Wirtschaftspolitik: »It's the economy, stupid« – dieser berühmte Satz des früheren amerikanischen Präsidenten Bill Clinton markiert eine wichtige Erkenntnis für alle Wahlkämpfer: Gerade in schwierigeren Zeiten ist die Wirtschaftskompetenz das A und O einer Partei, die wieder die Regierungsverantwortung übernehmen will. In der stark mittelständisch geprägten Bundesrepublik hat die CDU für die Entwicklung eines ökonomischen Profils auch angesichts der Tatsache, daß die SPD in vielen Fragen (beispielsweise der Steuerpolitik) noch auf die Großindustrie fixiert ist, gute Chancen. Welche Konzepte zeichnet die CDU aus, um die New Economy mit der Old Economy zu versöhnen?[364] Was macht sie, um das geistige Erbe eines Ludwig Erhard und eines Alfred Müller-Armack und daraus abgeleitete ordnungspolitische Grundüberzeugungen der sozialen Marktwirtschaft zu vertreten? Wer sind hier die prägenden Köpfe, die Eindruck auf die Öffentlichkeit machen?

Sozialpolitik: Es wäre verhängnisvoll, würde die CDU ein durchweg neoliberales Modell in der Sozialpolitik vertreten. Als Volkspartei kann sie nur sozial ausgewogene Konzepte vorlegen, mit deutlich sichtbar gezeichneten Schwerpunkten. Es geht nicht an, daß ausgerechnet die familienorientierte CDU weniger kinderfreundlich als die SPD dasteht. Hier sind auch die unionsgeführten Länder gefordert.

Umwelt- und Zukunftspolitik: Einerseits muß eine CDU-Politik helfen, die Natur zu schützen, andererseits muß sie auch Offenheit gegenüber neuen Technologien demonstrieren und zeigen, daß nur eine technologisch führende Republik neue Arbeitsplätze schaffen kann. Die CDU hätte eine große Chance, gerade bei Themen wie der Biotechnologie oder der Gen-Medizin ethisch begründete Positionen zu beziehen, die zugleich forschungsfreundlich sind.

Einwanderungspolitik: In dieser Frage hat die CDU eindeutig einen Kompetenzvorsprung gegenüber den Regierungsparteien. Unter der Leitung des saarländischen Ministerpräsidenten Peter Müller wurde eine umfängliche Stellungnahme entwickelt, die ein pragmatisch-humanes Einwanderungskonzept darstellt, aber auch die Sorgen eines Großteils der Bevölkerung offensiv aufgreift. Diese denkt nämlich bei der Zuwanderungsproblematik weitaus konservativer als die politische Klasse.[365] Die Bundesregierung weiß, warum sie in der Einwanderungspolitik auf einen Konsens mit den Unionsparteien abzielt, zumal das Einwanderungskonzept Otto Schilys in der SPD umstritten ist.

Innere Sicherheit: Das Gefühl der Bedrohung nimmt in der Bevölkerung zu, auch wenn die Kriminalstatistik längst nicht die vielfach befürchteten Horrorszenarien liefert. Auch hier läuft die CDU Gefahr, dieses Thema einem sich verstärkt an »Law and Order« orientierenden Bundesinnenminister Otto Schily zu überlassen.

Europapolitik: Hier gilt es, das politische Erbe Kohls fortzuführen und die geistig-politische Dimension der europäischen Integration zu betonen, wodurch die Überwindung eines friedenszerstörenden Nationalismus in Zentraleuropa eine friedliche Region wirtschaftlicher Prosperität entstanden ist. Sollte die CDU auf den kritischen bayerischen Europa-Kurs einschwenken, würde sie ihrer historischen Rolle als eine Partei, die nationale wie europäische Interessen gleichermaßen zu berücksichtigen weiß, verlustig gehen. Die Union könnte mit großer Überzeugung eine patriotische Einstellung zum demokratischen Gemeinwesen der Bundesrepublik mit dem Gedanken der europäischen Integration verbinden.

Sicherheitspolitik und Bundeswehr: Keiner will unnötig in internationale Konflikte verwickelt werden. Doch die Notwendigkeit einer einsatzfähigen Bundeswehr wird gerade von unionsorientierten Wählern eingesehen. Die CDU muß sich deshalb in besonderer Weise der demokratischen Rolle der Streitkräfte annehmen, die zunehmend in der Bevölkerung akzeptiert werden.

Bildungspolitik: Wertevermittlung ist ein zentrales Thema, das viele Eltern beschäftigt.[366] Außerdem wird die allgemeine Leistungsfähigkeit des Schulsystems von vielen angezweifelt. Es fällt auf, daß die Bundes-CDU sich diesen Problemen kaum widmet. Man wird einwenden können, daß die Bildungspolitik eine Länderangelegenheit ist. Da die Union aber in einer bildungspolitischen Gesamtverantwortung steht, wäre es falsch, dieses Thema nur der jeweiligen Landesebene anzuvertrauen.

Einige der genannten Themen könnten sehr gut mit Hilfe der CDU-geführten Länder auch bundesweit akzentuiert werden. Da Ministerpräsidenten allerdings selbstbewußte Persönlichkeiten sind, sind sie auch nicht einfach für die Bundespartei zu vereinnahmen. Dennoch sei an die frühere Rolle der Kultusministerkonferenz erinnert, der so profilierte Persönlichkeiten wie Wilhelm Hahn (Baden-Württemberg), Hans Maier (Bayern) oder Bernhard Vogel (Rheinland-Pfalz) angehörten. Sie standen in einer Zeit, in der in einigen Ländern die Gesamtschule eingeführt wurde, für einen prägnanten politischen Kurs und waren insoweit bundespolitisch prägend.

Der generelle Kurs der CDU sollte sich durch eine traditionsbezogene Moderne auszeichnen. Als die eigentliche Staatsgründungspartei der Bundesrepublik Deutschland wird aber von ihr in besonderer Weise abverlangt, das parlamentarisch-repräsentative Prinzip zu verteidigen. Diese Herausforderung ist gleichzeitig ein Test, inwieweit die Unionsparteien hinsichtlich der von ihnen selbst wesentlich zu verantwortenden Grundstrukturen der

Republik innerlich gefestigt sind und inwieweit sie sich bei einer solch fundamental demokratietheoretischen und praktischen Frage an zeitgeistlichem Populismus orientieren.

Zweifellos haben die zahlreichen Veränderungen mittels der Medienlandschaft den Eindruck entstehen lassen, daß das Parlament letztlich nicht mehr der Ort ist, an dem die tatsächlich wichtigen Entscheidungen der Bundesrepublik Deutschland getroffen werden.[367] Wichtig erscheint nur noch das, was unentwegt in den Medien – insbesondere in den Talk-Shows – diskutiert wird. Die Union wird gut beraten sein, alles in Bewegung zu setzen, um die Bedeutung des Bundestags in der Öffentlichkeit zu stärken. Nur dann kann sie auf gleicher Ebene mit der Regierung agieren. Woanders, auch nicht in den Talkrunden, kann sie sich kaum als ihr eigentlicher Gegenpart profilieren.

Dennoch ist die Notwendigkeit einer offensiven Medienstrategie gegeben. Es ist schon erstaunlich, wie wenig die CDU aus den letzten Bundestagswahlen und den Gründen des SPD-Wahlsiegs zu lernen bereit war. Oberstes Gebot ist, daß ein Sieg langfristig vorbereitet sein muß. Das geht letztlich nur, wenn rechtzeitig eine Arbeitseinheit – ähnlich wie die »Kampa« in der SPD, die aus der Parteizentrale ausgelagert wurde – ins Leben gerufen wird. Ziel müßte es sein, frühzeitig eine Gesamtstrategie hinsichtlich der Wahlkampagne zu entwickeln, noch bevor die Personalentscheidung über die Spitzenkandidatur gefallen ist. Das halbe Jahr vor den Bundestagswahlen ist hierfür allerdings viel zu kurz.

Wahlentscheidend ist nicht nur die Frage des Spitzenkandidaten – es sind ja insgesamt drei Faktoren, die das letztendliche Ergebnis ausmachen: die langfristige politische »Verortung« einer Partei, die zu einer allgemeinen Überzeugung des Wählers, zum Image einer Partei führt (also ihre generelle politische Philosophie); zweitens die konkreten Vorteile, die sich der einzelne Wähler aus seiner Stimme für eine bestimmte Partei verspricht (das interessengeleitete Wählen); und drittens auch das Vertrauen, das der Wähler den jeweils handelnden Politikern als Personen entgegenbringt (die Glaubwürdigkeit der zur Wahl stehenden Politiker).

Jede Regierungspartei hat es leicht mit der Profilierung ihrer Persönlichkeiten, da Ministerämter per se die Agierenden »wichtig« machen. Eine Opposition hat einen solchen Bonus nicht. Es kann deshalb auch nicht in ihrem Interesse sein, einen reinen Persönlichkeitswahlkampf zu führen – Gerhard Schröder konnte dies nur deshalb als Kanzlerkandidat durchhalten, weil alle Umfragen zeigten, daß die Wahlentscheidung der Deutschen 1998 von einem übermächtigen Wunsch nach einem Wechsel bestimmt wurde. Chancen haben die Unionsparteien nur dann, wenn überzeugende Inhalte und die Idee personeller Alternativen miteinander verbunden werden. Dazu gehört auch, daß die Strategie der Personalisierung nicht einzig und allein auf den Spitzenkandidaten angewandt werden darf.

In einer Medien-Demokratie ist es aber kein Wunder, daß die Frage der Spitzenkandidatur als so entscheidend angesehen wird. Drei Personen wurden bislang im Vorfeld der Bundestagswahl 2002 gehandelt – ein fragiles Machtdreieck der Union. Die Ausgangslage stellte sich vor der Nominierung des Kanzlerkandidaten wie folgt dar: Merkel kann es werden, weil sie es unbedingt werden will. Merz kann es vielleicht sogar werden, weil er es jetzt nicht mehr werden will. Stoiber kann es werden, weil er es werden soll.

Zweifellos zeigt die Parteivorsitzende am entschiedensten, daß sie die Kanzlerkandidatur für die Union anstrebt. Ihre frühzeitige Festlegung bringt jedoch auch Gefahren mit sich, zumal frühere Fehler an ihrem Image stark kratzen. Auch zeigten die Meinungsumfragen ein dreiviertel Jahr vor der für Frühjahr 2002 geplanten Nominierung einen für Angela Merkel wenig erfreulichen Einbruch bei der Wählergunst – doch damit hatte auch Helmut Kohl viele Jahre ganz gut gelebt. Der Fraktionsvorsitzende Merz stellte demzufolge fest, daß es besser sei, sich nicht mehr selber als Kanzlerkandidat ins Gespräch zu bringen. Offiziell hat er seine diesbezüglichen Überlegungen begraben. Seitdem wirkt er gelöster – und so seltsam es klingen mag, um so eher wird er wieder in den Kampfring einsteigen können, zumal Merz am ehesten eine »neue CDU« markieren könnte, da er frei von den Verstrikkungen und Verbindungen der alten Zeit ist. Stoiber wurde von vielen Unionspolitikern zur Kanzlerkandidatur gedrängt. Mit ihm als einem erfahrenen Ministerpräsidenten seien am ehesten Wahlen zu gewinnen, so deren Argumentation. Wenn Stoiber wirklich Kanzlerkandidat werden will und Angela Merkel ihre Kandidatur nicht aufgeben will, dann würde vermutlich die Fraktion zum entscheidenden Nominierungsgremium. Wahrscheinlich würde aber auch Angela Merkel nicht gegen Stoiber antreten, der in der Bundestagsfraktion auf weitaus stärkere Unterstützung rechnen dürfte.

In der ersten Jahreshälfte 2001 nahm die Zahl der Stoiber-Anhänger immer mehr zu, während die CDU-Chefin Federn lassen mußte. Nach einer ZDF-Politbarometer-Umfrage vom Juni 2001 präferierten unter den Unions-Anhängern 56 Prozent Stoiber und nur 16 Prozent Angela Merkel. Auf die Frage der Kanzlerpräferenz votierten im Falle eines Duells Schröder–Merkel 60 Prozent aller Befragten für Schröder und 31 Prozent für Merkel, während sich bei einem Duell Schröder–Stoiber 53 Prozent für den amtierenden Kanzler und 38 Prozent für den bayerischen Ministerpräsidenten aussprachen.[368]

Diese Zahlen wurden parteiintern mit Aufmerksamkeit registriert. Viele bedrängten Stoiber, weil sie ihm ein besseres Wahlergebnis zutrauen, zugleich Angela Merkel verhindern wollen, weil sie mit ihrer Politik nicht einverstanden sind. Diese Ablehnung liegt auch im Interesse der Gefolgsleute von Friedrich Merz, ähnliche Wünsche hegen die Anhänger des hessischen Ministerpräsidenten Roland Koch.

Die relativ späte Nominierung Schröders zum SPD-Kandidaten im Jahr 1998 wird von den Unionsparteien zum Vorbild genommen – mag dahinter auch eine Entscheidungsnot stehen; dennoch erscheint eine Partei in der heutigen Zeit interessanter, wenn über Personen spekuliert werden kann. Je offener der Ausgang erscheint, um so besser ist es für die jeweilige Partei.

Zu dem personellen Gesamtkonzept gehören aber auch Überlegungen in Richtung einer »Schattenmannschaft«. Eine solche könnte die Spitzenkandidatin oder den Spitzenkandidaten auf wichtigen inhaltlichen Feldern ergänzen. Vorschläge dieser Art werden oftmals als kaum durchsetzbar erachtet, da hiermit eine personelle Zurücksetzung einzelner Spitzenpolitiker verbunden wäre. Andererseits ist aber auch klar: Nur wenn es dem Unionsspitzenkandidaten gelingt, die Palette seiner Ideen mit wirklich profilierten Fachleuten sichtbar zu machen, kann er den Bonus der Regierenden relativieren. So wäre zu überlegen, für die obengenannten Schwerpunktthemen »Sprecher« zu benennen, die nicht aus der Partei- oder Fraktionshierarchie stammen müßten –

ein renommierter Landesminister oder eine wissenschaftliche Kapazität sind in diesem Zusammenhang ebenfalls denkbar. Das Beispiel des inzwischen längst wieder vergessenen Unternehmers und früheren CDU-Mitglieds Jost Stollmann, der von Schröder überraschend als Wirtschaftsministerkandidat präsentiert wurde, zeigt, welche Dynamik in Wahlkämpfen von interessanten Personalvorschlägen ausgehen kann. Ein weiteres Beispiel ist der frühere Kulturstaatsminister Michael Naumann, den Schröder aus einer Verlegertätigkeit abwarb.

Wahlvorhersagen sind kaum anders zu werten als Deutungen aus dem Kaffeesatz. Zum einen zeigt die Erfahrung, daß in der Regel keine neue politische Kraft gewählt, sondern eine verbraucht erscheinende Kraft abgewählt wird. Wollen sich die Wählerinnen und Wähler schon vier Jahre später selbst attestieren, eine falsche politische Entscheidung getroffen zu haben? Zum anderen sind nach allen bisherigen Einsichten die zweiten Wahlen nach einem gewonnenen Sieg Bestätigungswahlen; erst danach setzt der Prozeß der Abnutzung einer Regierung ein. Dem läßt sich entgegenhalten, daß heute das Wahlverhalten mobiler geworden ist, zumal die zahlreichen Ministerrücktritte ein hohes Maß an Verschleiß der amtierenden Regierung aufzeigten. Andererseits können Wähler ihre Veränderungswünsche auch bei Landtagswahlen abreagieren.

Natürlich spielt neben der Kandidatenbenennung der innere Zustand der Unionsparteien eine große Rolle, aber auch die Frage, wie die CDU ihren Vorteil gegenüber der SPD ausspielen wird, nämlich ihre Kooperation mit der Schwesterpartei. Diese kann ein zutiefst konservatives Wählersegment auch weit über Bayern hinaus ansprechen. Durch die Existenz zweier C-Parteien mit unterschiedlicher Prägung ergibt sich sogar die Möglichkeit einer weitgefächerten politischen Integration: Während die CDU sich stärker als eine Partei der Mitte profilieren kann, hat die CSU die Chance, sich auf einige spezifische und zugleich populistische Fragen der Politik zu konzentrieren. Dadurch können auch die Wähler außerhalb Bayerns, die eher mit der CSU als mit der CDU sympathisieren, zur Wahl der »liberaleren« CDU animiert werden. Sogar die zum Teil einst unsäglich wirkenden Auseinandersetzungen zwischen Helmut Kohl und Franz Josef Strauß dürfte den Unionsparteien nicht nur geschadet, sondern eher genutzt haben. Jedenfalls ist bei künftigen Wahlergebnissen von Entscheidung, inwieweit die Union es schafft, ihr Reservoir an Wählern zu mobilisieren.

Bei den Bundestagswahlen 2002 wird aber auch von Bedeutung sein, welche Koalitionskonstellation zur Auswahl steht. Die Übernahme des FDP-Parteivorsitzes durch Guido Westerwelle kann als eine Lockerungsübung der Liberalen interpretiert werden, die Rückkehr zur Macht gegebenenfalls auch mit Hilfe der SPD erreichen zu wollen. Trotz der für die Grünen schwierigen Ergebnisse bei den Landtagswahlen in Baden-Württemberg und Rheinland-Pfalz hatte sich die SPD auf eine Fortsetzung der rot-grünen Koalition frühzeitig festgelegt. Dennoch wird es am Ende – wie so häufig in der Geschichte der Bundesrepublik – auf die FDP und ihre überraschenden Wechsel ankommen: Würde sie nämlich eine Koalition mit der SPD eingehen, wären die Unionsparteien auf Dauer ohne Partner, trotz ernster Diskussionen um ein mögliches Bündnis mit den Grünen. Andererseits wäre für die FDP eine klare Koalitionsaussage zugunsten der SPD gefährlich, weil sie dann einen Großteil ihrer dezidiert bürgerlichen Stammwähler verlieren könnte. Doch für Wahltaktiker wäre ein liberaler Stachel im sozialdemokratischen Fleisch reizvoller, als erst gar nicht am Regierungsgeschehen teilzunehmen. Jedenfalls könnte es – trotz entgegengesetzter öffentlicher Bekundung – im Interesse von Schröder sein, mit der FDP zu koalieren. Ihr Pokerspiel gibt der FDP die Möglichkeit, im Falle fehlender Prozente einer rot-grünen Mehrheit sofort als Koalitionspartner zur Verfügung zu stehen. Insofern wird es spannend bleiben, ob sich die Talfahrt der Grünen fortsetzen wird oder ob die Liberalen wieder drittstärkste Partei werden. Die PDS wird in diesem Wettbewerb auf Bundesebene wichtig, wenn sie die Fünf-Prozent-Hürde überwinden wird.

Ein Zerfall der Union ist, so kann konstatiert werden, nicht feststellbar, wohl eine innere und geistig-politische Verzagtheit. Es fehlt vor allem eine inhaltlich glaubwürdige Botschaft für eine technologieorientierte Gesellschaft. Doch hat sich die Idee der Volkspartei in der schwersten Krise der CDU als beständig erwiesen.

Aber allein das erklärte Ziel, wieder an die Macht kommen zu wollen, wirkt nicht überzeugend. Eine manifeste Strategie, die den Erfolg bei der nächsten Bundestagswahl im Auge hat, ist noch nicht sichtbar. Angela Merkel, die von vielen als eine Art Übergangskandidatin angesehen wird, hat die Chance zu beweisen, daß sie mehr als eine Zwischenlösung ist. Dazu müßte sie ihr wirtschaftspolitisches Konzept der »Neuen sozialen Marktwirtschaft«[369] glaubwürdig konkretisieren und ein Konzept durchsetzen, das zugleich dem tiefen Wunsch der Deutschen nach sozialer Sicherheit Rechnung trät. Wenn ihr dies nicht gelingt, wird im Jahr 2006 das innerparteiliche Rennen zwischen Friedrich Merz und Roland Koch ausgetragen.

Der König ist tot, es lebe der König: Während ich dieses Buch schreibe, wird im Wachsfigurenkabinett von Madame Tussaud in London unter großem Presseaufgebot das Standbild von Gerhard Schröder aufgestellt. Für die Fernsehkameras trug man den wächsernen Kohl symbolisch weg. Aber nur für diesen einen Tag. Kohl bleibt den Touristen als Exponat in der Halle europäischer Staatsmänner erhalten. Das Wachsfigurenkabinett ist gnädiger als die Realität. Es läßt die Könige weiterleben. Auch die gefallenen.

Anmerkungen

1 Auf Sendung blieb nur n-tv.

2 Im Mittelalter standen Autoritäts- und Legitimitätsaspekte der Macht im Vordergrund, insbesondere mit Blick auf die damalige zentrale Stellung der Kirche. In der Frühen Neuzeit befaßte sich Machiavelli mit Macht und den konkreten Techniken der Machtausübung, Hobbes und Locke beschäftigten sich mit den Institutionen des Staates und dem Übergang von den patriarchalisch-personalen Machtkonstellationen des Mittelalters zu institutionalisierten Machtsystemen. Montesquieu schließlich bereicherte die Debatte mit seinem Konzept der Gewaltenteilung als Schutz vor Despotie und Machtmißbrauch. Marx und Engels wiesen im 19. Jahrhundert auf den Zusammenhang zwischen politischer und ökonomischer Macht hin. Nietzsche thematisierte den triebhaften, affektgesteuerten Aspekt der Macht und Machtausübung.

3 Max Weber, *Schriften zur Soziologie* (hrsg. und eingeleitet von Michael Sukale), Stuttgart 1995, S. 219.

4 Jacob Burckhardt, *Weltgeschichtliche Betrachtungen* (Erläuterte Ausgabe, hrsg. von Rudolf Marx), Stuttgart 1978, S. 237.

5 John Kenneth Galbraith, *Anatomie der Macht*, München 1987, S. 16 ff.

6 Ebda., S. 18.

7 Siehe hierzu ausführlicher: Gerd Langguth, »Machtteilung und Machtverschränkung in Deutschland«, in: *Aus Politik und Zeitgeschichte*, B 6/2000, 4. Februar 2000, S. 3–11.

8 Die Frage der Regierbarkeit moderner Demokratien ist in der Politikwissenschaft schon seit vielen Jahren ein stark beachtetes Thema; siehe u. a.: Fritz W. Scharpf, »Die Handlungsfähigkeit des Staates am Ende des zwanzigsten Jahrhunderts«, in: *Politische Vierteljahresschrift*, Heft 4, 1991, S. 621; Wilhelm Hennis/Peter Graf von Kielmansegg/Ulrich Matz (Hrsg.), *Regierbarkeit. Studien zu ihrer Problematisierung*, Band 1, Stuttgart 1977; Carl Böhret/Göttrik Wewer (Hrsg.), *Regieren im 21. Jahrhundert zwischen Globalisierung und Regionalisierung*, Opladen/Wiesbaden 1993.

9 dpa-Meldung, 19. März 2001. (Diese Äußerung auf einer Pressekonferenz bezog sich auf den Ausgang der hessischen Kommunalwahl.)

10 Unter Einschluß von drei Jahren großer Koalition mit den Unionsparteien.

11 Siehe: Gerd Langguth,»Der Glaube an eine schnellere Rückkehr an die Macht ist wieder da. Vier Thesen zur ambivalenten Lage der Christlich-Demokratischen Union Deutschlands vor dem Parteitag in Erfurt«, in: *Frankfurter Rundschau*, 22. April 1999.

12 Peter Glotz,»Der Wehner der CDU«, in: *Die Woche*, 28. Januar 2000.

13 Helmut Kohl, *Mein Tagebuch 1998–2000*, München 2000, S. 158.

14 Russell J. Dalton,»The German Party System between Two Ages«, in: Ders./Scott C. Flanagan/Paul Allen Beck (Hrsg.), *Electoral Change in Advanced Industrial Democracies. Realignment or Dealignment*, Princeton, N. J., 1984, S. 106.

15 Nicht alle Parteien hatten Fraktionsstatus.

16 Siehe ausführlicher: Andreas Malycha, *Auf dem Weg zur SED. Die Sozialdemokratie und die Bildung einer Einheitspartei in den Ländern der SBZ*, Bonn 1995.

17 Klaus Dreher, *Helmut Kohl. Leben mit Macht*, Stuttgart 1998, S. 149.

18 Zit. nach Christlich-Demokratische Union Deutschlands (Hrsg.), Niederschrift des 18. CDU-Bundesparteitages, Düsseldorf, 25.–27. Januar 1971, S. 445.

19 Kiesinger war innerparteilich bereits heftig unter Druck geraten. Beispielsweise erklärte der damalige RCDS-Bundesvorsitzende in einem *Spiegel*-Interview, der RCDS wolle»gemeinsam mit allen progressiven Kräften« dessen Wiederwahl verhindern.

20 Helmut Kohl, *Mein Tagebuch*, a. a. O., S. 181.

21 Ebda., S. 182.

22 Rainer Barzel, *Auf dem Drahtseil*, München 1978, S. 66.

23 Siehe zu diesen Vorgängen ausführlicher: Klaus Dreher, a. a. O., S. 162 ff.

24 Interview mit der *Welt am Sonntag* (»Die CDU muß wieder Politik nach den 10 Geboten machen«), 5. März 2000.

25 Zit. nach *General-Anzeiger* Bonn, 4. April 2000, im Artikel: Helmut Herles,»Kann ein Rechtsbrecher Abgeordneter sein?«.

26 Zit. nach *Der Tagesspiegel*, 29. Juni 2000.

27 Siehe Eduard Ackermann, *Politiker. Vom richtigen und vom falschen Handeln*, Bergisch Gladbach 1996, S. 115.

28 Helmut Kohl, *Hausputz hinter den Fassaden. Praktikable Reformen in Deutschland*, Osnabrück 1971, S. 34.

29 Friedrich Zimmermann, *Kabinettstücke. Politik mit Strauß und Kohl 1976–1991*, München/Berlin 1991, S. 51.

30 Ebda. Helmut Schmidt hatte als Bundeskanzler eine NATO-Nachrü-

stung mit Mittelstreckenraketen gefordert. Im Zusammenhang mit der daraus entstehenden »Raketendebatte« hatte Biedenkopf in seinem Artikel »Rückzug aus der Grenzsituation« in *Die Zeit* vom 30. Oktober 1981, also noch während der Oppositionsjahre der Union, als einer der ersten in dieser Debatte die langfristige Tragfähigkeit der Idee der nuklearen Abschreckung in Zweifel gezogen.

31 Ebda., S. 84.

32 Zit. nach *Die Welt*, 24. Oktober 2000.

33 Helmut Kohl, *Mein Tagebuch*, a. a. O., S. 177.

34 Ebda., S. 178.

35 Robert Michels, *Zur Soziologie des Parteiwesens in der modernen Demokratie. Untersuchungen über die oligarchischen Tendenzen des Gruppenlebens* (neu hrsg. und mit einer Einführung versehen von Frank R. Pfetsch), Stuttgart 1989.

36 Ulrich von Alemann/Rolf G. Heinze/Josef Schmid, »Parteien im Modernisierungsprozeß«, in: *Aus Politik und Zeitgeschichte*, B 1–2/98, 2. Januar 1998, S. 29 ff.

37 Siehe BVerfGE 80, S. 219.

38 Friedrich Zimmermann, a. a. O., S. 51.

39 Siehe: Suzanne S. Schüttemeyer, *Fraktionen im Deutschen Bundestag 1949–1997. Empirische Befunde und theoretische Folgerungen*, Opladen/Wiesbaden 1998, S. 89.

40 Siehe: Wolfgang Hackel, »Der Fraktionschef«, in: Werner Filmer/Heribert Schwan, *Helmut Kohl*, Düsseldorf/Wien 1985, S. 178.

41 Mitglieder des Fraktionsvorstands (Geschäftsführender Vorstand und Vorstand) sind: Fraktionsvorsitzender; Erster Stellvertretender Vorsitzender (CSU); sieben weitere Stellvertretende Vorsitzende; Erster Parlamentarischer Geschäftsführer; Parlamentarischer Geschäftsführer und Stellvertreter des Ersten Parlamentarischen Geschäftsführers (CSU); drei weitere Parlamentarische Geschäftsführer; zwei Justitiare (davon einer CSU); die Vorsitzenden der Arbeitsgruppen; die Vorsitzenden gesellschaftlicher Gruppen (Mittelstand, Arbeitnehmer, Frauen, Vertriebene, Junge Gruppe); die Vorsitzenden der Landesgruppen und 13 weitere Mitglieder (Beisitzer).
Mitberatungsberechtigt sind die Mitglieder des Bundestagspräsidiums, des Präsidiums des Europäischen Parlaments und der Bundesregierung, soweit sie der CDU/CSU angehören, sowie die jeweiligen Vorsitzenden und Generalsekretäre dieser beiden Parteien.

42 Parlamentarische Staatssekretäre aus der Riege der Arbeitsgruppenvorsitzenden wurden Benno Ehrhard (Justizministerium), Dieter Schulte (Verkehrministerium), Friedrich-Adolf Jahn (Bauministerium), Hansjörg Häfele (Finanzministerium), Peter Kurt Würzbach (Verteidi-

gungsministerium), Volkmar Köhler (Entwicklungsministerium), Anton Pfeifer (Bildungsministerium, danach Staatsminister im Kanzleramt) und Heinrich Franke (Arbeit und Soziales, später Präsident der Bundesanstalt für Arbeit).

43 Friedrich Karl Fromme, »Kanzler und Fraktion«, in: *Frankfurter Allgemeine Zeitung*, 26. November 1991.

44 Zit. nach Wolfgang Jäger, *Wer regiert die Deutschen?* Zürich/Osnabrück 1994, S. 46.

45 Jürgen Gros, *Politikgestaltung im Machtdreieck Partei, Fraktion, Regierung. Zum Verhältnis von CDU-Führungsgremien, Unionsfraktion und Bundesregierung 1982 bis 1989 an den Beispielen der Finanz-, Deutschland- und Umweltpolitik*, Berlin 1998, S. 393.

46 Stephan-Andreas Casdorff, »›Viele müßten jetzt Abbitte leisten‹ – Philipp Jenningers Rede und Rücktritt im neuen Licht«, in: *Stuttgarter Zeitung*, 2. Dezember 1995.

47 Jürgen Rüttgers, *Dinosaurier der Demokratie. Wege aus der Parteienkrise und Politikverdrossenheit*, Hamburg 1993.

48 Siehe: Wolfgang Jäger, *Wer regiert die Deutschen? Innenansichten der Parteiendemokratie*, Zürich/Osnabrück 1994, S. 12 f.

49 Waldemar Schreckenberger, »Informelle Verfahren der Entscheidungsvorbereitung zwischen der Bundesregierung und den Mehrheitsfraktionen: Koalitionsgespräche und Koalitionsrunden«, in: *Zeitschrift für Parlamentsfragen*, Heft 3, 1994, S. 329.

50 Siehe hierzu: Wolfgang Schäuble, *Der Vertrag. Wie ich über die deutsche Einheit verhandelte*, Stuttgart 1991.

51 Teltschik wurde nach dem Besuch des damaligen polnischen Ministerpräsidenten Rakowski im Januar 1989 Kohls Beauftragter für die umfassenden deutsch-polnischen Verhandlungen, die schon lange zuvor begonnen hatten. So wurde auch die Polenreise des Kanzlers im November 1989 maßgeblich von Teltschik vorbereitet. Notabene: Genau während Kohls Aufenthalt in Polen kam es zur Maueröffnung, was zu einer Unterbrechung des Besuchs führte. Kohl flog sofort mit einer US-Maschine nach Berlin. (Westdeutsche Flugzeuge durften dort wegen des besonderen Berlin-Status nicht landen.)

52 Claus Gennrich, »Nach loyaler Arbeit macht Teltschik von seiner Freiheit Gebrauch«, in: *Frankfurter Allgemeine Zeitung*, 6. Dezember 1990.

53 Horst Teltschik, *329 Tage. Innenansichten der Einigung*, Berlin 1991.

54 Friedbert Pflüger, *Ehrenwort. Das System Kohl und der Neubeginn*, Stuttgart/München 2000, S. 17 f.

55 Mainhardt Graf Nayhauß, »Kohls neuer Büro-Chef ist Rugby-Spieler«, in: *Bild*-Zeitung, 14. September 1994.

56 Mainhardt Graf Nayhauß, »Bonn vertraulich«, ebda., 19. März 1996.

57 Werner Weidenfeld, »Aus dem Spendenskandal Konsequenzen ziehen«, in: *Frankfurter Allgemeine Zeitung*, 29. Juni 2000.

58 Zit. nach dpa-Meldung, 3. Juni 1998.

59 Interview mit der *Südwest-Presse*, siehe dpa-Meldung, 4. Juni 1998.

60 Dies hatte später als erster der renommierte Wahl- und Parteienforscher Hans-Joachim Veen in einer Wahlanalyse der Konrad-Adenauer-Stiftung herausgearbeitet (siehe Veen u. a., *Analyse der Bundestagswahl vom 27. September 1998*, Sankt Augustin 1998). Er trug sie auf Einladung des Fraktionsvorsitzenden Wolfgang Schäuble am 14. Oktober 1998 in einer gemeinsamen Sitzung der alten und der neuen Bundestagsfraktion in Bonn vor. Wenige Monate später wurde die empirische Sozialforschung in der Stiftung stark reduziert und der von Veen viele Jahre erfolgreich geleitete Forschungsbereich im Rahmen einer Strukturreform aufgelöst.

61 Jacob Burckhardt, a. a. O., S. 236.

62 Max Weber, a. a. O., S. 271.

63 *Newsweek*, 27. Oktober 1986. (»He [Gorbatschow] is a modern communist leader who understands public relations. Goebbels, one of those responsible for the crimes of the Hitler era, was an expert in public relations, too.«)

64 Deutscher Bundestag, Stenographischer Bericht, 6. November 1986, S. 18742.

65 Zit. nach *Süddeutsche Zeitung*, 8. November 1986.

66 Waldemar Schreckenberger, »Der Regierungschef zwischen Politik und Administration«, in: Peter Haungs/Karl Martin Graß/Hans Maier/Hans-Joachim Veen (Hrsg.), *Civitas. Widmungen für Bernhard Vogel zum 60. Geburtstag*, Paderborn/München/Wien/Zürich 1992, S. 605.

67 Ebda., S. 612.

68 Siehe: *Frankfurter Allgemeine Zeitung*, 15. Dezember 1992.

69 Warnfried Dettling, *Das Erbe Kohls. Bilanz einer Ära*, Frankfurt am Main 1994, S. 12 (Dettling nimmt hierbei Bezug auf den Journalisten Gunter Hofmann).

70 Karl Hugo Pruys, *Helmut Kohl. Die Biographie*, Berlin 1996, S. 15.

71 Wolfgang Schäuble, *Mitten im Leben*, München 2000, S. 27.

72 ARD, Sendung »Farbe bekennen«, 3. April 1997.

73 Claus Gennrich, »Kohl auch 1998 Kanzlerkandidat der Union – Ein klares ›Ja‹ aus den Ferien«, in: *Frankfurter Allgemeine Zeitung*, 4. April 1997.

74 ARD, Tagesschau, 4. April 1997.

75 Ebda.

76 Wolfgang Schäuble, *Mitten im Leben*, a. a. O., S. 23 ff.

77 *Der Spiegel*, 18. September 2000.

78 ARD, Tagesthemen, 9. März 1998.

79 Zit. nach Martin S. Lambeck, »Koalition will künftig härtere Bandagen anlegen«, in: *Die Welt*, 4. März 1998.

80 In: *Bild*-Zeitung, 12. März 1998; siehe auch: Martin S. Lambeck, »Diskussionen um Kohls Kandidatur halten an«, in: *Die Welt*, 13. März 1998.

81 Martin S. Lambeck, »Der Widerspenstigen Zähmung«, in: *Die Welt*, 29. April 1998.

82 Siehe: Karl-Ludwig Günsche, »Risse im Parteienkitt«, in: *Die Welt*, 28. August 1998.

83 Siehe: Martina Fietz, »Die Ratlosen«, in: *Die Welt*, 15. Juni 1998.

84 *Die politische Entwicklung in der Pfalz und das Wiedererstehen der Parteien nach 1945* (Inaugural-Dissertation zur Erlangung der Doktorwürde der Philosophischen Fakultät der Ruprecht-Karl-Universität zu Heidelberg 1958).

85 Zit. nach Theo Schwarzmüller, *Otto von Bismarck*, 2. Auflage, München 1998, S. 137.

86 Ebda., S. 73.

87 Sein Zorn über den Verlust der Macht kommt auch in seiner »Ansprache an die Abordnung des Zentralverbandes deutscher Industrieller« vom 16. April 1890 zum Ausdruck. Bismarck nutzte diese Rede als Richtigstellung der Umstände seiner Entlassung und zur Kritik an Wilhelm II.: »Wenn Sie dem Bedauern Ausdruck geben, daß ich meinen Abschied *genommen* habe, so kann ich nur bemerken, daß ich meinen Abschied *erhalten* habe und sehr gerne im Amt geblieben wäre, wenn seine Majestät der Kaiser es gewollt hätte.« Bismarck hatte am Nachmittag des 20. März 1890 von seiner Entlassung erfahren – allerdings wurde ihm die eigentliche (von Wilhelm II. und von seinem Nachfolger Caprivi unterschriebene) Verfügung nicht zugesandt, was ihn ebenso erboste wie die Verleihung des zweifelhaften Titels eines »Herzogs von Lauenburg« oder die Anführung gesundheitlicher Gründe für seine Ablösung: Bismarck meinte später, er sei nie gesünder gewesen als 1890. Siehe in diesem Zusammenhang auch sein sprachlich faszinierendes, als Provokation gedachtes »Entlassungsgesuch« (wobei die Entlassung längst beschlossene Sache war) vom 18. März 1890; siehe ferner die Erläuterungen zum Notenwechsel mit dem Kaiser, in: Otto von Bismarck, *Werke in Auswahl*, Band 7, Darmstadt 1981, S. 758 ff.; sowie Bismarcks beißenden Kommentar zum Auszug aus seiner Dienstwohnung (Caprivi stand schon bereit): »Am 29. März verließ ich Berlin unter dem Zwange übereilter Räumung meiner Wohnung und unter den vom Kaiser am Bahnhof angeordneten militärischen Ehrenbezeigungen, die ich ein Leichenbegräbniß erster Klasse mit Recht nennen konnte« (Werke in Auswahl, Band 8, Teil A, Darmstadt 1975, S. 630).

Bismarck verschlang als entlassener Kanzler Zeitungen und Bücher, mischte sich namentlich über sein Sprachrohr, die *Hamburger Nachrichten*, in die Tagespolitik ein, übte insbesondere Kritik an der Nichtverlängerung des Rückversicherungsvertrages mit Rußland durch Caprivi und beklagte die Leichtsinnigkeit des Kaisers. »Kein Augenmaß« war zukünftig seine Formel für allerhöchsten politischen Dilettantismus. Genau wie später Adenauer mit Erhard verfuhr, übte Bismarck vielfältige Kritik an den für ihn zweifelhaften Fähigkeiten seines Nachfolgers, auch wenn er mit Caprivi zumindest anfangs »betont freundlich verkehrte« (Manfred Hank, *Kanzler ohne Amt: Fürst Bismarck nach seiner Entlassung 1890–1898*, München 1977, S. 26). Der »Neue Kurs« seines Nachfolgers bestand für ihn aus nichts als »Capriviolen«, da sich Caprivi zunehmend auf innenpolitische Fragen konzentrierte und die Pflege des von Bismarck kunstvoll geknüpften außenpolitischen Netzwerkes sträflich vernachlässigte.

88 Manfred Hank, *Kanzler ohne Amt: Fürst Bismarck nach seiner Entlassung 1890–1898*, München 1977, S. 36.

89 Zit. nach Manfred Hank, a. a. O., S. 34.

90 Aber diese Sorge paarte sich mit »Machtbesessenheit und Rachsucht, die ihn bewogen, den Nachfolgern in Berlin bei jeder sich bietenden Gelegenheit, ohne Rücksicht auf die Sache, Steine in den Weg zu legen« (Manfred Hank, a. a. O., S. 644). Bismarck nahm sogar gegen den Rat seines Sohnes Herbert im April 1891 sein Mandat im Reichstag an, allerdings ohne es je richtig wahrzunehmen. Zudem besuchte er seinen hannoverschen Wahlkreis nie. Schließlich verzichtete er nach der Auflösung des Reichstags im Mai 1893 auf eine neue, ihm angebotene Kandidatur.

91 Lothar Gall, *Bismarck. Der Weiße Revolutionär*, Frankfurt am Main/Berlin 1997, S. 804.

92 Ebda., S. 819.

93 Hans-Peter Schwarz, »Der unbekannte Adenauer. Einige Aufgaben künftiger Forschung«, in: Dieter Blumenwitz u. a. (Hrsg.), *Konrad Adenauer und seine Zeit. Politik und Persönlichkeit des ersten Bundeskanzlers* (Beiträge der Wissenschaft, Band II), Stuttgart 1976, S. 601.

94 Siehe dazu: Rainer Barzel, *Im Streit und umstritten. Anmerkungen zu Konrad Adenauer, Ludwig Erhard und den Ostverträgen*, Frankfurt am Main 1986, S. 35 f.

95 Siehe dazu: Herbert Knorr, »Die Große Koalition in der parlamentarischen Diskussion der Bundesrepublik 1949–1965«, in: *Aus Politik und Zeitgeschichte*, B 33/74, 17. August 1974, S. 24 ff.

96 Anneliese Poppinga, *Meine Erinnerungen an Konrad Adenauer*, Stuttgart 1971, S. 76.

97 Horst Osterheld, »*Ich gehe nicht leichten Herzens …*«. *Adenauers letzte Kanzlerjahre, Ein dokumentarischer Bericht* (Adenauer-Studien, Band 5, Veröffentlichung der Kommission für Zeitgeschichte), Mainz 1986, S. 209.

98 Siehe Horst Osterheld, a. a. O., S. 212; siehe auch Daniel Koerfer, *Kampf ums Kanzleramt*, Stuttgart 1987, S. 745.

99 Konrad Adenauer, *Teegespräche 1961–1963*, Rhöndörfer Ausgabe, Gespräch 35, 15. August 1963, S. 447.

100 Zu Erhards Rücktritt siehe ausführlicher: Klaus Hildebrand, *Von Erhard zur Großen Koalition. 1963–1969*, Stuttgart/Wiesbaden 1984, S. 218 ff.

101 Rut Brandt, *Freundesland. Erinnerungen*, Düsseldorf/Wien 1994, S. 111.

102 Interview mit *Der Spiegel*, 3. Januar 2000.

103 Kurt H. Biedenkopf, *1989–1990. Ein deutsches Tagebuch*, Berlin 2000, S. 322.

104 Siehe hierzu: Peter Carstens, »Dem Freistaat droht ein zermürbender Nachfolgekampf«, in: *Frankfurter Allgemeine Zeitung*, 1. Februar 2001; Wulf Schmiese, »Ende einer Dynastie«, in: *Die Welt*, 1. Februar 2001.

105 Die drei Hauptziele dieses Bündnisses waren die Verbesserung der Rahmenbedingungen für arbeitsplatzschaffende Investitionen, eine stärker investitions- und beschäftigungsfördernd gestaltete Arbeitswelt und die Intensivierung von Impulsen für Forschung, Innovation, Bildung und Weiterbildung. Siehe hierzu: Presse- und Informationsamt der Bundesregierung (Hrsg.), *Politik für mehr Wachstum und Beschäftigung. Programm der Bundesregierung*, Bonn, 15. November 1996, S. 10 ff.

106 Siehe dazu: Klaus Zwickel, »Kämpferisch – offen – solidarisch«, Referat auf dem 18. ordentlichen Gewerkschaftstag am 1. November 1995 in Berlin, in: *Dokumentation der Industriegewerkschaft Metall*, Frankfurt am Main 1996, S. 10 ff.

107 Siehe hierzu den Entwurf der CDU/CSU-Bundestagsfraktion: »Programm für mehr Wachstum und Beschäftigung. Beschluß der CDU/CSU-Bundestagsfraktion. Text mit aktualisierten Erläuterungen«, Bonn, 1996.

108 Matthias Jung/Dieter Roth, »Wer zu spät geht, den bestraft der Wähler. Eine Analyse der Bundestagswahl«, in: *Aus Politik und Zeitgeschichte*, B 52/98, 18. Dezember 1998, S.4.

109 Robert Leicht, »Seine Stärke ist die Schwäche seiner Gegner«, in: *Die Zeit*, 11. April 1998.

110 Angus Campbell/Philip E. Converse/Warren E. Miller/Donald E. Stokes, *The American Voter*, New York 1960; siehe auch: Oscar W. Gabri-

el/Frank Brettschneider,»Die Bundestagswahl 1998: Ein Plebiszit gegen Kanzler Kohl?«, in: *Aus Politik und Zeitgeschichte*, B 52/88, 18. Dezember 1998, S. 20 ff.

111 Beim Thema Rentensicherung (Wichtigkeit: 56 Prozent) rangierte Schröder mit 40 Prozent (SPD: 40 Prozent) weit vor Kohl (31 Prozent; CDU: 29 Prozent). Bei der Sicherung der Gesundheitsvorsorge (Wichtigkeit: 46 Prozent) ist der Abstand besonders dramatisch: Schröder wurden 46 Prozent zugesprochen (seiner Partei 40 Prozent), Helmut Kohl hingegen lediglich 28 Prozent (CDU: 28 Prozent). Die Wirtschaft anzukurbeln (Wichtigkeit: 46 Prozent), trauten Schröder mit 42 Prozent (SPD: 32 Prozent) deutlich mehr zu als Helmut Kohl (30 Prozent; CDU: 40 Prozent). In der Begrenzung der Staatsschulden (Wichtigkeit: 34 Prozent) lagen mit niedrigen Werten die beiden Kandidaten fast gleich (Schröder: 32 Prozent, SPD: 28 Prozent; Kohl: 34 Prozent, CDU: 34 Prozent). In Fragen der sozialen Sicherheit (Wichtigkeit: 45 Prozent) waren beide Kandidaten recht nahe beieinander: Schröder mit 41 Prozent (SPD: 48 Prozent), Kohl mit 39 Prozent (CDU lediglich 26 Prozent). Der relativ geringere Wert Schröders läßt sich auch aus seinen früheren Statements zu den Folgen der deutschen Einheit erklären, ebenfalls durch sein Image, das relative Wirtschaftsnähe suggerierte, was ihn auch später als »Kanzler der Bosse« erscheinen ließ. Eine Regelung des Zusammenlebens mit Ausländern (Wichtigkeit: 25 Prozent) trauten Schröder 42 Prozent (SPD: 34 Prozent), Kohl aber nur 30 Prozent (CDU: 27 Prozent) zu. Lediglich auf einem Feld, nämlich dem der wirksamen Verbrechensbekämpfung (Wichtigkeit: 51 Prozent) erhielten Kohl und seine Partei einen deutlichen Vorsprung: 39 Prozent (CDU: 43 Prozent); Schröder bekam lediglich 30 Prozent (SPD sogar nur 24 Prozent).

112 Matthias Jung/Dieter Roth, a. a. O.

113 Franz Urban Pappi,»Die Abwahl Kohls. Hauptergebnis der Bundestagswahl 1998«, in: *Zeitschrift für Politik*, Heft 1, 1999, S. 29.

114 Wolfgang Schäuble, *Mitten im Leben*, a. a. O., S. 15.

115 Siehe hierzu: Hans Rattinger/Jürgen Maier,»Der Einfluß der Wirtschaftslage auf die Wahlentscheidung bei den Bundestagswahlen 1994 und 1998«, in: *Aus Politik und Zeitgeschichte*, B 52/98, 18. Dezember 1998, S. 45.

116 Matthias Jung/Dieter Roth, a. a. O., S. 7.

117 Gregor Gysi, *Ein Blick zurück, ein Schritt nach vorn*, Hamburg 2001, S. 67.

118 Hans-Martin Tillack,»Das letzte Aufgebot«, in: *Der Stern*, 26. März 1998, S. 52.

119 *Frankfurter Allgemeine Zeitung*, 4. April 1998.

120 Die im Zukunftsprogramm und auch später verwandte Ausflucht, es gehe um eine europakonforme Lösung, war zwar geeignet, Ungleichheiten zu Lasten der Wirtschaft zu verhindern, der hart arbeitende Familienvater, die alleinerziehende Mutter, der Student oder die Rentnerin waren bei einer Lösung, etwa fünf Mark für einen Liter Benzin zu zahlen, die eigentlich Benachteiligten.

121 Dorothea Siems, »Die Rente wird zum Wahlkampfschlager«, in: *Die Welt*, 23. Juni 1998.

122 Siehe Otto Diederichs, »Zupacken, wegsperren«, in: *die tageszeitung*, 28. Juli 1998.

123 Susanne Gaschke, »Invasion der Imagepflege«, in: *Die Zeit*, 5. März 1998.

124 Zit. nach: Otto Diederichs, a. a. O.

125 Zit. nach: Christian Wernicke, »Nachsitzen für Schröder«, in: *Die Zeit*, 9. Juli 1998.

126 Hans-Ulrich Jörges, »Der Kanzler setzt auf die Rußland-Krise«, in: *Die Woche*, 4. September 1998.

127 Eckart Lohse, »Kärrnerarbeit«, in: *Frankfurter Allgemeine Zeitung*, 20. August 1998.

128 Zit. nach: ZDF, Heute-Journal, 3. April 1997.

129 Siehe auch: Thomas Hanke, »SPD – oder: Wie küre ich einen Kandidaten«, in: *Die Zeit*, 28. November 1997.

130 Diese Sprachregelung verwendete der ehemalige Bundeskanzler Helmut Schmidt nach Schröders Nominierung. Siehe auch: Jürgen Leinemann, »Hollywood an der Pleiße«, *Der Spiegel*, 20. April 1998.

131 Siehe auch: Markus Rettich/Roland Schatz, »Amerikanisierung oder die Macht der Themen. Bundestagswahl 1998«: Die ›Medien-Tenor‹-Analyse der Berichterstattung und ihrer Auswirkung auf das Wählervotum«, Bonn 1998, S. 54 ff.

132 Siehe hierzu die Magisterarbeit von Alexander Gruhler, *Der Bundestagswahlkampf der SPD im Jahr 1998 – Eine Zäsur in der deutschen Wahlkampfführung?*, vorgelegt der Philosophischen Fakultät der Universität Bonn, 5. Oktober 1999.

133 Siehe auch: Albrecht Müller, *Von der Parteiendemokratie zur Mediendemokratie. Beobachtungen zum Bundestagswahlkampf 1998 im Spiegel früherer Erfahrungen*, Opladen/Wiesbaden 1999.

134 Siehe hierzu: Kathleen Hall Jamieson, *Dirty Politics: Deception, Distraction and Democracy*, New York/Oxford 1992, S. 108 ff.

135 Siehe dazu: *Bild am Sonntag*, 13. Februar 2000.

136 *Frankfurter Allgemeine Zeitung*, 10. März 1999.

137 Zitiert nach: Sendemanuskript-Hörfunk WDR 3, »Kritisches Tagebuch«, 1. April 1999.

138 *Bild am Sonntag*, 3. September 2000.

139 Helmut Kohl, *Mein Tagebuch*, a. a. O., S. 304.

140 Eckhart Kauntz, »Blackout«, in: *Frankfurter Allgemeine Zeitung*, 14. Februar 2000.

141 Dieses hatte das Steuerordnungsgesetz von 1954 in seinen Bestimmungen für nichtig erklärt, die zuvor Zuwendungen für »staatspolitische Zwecke« und damit auch Spenden an politische Parteien bis zu einer Höhe von fünf Prozent des Gesamtbetrags der Einkünfte oder zwei Prozent der Summe des gesamten Umsatzes und der im Kalenderjahr aufgewendeten Löhne und Gehälter für absetzbar erklärten. Spenden an Parteien waren also nicht mehr abzugsfähig. Zwar ergänzte dann im Jahr 1977 der Bundestag das Parteiengesetz, so daß Spenden an Parteien in Höhe von 600 DM je Person wieder von der Steuer abgesetzt werden konnten, doch erschien dies den Großspendern unzureichend. Spenden an gemeinnützige Organisationen und Berufsverbände durften hingegen zur Verminderung der Steuerschuld sehr viel großzügiger in Anrechnung gebracht werden.

142 nach Dirk Käsler u. a., *Der politische Skandal. Zur symbolischen und dramaturgischen Qualität von Politik*, Opladen 1991, S. 250.

143 Eberhard von Brauchitsch, *Der Preis des Schweigens. Erfahrungen eines Unternehmers*, Berlin 1999.

144 Der Flick-Untersuchungsausschuß ging auch noch aus einem anderen Grund in die Annalen der nachkriegsdeutschen Geschichte ein. In einem Urteil des Zweiten Senats des Verfassungsgerichts vom 17. Juni 1984 wurde zudem in einem Organstreitverfahren festgestellt, »daß die Antragsgegner dadurch gegen Artikel 44 des Grundgesetzes verstoßen haben, daß sie dem 1. Untersuchungsausschuß der 10. Wahlperiode des Deutschen Bundestages die vollständige Vorlage der durch Beweisbeschluß vom 16. Juni 1983 beigezogenen Akten, nämlich der einschlägigen Vorgänge aus den Geschäftsbereichen des Bundesministers der Finanzen und des Bundesministers für Wirtschaft, verweigern«.

145 dpa-Meldung, 26. November 1999.

146 *Süddeutsche Zeitung*, 27. November 1999.

147 ZDF-Sendung »Was nun, Herr Kohl?«, 16. Dezember 1999.

148 Siehe auch: *Frankfurter Rundschau*, 18. Dezember 1999.

149 *Frankfurter Rundschau*, 1. Februar 2000.

150 *Frankfurter Allgemeine Zeitung*, 2. März 2001.

151 Helmut Kohl, *Mein Tagebuch*, a. a. O., S. 110.

152 *Frankfurter Allgemeine Zeitung*, 28. April 2000.

153 Helmut Kohl, *Mein Tagebuch*, a. a. O., S. 112.

154 Ebda., S. 300.

155 Ebda., S. 113.

156 Ebda., S. 116.
157 Ebda., S. 117.
158 Ebda., S. 189.
159 *Süddeutsche Zeitung*, 5. Februar 2000.
160 *Der Stern*, 3. August 2000.
161 Helmut Kohl, *Mein Tagebuch*, a. a. O., S. 300.
162 *Frankfurter Rundschau*, 9. Dezember 1999.
163 Helmut Kohl, *Mein Tagebuch*, a. a. O., S. 135.
164 Siehe hierzu: Rudolf Stöben,»Das Synonym für schwarze Kassen«, in: *Die Welt*, 3. Februar 2000.
165 Ebda.; siehe auch: Karlheinz Wagner,»Das Geheimkonto«, in: *Frankfurter Allgemeine Zeitung*, 11. März 2000.
166 Angela Merkel,»Die von Kohl eingeräumten Vorgänge haben der Partei Schaden zugefügt«, in: *Frankfurter Allgemeine Zeitung*, 22. Dezember 1999.
167 Wolfgang Schäuble, *Mitten im Leben*, a. a. O., S. 212.
168 Helmut Kohl, *Mein Tagebuch*, a. a. O., S. 141.
169 Siehe dazu: Wolfgang Schäuble, *Und der Zukunft zugewandt*, Berlin 1994.
170 Wolfgang Schäuble, *Und sie bewegt sich doch*, Berlin 1998.
171 dpa-Meldung vom 3. und 4. April 2000, *Frankfurter Allgemeine Zeitung*, 4. April 2000; *Frankfurter Rundschau*, 3. April 2000.
172 Wolfgang Schäuble, *Mitten im Leben*, a. a. O.
173 Helmut Kohl, *Mein Tagebuch*, a. a. O.
174 Zit. nach *Neue Zürcher Zeitung*, 14. Dezember 2000.
175 Helmut Kohl suggeriert in seinem Vorwort, er habe Tagebuchnotizen angefertigt:»Nach der Wahlniederlage Ende September 1998 begann ich Notizen zu machen, Fakten, Bewertungen und meine eigenen Empfindungen aufzuschreiben. Wenn ich jetzt lese, was ich damals geschrieben habe, stelle ich fest, daß die Häufigkeit der Eintragungen mit dem Beginn der Parteispendenaffäre im Herbst 1999 zunimmt.«
176 Helmut Kohl, *Mein Tagebuch*, a. a. O., S. 16.
177 Ebda, a. a. O., S. 114.
178 Ebda., S. 126.
179 dpa-Meldung, 22. November 1999.
180 Helmut Kohl, *Mein Tagebuch*, a. a. O., S. 294.
181 Gregor Gysi, *Ein Blick zurück, ein Schritt nach vorn*, Hamburg 2001.
182 Ebda., S. 352 ff.
183 Wolfgang Schäuble, *Mitten im Leben*, a. a. O., S. 235.
184 Ebda., S. 235.
185 Ebda.
186 Ebda.

187 Helmut Kohl, *Mein Tagebuch*, a. a. O., S. 166.
188 Ebda.
189 Ebda.
190 Ebda., S. 166 f. Thomas Schäuble, Bruder von Wolfgang Schäuble und baden-württembergischer Innenminister, erklärte indes am 17. Februar 2000 mit Bitterkeit, er selbst habe bereits seit dem Attentat auf seinen Bruder »erhebliche Vorbehalte gegen Herrn Kohl«. Er sei einst »abgespeist worden«, als er im Auftrag seiner Schwägerin den damaligen Bundeskanzler telefonisch habe informieren wollen. Die Tränen von Kohl bei seinem Besuch im Krankenhaus nannte Thomas Schäuble »etwas fragwürdig, aber es ist ja inzwischen bekannt, daß der Altkanzler sehr nahe am Wasser gebaut hat. Wir wissen, daß Kohl bei jeder Gelegenheit auf Abruf weinen kann.« Zit. nach *Frankfurter Allgemeine Zeitung*, 18. Februar 2000.
191 Helmut Kohl, *Mein Tagebuch*, S. 167.
192 Ebda.
193 Siehe dazu: Karl Feldmeyer, »Der Vorsitzende hält vor dem Abgrund inne«, in: *Frankfurter Allgemeine Zeitung*, 19. Januar 2001.
194 Zitiert nach: Helmut Kohl, *Mein Tagebuch*, a. a. O., S. 168.
195 Ebda., S. 168.
196 Ebda., S. 169.
197 Ebda.
198 Wolfgang Schäuble, *Mitten im Leben*, a. a. O., S. 27.
199 Ebda., S. 274.
200 Ebda., S. 36.
201 Ebda.
202 *Der Stern*, 9. Oktober 1997.
203 *Frankfurter Allgemeine Zeitung*, 11. Oktober 1997.
204 *Der Stern*, 9. Januar 1997.
205 Ebda.
206 *Frankfurter Allgemeine Zeitung*, 10. Januar 1997.
207 Zit. nach *Frankfurter Allgemeine Sonntagszeitung*, 12. Januar 1997.
208 Ebda.
209 *Bild am Sonntag*, 19. Januar 1997.
210 *Süddeutsche Zeitung*, 13. Februar 1997.
211 Wolfgang Schäuble, *Mitten im Leben*, a. a. O., S. 27.
212 Helmut Kohl, *Mein Tagebuch*, a. a. O., S. 17.
213 Siehe hierzu den einige Monate später veröffentlichten Subventionsbericht des Bundesfinanzministeriums; siehe auch: dpa-Meldung, 27. August 1998.
214 *Frankfurter Allgemeine Zeitung*, 23. September 1997.
215 Ebda.

216 Frankfurter Allgemeine Zeitung, 24. September 1997.
217 Claus Gennrich, »Vorläufig bleibt nur die Konfrontation«, in: Frankfurter Allgemeine Zeitung, 29. September 1997.
218 Siehe dazu das Wolfgang-Schäuble-Interview, in: Der Spiegel, 29. September 1997.
219 Siehe zu den inhaltlichen Problemen und den politischen Konstellationen: Claus Gennrich, »Das Mißtrauen der FDP gegenüber Schäuble hat sich festgesetzt«, in: Frankfurter Allgemeine Zeitung, 18. Dezember 1997.
220 Frankfurter Allgemeine Zeitung, 20. Dezember 1997; Neue Ruhr/Rhein-Zeitung, 20. Dezember 1997.
221 Zit. nach Claus Gennrich, »Das Mißtrauen der FDP gegenüber Schäuble hat sich festgesetzt«, a. a. O.
222 dpa-Meldung, 18. Dezember 1997.
223 Wolfgang Schäuble, Mitten im Leben, a. a. O., S. 291.
224 Helmut Kohl, Mein Tagebuch, a. a. O., S. 16.
225 Ebda., S. 17.
226 Frankfurter Allgemeine Zeitung, 29. Oktober 1997.
227 Frankfurter Allgemeine Zeitung, 17. Oktober 1997.
228 ARD, Tagesschau, 16. Oktober 1997.
229 Martin S. Lambeck, »Union, was nun?«, in: Die Welt, 4. März 1998.
230 Der Spiegel, 18. September 2000.
231 Wolfgang Schäuble, Mitten im Leben, a. a. O., S. 34.
232 Pressemitteilung 60/98, 1, 15. April 1998.
233 Ebda.
234 Dieser Streit ist umfassend in der Frankfurter Allgemeinen Zeitung, 22. April 1998, dargestellt.
235 Wolfgang Schäuble, Mitten im Leben, a. a. O., S. 33.
236 Wolfgang Schäuble, Mitten im Leben, a. a. O., S. 35.
237 Der Spiegel, 27. April 1998.
238 dpa-Meldung, 27. Juni 1998.
239 Claus Gennrich, »Tolerierung Schröders durch die CDU/CSU notfalls denkbar«, in: Frankfurter Allgemeine Zeitung, 25. Juni 1998.
240 dpa-Meldung, 27. Juni 1998.
241 Ebda.
242 Der Stern, 6. August 1998.
243 Welt am Sonntag, 9. August 1998.
244 Frankfurter Allgemeine Zeitung, August 1998.
245 ProSieben-Nachrichten, 10. August 1998.
246 Die Woche, 28. August 1998.
247 Frankfurter Allgemeine Zeitung, 28. August 1998.
248 ARD, Tagesschau, 27. August 1998.

249 *Die Zeit,* 27. August 1998.
250 dpa-Meldung, 27. August 1998.
251 *Die Welt,* 19. September 1998.
252 Wolfgang Schäuble, *Mitten im Leben,* a. a. O., S. 42.
253 ARD, Tagesschau, 27. September 1998.
254 Wolfgang Schäuble, *Mitten im Leben,* a. a. O., S. 41.
255 ARD, Tagesschau, 29. September 1998.
256 Ebda.
257 Wolfgang Schäuble, *Mitten im Leben,* a. a. O., S. 43.
258 Wolfgang Schäuble, *Mitten im Leben,* a. a. O., S. 43.
259 Ebda., S. 39 f.
260 Helmut Kohl, *Mein Tagebuch,* a. a. O., S. 66.
261 Ebda., S. 36.
262 ARD/ZDF, »Bonner Runde«, 27. September 1998.
263 Helmut Kohl, *Mein Tagebuch,* a. a. O., S. 25.
264 Wolfgang Schäuble, *Mitten im Leben,* a. a. O., S. 65.
265 Zur Sichtweise Schäubles in Sachen Spendenübergabe und Schwarz-
    konten siehe: Wolfgang Schäuble, *Mitten im Leben,* a. a. O., S. 194 ff.
266 Ebda., a. a. O., S. 262.
267 dpa-Meldung, 11. Januar 2000.
268 *Frankfurter Allgemeine Zeitung,* 21. Januar 2000.
269 Die Versionen von Wolfgang Schäuble und von Brigitte Baumeister
    sind nachzulesen in: »Erklärung des Parteivorsitzenden Wolfgang
    Schäuble«, abgedruckt in: *Union in Deutschland,* 13. Januar 2000.
270 Helmut Kohl, *Mein Tagebuch,* a. a. O., S. 128.
271 Ebda., S. 106.
272 Ebda., S. 161.
273 Wolfgang Schäuble, *Mitten im Leben,* a. a. O., S. 263.
274 *Die Welt,* 3. Februar 2000.
275 Wolfgang Schäuble, *Mitten im Leben,* a. a. O., S. 199.
276 *Bild*-Zeitung, 18. Februar 2000.
277 Eberhard von Brauchitsch, *Der Preis des Schweigens. Erfahrungen ei-
    nes Unternehmers,* a. a. O., S. 233.
278 Helmut Kohl, *Mein Tagebuch,* a. a. O., S. 124.
279 Zitiert nach: *Union in Deutschland,* 2. Dezember 1999.
280 In dieser Sitzung ging es neben den bis dahin bekanntgewordenen
    Fakten hinsichtlich schwarzer Kassen auch um einen Vorgang, den
    Schäuble selber zu verantworten hatte. Schäuble war seinerzeit Frak-
    tionsvorsitzender und mußte deshalb über diese Thematik Bescheid
    gewußt haben, weil er schon bei der Übernahme seiner Aufgabe als
    Erster Parlamentarischer Geschäftsführer ausdrücklich auch die Ver-
    antwortung für die Fraktionskasse übernommen hatte. Dies war kei-

neswegs selbstverständlich, denn zuvor war Willi Rawe für Finanzfragen zuständig. Rawe wirkte aber eher im Hintergrund.

281 Dokumentation zum Thema Parteispenden, in: Union in Deutschland, 13. Januar 2000.
282 Siehe beispielsweise: Guido Heinen, »War das Kohls Gegenschlag?«, in: *Die Welt*, 12. Januar 2000.
283 *Die Welt*, 12. Januar 2000.
284 *Der Stern*, 20. Januar 2000.
285 Angela Merkel, »Die von Helmut Kohl eingeräumten Vorgänge haben der Partei Schaden zugefügt«, in: *Frankfurter Allgemeine Zeitung*, 22. Dezember 1999.
286 Helmut Kohl, *Mein Tagebuch*, a. a. O., S. 146.
287 *Frankfurter Rundschau*, 7. Februar 2000.
288 Wolfgang Schäuble, *Mitten im Leben*, a. a. O., S. 265.
289 Ebda., S. 224.
290 dpa-Meldung, 13. Januar 2000. Darin gab Friedhelm Ost über Schäuble zu verstehen: »Er hat im Parlament die Unwahrheit gesagt, als er den Eindruck vermittelte, er habe mit Schreiber nur einmal am Rande zu tun gehabt.« Er wolle – so Ost weiter – nicht sofort den Rücktritt Schäubles als Parteichef fordern, weil der Bundesparteitag darüber zu entscheiden hätte, aber eine Ämtertrennung von Partei- und Fraktionsvorsitz wäre von seiner Sichtweise aus notwendig.
291 Peter Altmaier hatte sich wenige Wochen zuvor bereits in einem Interview in der *Zeit* – gemeinsam mit seinem Kollegen Nobert Röttgen – höchst kritisch und mutig über den Zustand der CDU geäußert, *Die Zeit*, »Das System lebt«, 27. Januar 2001.
292 Wolfgang Schäuble, *Mitten im Leben*, a. a. O., S. 274.
293 Ebda.
294 Ebda.
295 *Frankfurter Allgemeine Zeitung*, 18. Februar 2000 (siehe auch Anm. 190).
296 Helmut Kohl, *Mein Tagebuch*, a. a. O., S. 192 f.
297 *Der Spiegel*, 10. Januar 2000.
298 Angela Merkel, »Die von Helmut Kohl eingeräumten Vorgänge haben der Partei Schaden zugefügt«, a. a. O.
299 *Süddeutsche Zeitung*, 7. März 2000.
300 *Der Stern*, 17. Februar 2000.
301 Wolfgang Stock, *Angela Merkel. Eine politische Biographie*, München 2000.
302 Ebda. S. 51.
303 Jacqueline Boysen, *Angela Merkel. Eine deutsch-deutsche Biographie*, München 2001, S. 57.

304 Wolfgang Stock, a. a. O., S. 49.
305 Ebda., S. 19.
306 Wolfgang Stock, a. a. O., S. 49 f.
307 Jacqueline Boysen, a. a. O., S. 14.
308 Ehrhard Neubert, *Geschichte der Opposition in der DDR 1949–1989,* Berlin 2000, S. 679.
309 Ebda., S. 174.
310 *Frankfurter Allgemeine Zeitung,* 11. April 2000.
311 *Welt am Sonntag,* 31. Dezember 2000.
312 Ebda.
313 Helmut Kohl, *Mein Tagebuch,* a. a. O., S. 143.
314 Günter Krauses Überlegung, für die PKW-Benutzung der Bundesautobahnen flächendeckend Gebühren zu erheben, wurde von Kohl als abwegig empfunden. In einem Land, so Kohl, in dem gerade in den Ballungszentren auch viele Berufspendler die Autobahn benutzen müssen, hätte die Umsetzung einer solcher Idee zu einem Aufstand geführt. Kohl nannte als Beispiel einen Arbeitsplatz wie die BASF in Ludwigshafen.
315 Karl Feldmeyer, »Ein blasser Sekretär ist nicht mehr gefragt«, in: *Frankfurter Allgemeine Zeitung,* 24. Oktober 2000.
316 *Die Welt,* 4. Mai 2001.
317 Angela Merkel, »Stoiber und ich bestimmen die Kanzlerkandidatur«, in: *Frankfurter Allgemeine Zeitung,* 24. April 2001.
318 Ebda. Es war unter anderem der Bremer Landesvorsitzende Bernd Neumann, ein Getreuer Helmut Kohls, der in dieser Bundesvorstandssitzung darauf hinwies, daß die Entscheidung über die Frage des Kanzlerkandidaten in den dafür vorgesehenen Gremien behandelt werden müsse.
319 Von den etwa 180 der insgesamt 198 CDU-Abgeordneten, die an der Sitzung teilnahmen, gaben Volker Rühe nur 134 ihre Stimme, 32 stimmten gegen ihn, vier enthielten sich. Siehe dazu: Karl Feldmeyer, »Stimmungsspiegel der Unionsfraktion«, in: *Frankfurter Allgemeine Zeitung,* 2. März 2000.
320 Jeweils zu Beginn einer Legislaturperiode wird eine Vereinbarung über die Fortführung der Fraktionsgemeinschaft zwischen CDU und CSU im Bundestag getroffen, die der Gruppe der CSU-Abgeordneten eigene Organe zubilligt. In dieser Vereinbarung heißt es: »Der von der Gruppe der CSU-Abgeordneten für die Dauer der Wahlperiode gewählte Vorsitzende ist kraft seines Amtes der Erste Stellvertreter des Fraktionsvorsitzenden.«
321 *Süddeutsche Zeitung,* 11. Oktober 2000.
322 *Bayernkurier,* 27. Februar 1999.

323 Arbeitsgrundlage für die Zuwanderungskommission der CDU Deutschlands, 6. November 2000.

324 Friedrich Merz, »Was ist deutsch?«, in: *Die Welt*, 25. Oktober 2000.

325 *Die Welt*, 2. November 2000.

326 Interview mit Friedrich Merz, in: *Die Welt*, 3. Februar 2001.

327 Die CSU bildete mit der CDU eine Arbeitsgemeinschaft und später im Bundestag die Fraktionsgemeinschaft. Erster Vorsitzender wurde Josef Müller (im Parteijargon »Ochsensepp« genannt). Hans Ehard war 1946 Ministerpräsident geworden und übernahm als Nachfolger von Joseph Müller 1949 den CSU-Vorsitz bis 1955.

328 Die CSU ging mit Ausnahme des Jahres 1950 aus allen bayrischen Landtagswahlen als stärkste Partei hervor. Erhielt sie 1946 noch 52,3 Prozent, halbierte sich ihr Stimmenanteil im Jahre 1954 fast auf 28 Prozent. Sie gewann dann wieder unaufhörlich Stimmen dazu und landete 1974 – während der Amtszeit des Ministerpräsidenten Alfons Goppel und unter dem Parteivorsitz von Franz Josef Strauß – bei 62,1 Prozent. Seitdem gehen die Stimmenanteile der CSU kontinuierlich zurück. Allerdings erhielt sie wenige Tage vor den Bundestagswahlen im Jahr 1998 52,9 Prozent, was – bei einer gestiegenen Wahlbeteiligung von 69,8 Prozent – sogar einen leichten Zugewinn um 0,1 Prozent im Verhältnis zu den Landtagswahlen des Jahres 1994 bedeutete.

329 Siehe zur Bewertung die Sicht eines früheren CSU-Politikers: Friedrich Zimmermann, *Kabinettstücke. Politik mit Strauß und Kohl 1976–1991*, München/Berlin 1991, S. 51 f.

330 Friedrich Zimmermann, a. a. O., S. 83.

331 Ebda., S. 15.

332 Helmut Kohl, Inaugural-Dissertation zur Erlangung der Doktorwürde der Philosophischen Fakultät der Ruprecht-Karl-Universität zu Heidelberg 1958 a. a. O., siehe besonders S. 63 ff.

333 *Bayernkurier*, 23. Januar 1999.

334 Dies führte übrigens auch zu einem Dämpfer bei Stoibers Wiederwahl zum Parteivorsitzenden am 9. Oktober 1999 in Nürnberg, als er mit 828 von 920 gültigen Stimmen lediglich 90 Prozent der Stimmen auf sich vereinigen konnte. Sauter, auch hochkantig aus dem CSU-Vorstand hinausgeworfen, erhielt aber immerhin 29,9 Prozent der abgegebenen Stimmen.

335 *Handelsblatt*, 24. Januar 2001.

336 *Bayernkurier*, 27. Februar 1999.

337 Ebda.

338 Auf die Frage, ob die Einführung des Euro ein Fehler war, erklärte Stoiber: »Nein. Die europäische Währung ist die Konsequenz aus dem europäischen Binnenmarkt. Aber ich bin sicher, daß die Einführung

des Euro die letzte fundamentale Entscheidung in Europa ohne eine breitere Diskussion mit der Bevölkerung war«, *Der Spiegel*, 11. September 2000.

339 Ebda.

340 In Bayern dauert eine Legislaturperiode jetzt fünf Jahre, so daß damit die bayerischen Wahlen und die Bundestagswahlen zeitlich »entzerrt« sind.

341 Vgl. die grundlegende Analyse der ersten Oppositionszeit der Union: Hans-Joachim Veen, *Opposition im Bundestag. Ihre Funktionen, institutionelle Handlungsbedingungen und das Verhalten der CDU/ CSU-Opposition in der 6. Wahlperiode 1969–1972*, Bonn 1976.

342 *Die Welt*, 14. Februar 2001.

343 Ebda.

344 *Die Zeit*, 13. Juli 2000.

345 Durch eine »Bundesratsklausel« hatten die sich damals in einer großen Koalition befindlichen Bundesländer Berlin, Bremen und Brandenburg (sowie die sozialliberale Koalition in Rheinland-Pfalz) verpflichtet, daß im Falle unterschiedlicher Positionen im Bundesrat mit Enthaltung gestimmt würde. Da aber abstimmungstechnisch eine Enthaltung wie eine Nein-Stimme gilt, brauchte Eichel die aktive Zustimmung der Mehrheit im Bundesrat.

346 Angela Merkel, »Die Wir-Gesellschaft. Über die Notwendigkeit einer Neuen Sozialen Marktwirtschaft«, in: *Frankfurter Allgemeine Zeitung*, 18. November 2000.

347 *Der Tagesspiegel*, 15. November 1998.

348 dpa-Meldung, 19. November 1999.

349 Gerhard Schröder auf der SPD-Europadelegierten-Konferenz in Saarbrücken, 8. Dezember 1998.

350 Siehe zur Auseinandersetzung mit diesen Vorschlägen: Gerd Langguth, »Sind die Parteien zu mächtig?«, in: *Die Welt*, 29. Februar 2000.

351 Zur Auseinandersetzung mit diesem Papier siehe: Gerd Langguth, »Das Blair-Schröder-Papier als historische Wende? Der Kampf um den politischen Begriff der ›neuen Mitte‹«, in: *Neue Zürcher Zeitung*, 21. September 1999.

352 Mit 39,2 Prozent konnten die Christdemokraten in diesem Bundesland ihr Ergebnis von 1997 um 6,2 Prozent verbessern, die SPD legte dagegen nur ein Prozent zu und landete knapp hinter der CDU mit 39,0 Prozent. Die FDP bekam 0,9 Prozent hinzu. Natürlich haben Kommunalwahlen ihre Eigengesetzlichkeiten, dennoch waren diese Wahlen angesichts des hessischen Spendenskandals ein wichtiger Stimmungstest in diesem Land.

353 Auch im Verhältnis zu den Bundestagswahlen vom 27. September

1998 (Wahlbeteiligung von 83,1 Prozent) konnte sich die CDU im »Ländle« klar steigern (37,8 Prozent). Das SPD-Ergebnis ist bei näherem Hinsehen trotz einer Steigerung um 8,2 Prozent (von 25,1 Prozent auf 33,3 Prozent) keinesfalls sensationell und fiel geringer aus als bei den Bundestagswahlen (35,6 Prozent). Ein kräftiger Zuwachs ist bei dem Ausgangspunkt von 25 Prozent leichter möglich, zumal vier Jahre zuvor die Grünen unverhältnismäßig stark von der Schwäche der SPD profitierten.

354 Die CDU erzielte 1971 50 Prozent, 1975 53,9 Prozent, 1979 50,1 Prozent und noch 1983 51,9 Prozent. Das CDU-Ergebnis war bei den Landtagswahlen 2001 (bei einer Wahlbeteiligung von 62,1 Prozent) mit 35,3 Prozent nicht nur das schlechteste aller CDU-Ergebnisse in diesem Bundesland, es unterschritt sogar noch deutlich das sowieso miserable Ergebnis bei den Bundestagswahlen von 1998 (39,1 Prozent bei einer Wahlbeteiligung von 83,9 Prozent).

355 Ralf Dahrendorf, *Die Chancen der Krise. Über die Zukunft des Liberalismus*, Stuttgart 1983, S. 17. Dahrendorf erklärt heute, seine These vom »Ende des Sozialdemokratischen Zeitalters« sei häufig dahingehend mißverstanden worden, daß er behaupten würde, die sozialdemokratischen Parteien könnten keine Wahlen mehr gewinnen: »Das war gar nicht gemeint. Vielmehr griff die These tiefer: Sozialdemokratische Politik hat sich erschöpft. Wenn sozialdemokratische Parteien Wahlen gewinnen, werden sie eine andere Politik machen als die, unter der sie einmal angetreten waren.« Siehe dazu: Ralf Dahrendorf, »Die neue Parteienlandschaft«, in: *Die Zeit*, 25. Juni 1998. Den Sozialwissenschaften mangelt es manchmal an Prognosekraft.

356 *Frankfurter Allgemeine Zeitung*, 4. Mai 1977.

357 Seymour M. Lipset/Stein Rokkan, »Cleave Structures, Party Systems, and Voter Alignments«, in: Dies. (Hrsg.), *Party Systems and Voter Alignments: Cross-National Perspectives*, New York 1967, S. 1–64; siehe zu einer Auseinandersetzung mit diesen Thesen insbesondere: Peter Gluchowski/Ulrich von Wiliamowitz-Moellendorff, »Sozialstrukturelle Grundlagen des Parteienwettbewerbs in der Bundesrepublik Deutschland«, in: Oscar W. Gabriel/Oskar Niedermayer/Richard Stöss (Hrsg.), *Parteiendemokratie in Deutschland*, Opladen/Wiesbaden 1997, S. 179–208; Wolfgang Jagodzinski/Steffen Kühnel, »Werte und Ideologien im Parteienwettbewerb«, in: ebda., S. 209–232; Oscar W. Gabriel, »Parteienidentifikation, Kandidaten und politische Sachfragen als Bestimmungsfaktoren des Parteienwettbewerbs«, in: ebda. S. 233–254.

358 M. Rainer Lepsius hat das Konzept der »sozialmoralischen Milieus« in die Diskussion eingeführt, siehe: M. Rainer Lepsius, »Parteiensy-

stem und Sozialstruktur: Zum Problem der Demokratisierung der deutschen Gesellschaft«, in: Wilhelm Abel/Knut Borchardt (Hrsg.), *Wirtschaft, Geschichte und Wirtschaftsgeschichte*, Stuttgart 1966, S. 371–393 (wieder abgedruckt in: Gerhard A. Ritter (Hrsg.), *Deutsche Parteien vor 1918*, Köln 1973, S. 56–80).

359 Hans-Joachim Veen, »Volksparteien: Die fortschrittlichste Organisationsform politischer Willensbildung«, in: *Zeitschrift für Parlamentsfragen*, Juni 1999, S. 377 ff.

360 Die Zahlen sind veröffentlicht in: *Die Welt*, 4. Mai 2001.

361 *Frankfurter Rundschau*, 4. Mai 2001.

362 Siehe hierzu ausführlicher: Gerd Langguth, »Das Blair-Schröder-Papier als historische Wende?«, a. a. O.

363 Siehe hierzu: Gerd Langguth, *Suche nach Sicherheiten. Ein Psychogramm der Deutschen*, Stuttgart 1995.

364 Ein hoffnungsvolles Signal ist die Berufung der jungen Bundestagsabgeordneten Martina Krogmann zur Internet-Beauftragen der Fraktion.

365 Am 7. Juni 2001 beschließt der CDU-Bundesvorstand einen Antrag mit dem Titel »Zuwanderung steuern und begrenzen. Integration fördern«.

366 So fand ein Interview mit der Kanzlergattin Doris Schröder-Köpf in der *Bild*-Zeitung statt: »Wir müssen unsere Kinder wieder mehr erziehen und ihnen Werte vermitteln. Pflichtbewußtsein, Fleiß, Aufrichtigkeit, Hilfsbereitschaft, Verläßlichkeit, Anstand, richtiges Benehmen.« Hierfür erhielt sie auch aus kirchlichen Kreisen viel Lob. Vorbei sind die Zeiten, als der linke SPD-Flügel dem einstigen Bundeskanzler Helmut Schmidt Vorwürfe machte, weil er Disziplin und Fleiß einforderte.

367 Siehe dazu: Gerd Langguth, »Zum Verhältnis zwischen Medien und Politik. Einige provozierende Beobachtungen zur ›vierten Gewalt‹«, in: *Frankfurter Rundschau*, 18. September 2000.

368 ZDF-Sendung »*Politbarometer*«, 22. Juni 2001.

369 Siehe hierzu: Georg Paul Hefty, »Frau Merkels Entwurf«, in: *Frankfurter Allgemeine Zeitung*, 21. August 2001.

Auswahlbibliographie

Eduard Ackermann, Politiker. *Vom richtigen und vom falschen Handeln,* Bergisch Gladbach 1996

Ulrich von Alemann, *Das Parteiensystem der Bundesrepublik Deutschland,* Opladen 2001

Rainer Barzel, *Es ist noch nicht zu spät,* München/Zürich 1976

Rainer Barzel, *Auf dem Drahtseil,* München/Zürich 1978

Arnold Bergstraesser, *Die Macht als Mythos und als Wirklichkeit,* Freiburg 1965

Wolfram Bickerich, *Der Enkel. Analyse der Ära Kohl,* Düsseldorf 1995

Kurt Biedenkopf, *1989–1990. Ein deutsches Tagebuch,* Berlin 2000

Jaqueline Boysen, *Angela Merkel. Eine deutsch-deutsche Biographie,* München 2001

Eberhard von Brauchitsch, *Der Preis des Schweigens. Erfahrungen eines Unternehmers,* Berlin 1999

Karl Buchheim, *Geschichte der christlichen Parteien in Deutschland,* München 1966

Wilhelm P. Bürklin/Viola Neu/Hans-Joachim Veen, *Die Mitglieder der CDU, Interne Studien,* Konrad-Adenauer-Stiftung e.V., Sankt Augustin 1997

Jacob Burckhardt, *Weltgeschichtliche Betrachtungen,* Stuttgart 1978

Jürgen Busche, *Helmut Kohl. Anatomie eines Erfolgs,* Berlin 1998

Patricia Clough, *Helmut Kohl. Ein Porträt der Macht,* München 1998

Warnfried Dettling, *Das Erbe Kohls. Bilanz einer Ära,* Frankfurt am Main 1994

Alfred Dregger, *Freiheit in unserer Zeit. Reden und Aufsätze,* München/Berlin 1980

Klaus Dreher, *Helmut Kohl. Leben mit Macht,* Stuttgart 1998

Tobias Dürr/Rüdiger Soldt, *Die CDU nach Kohl,* Frankfurt am Main 1998

Werner Filmer/Heribert Schwan, *Helmut Kohl,* Düsseldorf/Wien 1985

Oscar W. Gabriel/Oskar Niedermayer/Richard Stöss (Hrsg.), *Parteiendemokratie in Deutschland,* Opladen 1997

John Kenneth Galbraith, *Anatomie der Macht,* München 1987

Alexander Gauland, *Helmut Kohl. Ein Prinzip,* Berlin 1994

Heiner Geißler, *Zeit, das Visier zu öffnen,* Köln 1998

Winand Gellner/Hans-Joachim Veen (Hrsg.), *Umbruch und Wandel in westeuropäischen Parteiensystemen,* Frankfurt am Main 1995

Peter Glotz, *Die Innenausstattung der Macht. Politisches Tagebuch 1976–1978,* München 1979

Martin Greiffenhagen/Helga Grebing/Christian Graf von Krockow/Johann Baptist Müller, *Konservatismus – Eine deutsche Bilanz,* München 1971

Jürgen Gros, *Politikgestaltung im Machtdreieck Partei, Fraktion, Regierung. Zum Verhältnis von CDU-Parteiführungsgremien, Unionsfraktion und Bundesregierung 1982–1989 an den Beispielen der Finanz-, Deutschland- und Umweltpolitik,* Berlin 1998

Rudolf Großkopf, *Der Zorn des Kanzlers. Gefühle in der Politik,* Bonn 1995

Christian Hacke, *Die Ost- und Deutschlandpolitik der CDU/CSU. Wege und Irrwege der Opposition seit 1969,* Köln 1975

Peter Haungs, »Helmut Kohl«, in: Walther Bernecker/Volker Dotterweich (Hrsg.), *Persönlichkeit und Politik in der Bundesrepublik Deutschland,* Band 2, Göttingen 1982

Wilhelm Hennis, *Auf dem Weg in den Parteienstaat. Aufsätze aus vier Jahrzehnten,* Stuttgart 1998

Peter Hintze (Hrsg.), *Die CDU. Parteiprogramme. Eine Dokumentation der Ziele und Aufgaben,* Bonn 1993

Peter Hintze/Gerd Langguth (Hrsg.), *Helmut Kohl. Der Kurs der CDU. Reden und Beiträge des Bundesvorsitzenden 1973–1993,* Stuttgart 1993

Robert Hofmann, *Geschichte der deutschen Parteien. Von der Kaiserzeit bis zur Gegenwart,* München/Zürich 1993

Ironimus, *Der schwarze Riese. Helmut Kohl in der Karikatur,* Wien/München/Zürich, 1976

Wolfgang Jäger, *Wer regiert die Deutschen? Innenansichten der Parteiendemokratie,* Zürich/Osnabrück 1994

Andreas Kießling, *Politische Kultur und Parteien im vereinten Deutschland. Determinanten der Entwicklung des Parteiensystems,* München 1999

Hans-Otto Kleinmann, *Geschichte der CDU 1945–1982,* Stuttgart 1993

Guido Knopp, *Kanzler. Die Mächtigen der Republik,* München 1999

Helmut Kohl, *Hausputz hinter den Fassaden. Praktikable Reformen in Deutschland,* Osnabrück 1971

Helmut Kohl, *Zwischen Ideologie und Pragmatismus. Aspekte und Ansichten zu Grundfragen der Politik,* Stuttgart 1973

Helmut Kohl, *Bundestagsreden und Zeitdokumente* (hrsg. von Horst Telt-schik, mit einem Vorwort von Carl Carstens), Bonn 1978

Helmut Kohl, *Deutschlands Zukunft in Europa, Reden und Beiträge des Bundeskanzlers* (hrsg. von Heinrich Seewald), Herford 1990

Helmut Kohl, *Ich wollte Deutschlands Einheit* (dargestellt von Kai Diek-mann und Ralf Georg Reuth), Berlin 1990

Helmut Kohl, *Mein Tagebuch 1998–2000*, München 2000

Peter Köpf, *Stoiber. Die Biographie*, Hamburg/Wien 2001

Karl-Rudolf Korte, *Deutschlandpolitik in Helmut Kohls Kanzlerschaft. Re-gierungsstil und Entscheidungen 1982–1989*, Stuttgart 1988

Gerd Langguth, *Suche nach Sicherheiten. Ein Psychogramm der Deut-schen*, Stuttgart 1995.

Gerd Langguth (Hrsg.), *Politik und Plakat. 50 Jahre Plakatgeschichte am Beispiel der CDU*, Bonn 1995.

Gerd Langguth (Hrsg.), *In Verantwortung für Deutschland. 50 Jahre CDU*, Köln 1996

Jürgen Leinemann, *Helmut Kohl. Die Inszenierung einer Karriere*, Berlin 1988

Hans Leyendecker/Heribert Prantl/Michael Stiller, *Helmut Kohl, die Macht und das Geld*, Göttingen 2000

Werner Maser, *Helmut Kohl. Der deutsche Kanzler*, Berlin/Frankfurt am Main 1990

Robert Michels, *Zur Soziologie des Parteiwesens in der modernen Demo-kratie. Untersuchungen über die oligarchischen Tendenzen des Grup-penlebens* (neu hrsg. und mit einer Einführung versehen von Frank R. Pfetsch), Stuttgart 1989

Alf Mintzel, *Geschichte der CSU. Ein Überblick*, Opladen 1977

Alf Mintzel/Heinrich Oberreuter (Hrsg.), *Parteien in der Bundesrepublik Deutschland*, Opladen 1992

Karlheinz Niclauß, *Kanzlerdemokratie. Bonner Regierungspraxis von Konrad Adenauer bis Helmut Kohl*, Stuttgart/Berlin/Köln/Mainz 1988

Elisabeth Noelle-Neumann/Hans Mathias Kepplinger/Wolfgang Dons-bach, *Kampa. Meinungsklima und Medienwirkung im Bundestags-wahlkampf 1998*, Freiburg/München 1999

Heinrich Oberreuter (Hrsg.), *Parteiensystem am Wendepunkt? Wahlen in der Fernsehdemokratie*, München/Landsberg am Lech 1996

Günter Olzog/Hans-J. Liese, *Die politischen Parteien in Deutschland*, München 1991

Friedbert Pflüger, *Ehrenwort. Das System Kohl und der Neubeginn*, Stutt-gart/München 2000

Horst Poller, *Rechts oder Links? Niedergang und Erneuerung der CDU*, München 1998

Geoffrey Pridham, *Christian Democracy in Western Germany. The CDU/ CSU in Government and Opposition 1945–1976*, London 1977

Karl Hugo Pruys, *Helmut Kohl, Die Biographie*, Berlin 1996

Ulrich Reitz, *Wolfgang Schäuble*, Bergisch Gladbach 1996

Jürgen Rüttgers, *Dinosaurier der Demokratie. Wege aus der Parteienkrise und Politikverdrossenheit*, Hamburg 1993

Wolfgang Schäuble, *Und der Zukunft zugewandt*, Berlin 1994

Wolfgang Schäuble, *Und sie bewegt sich doch*, Berlin 1998

Wolfgang Schäuble, *Mitten im Leben*, München 2000

Erwin K. Scheuch/Ute Scheuch, *Die Spendenkrise. Parteien außer Kontrolle*, Reinbek bei Hamburg 2000

Wolfgang Schmidbauer, *Ist Macht heilbar?* Reinbek bei Hamburg 1986

Peter Schindler, *Datenhandbuch zur Geschichte des Deutschen Bundestages 1949 bis 1999*, 3 Bände, Baden-Baden 1999

Wulf Schönbohm/Günther E. Braun (Hrsg.), *CDU-Programmatik. Grundlagen und Herausforderungen*, München/Wien 1981

Wulf Schönbohm, *Die CDU wird moderne Volkspartei. Selbstverständnis, Mitglieder, Organisation und Apparat 1950–1980*, Stuttgart 1985

Hans-Gerd Schumann (Hrsg.), *Konservativismus*, Köln 1974

Suzanne S. Schüttemeyer, *Fraktionen im Deutschen Bundestag. Empirische Befunde und theoretische Folgerungen*, Opladen/Wiesbaden 1998

Waldemar Schreckenberger, »Der Regierungschef zwischen Politik und Administration«, in: Peter Haungs/Karl Martin Graß/Hans Maier/Hans-Joachim Veen (Hrsg.), *Civitas. Widmungen für Bernhard Vogel zum 60. Geburtstag*, Paderborn/München/Wien/Zürich 1992, S. 603–614

Waldemar Schreckenberger, »Informelle Verfahren der Entscheidungsvorbereitung zwischen der Bundesregierung und den Mehrheitsfraktionen: Koalitionsgespräche und Koalitionsrunden«, in: *Zeitschrift für Parlamentsfragen*, Heft 3, 1994

Christian Schwarz-Schilling/Gerd Langguth, »Die geistige Führung verloren. Überlegungen zur Lage der Union«, in: Heino und Ursula Kaack, *Parteien-Jahrbuch 1973/74. Dokumentation und Analyse der Entwicklung des Parteiensystems der Bundesrepublik Deutschland in den Jahren 1973 und 1974*, Meisenheim am Glan 1977

Josef Schmid, *Die CDU. Organisationsstrukturen, Politiken und Funktionsweisen einer Partei im Föderalismus*, Opladen 1990

Wilhelm von Sternburg, *Die deutschen Kanzler. Von Bismarck bis Kohl*, Berlin 1998

Wolfgang Stock, *Angela Merkel. Eine politische Biographie*, München 2000

Rita Süssmuth, *Wer nicht kämpft, hat schon verloren. Meine Erfahrungen in der Politik*, München 2000

Hans-Joachim Veen, *Die CDU/CSU-Opposition im parlamentarischen Entscheidungsprozeß. Zur Strategie und zum Einfluß der CDU/CSU-Bundestagsfraktion in der Gesetzgebungsarbeit des 6. Deutschen Bundestages (1969–1972)*, München 1973

Hans-Joachim Veen (Hrsg.), *Christlich-demokratische und konservative Parteien in Westeuropa*, 2 Bände, Paderborn München/Wien/Zürich 1983

Bernhard Vogel (Hrsg.), *Das Phänomen. Helmut Kohl im Urteil der Presse*, Stuttgart 1990

Franz Walter/Tobias Dürr, *Die Heimatlosigkeit der Macht. Wie die Politik in Deutschland ihren Boden verlor*, Berlin 2000

Max Weber, *Schriften zur Soziologie* (hrsg. und eingeleitet von Michael Sukale), Stuttgart 1995

Max Weber, *Politik als Beruf*, Stuttgart 1992

Werner Weidenfeld, *Zeitenwechsel. Von Kohl zu Schröder. Die Lage*, Stuttgart 1999

Wolfgang Wiedemeyer, *Helmut Kohl. Porträt eines deutschen Politikers*, Bad Honnef 1975

Rudolf Wildenmann, *Volksparteien. Ratlose Riesen?* Baden-Baden 1989

Konstanze Wolf, *CSU und Bayernpartei. Ein besonderes Konkurrenzverhältnis 1948–1960*, Köln 1982

Friedrich Zimmermann, *Kabinettstücke. Politik mit Strauß und Kohl 1976–1991*, München/Berlin 1991

Personenregister

Danksagung

Es ist schon ein Wagnis, ein Buch zur Geschichte und Lage einer politischen Partei zu schreiben, da sich wöchentlich neue Ereignisse zeigen, die zu einer politischen Bewertung der Vorgänge rufen – zudem mit dem Anspruch einer länger währenden Aktualität. Viele haben beim Entstehen dieses Buches mitgewirkt:

Hier will ich an erster Stelle die beiden Lektoren Regina Carstensen und Gerd Becher nennen, die mit viel Geduld, politischem, auch politikwissenschaftlichem Gespür manchem Gedanken die notwendige Klarheit herauslockten.

Daß dieses Buch überhaupt entstanden ist, ist Joachim Jessen von der »Literary Art Agency Thomas Schlück« zu verdanken, der die Idee zu diesem Buch aufgriff, weiterentwickelte und hierfür den Ullstein Verlag gewinnen konnte.

Vergessen will ich auch nicht meine Studenten Alexander Göbel, Reinhard Junker und Cornelius Pieper, die ich im Rahmen meiner Lehrtätigkeit für das Fach Politische Wissenschaft in Bonn kennenlernte und die mir durch ihre Recherchetätigkeit zur Seite standen.

Dieses Buch ist geschrieben, um einen kleinen Einblick in die Wirklichkeit von Politik zu geben, aber auch, um die Einsicht zu vermitteln, wie unverzichtbar eine leistungsfähige Opposition für unsere Demokratie ist.

Bonn/Berlin, im August 2001   Gerd Langguth